普通高等教育"十二五"住建部规划教材
普通高等学校土木工程专业新编系列教材
中国土木工程学会教育工作委员会 审订

基础工程

——土力学与基础工程(下)

主　编　赵明华
副主编　邹新军

武汉理工大学出版社
·武　汉·

图书在版编目(CIP)数据

基础工程——土力学与基础工程(下)/赵明华主编.—武汉:武汉理工大学出版社,2018.11
ISBN 978-7-5629-5713-3

Ⅰ.①基… Ⅱ.①赵… Ⅲ.①土力学-高等学校-教材 ②基础(工程)-高等学校-教材 Ⅳ.TU4

中国版本图书馆 CIP 数据核字(2017)第 330445 号

项目负责人:汪浪涛 高 英
责任编辑:汪浪涛
责任校对:陈 平
装帧设计:橙子工作室
出版发行:武汉理工大学出版社
社 址:武汉市洪山区珞狮路 122 号
邮 编:430070
网 址:http://www.wutp.com.cn
经 销:各地新华书店
印 刷:武汉兴和彩色印务有限公司
开 本:889×1194 1/16
印 张:14
字 数:453 千字
版 次:2018 年 11 月第 1 版
印 次:2018 年 11 月第 1 次印刷
定 价:32.00 元

前 言

为适应国家关于土木工程专业“宽口径”培养、“卓越工程师”计划等战略要求，在武汉理工大学出版社的组织和大力支持下，根据普通高等学校土木工程专业系列教材编委会提出的教材选题与编审原则，编写了本书。

本书分为上、下两册：上册为土力学部分，下册为基础工程部分。其内容结构与编排体系是根据高等学校土木工程专业指导委员会编制的《高等学校土木工程专业本科教育培养目标和培养方案及课程教学大纲》与《高等学校土木工程本科指导性专业规范》等要求精心组织而成，可作为土木工程专业所开设的“土力学”和“基础工程”两门核心课程的课程用书。

上册土力学部分系统地阐述了土的性质与工程分类、土中应力计算、土的变形性质与地基沉降计算、土的抗剪强度、土压力理论与挡土墙设计以及地基承载力与边坡稳定等土力学核心内容。

下册基础工程部分重点介绍了天然地基上的浅基础设计、桩基础设计以及基坑工程设计；对沉井基础、墩基础以及地下连续墙等其他深基础的设计计算方法与施工工艺等进行了简要介绍；并对我国区域性地基及其常用的地基处理技术等进行了讨论。

本书上册由赵明华任主编，陈昌富任副主编，分为7章，其中：第1、6章由湖南大学赵明华编写，第2章由湖南大学刘晓明编写，第3章由湖南大学张玲编写，第4章由湖南大学赵衡编写，第5章由湖南大学邹新军编写，第7章由湖南大学陈昌富编写。

本书下册由赵明华任主编，邹新军任副主编，分为7章，其中：第1章由湖南大学赵明华编写，第2章由湖南大学邹新军编写，第3章由湖南大学杨明辉编写，第4章由长沙理工大学刘建华编写，第5章由湖南大学陈昌富编写，第6章由湖南大学张玲编写，第7章由湖南大学刘晓明编写。

本书由浅入深、概念清晰、层次分明、重点突出、理论联系实际，力求反映最新的土力学研究成果与基础工程学科的新发展，并适当吸取了国内外较为成熟的基础工程新理论、新工艺、新技术，既可作为高等学校土木工程专业（包括建筑工程、桥梁工程、道路工程、岩土工程、工程管理等专业方向）的教材，又可供土木工程专业技术人员阅读参考，同时还可作为国家注册土木工程师（岩土）等执业资格注册考试辅导用书。

诚然，一本好的教材，往往要通过反复使用，发现其存在的问题，经多次修订方能逐步完善。限于编者水平，书中不妥之处在所难免，恳请读者批评指正。

编 者

2018年8月

目　录

1 绪　　论

1.1 概　　述

任何建筑物都建造在一定的地层(土层或岩层)上。通常把支承基础的土体或岩体称为地基。未经人工处理就可以满足设计要求的地基称为天然地基。若地基软弱、承载力不能满足设计要求,则需对地基进行加固处理(例如采用换土垫层、深层密实、排水固结、化学加固、加筋土技术等方法进行处理),加固处理后的地基则称为人工地基。

基础是将建筑物承受的各种荷载传递到地基上的实体结构(图1.1)。房屋建筑及附属构筑物通常由上部结构及基础两大部分组成,基础是指室内地面标高(±0.00)以下的结构。带有地下室的房屋,地下室和基础统称为地下结构或下部结构。公(铁)路桥梁通常由上部结构、墩台和基础三大部分组成,墩台及基础统称为下部结构。公路涵洞、挡土墙等人工构造物,通常由洞身或墙身及其基础两部分组成。基础应埋入地下一定深度,进入较好的地层。根据基础的埋置深度不同可分为浅基础和深基础。若基础埋置深度不大(一般指浅于5 m),只需经过挖槽、排水等普通施工程序就可建造起来的称为浅基础;反之,若浅层土质不良,须将基础埋置于较深的良好土层,并需借助特殊施工方法建造的称为深基础(如桩基、墩基、沉井和地下连续墙等)。

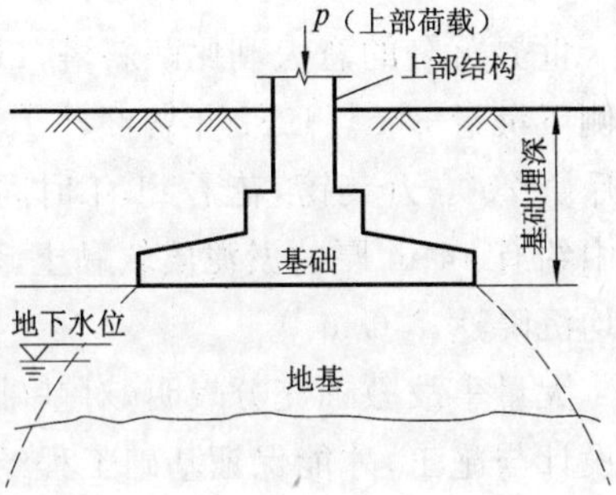

图 1.1　地基及基础示意图

地基与基础是建筑物的根本,统称为基础工程。它是研究基础或包含基础的地下结构设计与施工的一门科学,亦称为基础工程学。基础工程既是结构工程中的一部分,又是独立的地基基础工程。基础设计与施工也就是地基基础设计与施工。其设计必须满足三个基本条件:①作用于地基上的荷载效应(基底压应力)不得超过地基容许承载能力或地基承载力特征值,保证建筑物不因地基承载力不足造成整体破坏或影响正常使用,具有足够防止整体破坏的安全储备;②基础沉降不得超过地基变形容许值,保证建筑物不因地基变形而损坏或影响其正常使用。③挡土墙、边坡以及地基基础保证具有足够防止失稳破坏的安全储备。荷载作用下,地基、基础和上部结构三部分彼此联系、相互制约。设计时应根据地质勘察资料,综合考虑地基-基础-上部结构的相互作用、变形协调与施工条件,进行经济技术比较,选取安全可靠、经济合理、技术先进、环境保护和施工简便的地基基础方案。

基础工程勘察、设计和施工质量的好坏将直接影响建筑物的安全性、经济性和正常使用。基础工程施工常在地下或水下进行,往往需挡土挡水,施工难度大,在一般高层建筑中,其造价约占总造价的25%,工期约占总工期的25%～30%。若需采用深基础或人工地基,其造价和工期所占比例更大。此外,基础工程为隐蔽工程,一旦发生事故,损失巨大,补救十分困难,因此在土木工程中具有十分重要的作用。

随着我国基本建设的发展,大型、重型、高层建筑和有特殊要求的建筑物日益增多,在基础工程设计与施工方面积累了不少成功的经验。国外也有不少成功的典范,然而也有不少失败的教训。例如1913年建造的加拿大特朗斯康谷仓(图1.2),由65个圆柱形筒仓组成,高31 m,宽23.5 m,其下为筏板基础,由于事先不了解基底下埋藏有厚达16 m的软黏土层,建成后贮存谷物时,基底压力(320 kPa)超过了地基极限承载力,致使谷仓西侧突然陷入土中8.8 m,东侧抬高1.5 m,仓身整体倾斜26°53′。这是地基发生整体滑动、建筑物丧失稳定性的典型范例。由于该谷仓整体性很强,筒仓完好无损。事后在筒仓下增设70多个支承于基岩上的混凝土墩，用 388 个 50 t 的千斤顶将其逐步纠正，但其标高比原来降低了 4 m。

图 1.2 加拿大特朗斯康谷仓的地基破坏情况

世界著名的意大利比萨斜塔，1173 年动工，高约 55 m，因地基压缩层不均、排水缓慢，北侧下沉 1 m 多，南侧下沉近 3 m。1932 年曾灌注 1000 t 水泥也未奏效，每年仍下沉约 1 mm。意大利政府自 1990 年至 2001 年斥资 2500 万英镑，花了 11 年时间才将其修复。再如我国 1954 年兴建的上海工业展览馆中央大厅，因基底中约有 14 m 厚的淤泥质软黏土，尽管采用了深 7.27 m 的箱形基础，建成后当年仍下沉 0.6 m，目前大厅平均沉降达 1.6 m。

大量事故教训充分表明，对基础工程必须慎重对待。只有深入地了解地基情况，掌握勘察资料，经过精心设计与施工，才能保证基础工程经济合理，安全可靠。

1.2 基础工程发展概况

基础工程既是一项古老的工程技术，又是一门年轻的应用学科。由于生产的发展和生活上的需要，人类很早就已创造出了自己的地基基础工艺。例如我国都江堰水利工程、举世闻名的万里长城、隋朝南北大运河、黄河大堤、赵州石拱桥以及许许多多遍及全国各地的宏伟壮丽的宫殿寺院、巍然挺立的高塔等，都因奠基牢固，即使经历了无数次强震强风仍安然无恙。又如秦代修筑驰道时采用的"隐以金椎"(《汉书》)的路基压实方法，以及至今仍采用的灰土垫层、石灰桩、瓦渣垫层和水撼砂垫层等，都是我国自古已有的传统地基处理方法。再如北宋初著名木工喻皓(公元 989 年)建造开封开宝寺木塔时，考虑到当地多西北风，将建于饱和土上的塔身向西北倾斜，以便在风力作用下渐趋复正，解决了建筑物地基的沉降问题。我国木桩基础的使用更是源远流长，如河姆渡文化遗址中发现的 7000 年前钱塘江南岸沼泽地带木构建筑下的木桩为世所罕见，公元前 532 年在今山西汾水上建成的三十墩柱木柱桥梁(《水经注》)以及秦代所建渭桥等也都为木桩基础，再如郑州隋朝超化寺打入淤泥的塔基木桩(《法苑珠林》)、杭州湾五代大海塘工程木桩等都是我国古代桩基技术应用的典范，事实有力地证明了我国古代劳动人民在工程实践中积累了丰富的土力学与基础工程知识。只是由于当时生产力发展水平的限制，还未能提炼成为系统的科学理论。直到 18 世纪中叶，人们对土在工程建设方面的特性，尚停留在感性认识阶段。

作为本学科理论基础的土力学始于 18 世纪兴起工业革命的欧洲。大规模的城市建设和水利、铁路的兴建面临着许多与土相关的问题，促进了土力学理论的产生和发展。1773 年，法国库仑(Coulomb)根据试验提出了著名的砂土抗剪强度公式，创立了计算挡土墙土压力的滑楔理论。1857 年，英国朗肯(Rankine)从另一途径提出了挡土墙的土压力理论，有力地促进了土体强度理论的发展。此外，1885 年，法国布辛奈斯克(Boussinesq)提出了弹性半空间表面作用竖向集中力的应力和变形的理论解答；1922 年，瑞典费兰纽斯(Fellenius)提出了土坡稳定分析法等。这些古典的理论和方法，至今仍不失其理论和实用价值。

通过许多学者的不懈努力和经验积累，1925年，美国太沙基(Terzaghi)在归纳发展已有成就的基础上，出版了第一本土力学专著，较系统完整地论述了土力学与基础工程的基本理论和方法，促进了该学科的高速发展。1936年国际土力学与基础工程学会成立，并举行了第一次国际学术会议，从此土力学与基础工程作为一门独立的现代科学而不断取得进展。许多国家和地区也都定期地开展各类学术活动，交流和总结本学科新的研究成果和实践经验，出版各类土力学与基础工程刊物，有力地推动了本学科的发展。

中华人民共和国成立后，大规模的社会主义经济事业的飞跃发展，促进了我国基础工程学科的迅速发展。我国在各种桥梁、水利及建筑工程中成功地处理了许多大型和复杂的基础工程，取得了辉煌的成就。例如，利用电化学加固处理的中国历史博物馆地基，解决了施工期短、质量要求高的困难；长江上建成的几十座长江大桥(武汉、南京等)及其他巨大工程中，采用管柱基础、气筒浮运沉井、组合式沉井、各种结构类型的单壁、双壁钢围堰、大直径扩底墩等一系列深基础和深水基础，成功地解决了水深流急、地质复杂的基础工程问题；上海钢铁总厂以及全国许许多多高层建筑的建成，都为土力学与基础工程的理论和实践积累了丰富的经验；而三峡工程和小浪底工程的基础处理，将我国基础工程的设计、施工、检测提高到一个新的水平。自1962年以来，我国先后召开了12届全国土力学与基础工程会议，并建立了许多地基基础研究机构、施工队伍和土工试验室，培养了大批地基基础专业人才。不少学者对基础工程的理论和实践做出了重大贡献，受到了国际岩土界的重视。

近年来，我国在工程地质勘察，室内及现场土工试验，地基处理，新设备、新材料、新工艺的研究和应用方面，取得了很大的进展。各种地基处理新技术在土建、水利、桥隧、道路、港口、海洋等有关工程中得到了广泛应用，取得了较好的经济技术效果。随着电子技术及各种数值计算方法对各学科的逐步渗透，土力学与基础工程的各个领域都发生了深刻的变化，许多复杂的工程问题得到了相应的解决，试验技术也日益提高。在大量理论研究与实践经验积累的基础上，有关基础工程的各种设计与施工规范或规程等也相继问世或日臻完善，为我国基础工程设计与施工做到技术先进、经济合理、安全适用、确保质量提供了充分的理论与实践依据。我们相信，随着我国社会主义建设的向前发展，对基础工程要求的日益提高，我国土力学与基础工程学科也必将得到新的更大的发展。

1.3 本课程的特点和学习要求

本课程是土木工程专业的一门主干课程。内容与工程地质学、工程力学以及结构设计和施工等几个学科领域相关联，综合性、理论性和实践性很强。因此必须很好地掌握上述先修课程的基本内容和基本原理，为本课程的学习打好基础。

全书分为7章：第1章为绪论；第2章主要介绍了天然地基上的浅基础(扩展基础、筏形基础及箱形基础等)的基本构造、设计计算方法，以及地基承载力的确定方法；第3章从单桩到群桩，介绍了桩基础的基本设计理论和受力分析方法；第4章介绍了沉井基础、墩基础、地下连续墙等的设计计算方法；第5章对我国常用基坑工程支护结构的计算方法进行了介绍；第6章重点介绍了我国目前常用的几种地基处理方法的设计与施工及复合地基基本理论；第7章简要介绍了我国区域地基(例如湿陷性黄土、膨胀土、冻土、盐渍土、红黏土及山区地基等)的基本设计计算方法和要求。

我国幅员辽阔，由于自然地理环境的不同，分布着各种各样的土类，不同的土类具有各自的特殊性质而必须针对其特性采取相应的工程措施。因此，地基基础问题具有明显的区域性特征。此外，天然地层的性质和分布也因地而异，且在较小的范围内可能变化很大。故基础工程的设计，除需丰富的理论知识外，还需有较多的工程实践知识，并通过勘探和测试取得可靠的有关土层的分布及其物理力学性质指标的资料。因此，学习时应注意理论联系实际，通过各个教学环节，紧密结合工程实践，提高理论认识和增强处理地基基础的能力。

基础工程的设计和施工必须遵循法定的规范、规程。但不同行业有不同的专门规范，且标准也尚未完全统一，故本课程所涉及的规范、规程比较多。因此，在课堂讲授和理论学习阶段应以学科知识体系为主，弄清基础工程设计和施工中的主要内容和基本方法；在课程设计中，可根据不同专业方向，使用、熟悉各自的行业规范，进行具体工程的设计实践训练。

本课程与材料力学、结构力学、弹性力学、建筑材料、建筑结构及工程地质学等学科有着密切的关系，本书在涉及这些学科的有关内容时仅引述其结论，要求理解其意义及应用条件，而不把注意力放在公式的推导上。此外，基础工程几乎找不到完全相同的实例，在处理基础工程问题时，必须运用本课程的基本原理，深入调查研究，针对不同情况进行具体分析。因此，在学习时必须注意理论联系实际，才能提高分析问题和解决问题的能力。

2 天然地基上的浅基础设计

本章提要

先简要介绍了浅基础类型及地基基础设计的基本规定，然后重点介绍天然地基上浅基础的设计计算方法，主要包括：基础埋置深度的选择、地基承载力的确定、基础底面尺寸的确定、地基变形特征量与验算要求、柱下条形基础和筏形基础的设计，并给出了相应算例。对地基-基础-上部结构相互作用的概念也做了简单介绍，并给出了减轻地基不均匀沉降危害的建筑、结构及施工措施。要求熟悉浅基础的类型及其选用与设计计算原则；掌握地基承载力的确定方法，以及常用基础结构的设计计算方法。

2.1 概　述

地基是指支承基础的土体或岩体，而基础将结构所承受的各种作用传递至地基，是连接地基与上部结构的承上启下结构。地基按是否经过处理分为天然地基和人工地基，而基础可按埋置深度、施工方法及是否考虑基础侧面摩阻力分为浅基础和深基础两类，本章主要讨论天然地基上的浅基础设计。

浅基础是相对深基础而言的，其差别主要在于设计原则与施工方法。浅基础的埋深通常不大，一般只需采用普通基坑开挖、排水的施工方法建造，施工条件和工艺都较简单；深基础（包括桩基础、墩基础、沉井基础及地下连续墙基础等）则需借助于特殊的施工方法和机具进行深埋，施工条件较为困难，工艺也更复杂，但很难用一个固定的埋置深度来区别浅基础和深基础。正因为埋深不大，浅基础设计时只考虑基底地基土的承载能力，不考虑基底以上土体抗剪强度的作用，且忽略基础侧面与土之间的摩阻力；而深基础由于需考虑侧壁摩阻力的有利作用，其承载力的确定和设计方法也就不同。

为保证地基基础设计的安全与经济，我国制定了相应的设计规范，并根据理论研究与工程实践的发展而不断加以修订。但因种种原因，截至目前，现行的地基基础设计规范仍然分行业制定和执行，如：适用于工业与民用建筑领域的《建筑地基基础设计规范》（GB 50007—2011）（以下简称《建筑地基规范》）和交通运输部的标准《公路桥涵地基与基础设计规范》（JTG D63—2007）（以下简称《路桥地基规范》）等。为便于阐述，若无特殊说明，本章将以《建筑地基规范》为主，兼顾《路桥地基规范》。

工程中的浅基础类型较多，了解浅基础的常用类型和适用条件有助于基础选型与合理设计。

2.1.1 无筋扩展基础

无筋扩展基础是指用砖、毛石、混凝土、毛石混凝土、灰土或三合土等材料组成的，且不需要配置钢筋的墙下条形基础或柱下独立基础（图 2.1），适用于多层民用建筑和轻型厂房。因采用抗压性能较好，而抗拉、抗剪性能较差的材料所建造，无筋扩展基础需具有非常大的截面抗弯刚度以保证受荷后不发生挠曲变形和开裂，故习惯称其为“刚性基础”。无筋扩展基础设计时一般只需规定基础的材料强度与质量、限制台阶宽高比、控制建筑物层高及地基承载力，因而一般无须进行繁杂的内力分析和截面强度计算。

图 2.1　无筋扩展条形基础示例

(a)砖基础;(b)毛石基础

2.1.2　扩展基础

扩展基础是指柱下钢筋混凝土独立基础和墙下钢筋混凝土条形基础。当基础荷载较大、地质条件较差时,为了满足无筋扩展基础的宽高比要求,基础的基底尺寸与埋深须相应增大,给基础布置和地基持力层选择、基坑开挖与排水等带来不便,且可能提高工程造价;此外,无筋扩展基础还有用料多、自重大等缺点。为此,对于竖向荷载较大、地基承载力不高以及承受水平力和力矩荷载等情况,可考虑采用抗弯和抗剪性能好的钢筋混凝土基础。由于这类基础的高度不受台阶允许宽高比的限制,故适宜于需要"宽基浅埋"的场地,如:当软土地基表层有一定厚度的"硬壳层"时,便可考虑采用这类基础形式,利用该层作为地基持力层。由于钢筋混凝土基础以钢筋受拉、混凝土受压为特点,即当考虑地基与基础相互作用时,将考虑基础的挠曲变形,因此,相对于"刚性基础"(无筋扩展基础)而言,也可称其为"柔性基础"、"弹性基础"。

独立基础(也称"单独基础")是整个或局部结构物下的无筋或配筋的单个基础,柱、烟囱、水塔、高炉、机器设备基础多采用独立基础。独立基础是柱基础中最常用和最经济的形式,其所用材料主要根据柱的材料、荷载大小和地质情况而定。现浇钢筋混凝土柱多采用现浇钢筋混凝土独立基础,基础截面做成阶梯形[图 2.2(a)]或锥形[图 2.2(b)]。预制柱下一般采用杯口基础[图 2.2(c)]。烟囱、水塔、高炉等构筑物常采用钢筋混凝土圆板或圆环基础及混凝土实体基础(图 2.3),也可用壳体基础。

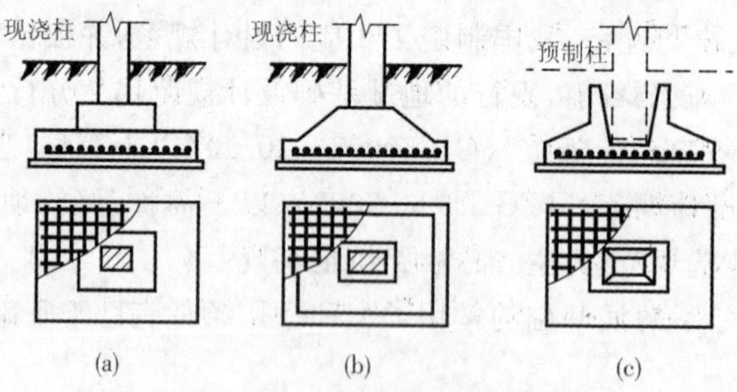

图 2.2　钢筋混凝土柱下单独基础

(a)阶梯形;(b)锥形;(c)杯形

条形基础是指基础长度远大于其宽度的一种基础形式,按上部结构形式,可分为墙下条基和柱下条基两种;墙下条基又有无筋和配筋两种。墙下无筋扩展基础在砌体结构中得到广泛应用,材料及构造要求按前述方法设计。当上部墙体荷重较大而土质较差时,可考虑采用"宽基浅埋"的墙下钢筋混凝土条形基础。墙下钢筋混凝土条基一般做成板式(或称"无肋式"),如图 2.4(a)所示,但当基础纵向的荷载及地基土压缩性不均匀时,为增强基础的整体性和抗弯能力,减小不均匀沉降,常采用带肋的基础[图 2.4(b)]。

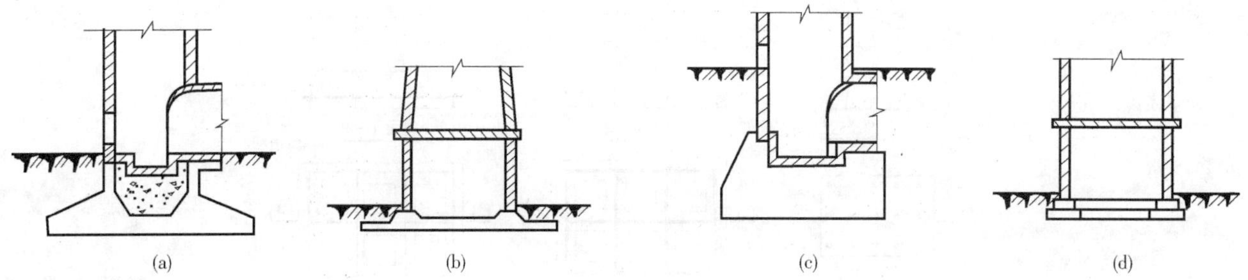

图 2.3 烟囱、水塔基础

(a)、(b)圆板基础；(c)实体基础；(d)圆环基础

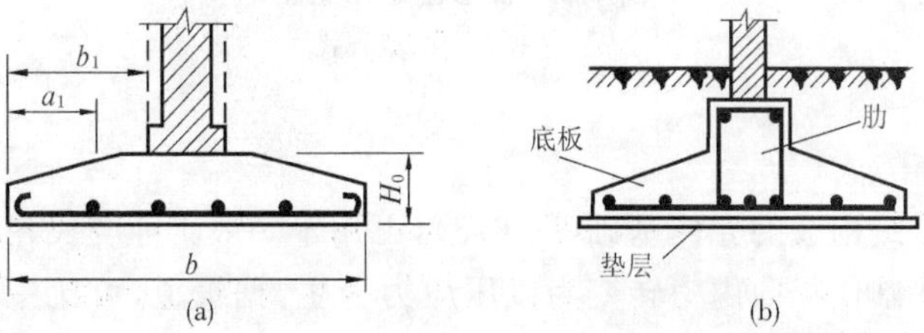

图 2.4 墙下钢筋混凝土扩展基础

(a)无肋；(b)有肋

2.1.3 柱下条形基础

当地基软弱而荷载较大时，若采用柱下扩展基础，可能因基底面积很大而使基础边缘互相接近甚至重叠，为增加基础的整体性并方便施工，可将同一排的柱基础连通成为柱下钢筋混凝土条形基础(图 2.5)。若仅是相邻柱相连，又称作联合基础或双柱联合基础。

采用柱下钢筋混凝土条形基础不能满足地基基础设计要求时，可采用交叉条形基础(亦称交梁基础或十字交叉条形基础)(图 2.6)。这种基础在纵横两向均具有一定刚度，当地基软弱且两个方向的荷载和土质不均匀时，交叉条形基础具有良好的调整不均匀沉降的能力。

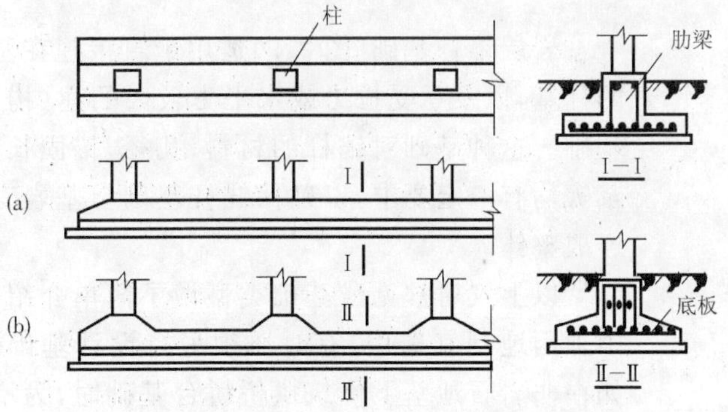

图 2.5 柱下条形基础

(a)等截面；(b)柱位处加腋

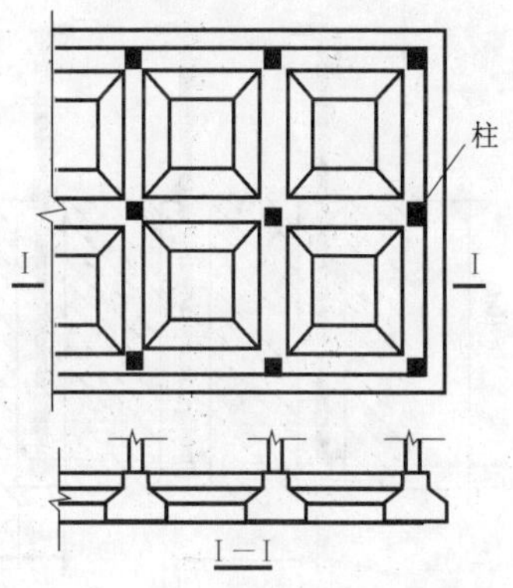

图 2.6 柱下十字交叉条形基础

2.1.4 筏形基础

荷载很大且地基软弱，采用交叉条形基础也不能满足要求时可采用筏形基础(也称筏板基础)，即用钢筋混凝土做成连续整片基础。筏形基础因基底面积大，可减少基底压力，并有效增强基础整体性，其在构造上好像倒置的钢筋混凝土楼盖，可分为平板式[图 2.7(a)]和梁板式[图 2.7(b)]两种。

筏形基础在框架、框架剪力墙及剪力墙等高层建筑结构中应用较多，亦可用于砌体结构。南方地区多层住宅有的采用筏形基础并直接置于地表土层，称之为无埋深筏基，但北方应用时须考虑抗冻与采暖要求。

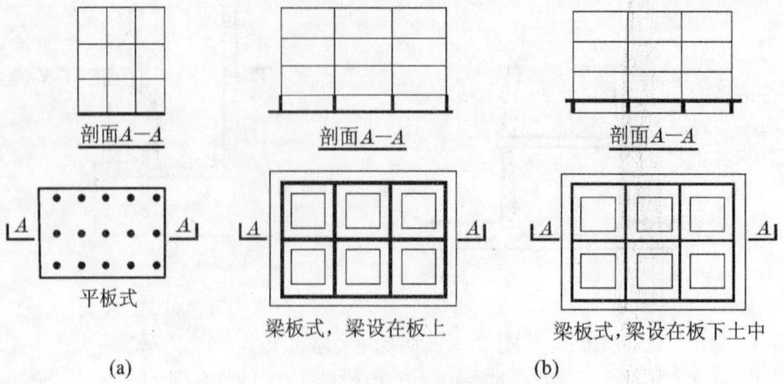

图 2.7　筏形基础示意图

(a)平板式；(b)梁板式

2.1.5　壳体基础

由正圆锥形及其组合形式构成的壳体基础(图 2.8)，可用于一般工业与民用建筑柱基和筒形构筑物(如烟囱、水塔等)基础。这种基础使径向内力转变为以压应力为主，据报道，可比一般梁、板式的钢筋混凝土基础减少混凝土用量 50%左右，节约钢筋 30%以上，具有良好的经济效果。但壳体基础施工时修筑土胎的技术难度大，易受气候因素的影响，布置钢筋及浇捣混凝土施工困难，较难实行机械化施工。

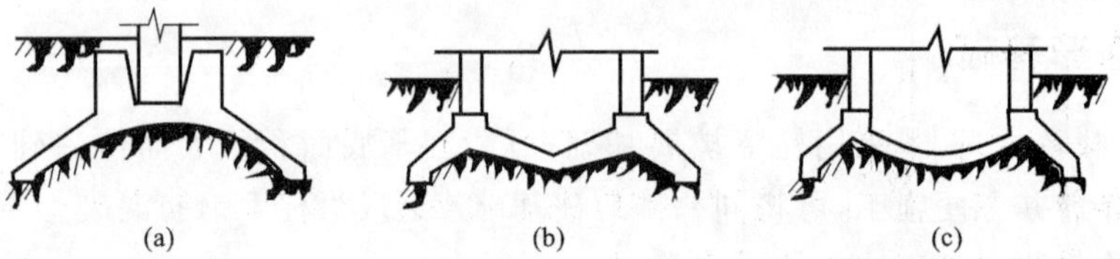

图 2.8　壳体基础的结构形式

(a)正圆锥壳；(b)M 型组合壳；(c)内球外锥组合壳

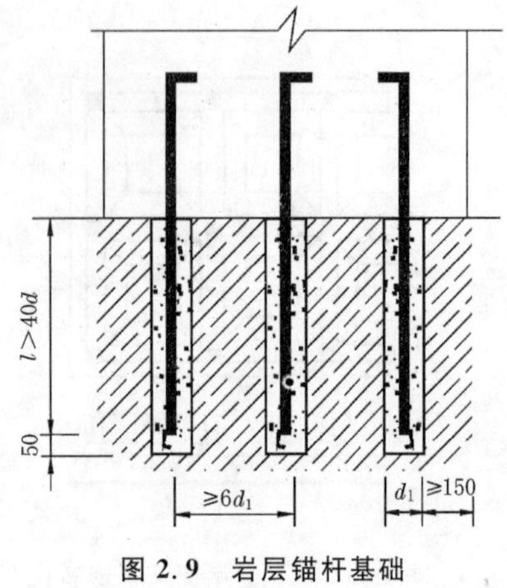

图 2.9　岩层锚杆基础

d_1—锚杆孔直径；l—锚杆的有效锚固长度；d—锚杆筋体直径

2.1.6　岩层锚杆基础

岩层锚杆基础(图 2.9)适用于直接建在基岩上的柱基，以及承受拉力或水平力较大的建(构)筑物基础。这种基础对锚杆的材料、孔径、锚固长度、灌浆等均有一定要求，以确保锚杆基础与基岩有效地连成整体。

以上仅对常见浅基础类型做了简单介绍，实践中须因地制宜选用，有时还须另行设计基础形式，如在非岩石地基上修筑拱桥桥台基础时，为增加基底抗滑能力，顺桥向基底剖面形式可做成齿坎状或斜面等。

2.2　地基基础设计的基本规定

地基基础设计须根据上部结构条件(建筑物的用途和安全等级、建筑布置、上部结构类型等)和工程地质条件(建筑场地、地基岩土和气候条件等)，结合考虑其他方面的要求(工期、施工条件、造价等)，合理选择地基基础方案，因地制宜，精心设计，以确保建(构)筑物的安全和正常使用。以下为《建筑地基规范》对地基基础设计的基本规定。

2.2.1 地基基础设计等级

《建筑地基规范》根据地基复杂程度、建筑物规模和功能特征以及由于地基问题可能造成建筑物破坏或影响正常使用的程度，将地基基础设计分为甲级、乙级和丙级三个设计等级，具体按表 2.1 选用。

表 2.1 地基基础设计等级

设计等级	建筑和地基类型
甲级	重要的工业与民用建筑物；30 层以上的高层建筑；体型复杂，层数相差超过 10 层的高低层连成一体建筑物；大面积的多层地下建筑物(如地下车库、商场、运动场等)；对地基变形有特殊要求的建筑物；复杂地质条件下的坡上建筑物(包括高边坡)；对原有工程影响较大的新建建筑物；场地和地基条件复杂的一般建筑物；位于复杂地质条件及软土地区的二层及二层以上地下室的基坑工程；开挖深度大于 15 m 的基坑工程；周边环境条件复杂、环境保护要求高的基坑工程
乙级	除甲级、丙级以外的工业与民用建筑物；除甲级、丙级以外的基坑工程
丙级	场地和地基条件简单、荷载分布均匀的七层及以下民用建筑及一般工业建筑物；次要的轻型建筑物；非软土地区且场地地质条件简单、基坑周边环境条件简单、环境保护要求不高且开挖深度小于 5 m 的基坑工程

2.2.2 设计的基本原则

为了保证建筑物的安全与正常使用，根据建筑物的安全等级和长期荷载作用下地基变形对上部结构的影响程度，地基基础设计和计算应该满足下述三项基本原则：

(1)所有建筑物的地基计算均应满足承载力计算的有关规定，以防止地基土体的剪切破坏。

(2)控制地基变形，使之不超过建筑物的地基变形允许值，以免引起基础和上部结构的损坏或影响建筑物的正常使用功能和外观。因此，应进行必要的地基变形计算。设计等级为甲级、乙级的建筑物均应按地基变形设计；表 2.2 所列设计等级为丙级的建筑物可不作地基变形验算。但如有下列情况之一时仍应作变形验算：(a)地基承载力特征值小于 130 kPa，且体型复杂的建筑；(b)基础上及其附近有地面堆载或相邻基础荷载差异较大，可能引起地基产生过大的不均匀沉降时；(c)软弱地基上的建筑物存在偏心荷载时；(d)相邻建筑距离过近，可能发生倾斜时；(e)地基内有厚度较大或厚薄不均的填土，其自重固结未完成时。

(3)基础的材料、形式、尺寸和构造除应能适应上部结构、符合使用要求、满足上述地基承载力(稳定性)和变形要求外，还应满足结构的强度、刚度和耐久性的要求。另外，力求灾害(地震等)作用时损失最小。

表 2.2 可不作地基变形验算的设计等级为丙级的建筑物范围

地基主要受力层情况	地基承载力特征值 f_{ak}(kPa)			$80 \leqslant f_{ak} < 100$	$100 \leqslant f_{ak} < 130$	$130 \leqslant f_{ak} < 160$	$160 \leqslant f_{ak} < 200$	$200 \leqslant f_{ak} < 300$
	各土层坡度(%)			≤5	≤10	≤10	≤10	≤10
建筑类型	砌体承重结构、框架结构(层数)			≤5	≤5	≤6	≤6	≤7
	单层排架结构(6 m 柱距)	单跨	吊车额定起重量(t)	10~15	15~20	20~30	30~50	50~100
			厂房跨度(m)	≤18	≤24	≤30	≤30	≤30
		多跨	吊车额定起重量(t)	5~10	10~15	15~20	20~30	30~75
			厂房跨度(m)	≤18	≤24	≤30	≤30	≤30
	烟囱		高度(m)	≤40	≤50	≤75		≤100
	水塔		高度(m)	≤20	≤30	≤30		≤30
			容积(m^3)	50~100	100~200	200~300	300~500	500~1000

注：①地基主要受力层是指条形基础底面下深度为 $3b$(b 为基础底面宽度)，独立基础底面下深度为 $1.5b$，且厚度均不小于 5 m 的范围(二层以下一般的民用建筑除外)；

②地基主要受力层中如有承载力特征值小于 130 kPa 的土层时，表中砌体承重结构的设计，应符合《建筑地基规范》第 7 章有关要求；

③表中砌体承重结构和框架结构均指民用建筑，对于工业建筑可按厂房高度、荷载情况折合成与其相当的民用建筑层数；

④表中吊车额定起重量、烟囱高度和水塔容积的数值是指最大值。

2.2.3 作用效应与抗力限值

《建筑地基规范》规定，地基基础设计时采用的荷载效应最不利组合与相应抗力按下列规定执行：

(1)按地基承载力确定基底面积及埋深或按单桩承载力确定桩数时，传至基础或承台底面上的荷载效应按正常使用极限状态下荷载效应的标准组合；相应的抗力采用地基承载力特征值或单桩承载力特征值。

(2)地基变形计算时，传至基础底面上的荷载效应应按正常使用极限状态下荷载效应的准永久组合，不应计入风荷载和地震作用；相应的限值应为地基变形允许值。

(3)计算挡土墙土压力、地基或斜坡稳定及滑坡推力时，荷载效应应按承载能力极限状态下荷载效应的基本组合，但其分项系数均为1.0。

(4)在确定基础或桩基承台高度、支挡结构截面、计算基础或支挡结构内力，确定配筋和验算材料强度时，上部结构传来的荷载效应组合和相应的基底反力，应按承载能力极限状态下荷载效应的基本组合，采用相应的分项系数。当需要验算基础裂缝宽度时，应按正常使用极限状态下荷载效应的标准组合。

(5)基础设计安全等级、结构设计使用年限、结构重要性系数应按有关规范的规定采用，但结构重要性系数 γ_0 不应小于1.0。

2.2.4 稳定性要求

为保证地基基础的稳定性，《建筑地基规范》规定，对基坑工程、经常受水平荷载作用的高层建筑、高耸结构和挡土墙等，以及建筑在斜坡上或边坡附近的建(构)筑物，应验算其稳定性；当地下水埋藏较浅，建筑地下室或地下构筑物存在上浮问题时，还应进行抗浮验算，具体要求如下：

(1)地基稳定性

地基(整体)稳定性可采用圆弧滑动法进行验算，要求传至最危险滑动面上的诸力对滑动中心所产生的抗滑力矩与滑动力矩之比符合：

$$\frac{M_R}{M_S} \geqslant 1.2 \tag{2.1}$$

式中 M_R——抗滑力矩(kN·m)；

M_S——滑动力矩(kN·m)。

(2)坡顶建筑物稳定性

位于稳定土坡坡顶的建筑，为保证稳定性，对于条形基础或矩形基础，当垂直于坡顶边缘线的基础底面边长不超过3 m时，其基础底面外边缘线至坡顶的水平距离(图2.10)应符合下式要求，且不得小于2.5 m：

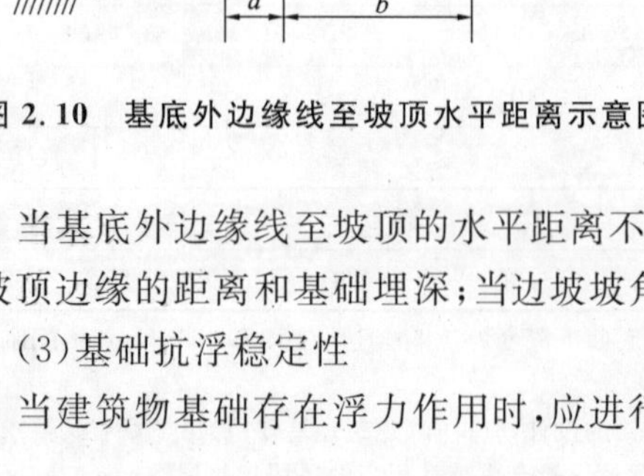

图2.10 基底外边缘线至坡顶水平距离示意图

$$a \geqslant \chi b - \frac{d}{\tan\beta} \tag{2.2}$$

式中 a——基底外边缘线至坡顶水平距离(m)；

b——垂直于坡顶边缘线的基底边长(m)；

d——基础埋置深度(m)；

β——边坡坡角(°)；

χ——系数，对条形基础和矩形基础分别取3.5和2.5。

当基底外边缘线至坡顶的水平距离不满足式(2.2)的要求时，可根据基底平均压力按式(2.1)确定基础距坡顶边缘的距离和基础埋深；当边坡坡角>45°且高度 H>8 m时，尚应按式(2.1)验算坡体稳定性。

(3)基础抗浮稳定性

当建筑物基础存在浮力作用时，应进行基础的抗浮稳定性验算。对于简单的浮力作用情况，要求：

$$\frac{G_k}{N_{w,k}} \geqslant K_w \tag{2.3}$$

式中 G_k——建筑物自重及压重之和(kN)；

$N_{w,k}$——浮力作用(kN)；

K_w——抗浮稳定安全系数，一般情况下可取1.05。

若抗浮稳定性不满足设计要求，可采用增加压重或设置抗浮锚杆、抗浮桩等措施。当整体满足抗浮稳定性要求而局部不满足时，也可采取增加结构刚度的措施。

2.3 基础埋置深度的选择

直接支承基础的土层称为持力层，其下的各土层称为下卧层。基础埋置深度（以下简称"基础埋深"）是指基础底面至地面（这里指天然地坪面）的距离。选择基础埋深也即选择合适的地基持力层。

基础埋深大小对建筑物的安全和正常使用、基础施工技术措施、施工工期和工程造价等影响很大。因此，确定基础埋深是基础设计工作中的重要环节。设计时须综合考虑建筑物自身条件（如使用条件、结构形式、荷载的大小和性质等）以及所处的环境（如地质条件、气候条件、邻近建筑的影响等），善于从实际出发，抓住其中起决定性作用的一两种因素，尽量浅埋，合理选择基础埋深。以下分述选择基础埋深时主要应考虑的因素。

2.3.1 建筑结构条件与场地环境条件

某些建筑物地下需具备一定的使用功能或宜采用某种基础形式，这些要求常成为其基础埋深选择的先决条件。因此，对须设置地下室或设备层的建筑物、半埋式结构物、须建造带封闭侧墙的筏形或箱形基础的高层或重型建筑、带有地下设施的建筑物、具有地下部分的设备基础等，都应将建筑结构条件与基础埋深选择综合考虑，如：电梯井处自地面向下至少需有1.4 m的缓冲坑，其基础埋深应满足这一要求。

结构物荷载大小和性质不同，对地基土要求也不同，因而会影响基础埋深的选择。浅层土对荷载小的基础可能是很好的持力层，但对荷载大的基础就可能不宜作为持力层。荷载的性质对基础埋置深度的影响也很明显。对于承受水平荷载（风、地震作用等）的基础，须有足够的埋置深度来获得土的侧向抗力，以保证基础的稳定性，减少建筑物的整体倾斜，防止倾覆及滑移，如：对于高层建筑基础的筏形基础或箱形基础的埋置深度，在抗震设防区，除岩石地基外，采用天然地基上的筏形基础和箱形基础的埋置深度不宜小于建筑物高度的1/15；采用桩箱或桩筏基础的埋置深度（不计桩长）不宜小于建筑物高度的1/18。对于承受上拔力的基础，如输电塔基础，也要求较大的埋深以提供足够的抗拔阻力。对于承受动荷载的基础，则不宜选择饱和疏松的粉细砂作为持力层，以免这些土层由于振动液化而丧失承载力，造成基础失稳。

为了保护基础不受人类和其他生物活动等的影响，基础宜埋置在地表以下，其最小埋深为0.5 m，且基础顶面宜低于室外设计地面0.1 m，同时又要便于周围排水沟的布置。

对于相邻建筑物，新建筑物基础埋深不宜大于原有建筑物基础埋深。当其埋深大于原有建筑物基础埋深时，两基础间应保持一定净距，其数值应根据原有建筑荷载大小、基础形式和土质情况确定，一般不宜小于基础底面高差的1～2倍（图2.11）。当上述要求不能满足时，应采取分段施工，设置临时加固支撑、打板桩、地下连续墙等施工措施，或加固原有建筑物地基。

2.3.2 工程地质条件

为了保护建筑物的安全，必须根据荷载的大小和性质给基础选择可靠的持力层。一般当上层土的承载力能满足要求时，就应选择浅埋，以减少造价；若其下有软弱土层时，则应验算软弱下卧层的承载力是否满足要求，并尽可能增大基底至软弱下卧层的距离。

当上层土的承载力低于下层土时，如取下层土为持力层，所需基础底面积较小，但埋深较大；若取上层土为持力层，则情况相反。工程应用中，应根据施工难易程度、材料用量（造价）等进行方案比较确定，必要时还可考虑采用基础浅埋加地基处理（参见第6章）的设计方案。

对墙基础，如果地基持力层顶面倾斜，可沿墙长将基础底面分段做成高低不同的台阶状。分段长度不宜小于相邻两段底面高差的 1～2 倍，且不宜小于 1 m。

对修建于坡顶上的基础，其基础埋深的确定应考虑边坡的稳定性要求，对于坡高 $H \leqslant 8$ m 和坡角 $\beta \leqslant 45°$ 的土坡（图 2.10），基础埋深应满足式（2.2）的要求。

2.3.3 水文地质条件

选择基础埋深时应注意地下水的埋藏条件和动态。对于天然地基上的浅基础设计，首先应尽量考虑将基础置于地下水位以上，以避免施工排水等麻烦。当基础须埋在水位以下时，除应当考虑基坑排水、坑壁围护等措施以保护地基土不受扰动外，还要考虑可能出现的其他设计施工问题：出现涌土、流砂的可能性；地下水对基础材料的化学腐蚀作用；地下室防渗；地下水浮托力影响基础底板的内力及基础的抗浮稳定性等。

对埋藏有承压含水层的地基（图 2.12），确定基础埋深时，须控制基坑开挖深度，防止基坑因挖土减压而隆起开裂。要求基底至承压含水层顶间的保留土层厚度（槽底安全厚度）h_0 为：

$$h_0 > \frac{\gamma_w}{\gamma_0} \cdot \frac{h}{k} \tag{2.4}$$

式中 h——承压水位高度（m）（从承压含水层顶算起）；

γ_0——基坑底安全厚度范围内各土层的加权平均重度（kN/m³），地下水位以下的土层取饱和重度，$\gamma_0 = (\gamma_1 z_1 + \gamma_2 z_2)/(z_1 + z_2)$；

γ_w——水的重度（kN/m³）；

k——安全系数，一般取 1.0，对宽基坑宜取 0.7。

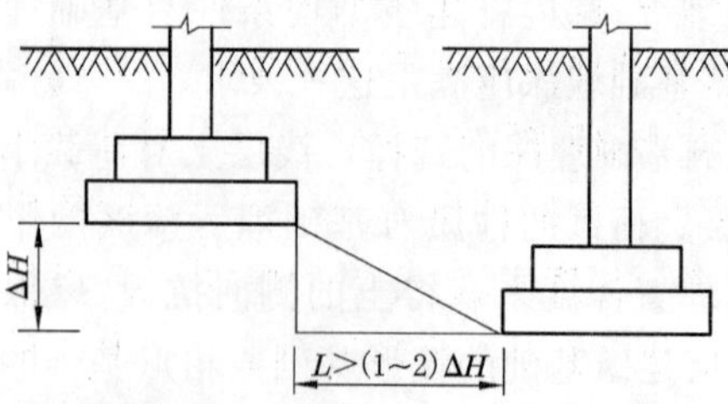

图 2.11 相邻基础的埋深图

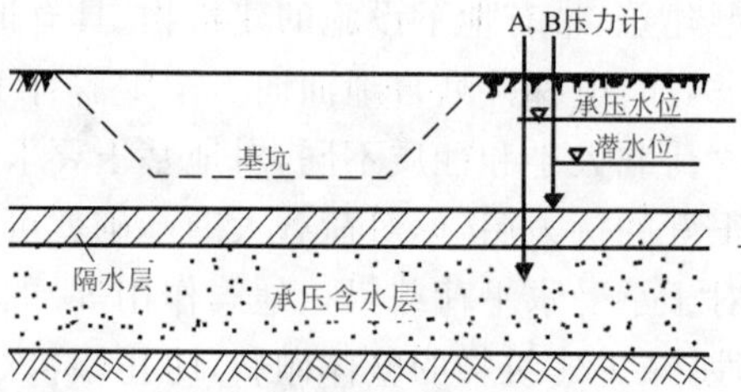

图 2.12 基坑下埋藏有承压含水层的情况

2.3.4 地基冻融条件

地表下一定深度的地层温度随大气温度而变化。季节性冻土层是冬季冻结、天暖解冻的土层，在我国北方地区分布广泛。若冻胀产生的上抬力大于基础荷重，基础就有可能被上抬；土层解冻时，土体软化，强度降低，地基产生融陷。地基土的冻胀与融陷常不均匀，易引起建筑开裂损坏。季节性冻土的冻胀性与融陷性相互关联，常以冻胀性加以概括。《建筑地基规范》根据冻土层的平均冻胀率 η 的大小，按表 2.3 将地基土划分为不冻胀、弱冻胀、冻胀、强冻胀和特强冻胀五类。

季节性冻土地基的场地冻结深度 z_d 应按下式计算：

$$z_d = z_0 \cdot \psi_{zs} \cdot \psi_{zw} \cdot \psi_{ze} \tag{2.5}$$

式中 z_d——冻土地基的场地冻结深度（m）；

z_0——标准冻深（m），可采用地面平坦、裸露、城市之外的空旷场地中不少于 10 年实测最大冻深的平均值，无实测资料时按《建筑地基规范》附录 F 采用；

ψ_{zs}——土的类别对冻深的影响系数，根据《建筑地基规范》：黏性土取 1.0；中、粗、砾砂取 1.3；细砂、粉砂、粉土取 1.2；碎石土取 1.4；

ψ_{zw}——土的冻胀性对冻深的影响系数，可根据五个冻胀性类别（不冻胀→特强冻胀）分别取 1.00、0.95、0.90、0.85 及 0.80；

表 2.3 地基土的冻胀性分类

土的名称	冻前天然含水量 w(%)	冻结期间地下水位距冻结面的最小距离 h_w(m)	平均冻胀率 η(%)	冻胀等级	冻胀类别
碎(卵)石,砾、粗、中砂(粒径小于 0.075 mm 颗粒含量大于 15%),细砂(粒径小于 0.075 mm 颗粒含量大于 10%)	$w\leqslant 12$	>1.0	$\eta\leqslant 1$	Ⅰ	不冻胀
		≤1.0	$1<\eta\leqslant 3.5$	Ⅱ	弱冻胀
	$12<w\leqslant 18$	>1.0			
		≤1.0	$3.5<\eta\leqslant 6$	Ⅲ	冻　胀
	$w>18$	>0.5			
		≤0.5	$6<\eta\leqslant 12$	Ⅳ	强冻胀
粉　砂	$w\leqslant 14$	>1.0	$\eta\leqslant 1$	Ⅰ	不冻胀
		≤1.0	$1<\eta\leqslant 3.5$	Ⅱ	弱冻胀
	$14<w\leqslant 19$	>1.0			
		≤1.0	$3.5<\eta\leqslant 6$	Ⅲ	冻　胀
	$19<w\leqslant 23$	>1.0			
		≤1.0	$6<\eta\leqslant 12$	Ⅳ	强冻胀
	$w>23$	不考虑	$\eta>12$	Ⅴ	特强冻胀
粉　土	$w\leqslant 19$	>1.5	$\eta\leqslant 1$	Ⅰ	不冻胀
		≤1.5	$1<\eta\leqslant 3.5$	Ⅱ	弱冻胀
	$19<w\leqslant 22$	>1.5			
		≤1.5	$3.5<\eta\leqslant 6$	Ⅲ	冻　胀
	$22<w\leqslant 26$	>1.5			
		≤1.5	$6<\eta\leqslant 12$	Ⅳ	强冻胀
	$26<w\leqslant 30$	>1.5			
		≤1.5	$\eta>12$	Ⅴ	特强冻胀
	$w>30$	不考虑			
黏性土	$w\leqslant w_p+2$	>2.0	$\eta\leqslant 1$	Ⅰ	不冻胀
		≤2.0	$1<\eta\leqslant 3.5$	Ⅱ	弱冻胀
	$w_p+2<w\leqslant w_p+5$	>2.0			
		≤2.0	$3.5<\eta\leqslant 6$	Ⅲ	冻　胀
	$w_p+5<w\leqslant w_p+9$	>2.0			
		≤2.0	$6<\eta\leqslant 12$	Ⅳ	强冻胀
	$w_p+9<w\leqslant w_p+15$	>2.0			
		≤2.0	$\eta>12$	Ⅴ	特强冻胀
	$w>w_p+15$	不考虑			

注:① w_p—塑限含水量(%),w—在冻土层内冻前天然含水量的平均值(%);

② 盐渍化冻土不在表列;

③ 塑性指数大于 22 时,冻胀性降低一级;

④ 粒径小于 0.005 mm 的颗粒含量大于 60%时,为不冻胀土;

⑤ 碎石类土当充填物大于全部质量的 40%时,其冻胀性按充填物土的类别判断;

⑥ 碎石土、砾砂、粗砂、中砂(粒径小于 0.075 mm 颗粒含量不大于 15%)、细砂(粒径小于 0.075 mm 颗粒含量不大于 10%)均按不冻胀考虑。

ψ_{ze}——环境对冻深的影响系数，城市市区取 0.90；城市近郊取 0.95；村、镇、旷野取 1.00。根据《建筑地基规范》规定：当城市市区人口为 20 万～50 万时，按城市近郊取值；当城市市区人口大于 50 万且小于或等于 100 万时，按城市市区取值；当城市市区人口超过 100 万时，按城市市区取值，尚应考虑 5 km 以内的郊区应按城市近郊取值。

当建筑基础底面以下允许有一定厚度的冻土层时，可用下式计算基础的最小埋深 d_{min}：

$$d_{min} = z_d - h_{max} \tag{2.6}$$

式中 h_{max}——基础底面下允许冻土层的最大厚度(m)，可按表 2.4 查取，当有充分依据时，也可按当地经验确定。

除按上述要求选择埋深外，在冻胀、强冻胀和特强冻胀土层上，应采取相应的防冻害措施。具体规定参见《建筑地基规范》第 5.1.9 条。

表 2.4 建筑基底下允许残留冻土层厚度 h_{max}(m)

冻胀性	基础形式	采暖情况 \ 基底平均压力(kPa)	110	130	150	170	190	210
弱冻胀土	方形基础	采暖	0.90	0.95	1.00	1.10	1.15	1.20
		不采暖	0.70	0.80	0.95	1.00	1.05	1.10
	条形基础	采暖	>2.25	>2.50	>2.50	>2.50	>2.50	>2.50
		不采暖	2.20	2.50	>2.50	>2.50	>2.50	>2.50
冻胀土	方形基础	采暖	0.65	0.70	0.75	0.80	0.85	—
		不采暖	0.55	0.60	0.65	0.70	0.75	—
	条形基础	采暖	1.55	1.80	2.00	2.20	2.50	—
		不采暖	1.15	1.35	1.55	1.75	1.95	—

注：① 本表只计算法向冻胀力，如果基侧存在切向冻胀力，应采取防切向力措施；
② 本表不适用于宽度小于 0.6 m 的基础，矩形基础取短边尺寸按方形基础计算；
③ 表中数据不适用于淤泥、淤泥质土和欠固结土；
④ 表中基底平均压力数值为永久荷载标准组合值乘以 0.9，可以内插。

2.4 地基承载力

由于土是大变形材料，当荷载增加时，随着地基变形的相应增长，地基极限承载力也在逐渐增大，很难界定出一个真正的“极限值”；此外，建筑物在使用过程中往往其地基承载力还有潜力可挖，而变形已达到或超过按正常使用的限值。因此，地基设计应采用正常使用极限状态这一原则，为满足地基强度、变形和稳定性要求，设计时须控制基底压力 p 不得大于某一安全界限值，即

$$p \leqslant \frac{p_u}{K} \tag{2.7}$$

式中 p——基础底面的压力(kPa)；
p_u——地基极限承载力(kPa)；
K——安全系数。

《路桥地基规范》根据上述原则，采用地基承载力容许值，即地基土的压力变形曲线线性变形段内某一变形所对应的压力值。

《建筑地基规范》基于同样的考虑，采用地基承载力特征值，对应于地基容许承载力，其含义为由载荷试验测定的地基土压力变形曲线线性变形段内规定的变形所对应的压力值，其最大值为比例界限值。地基承

载力特征值可由载荷试验或其他原位测试、公式计算，并结合工程实践经验等方法综合确定。

2.4.1 按土的抗剪强度指标确定

2.4.1.1 《建筑地基规范》推荐的理论公式

荷载偏心距 $e \leqslant 0.033b$（b 为偏心方向基础边长）时，以浅基础地基的临界荷载 $p_{1/4}$ 为基础的理论公式计算地基承载力特征值：

$$f_a = M_b \gamma b + M_d \gamma_m d + M_c c_k \tag{2.8}$$

式中 f_a——由土的抗剪强度指标确定的地基承载力特征值（kPa）；

M_b，M_d，M_c——承载力系数，根据 φ_k 按表 2.5 查取；

b——基础底面宽度（m），大于 6 m 时按 6 m 取值，对于砂土，小于 3 m 时按 3 m 取值；

c_k——基底下一倍短边宽度的深度范围内土的黏聚力标准值（kPa）；

γ——基础底面以下土的重度（kN/m³），地下水位以下取浮重度；

γ_m——基础底面以上土的加权平均重度（kN/m³），地下水位以下取浮重度。

表 2.5 承载力系数 M_b、M_d、M_c

土的内摩擦角标准值 φ_k（°）	M_b	M_d	M_c
0	0	1.00	3.14
2	0.03	1.12	3.32
4	0.06	1.25	3.51
6	0.10	1.39	3.71
8	0.14	1.55	3.93
10	0.18	1.73	4.17
12	0.23	1.94	4.42
14	0.29	2.17	4.69
16	0.36	2.43	5.00
18	0.43	2.72	5.31
20	0.51	3.06	5.66
22	0.61	3.44	6.04
24	0.80	3.87	6.45
26	1.10	4.37	6.90
28	1.40	4.93	7.40
30	1.90	5.59	7.95
32	2.60	6.35	8.55
34	3.40	7.21	9.22
36	4.20	8.25	9.97
38	5.00	9.44	10.80
40	5.80	10.84	11.73

注：φ_k—基底下一倍短边宽度的深度范围内土的内摩擦角标准值（°）。

说明：

(1)按理论公式计算地基承载力，关键是土的抗剪强度指标 c_k、φ_k 的取值。要求采取原状土样以三轴剪切试验测定，一般要求在建筑场地范围内布置6个以上的取土钻孔，各孔中同一层土的试验不少于三组。

(2)确定抗剪强度指标 c_k、φ_k 的试验方法须和地基土的工作状态相适应，如：对饱和软土，内摩擦角 $\varphi_k=0$，由表2.5知，$M_b=0$、$M_d=1.0$、$M_c=3.14$，将式(2.8)中的 c_k 相应地改为 c_u，则地基承载力特征值：$f_a=\gamma_m d+3.14c_u$；此时，增大基底尺寸不可能提高地基承载力。但对 $\varphi_k>0$ 的土，增大基底宽度，承载力将随着 φ_k 的提高而逐渐增大。

(3)系数 $M_d\geqslant1$，故承载力随埋深 d 线性增加。但对设置后回填土的实体基础，因埋深增大而提高的那一部分承载力将被基础和回填土重 G 的相应增加而有所抵消；尤其是对 $\varphi_k=0$ 的软土，$M_d=1.0$，由于 $\gamma_G\approx\gamma_m$，这两方面几乎相抵而收不到明显的效果。

(4)式(2.8)仅适用于 $e\leqslant0.033b$ 的情况，这是因为用该式确定承载力时，相应的理论模式是基底压力呈条形均匀分布。当受到较大水平荷载而使合力的偏心距过大时，地基反力就会很不均匀，为了使理论计算的地基承载力符合其假定的理论模式，根据 $p_{max}\leqslant1.2f_a$ 的条件，故而在公式使用时增加了以上限制条件。

(5)按土的抗剪强度确定地基承载力时没有考虑建筑物对地基变形的要求，因此，按式(2.8)求得的承载力确定基础底面尺寸后，还须进行地基变形特征验算。

2.4.1.2　魏锡克式(或汉森式等)

德国规范利用太沙基公式、魏锡克公式、汉森公式引入极限状态表达式。采用总安全系数设计原则，则用极限承载力(参见本书上册7.4节)除以总安全系数，即

$$K=\frac{p_u\cdot A'}{f_a\cdot A}\ 或\ f_a=\frac{p_u\cdot A'}{K\cdot A} \tag{2.9}$$

式中　p_u——地基土极限承载力(kPa)；

A'——与土接触的有效基底面积(m^2)；

A——基底面积(m^2)。

《路桥地基规范》、《港口工程地基规范》(JTS 147-1—2010)和其他地区规范推荐采用汉森公式，其与魏锡克公式的形式完全一致，只是系数的取值有所不同，具体取值与建筑物的安全等级、荷载的性质、土的抗剪强度指标的可靠程度，以及地基条件等因素有关，对长期承载力一般取 $K=2\sim3$。

2.4.2　按地基载荷试验确定

(1)载荷试验确定地基土承载力特征值 f_{ak}

现场通过一定尺寸的载荷板对扰动较少的地基土体直接加载，其测得的成果一般能反映1～2倍载荷板宽度的深度以内土体的平均性质。载荷试验虽较可靠，但因费时、耗资而不能多做，规范只要求对地基基础设计等级为甲级的建筑物采用载荷试验、理论公式计算及其他原位试验等方法综合确定。对于成分或结构很不均匀的土层，如杂填土、裂隙土、风化岩等，它则显出用别的方法所难以代替的作用。有些规范中的地基承载力表所提供的经验性数值也源自静载荷试验成果。

下面讨论怎样利用载荷试验记录整理而成的 p-s 曲线来确定地基承载力特征值。

密实砂土、硬塑黏土等低压缩性土的 p-s 曲线通常有较明显的起始直线段和极限值，即呈急进破坏的"陡降型"，如图2.13(a)所示。考虑到低压缩性土的承载力特征值一般由强度安全控制，故《建筑地基规范》规定取图中的比例界限荷载 p_b 作为承载力特征值。此时，地基的沉降量很小，为一般建筑物所允许，强度安全储备也绰绰有余。因为从 p_b 发展到破坏还有很长的过程。但对少数呈"脆性"破坏的土，p_b 与极限载荷 p_u 很接近，$p_u<1.5p_b$ 时，取 $p_u/2$ 作为承载力特征值。

对于有一定强度的中、高压缩性土，如松砂、填土、可塑黏土等，其 p-s 曲线无明显转折点，但曲线斜率随荷载增加而逐渐增大，最后稳定在某个最大值，即呈渐进破坏的"缓变型"，如图2.13(b)所示，此时，极限载

荷 p_u 可取曲线斜率开始到达最大值时对应的压力。不过，要取得 p_u 值，须把载荷试验进行到有很大沉降才行。而实践中往往因受加荷设备的限制，或出于对安全的考虑，不能将试验进行到这种地步，因而无法取得 p_u 值。此外，土的压缩性较大，通过极限荷载确定的承载力，未必能满足对地基沉降的限制。事实上，中、高压缩土的承载力，往往受允许沉降控制，故应当从沉降的观点来考虑。但是沉降量与基础（或载荷板）底面尺寸、形状有关，而试验采用的载荷板的底面尺寸通常总是小于实际基础的底面尺寸。为此，不能直接以基础的允许沉降值在 p-s 曲线上定出承载力特征值。规范总结了许多实测资料，当压板面积为 0.25～0.50 m^2 时，可取 s/b=0.01～0.015 所对应的荷载作为承载力特征值，但其值不应大于最大加载量的一半。

对同一土层，应选择三个以上的试验点。各试验点实测值的极差不超过平均值的 30%时，取其平均值作为该土层的地基承载力特征值 f_{ak}。

载荷板尺寸一般小于实际基础尺寸，影响深度也较小，试验只反映该影响范围内土层的承载力。如果载荷板影响深度之下存在软弱下卧层，而该层又处于基础的主要受力层内（如图 2.14 所示的情况），此时除非采用大尺寸载荷板做试验，否则意义不大。

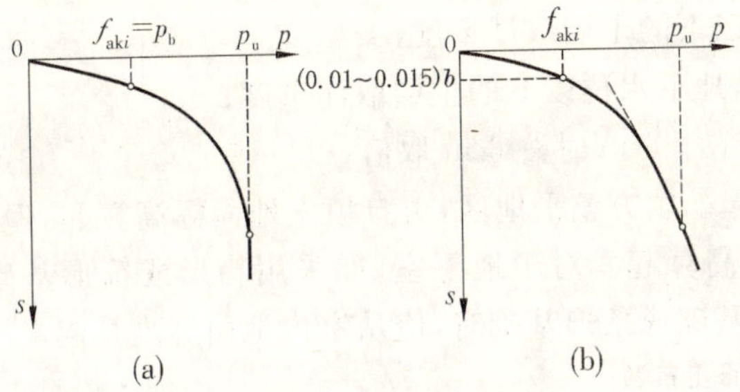

图 2.13　按载荷试验结果确定地基承载力

(a)低压缩性土；(b)中、高压缩性土

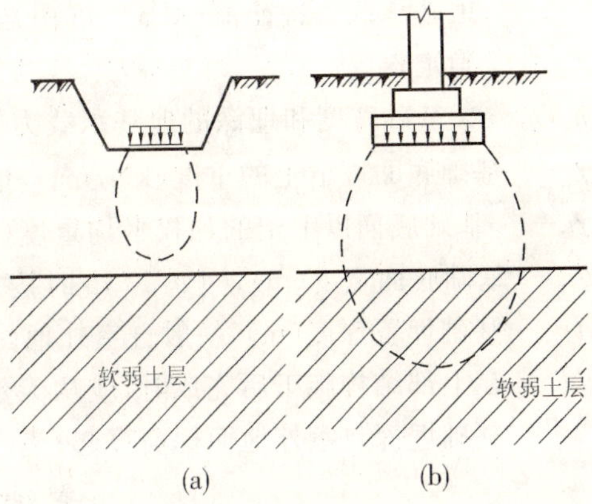

图 2.14　载荷板与基础荷载影响深度的比较

(a)载荷试验；(b)实际基础

(2)岩石地基承载力特征值 f_a

破碎、极破碎的岩石地基承载力特征值可根据平板载荷试验确定。完整、较完整和较破碎的岩石地基的承载力特征值可按《建筑地基规范》附录 H 的岩石地基载荷试验要点确定：对应于 p-s 曲线上起始直线段的终点为比例界限；符合终止加载条件的前一级荷载为极限荷载；将极限荷载除以安全系数 3，所得值与对应于比例界限的荷载相比，取小值。每个场地试验点数量不少于 3 个，取最小值作为岩石地基承载力特征值 f_a，且不再进行基础宽度和埋置深度的修正。

对完整、较完整和较破碎的岩石地基承载力特征值，也可根据室内饱和单轴抗压强度按下式计算：

$$f_a = \psi_r \cdot f_{rk} \tag{2.10}$$

式中　f_a——岩石地基承载力特征值(kPa)；

f_{rk}——岩石饱和单轴抗压强度标准值(kPa)，可按《建筑地基规范》附录 J 确定；

ψ_r——折减系数，根据岩体完整程度以及结构面的间距、宽度、产状和组合，由地区经验确定。无经验时：完整岩体可取 0.5；较完整岩体可取 0.2～0.5；较破碎岩体可取 0.1～0.2。

(3)其他原位测试地基承载力特征值 f_{ak}

除了载荷试验外，静力触探、动力触探、标准贯入试验等原位测试，在我国已经积累了丰富的工程实践经验，《建筑地基规范》允许将其应用于确定地基承载力特征值。但强调地区经验，即当地的对比资料，还应对承载力特征值进行基础宽度和埋置深度修正。

2.4.3　按地基规范承载力表确定

有些土的物理、力学指标与地基承载力之间存在着良好的相关性。根据积累的大量工程实践经验、原位试验和室内土工试验数据，为确定地基承载力进行了大量的统计分析，并由此制定出便于查用的经验表格，由此可直接查表确定地基承载力。但我国幅员辽阔，土质条件各异，经验表格很难概括全国的土质地基承载力规律。查表法对于大多数地区可能基本适合或偏于保守，但也不排除个别地区可能不安全。因此，现行《建筑地基规范》取消了地基承载力表。但允许各地区（省、市、自治区）根据试验和地区经验，制定地方性建筑地基规范。此外，鉴于不同专业领域基础工程的不同特点，各部门也制定了相应的地基基础设计规范及地基承载力经验表格，如《路桥地基规范》、《铁路桥涵地基和基础设计规范》（TB 10002.5—2005）和《港口工程地基规范》（JTS 147-1—2010）等。

由于随基础宽度和埋置深度增加，地基承载力也将随之提高，故应将地基承载力对不同的基础宽度和埋深进行修正，方可供设计使用。《建筑地基规范》规定：当基础宽度大于 3 m 或埋深大于 0.5 m 时，从载荷试验或其他原位测试、经验值等方法确定的地基承载力特征值尚应按下式修正：

$$f_a = f_{ak} + \eta_b \gamma (b-3) + \eta_d \gamma_m (d-0.5) \tag{2.11}$$

式中 f_a——修正后的地基承载力特征值（kPa）；

f_{ak}——地基承载力特征值（kPa），可由载荷试验或其他原位测试并结合工程实践经验等方法综合确定；

η_b，η_d——基础宽度和埋深的地基承载力修正系数，按基底土的类别查表 2.6 取值；

γ——基础底面以下土的重度（kN/m^3），地下水位以下的土层取浮重度；

γ_m——基础底面以上土的加权平均重度（kN/m^3），地下水位以下的土层取浮重度；

b——基础底面宽度（m），当 $b<3$ m 时按 3 m 取值，$b>6$ m 时按 6 m 取值；

d——基础埋置深度（m），一般自室外地面标高算起。填方整平地区，可自填土地面标高算起，但填土在上部结构施工后完成时，应从天然地面标高算起。对于地下室，如采用箱形或筏形基础时，基础埋深自室外地面标高算起；当采用独立基础或条形基础时，应从室内地面标高算起。

表 2.6 承载力修正系数

土的类别		η_b	η_d
淤泥和淤泥质土		0	1.0
人工填土 e 或 I_L 不小于 0.85 的黏性土		0	1.0
红黏土	含水比 $\alpha_w>0.8$	0	1.2
	含水比 $\alpha_w\leqslant 0.8$	0.15	1.4
大面积压实填土	压实系数大于 0.95、黏粒含量 $\rho_c\geqslant 10\%$ 的粉土	0	1.5
	最大干密度大于 2.1 t/m^3 的级配砂石	0	2.0
粉土	黏粒含量 $\rho_c\geqslant 10\%$ 的粉土	0.3	1.5
	黏粒含量 $\rho_c<10\%$ 的粉土	0.5	2.0
e 及 I_L 均小于 0.85 的黏性土		0.3	1.6
粉砂、细砂（不包括很湿与饱和时的稍密状态）		2.0	3.0
中砂、粗砂、砾砂和碎石土		3.0	4.4

注：① 强风化和全风化的岩石，可参照所风化成的相应土类取值，其他状态下的岩石不修正；

② 地基承载力特征值按《建筑地基规范》附录 D 深层平板载荷试验确定时 η_d 取 0；

③ 含水比是指土的天然含水量与液限的比值；

④ 大面积压实填土是指填土范围大于两倍基础宽度的填土。

【例 2.1】 已知某拟建建筑物场地地质条件，第(1)层：杂填土，层厚 1.0 m，$\gamma_2=18$ kN/m^3；第(2)层：粉质黏土，层厚 4.2 m，$\gamma=18.5\ kN/m^3$，$e=0.92$，$I_L=0.94$，地基承载力特征值 $f_{ak}=136\ kPa$，试按以下基础条件分别计算修正后的地基承载力特征值：

(1)对于基础底面尺寸为 4.0 m×2.6 m 的矩形独立基础，埋深 $d=1.0$ m；

(2)对于基础底面尺寸为 9.5 m×36 m 的箱形基础，埋深 $d=3.5$ m。

【解】 根据《建筑地基规范》

(1)矩形独立基础下修正后的地基承载力特征值 f_a

基础宽度 $b=2.6$ m(<3 m)，按 3 m 考虑；

埋深 $d=1.0$ m，持力层粉质黏土的孔隙比 $e=0.92(>0.85)$，查表 2.6 得：

$$\eta_b=0,\eta_d=1.0$$

$$f_a=f_{ak}+\eta_b\gamma(b-3)+\eta_d\gamma_m(d-0.5)=136+0+1.0\times18\times(1.0-0.5)=145.0\ kPa$$

(2)箱形基础下修正后的地基承载力特征值 f_a

基础宽度 $b=9.5$ m(>6 m)，按 6 m 考虑；$d=3.5$ m，持力层仍为粉质黏土，$\eta_b=0$，$\eta_d=1.0$

$$\gamma_m=(18\times1.0+18.5\times2.5)/3.5=18.4\ kN/m^3$$

$$f_a=136+0\times18.5\times(6-3)+1.0\times18.4\times(3.5-0.5)=191.2\ kPa$$

【例 2.2】 某建筑物承受中心荷载的柱下独立基础底面尺寸为 2.5 m×1.5 m，埋深 $d=1.6$ m；地基土为粉土，土的物理力学性质指标：$\gamma=17.8\ kN/m^3$，$c_k=1.2\ kPa$，$\varphi_k=22°$。试确定持力层的地基承载力特征值。

【解】 因基础承受中心荷载(偏心距 $e_k=0$)，根据土的抗剪强度指标计算持力层的地基承载力特征值 f_a。

根据 $\varphi_k=22°$ 查表 2.5 得：

$$M_b=0.61,M_d=3.44,M_c=6.04$$

$$f_a=M_b\gamma b+M_d\gamma_m d+M_c c_k=0.61\times17.8\times1.5+3.44\times17.8\times1.6+6.04\times1.2=121.5\ kPa$$

2.5 基础底面尺寸的确定

确定基底尺寸时，首先应满足地基承载力要求，包括持力层承载力计算和软弱下卧层验算；其次，对部分建(构)筑物，仍需考虑地基变形影响，验算其变形特征值，并对基底尺寸做必要调整。

根据《建筑地基规范》"所有建筑物的地基计算均应满足承载力"的基本原则，设计天然地基上的浅基础时，确定基础埋深后，就可按持力层的承载力特征值计算所需的基础底面尺寸。要求符合下式要求：

$$p_k\leqslant f_a \tag{2.12}$$

$$p_{k\max}\leqslant1.2f_a \tag{2.13}$$

式中 p_k——相应于荷载效应标准组合时，基础底面处的平均压力值(kPa)；

$p_{k\max}$——相应于荷载效应标准组合时，基础底面边缘的最大压力值(kPa)；

f_a——修正后的地基承载力特征值(kPa)。

2.5.1 按地基持力层的承载力计算基底尺寸

2.5.1.1 中心荷载作用下的基础

要求基底平均压力不超过持力层土的承载力特征值，即符合式(2.12)要求。如图 2.15 所示，在中心荷载 F_k、G_k 作用下，按简化计算方法，基底压力 p_k 为均匀分布：$p_k=(F_k+G_k)/A$；将基础及上方回填土重 $G_k=\gamma_G dA$(地下水位以下部分应扣除浮托力)代入，则式(2.12)变为：$(F_k+\gamma_G dA)/A\leqslant f_a$；整理后，即可得中心荷载作用下的基础底面积 A 的计算式：

$$A \geqslant \frac{F_k}{f_a - \gamma_G d} \tag{2.14}$$

式中 F_k——相应于荷载效应标准组合时，上部结构传至基础顶面的竖向力(kN)；

γ_G——基础及回填土的平均重度(kN/m^3)，一般取 20 kN/m^3，地下水位以下取 10 kN/m^3；

d——基础平均埋深(m)。

对于单独基础，按上式计算出 A 后，先选定 b 或 $l \cdot b$，再计算另一边长，使 $A=l \cdot b$，一般取 $l/b=1.0 \sim 2.0$。

对于条形基础，F_k 为沿长度方向 1 m 范围内上部结构传至基础顶面的竖向力(kN/m)，由式(2.14)求得的 A 就等于条形基础的宽度 b。

必须指出，按式(2.14)计算 A 时，需先确定地基承载力特征值 f_a。但 f_a 值又与基底面积 A 有关，也即式中的 A 与 f_a 都是未知数，因此，需通过反复试算确定。计算时，可先对地基承载力只进行深度修正，计算 f_a 值；然后按计算所得的 $A=l \cdot b$，考虑是否需要进行宽度修正，使得 A、f_a 间相互协调一致。

2.5.1.2 偏心荷载作用下的基础

偏心荷载作用下(图 2.16)，除应符合式(2.12)外，尚应符合式(2.13)要求。相应的 $P_{k\max}$、$P_{k\min}$ 计算式：

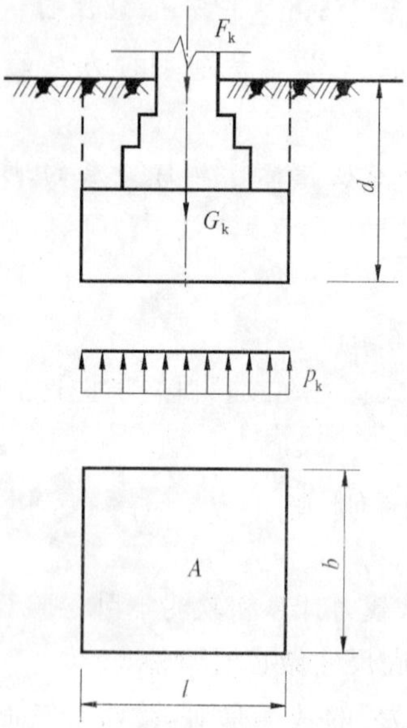

图 2.15 中心荷载作用下的基础

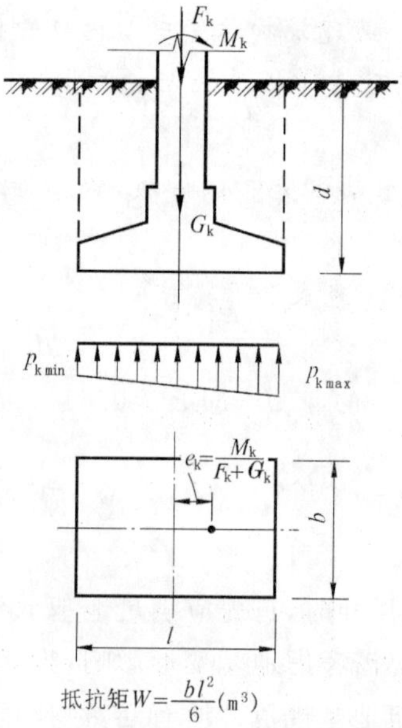

图 2.16 单向偏心荷载作用下的基础

$$\left.\begin{matrix} p_{k\max} \\ p_{k\min} \end{matrix}\right\} = \frac{F_k+G_k}{A} \pm \frac{M_k}{W} = \frac{F_k+G_k}{l \cdot b}\left(1 \pm \frac{6e_k}{l}\right) \tag{2.15a}$$

或当 $p_{k\min}<0$ 时

$$p_{k\max} = \frac{2(F_k+G_k)}{3ba} \tag{2.15b}$$

式中 M_k——相应于荷载效应标准组合时，上部结构传至基础顶面的弯矩(kN·m)；

W——基础底面的抵抗矩(m^3)；

e_k——偏心距(m)，$e_k=M_k/(F_k+G_k)$；

l——力矩作用方向的矩形基础底面边长(m)，一般为矩形基础底面的长边；

b——垂直于力矩作用方向的矩形基础底面边长(m)；

a——偏心荷载作用点至最大压力 $p_{k\max}$ 作用边缘的距离(m)，$a=l/2-e_k$。

按上述承载力计算要求，计算偏心荷载作用下的基础底面尺寸时，通常可按下述逐次渐近试算法进行：

(1)先按中心荷载作用下的式(2.14)计算基础面积 A_0，即：满足式(2.12)。

(2)考虑偏心影响,加大 A_0。一般可按偏心距大小增大 10%～40%,使 $A=(1.1\sim1.4)A_0$。对矩形底面的基础,按 A 初步选择相应的基础底面长度 l 和宽度 b,一般:$l/b=1.2\sim2.0$。

(3)计算偏心荷载作用下的 $p_{k\max}$、$p_{k\min}$,验算是否满足式(2.13);如不合适(太小或过大),可调整基础底面长度 l 和宽度 b,再验算;如此反复一两次,便能定出合适的基础底面尺寸。

必须指出,基础底面压力 $p_{k\max}$ 和 $p_{k\min}$ 相差过大则易引起基础倾斜,故两者相差不宜过于悬殊。通常,对于高、中压缩性地基土上的基础,或有吊车的厂房柱基础,偏心距 e_k 不宜大于 $l/6$;低压缩性地基土上的基础,当考虑短期作用的偏心荷载时,偏心距 e_k 可适当放宽,但也应控制在 $l/4$ 以内;若上述条件不能满足时,则应调整基础底面尺寸,或者做成梯形底面形状的基础,使基础底面形心与荷载重心尽量重合。

【例 2.3】 柱截面尺寸为 300 mm×400 mm,柱底荷载标准值:中心竖向力 700 kN,弯矩 80 kN·m,水平力 13 kN。其他参数如图 2.17 所示。试根据持力层地基承载力确定基础底面尺寸。

【解】 ①求地基承载力特征值 f_a

根据黏性土 $e=0.7$,$I_L=0.78$,查表 2.6 得:$\eta_b=0.3$,$\eta_d=1.6$。

持力层承载力特征值 f_a(先不考虑对基础宽度进行修正):

$f_a=f_{ak}+\eta_d\gamma_m(d-0.5)=226+1.6\times17.5\times(1.0-0.5)=240$ kPa(其中 d 按室外地面算起)

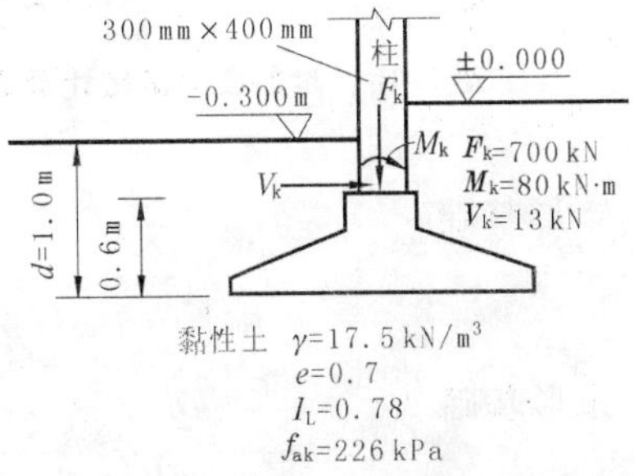

图 2.17 例 2.3 图

②初步选择基底尺寸

计算基础和回填土重 G_k 时的基础埋深

$$d=0.5\times(1.0+1.3)=1.15\ \text{m}$$

由式(2.14)得:

$$A_0=700/(240-20\times1.15)=3.23\ \text{m}^2$$

由于偏心不大,基础底面积按 20%增大,即

$$A=1.2\,A_0=1.2\times3.23=3.88\ \text{m}^2$$

初步选择基础底面积 $A=l\cdot b=2.4\times1.6=3.84\ \text{m}^2(\approx3.88\ \text{m}^2)$,且 $b=1.6\ \text{m}<3\ \text{m}$,不需再对 f_a 进行修正。

③验算持力层地基承载力

基础和回填土重 $G_K=\gamma_G dA=20\times1.15\times3.84=88.3$ kN

偏心距 $e_k=\dfrac{M_k}{F_k+G_k}=\dfrac{80+13\times0.6}{700+88.3}=0.11\ \text{m}\left(\dfrac{l}{6}=0.4\ \text{m}\right)$,即 $p_{k\min}>0$,满足。

基底最大压力

$p_{k\max}=\dfrac{F_k+G_k}{A}\left(1+\dfrac{6e_k}{l}\right)=\dfrac{700+88.3}{3.84}\times\left(1+\dfrac{6\times0.11}{2.4}\right)=262\ \text{kPa}<1.2f_a=288$ kPa,满足。

最后,确定该柱基础底面长 $l=2.4$ m,宽 $b=1.6$ m。

2.5.2 软弱下卧层的验算

软弱下卧层是指在持力层下地基受力范围内,承载力显著低于持力层的高压缩性土层。若按前述持力层土的承载力计算得出基础底面所需的尺寸后,还存在软弱下卧层,就须对软弱下卧层进行验算,要求传递到软弱下卧层顶面处的附加应力与自重应力之和不超过软弱下卧层的承载力,即

$$p_z+p_{cz}\leqslant f_{az} \tag{2.16}$$

式中 p_z——相应于荷载效应标准组合时,软弱下卧层顶面处的附加应力值(kPa);

p_{cz}——软弱下卧层顶面处土的自重应力值(kPa);

f_{az}——软弱下卧层顶面处经深度修正后的地基承载力特征值(kPa)。

下卧层顶面土体的附加应力 p_z 可根据弹性半空间理论及试验等确定。《建筑地基规范》通过大量试验研究并参照双层地基中附加应力分布的理论解答,提出了按扩散角原理的简化计算方法(图 2.18),当持力层与软弱下卧层的压缩模量比值 $E_{s1}/E_{s2}\geqslant3$ 时,对矩形和条形基础,假设基底处的附加应力($p_0=p_k-p_c$)向

下传递时按某一角度 θ 向外扩散，并均匀分布于较大面积的软弱下卧层上，根据基底与软弱下卧层顶面处扩散面积上的附加应力相等的条件，可得附加应力 p_z 的计算式：

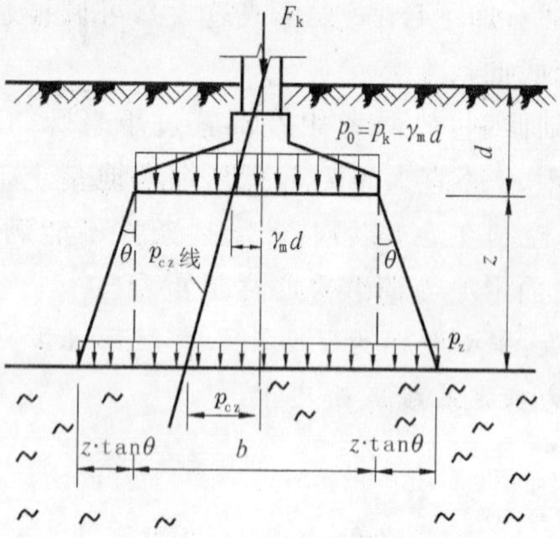

图 2.18 附加应力简化计算图

表 2.7 地基压力扩散角 θ

E_{s1}/E_{s2}	z/b	
	0.25	0.50
3	6°	23°
5	10°	25°
10	20°	30°

注：①E_{s1} 和 E_{s2} 分别为上层土和下层土的压缩模量。

②$z/b<0.25$ 时取 $\theta=0°$，必要时宜由试验确定；$z/b>0.50$ 时 θ 值不变；z/b 在 0.25 与 0.50 之间时可插值确定。

矩形基础

$$p_z=\frac{lb(p_k-\gamma_m d)}{(l+2z\tan\theta)(b+2z\tan\theta)} \tag{2.17}$$

条形基础

$$p_z=\frac{b(p_k-\gamma_m d)}{b+2z\tan\theta} \tag{2.18}$$

式中 b——条形和矩形基础底面宽度(m)；

l——矩形基础底面长度(m)；

γ_m——基础埋深范围内土的加权平均重度(kN/m³)(地下水位以下取有效重度 γ')；

d——基础埋深(m)(从天然地面算起)；

z——基础底面至软弱下卧层顶面的距离(m)；

θ——地基压力扩散线与垂直线的夹角，可按表 2.7 采用；

p_k——基底平均压力设计值(kPa)。

试验研究表明：基底压力增加到一定数值后，传至软弱下卧层顶部的压力将随之迅速增大，即 θ 角迅速减小，直到持力层冲剪破坏时的 θ 值(相当于冲切锥台斜面的倾角，其值见表 2.7，试验结果一般不超过 30°，因此，表中 θ 值取 30°为上限)为最小。由此可见，如果满足软弱下卧层验算要求，实际上也就保证了上覆持力层将不发生冲剪破坏。如果软弱下卧层验算不满足要求，应考虑增大基础底面积，或改变基础埋深，甚至改用地基处理或深基础设计的地基基础方案。

【例 2.4】 图 2.19 中柱基础荷载标准值 $F_k=1100$ kN，$M_k=140$ kN·m；若基础底面尺寸 $l\times b=3.6$ m×2.6 m，试根据图中资料验算基底面积是否满足地基承载力要求。

【解】 ①持力层承载力验算

埋深范围内土的加权平均重度

$$\gamma_{m1}=[16.5\times1.2+(19-10)\times0.8]/2=13.5\ \text{kN/m}^3$$

由粉质黏土 $e=0.8$，$I_L=0.82$，查表 2.6 得：$\eta_b=0.3$，$\eta_d=1.6$

持力层承载力修正后特征值

$$f_a=135+0+1.6\times13.5\times(2-0.5)=167.4\ \text{kPa}$$

基础及回填土重(0.8 m 在地下水中)

$$G_k=(20\times1.2+10\times0.8)\times3.6\times2.6=300\ \text{kN}$$

$$e_k=\frac{M_k}{F_k+G_k}=\frac{140}{1100+300}=0.1\ \text{m}$$

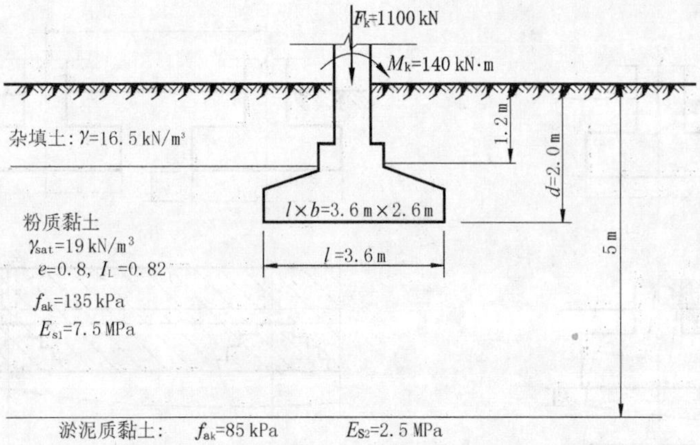

图 2.19 例 2.4 图

持力层承载力验算：

$p_k=\dfrac{F_k+G_k}{A}=\dfrac{1100+300}{3.6+2.6}=149.6\ \text{kPa}$（$<f_a$，满足）

$p_{k\max}=p_k\left(1+\dfrac{6e_k}{l}\right)=149.6\times\left(1+\dfrac{6\times0.1}{3.6}\right)=149.6\times(1+0.167)$

$=174.58\ \text{kPa}$（$<1.2f_a=200.9\ \text{kPa}$，满足）

$p_{k\min}=149.6\times(1-0.167)=124.7\ \text{kPa}$（$>0$，满足）

②软弱下卧层强度验算

软弱下卧层顶面处自重应力 $p_{cz}=16.5\times1.2+(19-10)\times3.8=54\ \text{kPa}$

软弱下卧层顶面以上土的加权平均重度 $\gamma_{m2}=54\div5=10.8\ \text{kN/m}^3$

由淤泥质黏土，查表 2.6 得 $\eta_d=1.0$，故：

$$f_{az}=85+1.0\times10.8\times(5-0.5)=133.6\ \text{kPa}$$

由 $E_{s1}/E_{s2}=7.5/2.5=3$，以及 $z/b=3/2.6>0.5$，查表 2.7 得地基压力扩散角 $\theta=23°$。

软弱下卧层顶面处的附加应力

$$p_z=\frac{lb(p_k-\gamma_{m1}d)}{(l+2z\tan\theta)(b+2z\tan\theta)}=\frac{3.6\times2.6\times(149.6-13.5\times2.0)}{(3.6+2\times3\times\tan23°)(2.6+2\times3\times\tan23°)}=36.27\ \text{kPa}$$

验算：$p_{cz}+p_z=54+36.27=90.27\ \text{kPa}$（$<f_{az}=133.6\ \text{kPa}$，满足）

2.6 地基变形验算

2.6.1 地基变形特征

按地基承载力确定基底尺寸后，一般可保证建筑物在防止地基剪切破坏方面具有足够的安全度，但荷载作用下，地基土总会产生压缩变形而发生沉降。因建筑物的结构类型、刚度、使用要求的差异，对地基变形的敏感程度、危害、变形要求也不同。因此，对于各类建筑结构，如何控制对其不利的沉降形式——称"地基变形特征"，使之不影响建筑物正常使用或破坏，也是地基基础设计必须予以充分考虑的一个基本问题。

地基变形特征一般分为：沉降量、沉降差、倾斜、局部倾斜。

(1)沉降量——指基础某点的沉降值[图 2.20(a)]。

对于单层排架结构，在低压缩性地基上一般不会因沉降而损坏，但在中高压缩性地基上，应该限制柱基沉降量，尤其是要限制多跨排架中受荷较大的中排柱基的沉降量不宜过大，以免支承于其上的相邻屋架发生对倾而使端部相碰。

(2)沉降差——一般指相邻柱中点的沉降量之差[图 2.20(b)]。

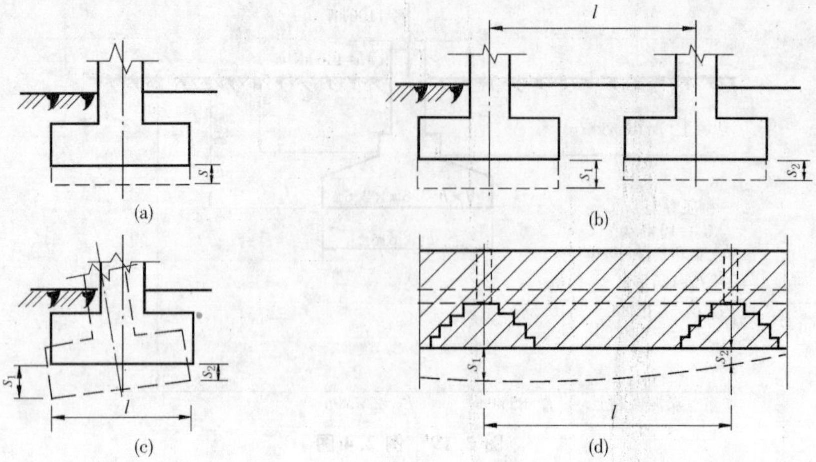

图 2.20　地基变形特征

(a)沉降量 s；(b)沉降差 s_1-s_2；(c)倾斜；(d)局部倾斜

框架结构主要因柱基的不均匀沉降而使结构受剪扭曲而损坏，也称敏感性结构。斯肯普顿（A. W. Skempton，1956 年）曾得出敞开式框架结构柱基能承受大至 $l/150$（约 $0.007l$，l 为柱距）的沉降差而不损坏的结论。通常认为：填充墙框架结构的相邻柱基沉降差按不超过 $0.002l$ 设计时是安全的。

对于被开窗面积不大的砌体所填充的边排柱，尤其是房屋端部抗风柱之间的沉降差，应予以特别注意。

(3)倾斜——指基础倾斜方向两端点的沉降差与其距离的比值[图 2.20(c)]。

对于高耸结构及长高比很小的高层建筑，其地基变形的主要特征是建筑物的整体倾斜。

高耸结构重心高，基础倾斜使重心侧移引起的偏心力矩，不仅使基底边缘压力 p_{max} 增加而影响倾覆稳定性，还会导致结构附加弯矩。因此，高耸结构基础的倾斜允许值随结构高度的增加而递减。一般，地基土层的不均匀分布以及邻近建筑物的影响是高耸结构产生倾斜的重要原因；如果地基的压缩性比较均匀，且无邻近荷载的影响，对高耸结构，只要基础中心沉降量不超过表 2.8 的允许值，可不作倾斜验算。

高层建筑横向整体倾斜容许值主要取决于对人们视觉的影响，高大的刚性建筑物倾斜值达到明显可见程度时大致为 1/250(0.004)，而结构损坏大致当倾斜值达到 1/150 时才开始。

对于有吊车的工业厂房，还应验算桥式吊车轨面沿纵向或横向的倾斜，以免因倾斜而导致吊车自动滑行或卡轨。

(4)局部倾斜——指砌体承重结构沿纵向 6～10 m 内基础两点的沉降差与其距离的比值[图 2.20 (d)]。

一般砌体结构房屋的长高比不大，因地基沉降所引起的损坏，最常见的是房屋外纵墙由于相对挠曲引起的拉应变形成的裂缝，有裂缝呈现正“八”字形的墙体正向挠曲（下凹）和呈倒“八”字形的反向挠曲（凸起）。但是，墙体的相对挠曲不易计算，一般以沿纵向一定距离范围（6～10 m）内基础两点的沉降量计算局部倾斜，作为砌体承重墙结构的主要变形特征。

表 2.8　建筑物的地基变形允许值

变形特征		地基土类别	
		中、低压缩性土	高压缩性土
砌体承重结构基础的局部倾斜		0.002	0.003
工业与民用建筑相邻柱基的沉降差	(1) 框架结构	$0.002l$	$0.003l$
	(2) 砌体墙填充的边排柱	$0.0007l$	$0.001l$
	(3) 当基础不均匀沉降时，不产生附加应力的结构	$0.005l$	$0.005l$
单层排架结构（柱距为 6 m）柱基的沉降量(mm)		(120)	200
桥式吊车轨面的倾斜（按不调整轨道考虑）	纵　向	0.004	
	横　向	0.003	

续表 2.8

变形特征		地基土类别	
		中、低压缩性土	高压缩性土
多层和高层建筑的整体倾斜	$H_g \leqslant 24$	0.004	
	$24 < H_g \leqslant 60$	0.003	
	$60 < H_g \leqslant 100$	0.0025	
	$H_g > 100$	0.002	
体型简单的高层建筑基础的平均沉降量(mm)		200	
高耸结构基础的倾斜	$H_g \leqslant 20$	0.008	
	$20 < H_g \leqslant 50$	0.006	
	$50 < H_g \leqslant 100$	0.005	
	$100 < H_g \leqslant 150$	0.004	
	$150 < H_g \leqslant 200$	0.003	
	$200 < H_g \leqslant 250$	0.002	
高耸结构基础的沉降量(mm)	$H_g \leqslant 100$	400	
	$100 < H_g \leqslant 200$	300	
	$200 < H_g \leqslant 250$	200	

注:① 本表数值为建筑物地基实际最终变形允许值;

② 有括号者仅适用于中压缩性土;

③ l 为相邻柱基的中心距离(mm);H_g 为自室外地面起算的建筑物高度(m);

④ 倾斜是指基础倾斜方向两端点的沉降差与其距离的比值;

⑤ 局部倾斜指砌体承重结构沿纵向 6～10 m 内基础两点的沉降差与其距离的比值。

2.6.2 地基变形验算

《建筑地基规范》按不同建筑物的地基变形特征要求其地基变形计算值不应大于地基变形允许值,即

$$s \leqslant [s] \tag{2.19}$$

式中 s——地基变形计算值,可按本书上册第 4 章的方法计算,注意:传至基础上的荷载 F_k 应按正常使用极限状态下荷载效应的准永久组合(不应计入风荷载和地震作用);

$[s]$——地基变形允许值,其确定涉及因素多,很难全面准确地确定。《建筑地基规范》综合分析了国内外各类建筑物的有关资料,提出了表 2.8 供设计时采用。对表中未包括的其他建筑物的地基变形允许值,可根据上部结构对地基变形的适应能力和使用要求确定。

进行地基变形验算,须具备较详细的勘察资料和土工试验成果。这对于建筑安全等级不高的大量中、小型工程来说,往往不易办到,且没必要。为此,《建筑地基规范》在确定各类土的地基承载力(参见 2.4 节)时,已经考虑了一般中、小型建筑物在地质条件比较简单的情况下对地基变形的要求。所以,对满足表 2.2 要求的丙级建筑物,在按承载力确定基础底面尺寸之后,可不进行地基变形验算。

凡属以下情况之一者,在按地基承载力确定基础底面尺寸后,仍应作地基变形验算:

(1)地基基础设计等级为甲、乙级的建筑物;

(2)表 2.2 所列范围以内有下列情况之一的丙级建筑物:

①地基承载力特征值小于 130 kPa,且体型复杂的建筑;

②在基础上及其附近有地面堆载或相邻基础荷载差异较大,可能引起地基产生过大的不均匀沉降时;

③软弱地基上的相邻建筑存在偏心荷载时;

④相邻建筑距离过近,可能发生倾斜时;

⑤地基土内有厚度较大或厚薄不均的填土,其自重固结尚未完成时。

地基特征变形验算如不满足式(2.19)的条件,可先通过适当调整基底尺寸或埋深,如仍不满足,再考虑从建筑、结构或施工等方面采取有效措施以防止不均匀沉降的损害,或改用其他地基基础设计方案。

2.7 无筋扩展基础设计

无筋扩展基础系指用砖、毛石、混凝土、毛石混凝土、灰土和三合土等材料组成的墙下条形基础或柱下独立基础。

2.7.1 台阶宽高比

无筋扩展基础的台阶宽高比(图 2.21)要求一般可表示为:

$$\frac{b_i}{H_i} \leqslant \tan\alpha \tag{2.20}$$

式中 b_i——无筋扩展基础任一台阶的宽度(mm);

H_i——相应 b_i 的台阶高度(mm);

$\tan\alpha$——无筋扩展基础台阶宽高比的允许值,可按表 2.9 选用。

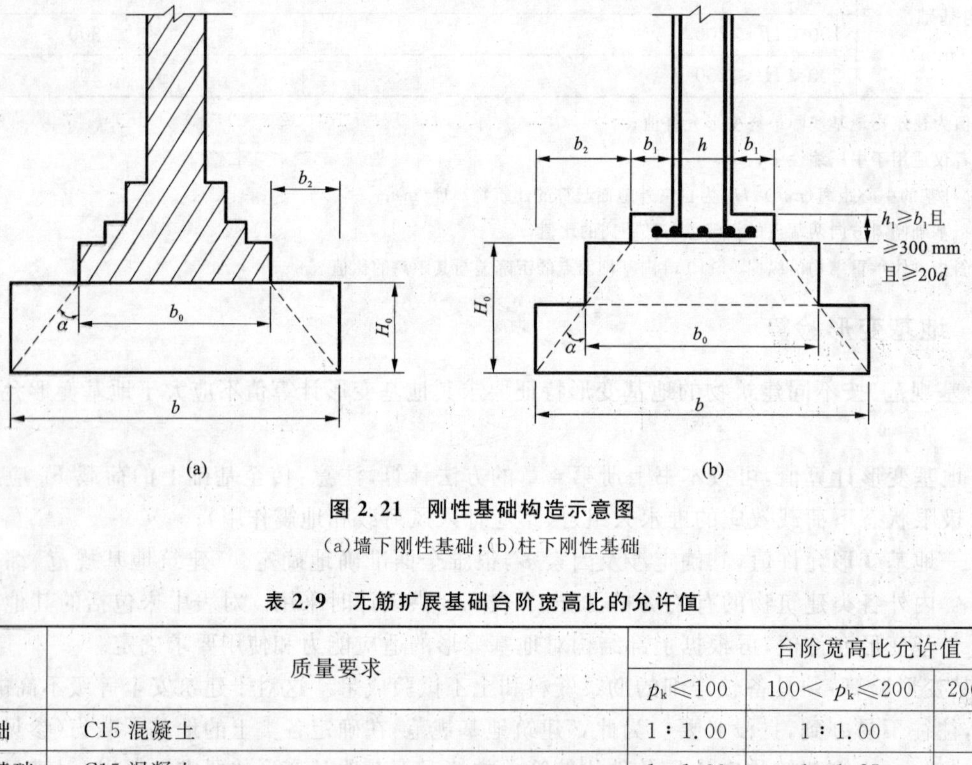

图 2.21 刚性基础构造示意图

(a)墙下刚性基础;(b)柱下刚性基础

表 2.9 无筋扩展基础台阶宽高比的允许值

基础材料	质量要求	台阶宽高比允许值		
		$p_k \leqslant 100$	$100 < p_k \leqslant 200$	$200 < p_k \leqslant 300$
混凝土基础	C15 混凝土	1∶1.00	1∶1.00	1∶1.25
毛石混凝土基础	C15 混凝土	1∶1.00	1∶1.25	1∶1.50
砖基础	砖不低于 MU10、砂浆不低于 M5	1∶1.50	1∶1.50	1∶1.50
毛石基础	砂浆不低于 M5	1∶1.25	1∶1.50	—
灰土基础	体积比为 3∶7 或 2∶8 的灰土,其最小干密度:粉土 1550 kg/m³;粉质黏土 1500 kg/m³;黏土 1450 kg/m³	1∶1.25	1∶1.50	—
三合土基础	体积比 1∶2∶4～1∶3∶6(石灰∶砂∶骨料),每层约虚铺 220 mm,夯至 150 mm	1∶1.50	1∶2.00	—

注:① p_k 为荷载效应标准组合时基础底面处的平均压力值(kPa);

② 阶梯形毛石基础的每阶伸出宽度,不宜大于 200 mm;

③ 当基础由不同材料叠合组成时,应对接触部分作抗压验算;

④ 混凝土基础单侧扩展范围内基础底面处的平均压力值超过 300 kPa 时,尚应进行抗剪验算;对基底反力集中于立柱附近的岩石地基,应进行局部抗压承载力验算。

2.7.2 其他构造规定

采用无筋扩展基础的钢筋混凝土柱的柱脚高度 h_1 不得小于 b_1[图 2.21(b)],并不应小于 300 mm 且不小于 20d(d 为柱中纵向受力钢筋的最小直径)。当纵向钢筋在柱脚内的竖向锚固长度不满足要求时,可沿水平方向弯折,弯折后的水平锚固长度不应小于 10d,也不应大于 20d。

砖基础是工程中最常见的一种无筋扩展基础,其尺寸应符合砖的尺寸模数,且一般做成台阶式,俗称“大放脚”,其砌筑方式有两种:一是“二皮一收”,如图 2.22(a)所示;另一种是“二一间隔收”,但须保证底层为两皮砖,即 120 mm 高,如图 2.22(b)所示。两种砌法均能满足式(2.20)的要求,且后者较节省材料。

为保证砌筑质量,并能起到平整和保护基坑作用,砖基础施工时,常在基底下先做垫层。垫层材料可选用灰土、三合土和混凝土。垫层每边伸出基底 50～100 mm,厚度一般为 100 mm。设计时此薄垫层一般作为构造垫层,不作为基础结构部分考虑。因此,垫层的宽度和高度都不计入基础的底部 b 和埋深 d 之内。

有时,无筋扩展基础由两种材料叠合而成,如上层砖砌体,下层混凝土。当下层混凝土的厚度超过 200 mm,且符合表 2.9 的要求时,则该混凝土层可作为基础结构部分考虑。

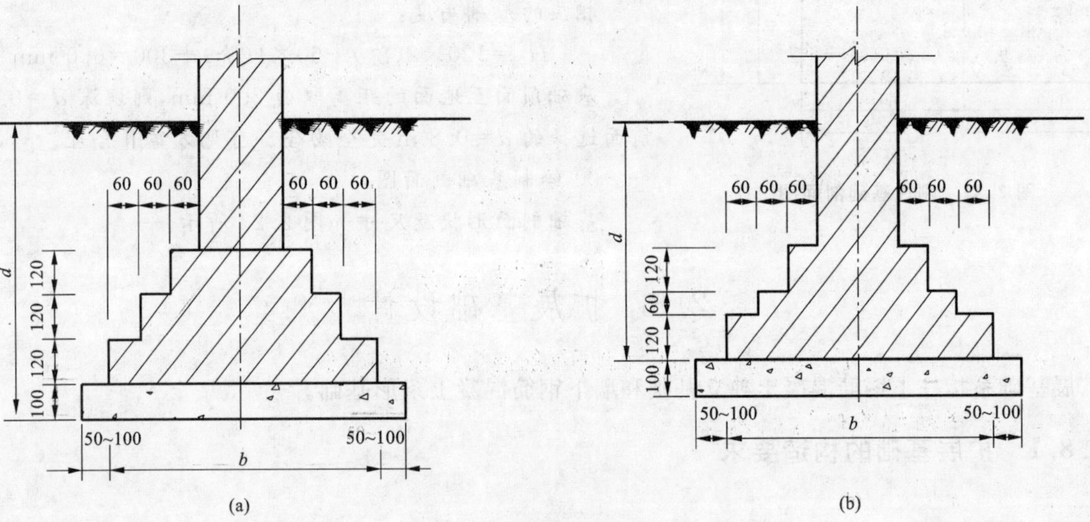

图 2.22 砖基础剖面图

(a)“二皮一收”砌法;(b)“二一间隔收”砌法

【例 2.5】 某住宅承重墙厚 240 mm;地基土表层为杂填土,厚 0.65 m,重度 17.3 kN/m³,其下为粉土层,重度 18.3 kN/m³,承载力特征值 170 kPa,孔隙比 0.86。地下水位在地表下 0.8 m 处。若已知上部墙体传来的竖向荷载标准值为 190 kN/m。(1)确定基础底面尺寸;(2)设计该承重墙下的刚性条形基础。

【解】 ① 确定条形基础底面宽度 b

为了便于施工,基础宜建在地下水位以上,故选择粉土层作为持力层,初步选择基础埋深 d 为 0.8 m。由 $e=0.86>0.85$,查表 2.6 得:$\eta_b=0$,$\eta_d=1.0$

埋深范围内土的加权平均重度:

$$\gamma_m=(17.3\times0.65+18.3\times0.15)\div0.8=17.5\ \text{kN/m}^3$$

持力层土修正后的承载力特征值 $f_a=170+17.5\times1.0\times(0.8-0.5)=175.25$ kPa。

基础底面宽度 $b\geqslant\dfrac{F_k}{f_a-\gamma_G d}=\dfrac{190}{175.25-20\times0.8}=1.19$ m(<3.0 m,不需要修正)

取该承重墙下条形基础底面宽度 $b=1.2$ m。

② 选择基础材料,并确定基础高度 H_0

方案Ⅰ:采用 MU10 砖和 M5 砂浆砌“二一间隔收”砖基础[图 2.22(b)],基底下做 100 mm 厚 C10 素混凝土垫层。砖基础所需台阶数：

$$n \geqslant \frac{1}{2} \times \frac{1200-240}{60} = 8(\text{阶})$$

相应的基础高度 $H_0 = 120 \times 4(\text{阶}) + 60 \times 4(\text{阶}) = 720$ mm

基坑的最小开挖深度 $D_{min} = 720 + 100 + 100 = 920$ mm，已深入地下水位以下，必然给施工带来困难。且此时实际基础埋深 d 已超过前面选择的 $d = 0.8$ m。可见方案Ⅰ不合理。

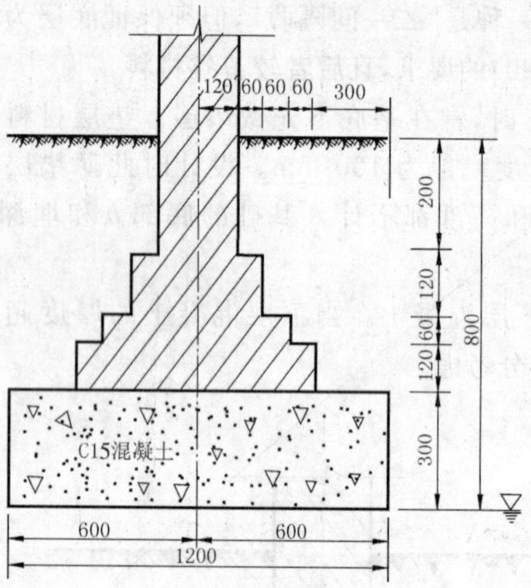

图 2.23　刚性基础剖面图

方案Ⅱ：基础上层采用 MU10 砖和 M5 砂浆砌筑"二一间隔收"砖基础；下层为 300 mm 厚 C15 素混凝土垫层。

混凝土垫层(作为基础结构层)设计：

由 $p_k = \dfrac{F_k + G_k}{A} = \dfrac{190 + 20 \times 0.8 \times 1.2}{1.2} = 174$ kPa，查表 2.9 得 $\tan\alpha = 1.0$，故混凝土垫层缩进 300 mm。

上层砖基础所需台阶数：

$$n \geqslant \frac{1}{2} \times \frac{1200-240-2\times 300}{60} = 3(\text{阶})$$

相应的基础高度：

$$H_0 = 120 \times 2(\text{阶}) + 60 \times 1(\text{阶}) + 300 = 600 \text{ mm}$$

基础顶面至地面的距离取为 200 mm，则埋深 $d = 0.8$ m，与前面选择的 $d = 0.8$ m 完全吻合。可见方案Ⅱ合理。

③ 绘制基础剖面图

基础剖面形状及尺寸如图 2.23 所示。

2.8　扩展基础设计

扩展基础系指柱下钢筋混凝土独立基础和墙下钢筋混凝土条形基础。

2.8.1　扩展基础的构造要求

2.8.1.1　一般要求

(1)基础边缘高度　锥形基础的边缘高度，不宜小于 200 mm[图 2.24(a)]；阶梯形基础的每阶高度，宜为 300～500 mm[图 2.24(b)]。

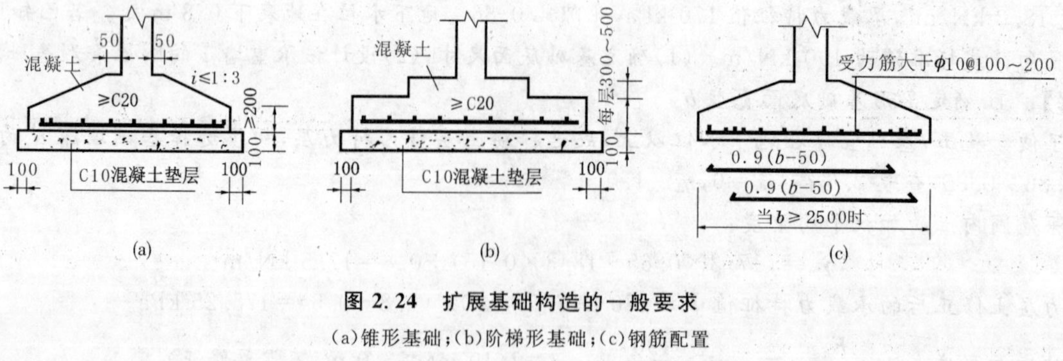

图 2.24　扩展基础构造的一般要求

(a)锥形基础；(b)阶梯形基础；(c)钢筋配置

(2)基底垫层　通常在底板下浇筑一层素混凝土垫层。垫层厚度不宜小于 70 mm，垫层混凝土强度等级不宜低于 C10；常做：100 mm 厚 C10 素混凝土垫层，两边各伸出基础 100 mm。

(3)钢筋　底板受力钢筋直径不应小于 10 mm，间距不应大于 200 mm，也不应小于 100 mm；当柱下钢筋混凝土独立基础的边长和墙下钢筋混凝土条形基础的宽度大于或等于 2.5 m 时，钢筋长度可减短 10%，并宜均匀交错布置[图 2.24(c)]。底板钢筋的保护层，当有垫层时不小于 40 mm；无垫层时不小于 70 mm。

(4)混凝土　混凝土强度等级不应低于 C20。

2.8.1.2　现浇柱下独立基础的构造要求

锥形和阶梯形基础构造所要求的剖面尺寸在满足“一般要求”时可按图 2.25 要求设计。

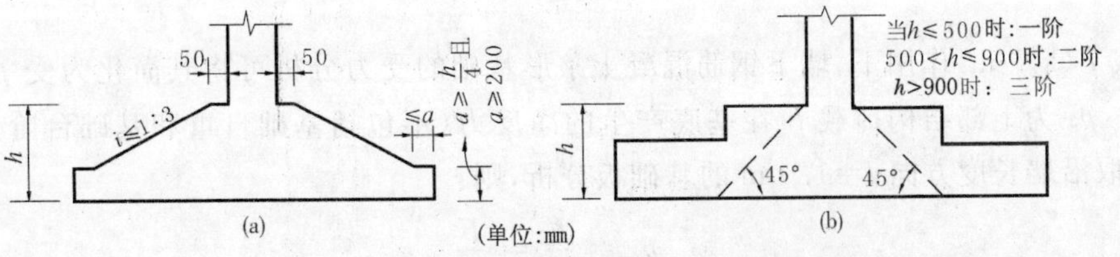

图 2.25　现浇钢筋混凝土柱基础剖面尺寸

(a)锥形基础；(b)阶梯形基础

现浇柱基础中应伸出插筋，插筋在柱内的纵向钢筋连接宜优先采用焊接或机械连接，插筋在基础内应符合下列要求：

(1)插筋的数量、直径，以及钢筋种类应与柱内的纵向受力钢筋相同。

(2)插筋锚入基础的长度应满足以下要求(图 2.26)：

①当基础高度 h 较小时，轴心受压和小偏心受压柱 $h<1200$ mm，大偏心受压柱 $h<1400$ mm；所有插筋的下端宜做成直钩放在基础底板钢筋网上，并满足锚入基础长度应大于锚固长度 l_a 或 l_{aE} 的要求[l_a 应符合《混凝土结构设计规范》(GB 50010—2010，2015 年版)的规定；有抗震设防要求时：一、二级抗震等级 $l_{aE}=1.15l_a$，三级抗震等级 $l_{aE}=1.05l_a$，四级抗震等级 $l_{aE}=l_a$]。

②当基础高度 h 较大时，轴心受压和小偏心受压柱 $h\geqslant1200$ mm，大偏心受压柱 $h\geqslant1400$ mm；可仅将四角插筋伸至基础底板钢筋网上，其余插筋只锚固于基础顶面下 l_{aE} 或 l_a 处。

③基础中插筋至少需分别在基础顶面下 100 mm 和插筋下端设置箍筋，且间距不大于 800 mm，基础中箍筋直筋与柱中同。

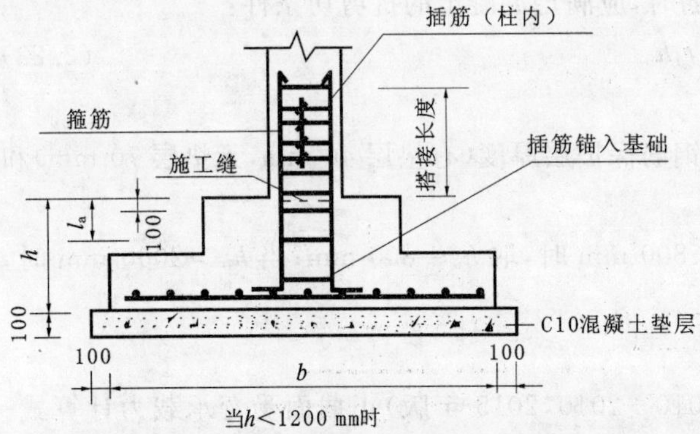

图 2.26　现浇钢筋混凝土柱与基础的连接

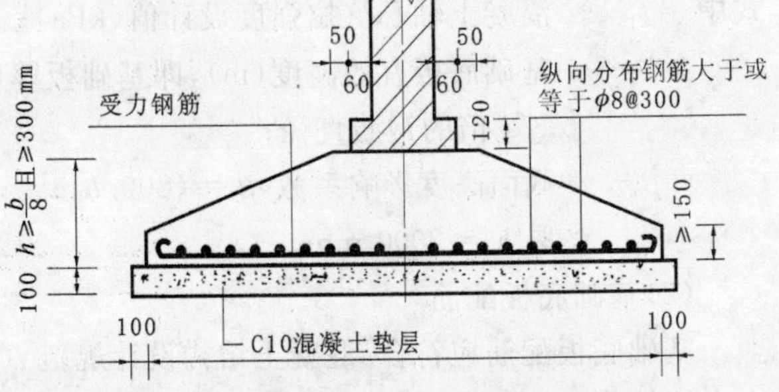

图 2.27　墙下钢筋混凝土条形基础的构造

2.8.1.3　墙下条形基础的构造要求

墙下钢筋混凝土条形基础按外形不同可分为无纵肋板式条形基础和有纵肋板式条形基础两种。

墙下无纵肋板式条形基础的高度 h 应按剪切计算确定。一般要求 $h\geqslant300$ mm($\geqslant b/8$，b 为基础宽度)。当 $b<1500$ mm 时，基础高度可做成等厚度；当 $b\geqslant1500$ mm 时，可做成变厚度，且板的边缘厚度不应小于

200 mm，坡度 $i \leqslant 1:3$（图 2.27）。板内纵向分布钢筋大于或等于 $\phi 8@300$，且每延米分布钢筋的面积应不小于受力钢筋面积的 1/10。

当墙下的地基土质不均匀或沿基础纵向荷载分布不均匀时，为了抵抗不均匀沉降和加强条形基础的纵向抗弯能力，可做成有纵肋板式条形基础。肋的纵向钢筋和箍筋一般按经验确定。

2.8.2 墙下钢筋混凝土条形基础的底板厚度和配筋计算

2.8.2.1 中心荷载作用

均布线荷载 F(kN/m)作用下，墙下钢筋混凝土条形基础的受力分析可将其简化为受 p_n 作用的倒置悬臂梁（图 2.28）。p_n 为上部结构荷载 F 在基底产生的净反力（不包括基础自重和基础台阶上回填土重所引起的反力）。若取沿墙长度方向 $l=1.0$ m 的基础板分析，则：

$$p_n = \frac{F}{bl} = \frac{F}{b} \tag{2.21}$$

式中 p_n——相应于荷载效应基本组合时的地基净反力设计值(kPa)；

F——上部结构传至地面标高处的荷载设计值(kN/m)；

b——墙下钢筋混凝土条形基础宽度(m)。

p_n 作用下，基础底板内产生弯矩 M 和剪力 V，其值在图 2.28 中Ⅰ—Ⅰ截面（悬臂板根部）最大。

$$V = p_n \cdot a_1 \tag{2.22a}$$

$$M = \frac{1}{2} p_n \cdot a_1^2 \tag{2.22b}$$

式中 V——基础底板根部的剪力设计值(kN/m)；

M——基础底板根部的弯矩设计值(kN·m/m)；

a_1——Ⅰ—Ⅰ截面至基础边缘的距离(m)，对于墙下钢筋混凝土条形基础，其最大弯矩、剪力位置应符合：当墙体材料为混凝土时，取 $a_1=b_1$；如为砖墙且放脚不大于 1/4 砖长时，取 $a_1=b_1+$ 1/4 砖长。

为防止 V、M 的作用使基础底板发生剪切和弯曲破坏，基础底板应有足够的厚度和配筋。

(1)基础底板厚度

墙下钢筋混凝土条形基础底板不配置箍筋和弯起钢筋时，应满足混凝土的抗剪切条件：

$$V \leqslant 0.7 \beta_h f_t h_0 \tag{2.23}$$

式中 f_t——混凝土轴心抗拉强度设计值(kPa)；

h_0——基础底板有效高度(m)，即基础板厚度减去钢筋保护层厚度（有垫层 40 mm，无垫层 70 mm）和 1/2 倍的钢筋直径；

β_h——截面高度影响系数，$\beta_h=(800/h_0)^{1/4}$；当 $h_0<800$ mm 时，取 $h_0=800$ mm；当 $h_0>2000$ mm 时，取 $h_0=2000$ mm。

(2)基础底板配筋

基础底板配筋应符合《混凝土结构设计规范》(GB 50010—2010，2015 年版）正截面受弯承载力计算式。也有按简化矩形截面单筋板计算，当取 $\xi=x/h_0=0.2$ 时，按下式简化计算：

$$A_s = \frac{M}{0.9 h_0 f_y} \tag{2.24}$$

式中 A_s——每米长基础底板受力钢筋截面积(m^2)；

f_y——钢筋抗拉强度设计值(N/mm^2)。

注意：实际计算时，将各数值代入上式时的单位应统一，即当 M 的单位取 N·mm/m 时，h_0 取 mm，f_y 取 N/mm^2，A_s 取 mm^2/m。

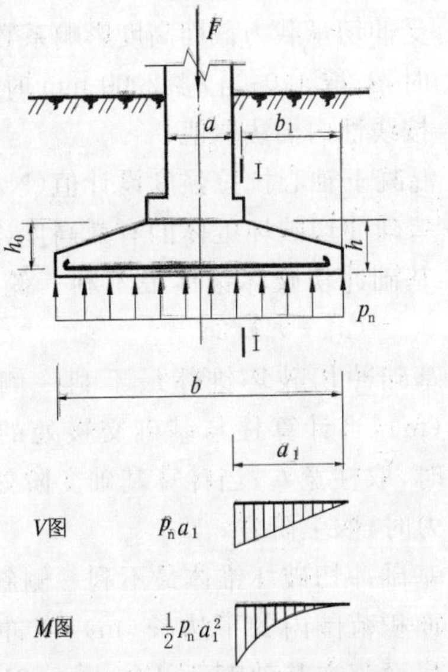

图 2.28 中心荷载下的墙下条形基础

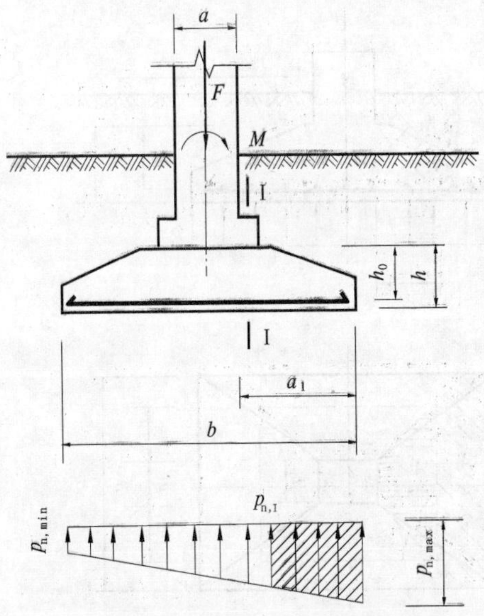

图 2.29 偏心荷载下的墙下条形基础

2.8.2.2 偏心荷载作用

先计算基底净反力的偏心距 $e_{n,0}$：

$$e_{n,0}=\frac{M}{F}\left(\text{要求}\leqslant\frac{b}{6}\right) \tag{2.25}$$

基础边缘处的最大和最小净反力为：

$$p_{n,min}^{n,max}=\frac{F}{bl}\left(1\pm\frac{6e_{n,0}}{b}\right) \tag{2.26}$$

悬臂根部截面Ⅰ—Ⅰ(图 2.29)处的净反力为：

$$p_{n,I}=p_{n,min}+\frac{b-a_1}{b}(p_{n,max}-p_{n,min}) \tag{2.27}$$

基础高度和配筋计算仍按式(2.23)和式(2.24)进行。此时一般考虑 p_n 按 $p_{n,max}$ 取值，这样计算的结果是 M、V 值略偏大，偏于安全。也有在计算剪力 V 和弯矩 M 时将式(2.21)和式(2.22)中的 p_n 改为 $(p_{n,max}+p_{n,I})/2$；这样计算，当 $p_{n,max}/p_{n,min}$ 值较大时，计算的 M 值略偏小，结果偏于经济和不安全。

2.8.3 柱下钢筋混凝土独立基础的底板厚度和配筋计算

2.8.3.1 中心荷载作用

(1)基础底板厚度

柱中心荷载 F(kN)作用下，如基础高度(或阶梯高度)不足，则将沿着柱周边(或阶梯高度变化处)产生冲切破坏，形成45°斜裂面的角锥体(图 2.30)。因此，由冲切破坏锥体以外(A_l)的地基反力所产生的冲切力(F_l)应小于冲切面处混凝土的抗冲切能力。对于矩形基础，柱短边一侧冲切破坏较柱长边一侧危险，所以，一般只需根据短边一侧冲切破坏条件来确定底板厚度，即要求对矩形截面柱的矩形基础，应验算柱与基础交接处[图 2.31(a)]以及基础变阶处的受冲切承载力，按下式验算：

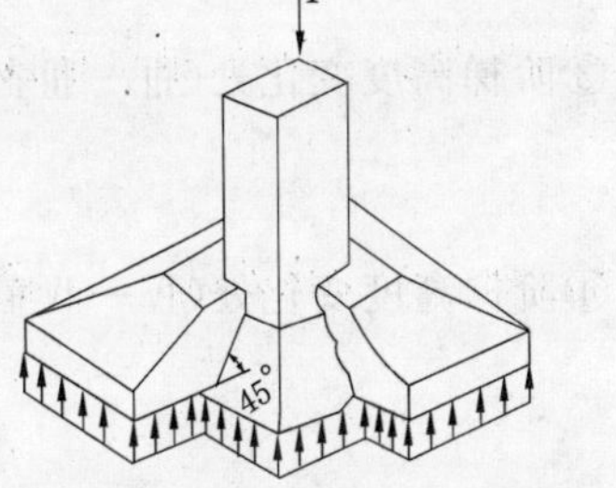

图 2.30 柱下独立基础的冲切破坏

$$F_l \leqslant 0.7\beta_{hp} f_t a_m h_0 \tag{2.28}$$

式中 β_{hp}——受冲切承载力截面高度影响系数，当 $h \leqslant 800$ mm 时，β_{hp} 取 1.0；当 $h \geqslant 2000$ mm 时，β_{hp} 取 0.9；其间按线性内插法取值；

f_t——混凝土轴心抗拉强度设计值（N/mm^2）；

h_0——基础冲切破坏锥体的有效高度（m）；

a_m——基础冲切破坏锥体最不利一侧计算长度（m），$a_m=(a_t+a_b)/2$；

a_t——基础冲切破坏锥体最不利一侧斜截面的边长（m），当计算柱与基础交接处的受冲切承载力时，取柱宽 b_c；当计算基础变阶处的受冲切承载力时，取上阶宽；

a_b——基础冲切破坏锥体最不利一侧斜截面在基础底面积范围内的下边长（m），当冲切破坏锥体的底面落在基础底面以内[图 2.31(b)]，计算柱与基础交接处的受冲切承载力时，取柱宽加两倍基础有效高度；当计算基础变阶处的受冲切承载力时，取上阶宽加两倍该处的基础有效高度；当冲切破坏锥体的底面在 b 方向落在基础底面以外，即 $a_t+2h_0>b$ 时[图 2.31(c)]，$a_b=b$；

F_l——相应于荷载效应基本组合时作用在 A_l 上的地基土净反力设计值（kN）；$F_l=p_n A_l$；

p_n——扣除基础自重及其上土重后相应于荷载效应基本组合时的地基土单位面积净反力（kPa）；

A_l——冲切验算时取用的部分基底面积（mm^2）[图 2.31(b)\图 2.31(c)中的阴影面积]。

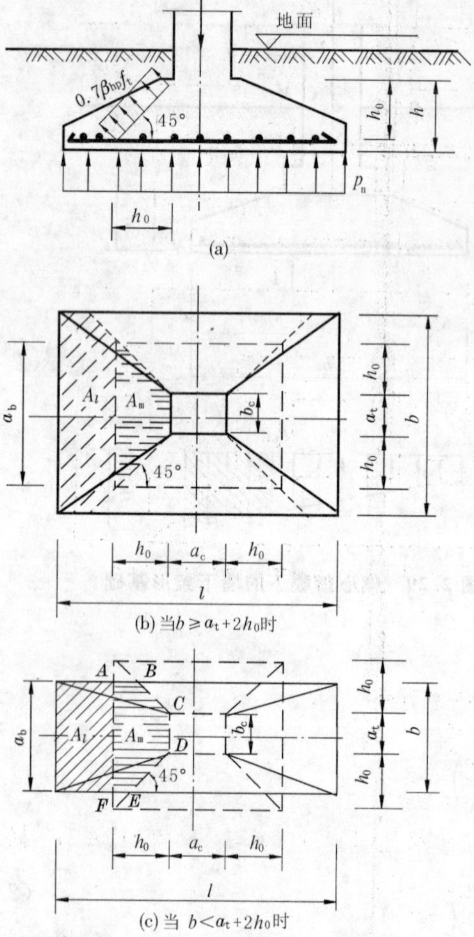

图 2.31 中心受压柱基础厚度确定

(2)基础底板配筋

地基净反力 p_n 作用下，独立基础底板在两个方向均发生弯曲，故两个方向均需配受力钢筋，钢筋面积按两个方向的最大弯矩分别计算，并应符合《混凝土结构设计规范》(GB 50010—2010，2015 年版)正截面受弯承载力计算式，也可按式(2.24)简化计算。图 2.32 中各种情况的最大弯矩计算式：

①柱边（Ⅰ—Ⅰ截面）

$$M_{\mathrm{I}} = \frac{p_n}{24}(l-a_c)^2(2b+b_c) \tag{2.29}$$

②柱边（Ⅱ—Ⅱ截面）

$$M_{\mathrm{II}} = \frac{p_n}{24}(b-b_c)^2(2l+a_c) \tag{2.30}$$

③阶梯高度变化处（Ⅲ—Ⅲ截面）

$$M_{\mathrm{III}} = \frac{p_n}{24}(l-a_1)^2(2b+b_1) \tag{2.31}$$

④阶梯高度变化处（Ⅳ—Ⅳ截面）

$$M_{\mathrm{IV}} = \frac{p_n}{24}(b-b_1)^2(2l+a_1) \tag{2.32}$$

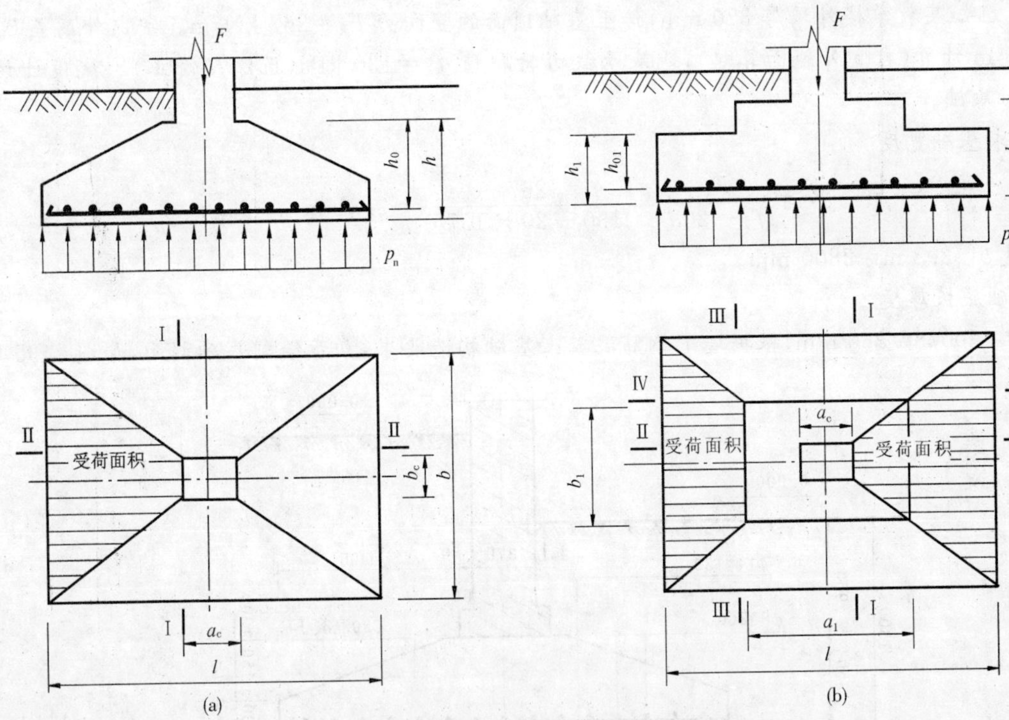

图 2.32 中心受压柱基础底板配筋计算

(a)锥形基础;(b)阶梯形基础

2.8.3.2 偏心荷载作用

偏心受压基础的底板厚度和配筋计算与中心受压基础情况基本相同。只需将式(2.28)中的 p_n 换成偏心受压时基础边缘处最大设计净反力 $p_{n,\max}$ 代替即可(图 2.33)。

$$p_{n,\max}=\frac{F}{lb}\left(1+\frac{6e_{n,0}}{l}\right) \tag{2.33}$$

式中 $e_{n,0}$——净偏心距(m),$e_{n,0}=M/F$。

偏心受压基础底板配筋计算时,只需将式(2.29)~式(2.32)中的 p_n 换成偏心受压时柱边或变阶处基底设计反力 $p_{n,Ⅰ}$(或 $p_{n,Ⅲ}$)与 $p_{n,\max}$ 的平均值$(p_{n,\max}+p_{n,Ⅰ})/2$[或$(p_{n,\max}+p_{n,Ⅲ})/2$]即可(图 2.34)。

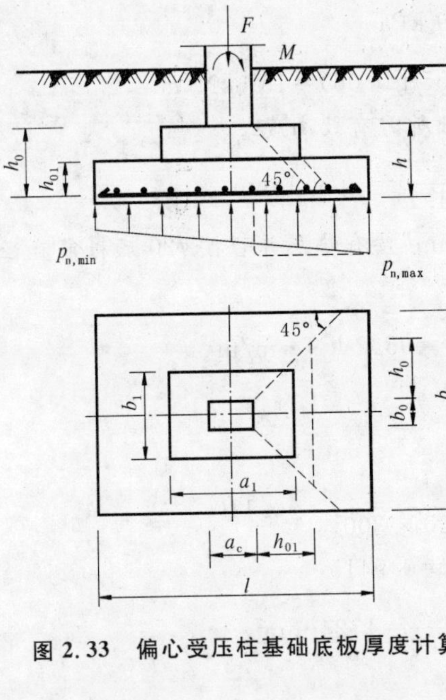

图 2.33 偏心受压柱基础底板厚度计算

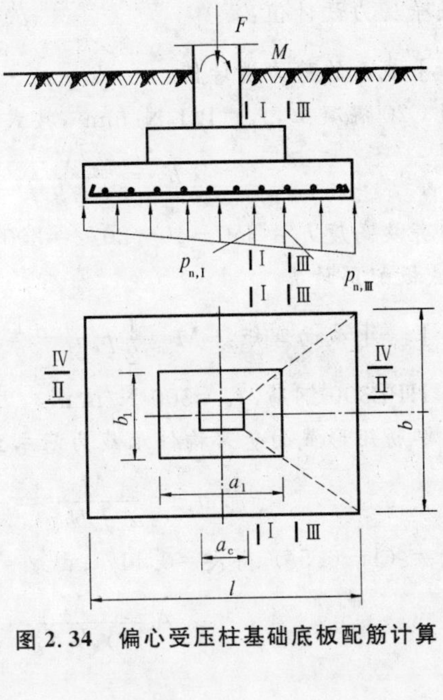

图 2.34 偏心受压柱基础底板配筋计算

【例 2.6】 已知某教学楼外墙厚 370 mm，传至基础顶面的竖向力 $F_k=267$ kN/m。室内外高差 0.9 m，基础埋深按 1.3 m 计算(自室外地面算起)，地基承载力特征值 $f_a=130$ kPa(已深度修正)。试设计该墙下钢筋混凝土条形基础。

【解】 (1)求基础宽度

$$b \geqslant \frac{F_k}{f_a-20d}=\frac{267}{130-20\times1.75}=2.81\ \text{m}$$

取基础宽度 $b=2.8$ m=2800 mm。

(2)确定基础底板厚度

按 $h=b/8=2800/8=350$ mm，根据墙下钢筋混凝土基础构造要求，初步绘制基础剖面，如图 2.35 所示。

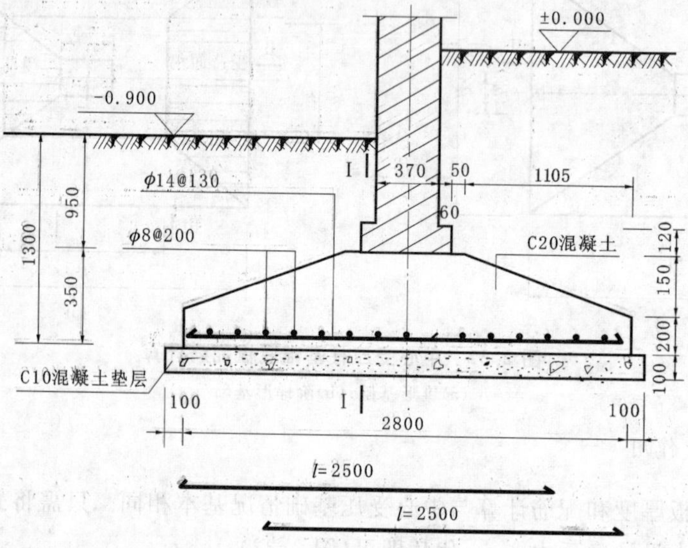

图 2.35 例 2.6 图

墙下钢筋混凝土基础抗剪切验算如下：

根据《建筑地基规范》，由荷载标准值计算荷载设计值可取荷载综合分项系数 1.35，由此可求得上部结构传至基础顶面的竖向荷载设计值 F：

$$F=1.35F_k=1.35\times267=360\ \text{kN/m}$$

基底净反力设计值：

$$p_n=\frac{F}{b}=\frac{360}{2.8}=129\ \text{kPa}$$

Ⅰ—Ⅰ截面的剪力设计值： $V=p_n\cdot a_1=129\times(1.155+0.06)=157$ kN/m

选用 C20 混凝土，$f_t=1.1\ \text{N/mm}^2$，按式(2.23)计算基础所需有效高度

$$h_0=\frac{V}{0.7\beta_h f_t}=\frac{157}{0.7\times1.0\times1.1}=203.9\ \text{mm}$$

实际基础有效高度 $h_0=350-40-20/2=300$ mm >203.9 mm(按有垫层并暂按 ϕ20 底板筋直径计)，满足。

(3)底板配筋计算

计算Ⅰ—Ⅰ截面弯矩： $M=\frac{1}{2}p_n a_1^2=\frac{1}{2}\times129\times1.1215^2=95.2$ kN·m/m

选用 HPB300 钢筋，$f_y=300\ \text{N/mm}^2$。

①由单筋矩形截面受弯构件承载力基本式求 A_s

$$a_s=\frac{M}{a_1 f_c b h_0^2}=\frac{95.2\times10^6}{1.0\times9.6\times1000\times300^2}=0.110$$

由 $a_s=\xi(1-0.5\xi)$，得：$\xi=0.117$；由 $\gamma_s=1-0.5\xi$，得：$\gamma_s=0.9415$

$$A_s=\frac{M}{\gamma_s h_0 f_y}=\frac{95.2\times10^6}{0.9415\times300\times300}=1124\ \text{mm}^2$$

②由式(2.24)求 A_s

$$A_s=\frac{M}{0.9h_0f_y}=\frac{95.2\times10^6}{0.9\times300\times300}=1175\ \text{mm}^2$$

说明:以上方法①和②计算结果差别不大,方法②更简单。这里按方法②结果配筋,选用 $\phi14@130$(实配 $A_s=1184\ \text{mm}^2\approx1175\ \text{mm}^2$),分布筋选 $\phi8@200$。基础剖面图如图 2.35 所示。

【例 2.7】 设计例 2.3 的框架柱下独立基础。作用在柱底的荷载效应基本组合设计值:$F=950$ kN,$M=108$ kN·m,$V=18$ kN。(材料选用:C20 混凝土,HPB300 钢筋)

【解】 (1)计算基底净反力

偏心距
$$e_{n,0}=\frac{M}{F}=\frac{108+18\times0.6}{950}=0.125\ \text{m}$$

基础边缘处的最大和最小净反力

$$p_{n,\min}^{n,\max}=\frac{F}{lb}\left(1\pm\frac{6e_{n,0}}{l}\right)=\frac{950}{2.4\times1.6}\times\left(1\pm\frac{6\times0.125}{2.4}\right)=\begin{matrix}324.1\ \text{kPa}\\170.1\ \text{kPa}\end{matrix}$$

(2)基础高度(采用阶梯形基础)

(a)柱边基础截面抗冲切验算

$$l=2.4\ \text{m},b=1.6\ \text{m},a_t=b_c=0.3\ \text{m},a_c=0.4\ \text{m}$$

初定基础高度 $h=600$ mm,从下至上分 350 mm、250 mm 两台阶。

$$h_0=550\ \text{mm}(\text{有垫层})$$

$$a_t+2h_0=0.3+2\times0.55=1.40\ \text{m}<b=1.6\ \text{m},\text{取}\ a_b=1.40\ \text{m}$$

$$a_m=(a_t+a_b)/2=(300+1400)/2=850\ \text{mm}$$

因偏心受压,p_n 取 $p_{n,\max}$。

冲切力: $F_l=324.7\times\left[\left(\frac{2.4}{2}-\frac{0.4}{2}-0.55\right)\times1.6-\left(\frac{1.6}{2}-\frac{0.3}{2}-0.55\right)^2\right]=230.54\ \text{kN}$

抗冲切力:$0.7\beta_{hp}f_ta_mh_0=0.7\times1.0\times1.10\times10^3\times0.85\times0.55=360\ \text{kN}>230.54\ \text{kN}$,满足

(b)变阶处抗冲切验算

$$a_t=b_1=0.8\ \text{m},a_1=1.2\ \text{m},h_{01}=350-50=300\ \text{mm}$$

$$a_t+2h_{01}=0.8+2\times0.30=1.40\ \text{m}<1.60\ \text{m},\text{取}\ a_b=1.4\ \text{m}$$

$$a_m=\frac{a_t+a_b}{2}=\frac{0.8+1.4}{2}=1.1\ \text{m}$$

冲切力: $F_l=324.7\times\left[\left(\frac{2.4}{2}-\frac{1.2}{2}-0.30\right)\times1.6-\left(\frac{1.6}{2}-\frac{0.8}{2}-0.30\right)^2\right]=152.61\ \text{kN}$

抗冲切力:$0.7\beta_{hp}f_ta_mh_0=0.7\times1.0\times1.10\times10^3\times1.1\times0.3=254.10\ \text{kN}>152.61\ \text{kN}$,满足

(3)配筋计算

选用 HPB300 钢筋,$f_y=300\ \text{N/mm}^2$。

(a)基础长边方向

Ⅰ—Ⅰ截面(柱边)

柱边净反力

$$p_{n,\text{I}}=p_{n,\min}+\frac{l+a_c}{2l}(p_{n,\max}-p_{n,\min})=170.1+\frac{2.4+0.4}{2\times2.4}\times(324.7-170.1)=260.3\ \text{kPa}$$

悬臂部分净反力平均值:$\frac{1}{2}(p_{n,\max}+p_{n,\text{I}})=\frac{1}{2}\times(324.7+260.3)=292.5\ \text{kPa}$

弯矩:$M_\text{I}=\frac{1}{24}\left(\frac{p_{n,\max}+p_{n,\text{I}}}{2}\right)(l-a_c)^2(2b+b_c)=\frac{1}{24}\times292.5\times(2.4-0.4)^2\times(2\times1.6+0.3)=170.6\ \text{kN}\cdot\text{m}$

$$A_{s,\text{I}}=\frac{M_\text{I}}{0.9f_yh_0}=\frac{170.6\times10^6}{0.9\times300\times550}=1149\ \text{mm}^2$$

b. Ⅲ—Ⅲ截面(变阶处)

$$p_{n,Ⅲ}=p_{n,min}+\frac{l+a_1}{2l}(p_{n,max}-p_{n,min})=170.1+\frac{2.4+1.2}{2\times 2.4}\times(324.7-170.1)=286.1\ kPa$$

$$M_{Ⅲ}=\frac{1}{24}\left(\frac{p_{n,max}+p_{n,Ⅲ}}{2}\right)(l-a_1)^2(2b+b_1)=\frac{1}{24}\times\left(\frac{324.7+286.1}{2}\right)\times(2.4-1.2)^2\times(2\times 1.6+0.8)$$
$$=73.3\ kN\cdot m$$

$$A_{s,Ⅲ}=\frac{M_{Ⅲ}}{0.9f_yh_{01}}=\frac{73.3\times 10^6}{0.9\times 300\times 300}=905\ mm^2$$

比较 $A_{s,Ⅰ}$ 和 $A_{s,Ⅲ}$，应按 $A_{s,Ⅰ}$ 配筋，实际配 8ϕ14，$A_s=1232\ mm^2>1149\ mm^2$。

②基础短边方向

因该基础受单向偏心荷载作用，所以，在基础短边方向的基底反力可按均匀分布计算，即按 $p_n=(p_{n,max}+p_{n,min})/2$ 计算。

$$p_n=(324.7+170.1)/2=247.4\ kPa$$

与长边方向配筋计算方法相同，可得Ⅱ—Ⅱ截面(柱边)的计算配筋值 $A_{s,Ⅱ}=871.5\ mm^2$；Ⅳ—Ⅳ截面(变阶处)的计算配筋值 $A_{s,Ⅳ}=689\ mm^2$，故按 $A_{s,Ⅱ}$ 在短边方向(2.4 m 宽内)配筋。但不能符合构造要求。实际按构造配筋 ϕ12@150(即 16ϕ12)，$A_s=1810\ mm^2$。基础配筋如图 2.36 所示。

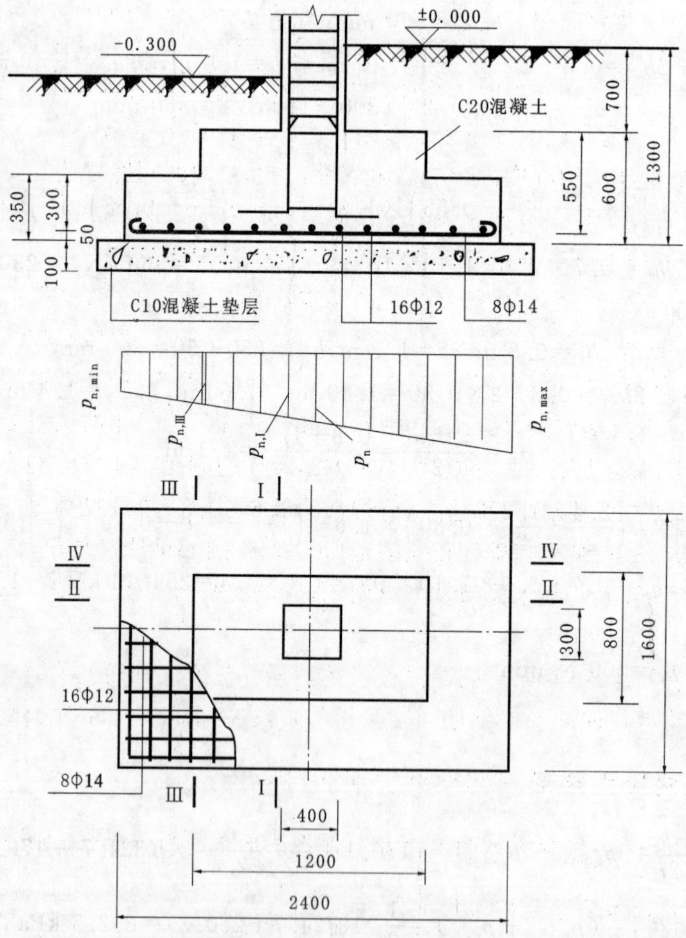

图 2.36 基础配筋示意图

2.9 柱下钢筋混凝土条形基础设计

一般情况下，柱下应首先考虑设置独立基础。但是，若遇柱荷载较大、各柱荷载差过大、地基承载力低或地基土质变化较大等情况，采用独立柱基无法满足设计要求时，则可考虑采用柱下条形基础、筏形基础或箱形基础等。本节先简要介绍地基基础与上部结构相互作用的概念，然后介绍柱下钢筋混凝土条形基础的设计计算方法。

2.9.1 地基基础与上部结构相互作用的概念

工程设计中通常将上部结构、基础与地基三者作为彼此离散独立结构单元进行力学分析，这一做法不尽合理。因为地基、基础和上部结构沿接触点（或面）分离后，虽然要求满足静力平衡条件，但却完全忽略了三者间受荷前后的变形连续性。事实上，地基、基础和上部结构三者是相互联系成整体来共同承担荷载并发生变形，三者都将按各自的刚度对变形产生相互制约作用，从而使整个体系的内力（包括柱脚和基底反力）和变形（包括地基变形）发生变化。因此，合理的力学分析方法，原则上应该以地基、基础和上部结构之间必须同时满足静力平衡和变形协调两个条件为前提，只有这样，才能揭示外荷载作用下三者相互制约、彼此影响的内在联系，从而达到安全、经济、合理的目的。

然而，考虑地基、基础、上部结构相互作用进行整体分析相当复杂，原因在于：不但要建立能正常反映结构影响的分析理论和有效的计算方法，还要研究选用能够合理反映土的变形特征的地基计算模型及其参数。因此，基于地基、基础、上部结构相互作用的设计计算方法仍然是基础工程领域的研究难点与热点。

工程中常用的基于弹性地基梁板的柱下条形基础、筏形基础和箱形基础计算方法也仅仅考虑了地基与基础的相互影响，并未涉及上部结构刚度的影响。事实上，上部结构的刚度以及“上部结构＋基础”与地基之间的刚度比（即“相对刚度”）等对基底附加应力的分布形式、基础沉降特点以及上部结构内力及附加应力的大小与分布等影响较大。但难以进行准确的定量分析。

尽管如此，掌握地基、基础与上部结构相互作用的基本概念无疑将有助于了解各类基础的性能、正确选择地基基础方案、评价地基基础常规的简化设计与实际之间的可能差异、理解影响地基特征变形容许值的因素和采取防止不均匀沉降损害的措施等有关问题。因此，在设计实践中，设计者可以运用基于相互作用分析的“概念设计”方法对上部结构、基础的设计结果进行合理的调整，较为常用的调整处理方法有：

(1)按具体条件可不考虑或计算整体弯曲时，须采取措施同时满足整体弯曲的受力要求。

(2)从结构布置上，限制梁板基础（或称连续基础）在边柱或边墙以外的挑出尺寸，以减轻整体弯曲效应。

(3)确定地基反力图形时，除箱形基础按相应规范（JGJ 6—2011）的明确规定（该规范根据实测资料已反映整体弯曲的影响）外，柱下条形基础和筏板基础纵向两端起向内一定范围，如1～2开间，将平均反力加大10%～20%设计。

(4)基础梁板的受拉钢筋至少应部分通长配置（具体数量详见有关规范），在合理的条件下，通长钢筋以多为好，尤其是顶面抵抗跨中弯曲的受拉钢筋。对筏板基础，这种钢筋应全部通长配置为宜。

2.9.2 柱下钢筋混凝土条形基础设计

柱下钢筋混凝土条形基础由单根梁或交叉梁及其伸出的底板所组成（图2.5、图2.6）。

2.9.2.1 柱下钢筋混凝土条形基础的构造要求

(1)外形尺寸

在基础平面布置允许的情况下，条形基础梁的两端宜伸出边柱之外$0.25l_1$（l_1为边跨柱距）；基础的底板宽度应由计算确定[图2.37(a)]。

基础梁高度h应由计算确定，宜为柱距的1/8～1/4。翼板厚度h_f也应由计算确定，一般不应小于200 mm；

当 $h_f>250$ mm 时，宜用变厚度翼板，板顶坡面 $i\leqslant1:3$[图 2.37(d)]。

一般柱下条形基础沿梁纵向取等截面。当柱截面边长大于或等于基础梁宽度时，可仅在柱位处将基础梁加宽，现浇柱与条形基础梁的交接处平面尺寸不应小于图 2.37(e)的要求。

(2)钢筋和混凝土

①梁内纵向受力钢筋　条形基础梁顶部钢筋按计算配筋全部贯通，底部纵向受力筋应有 2～4 根通长钢筋，且其面积不得小于底部纵向受力钢筋总面积的 1/3。

②箍筋　肋梁内的箍筋应做成封闭式，直径不小于 8 mm；当梁宽 $b\leqslant350$ mm 时用双肢箍，当 350 mm$<b\leqslant800$ mm 时用四肢箍，当 $b>800$ mm 时用六肢箍。

③底板钢筋　直径不宜小于 10 mm，间距 100～200 mm。

④混凝土　不应低于 C20。

基础垫层、钢筋保护层厚度可参考扩展基础构造要求的“一般规定”。

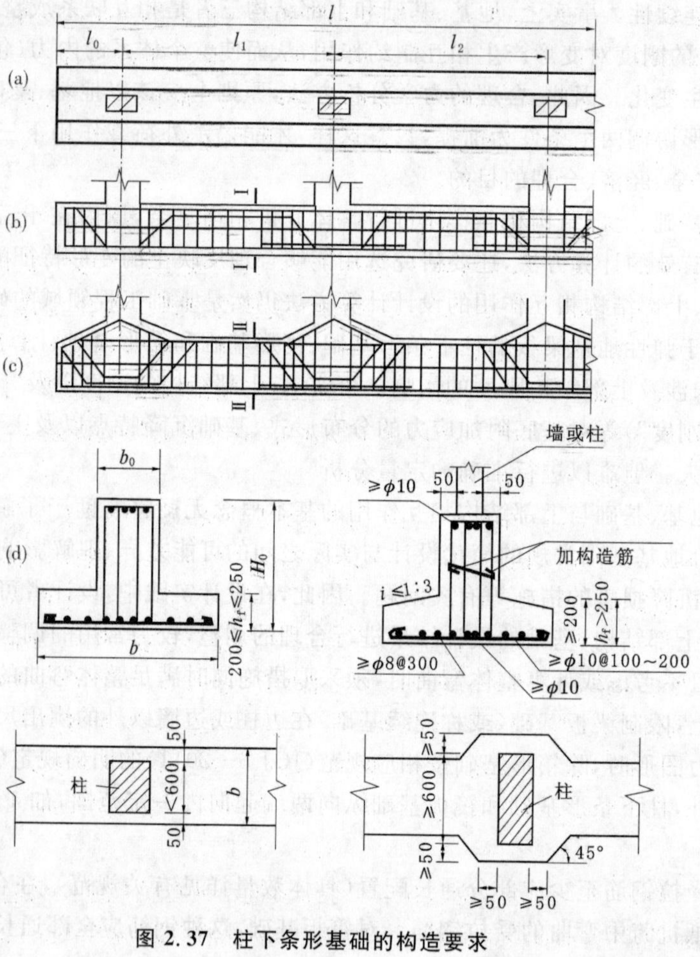

图 2.37　柱下条形基础的构造要求

(a)平面图；(b)、(c)纵剖面图；(d)横剖面图；(e)现浇柱与基础梁交接处平面尺寸

2.9.2.2　柱下钢筋混凝土条形基础内力计算方法

柱下钢筋混凝土条形基础由于梁长度方向的尺寸与其截面高度相比较大，可以看成地基上的受弯构件，其挠曲特性、基底反力和截面内力相互关联，并且与地基、基础、上部结构的相对刚度特性有关。因此，应该从地基、基础以及上部结构三者相互作用的观点出发，选择适当的方法进行设计计算。

(1)计算原则

柱下条形基础设计时，首先需确定其基底尺寸，并应满足 2.5 节的相关规定。

对于柱下条形基础的内力与配筋计算，《建筑地基规范》规定：若地基较均匀，上部结构刚度较好，荷载分布较均匀，且条形基础梁的高度大于1/6柱距时，地基反力可按直线分布，条形基础梁的内力可按连续梁计算，此时边跨跨中弯矩及第一支座的弯矩值宜乘以1.2的系数。否则，宜按弹性地基梁方法计算其内力。

(2)简化内力计算方法

当柱下条形基础具有足够的相对刚度时，采用两种简化方法计算基础梁的内力——倒梁法和剪力平衡法(静定分析方法)。

① 倒梁法

倒梁法假定基础与地基土相比为绝对刚性，基础的弯曲挠度不致改变地基压力；地基压力分布呈直线分布，其重心与作用于板上的荷载合力作用线相重合。

与所有基础结构计算一样，采用承载能力极限状态下的荷载组合，确定上部结构传至基础梁的荷载，再按偏心受压[图2.38(a)]计算基础梁边缘处最大和最小基底净反力：

$$\frac{p_{\max}}{p_{\min}} = \frac{\sum F_i}{bl} \pm \frac{\sum M_i}{W} \tag{2.34}$$

式中 $\sum F_i$ ——上部结构作用在基础梁上的竖向荷载设计值总和(不包括基础及回填土重力)(kN)；

$\sum M_i$ ——外荷载对基底形心弯矩设计值的总和(kN·m)；

b,l ——条形基础的宽度和长度(m)；

W ——基础底面的抵抗矩(m^3)。

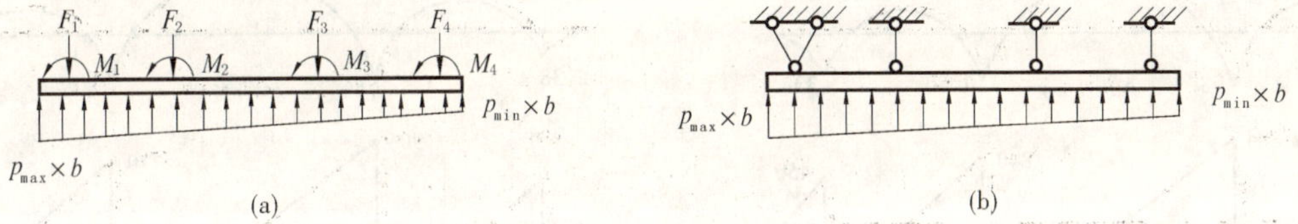

图2.38 用倒梁法计算地基梁简图

(a)基底净反力分布；(b)按连续梁法求内力

然后，将柱底视为不动铰支座，以求得的基底净反力为荷载，按连续梁法求其内力[图2.38(b)]。

倒梁法认为上部结构为刚性，各柱间无沉降差异，因而可把柱脚视为条形基础的铰支座，支座间不存在相对竖向位移。这种计算模型，只考虑出现于柱间的局部弯曲，而略去基础全长发生的整体弯曲，因而所得的柱位处截面的正弯矩与柱间最大负弯矩绝对值相比较，比其他方法均衡，故基础不利截面的弯矩最小。而且，倒梁法求得的支座反力往往不等于原先用于基底净反力的竖向柱荷载，甚至相差较大。对此，实践中有采用所谓“基底反力局部调整法”，即：将支座处的不平衡力均匀分布在该支座两侧各1/3的跨度范围内，从而将基底反力调整为台阶状，再按倒梁法计算出内力后叠加。此外，倒梁法没有考虑地基、基础的相互作用，也就不能考虑梁底地基土强度的影响。事实上，支承基础梁的地基土的强度等特性会影响基础梁的内力与变形。

②剪力平衡法(静定分析方法)

假定基底反力按直线分布，其值仍按式(2.34)计算。求出净反力分布后，基础梁上所有的作用力都已确定，可按静力平衡条件(剪力平衡)计算出任意截面i上的弯矩M_i和剪力V_i。

剪力平衡法未考虑地基基础与上部结构的相互作用，因而在荷载和直线分布的基底反力作用下产生整体弯曲。与其他方法比较，这样计算所得的基础不利截面的弯矩绝对值一般较大。但此法只宜用于上部为柔性结构，且自身刚度较大的条形基础以及联合基础。

(3)其他规定

① 对交叉条形基础，交点上的柱荷载，可按静力平衡条件及变形协调条件进行分配，其内力可按上述规定分别进行计算。

② 当存在扭矩时，应作抗扭计算。

③ 应验算柱边缘处基础梁的受剪承载力。当条形基础的混凝土强度等级小于柱的混凝土强度等级时，

尚应验算柱下条形基础梁顶面的局部受压承载力。

【例 2.8】 试确定图 2.39(a)所示条形基础的底面尺寸，并用剪力平衡法计算其内力。已知：基础埋深 $d=1.5$ m，地基承载力特征值 $f_a=120$ kPa，其余数据见图。

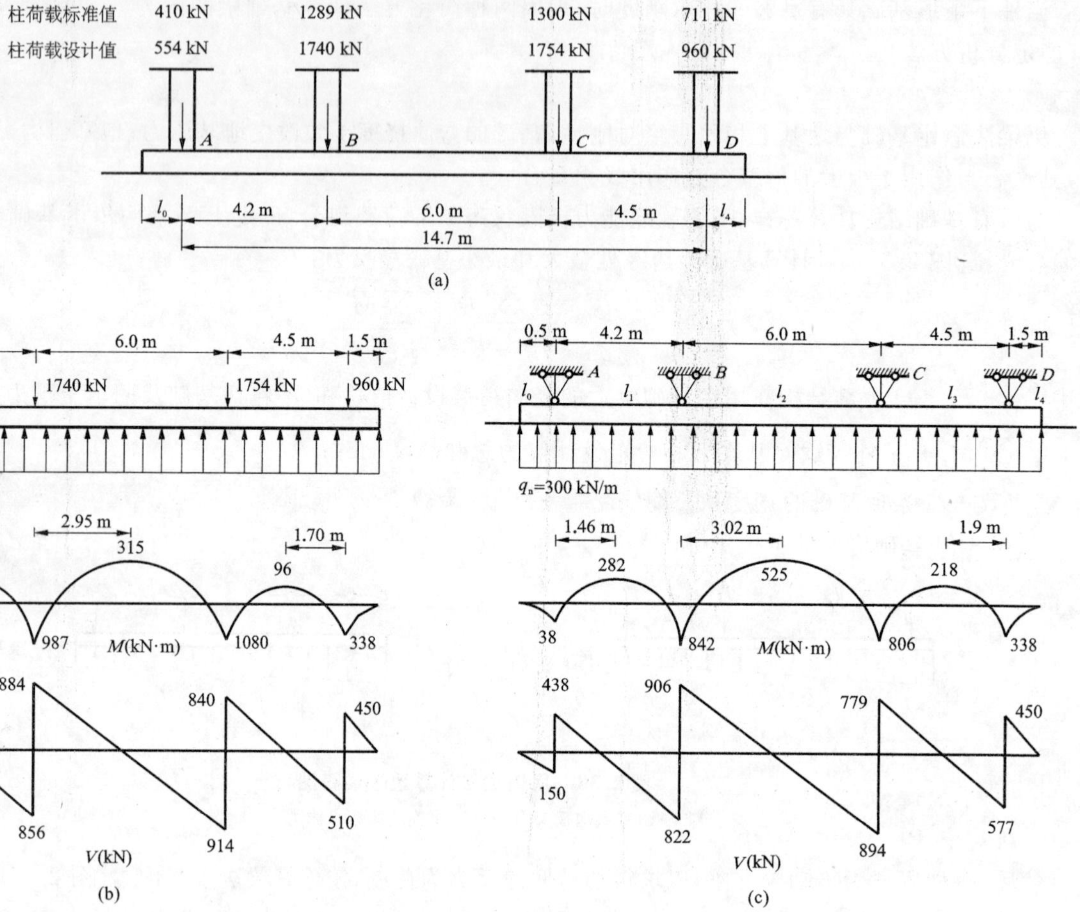

图 2.39 例 2.8 图

(a)条形基础示意图；(b)剪力平衡法内力计算结果；(c)倒梁法内力计算结果

【解】 ① 确定基础底面尺寸

各柱竖向力的合力，距图中 A 点的距离 x 为：

$$x=\frac{960\times14.7+1754\times10.2+1740\times4.2}{960+1754+1740+554}=7.85\ \text{m}$$

考虑构造需要，基础伸出 A 点外 $l_0=0.5$ m，如果要求竖向力合力与基底形心重合，则基础必须伸出图中 D 点之外 l_4：

$$l_4=2\times(7.85+0.5)-(14.7+0.5)=1.5\ \text{m}（等于边距的 1/3）$$

基础总长度：

$$l=14.7+0.5+1.5=16.7\ \text{m}$$

基础底板宽度 b 需满足：

$$b\geqslant\frac{1}{l}\cdot\frac{\sum F_k}{f_a-\gamma_G d}=\frac{410+1289+1300+711}{16.7\times(120-20\times1.5)}=2.47\ \text{m}$$

取 $b=2.5$ m 设计。

② 内力分析

按剪力平衡法计算内力：

$$M_A=\frac{1}{2}\times300\times0.5^2=38\ \text{kN}\cdot\text{m}$$

$$V_{A左}=300\times0.5=150\ \text{kN}$$
$$V_{A右}=150-554=-404\ \text{kN}$$

AB 跨内最大负弯矩的截面至 *A* 点的距离 $a_1=554/300-0.5=1.35$ m，则：

$$M_1=\frac{1}{2}\times300\times(0.5+1.35)^2-554\times1.35=-234\ \text{kN}\cdot\text{m}$$

$$M_B=\frac{1}{2}\times300\times(0.5+4.2)^2-554\times4.2=987\ \text{kN}\cdot\text{m}$$

$$V_{B左}=300\times(0.5+4.2)-554=856\ \text{kN}$$

$$V_{B右}=856-1740=-884\ \text{kN}$$

其余各截面的 M、V 均仿此计算，结果如图 2.39(b)所示。

图 2.39(c)给出了倒梁法求得的条形基础的弯矩和剪力分布图，具体计算过程略，可用来和剪力平衡法比较不同。

2.10 筏形基础设计

筏形基础有平板式、梁板式两种类型(图 2.7)，其选型应根据工程地质、上部结构体系、柱距、荷载大小以及施工条件等因素确定。

2.10.1 构造要求

筏形基础的混凝土强度等级不应低于 C30，当有地下室时应采用防水混凝土，其防渗等级应根据地下水的最大水头与防渗混凝土厚度的比值，按相关规范选用，但不得小于 0.6 MPa，必要时宜设架空排水层。

筏形基础厚度大于 2000 mm 时，宜在板厚中部设置直径不小于 12 mm、间距不大于 300 mm 的双向钢筋网。

梁板式筏形基础的底板和基础梁的配筋除了应满足计算要求外，纵横方向的底部钢筋尚应有 1/3～1/2 贯通全跨，且其配筋率不应小于 0.15%，顶部钢筋按计算配筋全部贯通。

12 层以上建筑的梁板式筏形基础，其板厚与最大双向板格的短边净跨之比不小于 1/14，且板厚不小于 400 mm。

梁板式筏形基础的柱下板带和跨中板带的底部钢筋应有 1/3～1/2 贯通全跨，且其配筋率不应小于 0.15%，顶部钢筋应按计算配筋全部贯通。

采用筏形基础的地下室，地下室钢筋混凝土外墙厚度不应小于 250 mm，内墙厚度不应小于 200 mm。墙的截面设计除了应满足计算承载力的要求外，尚应考虑变形、抗裂及防渗等要求。墙体内应设置双面钢筋，当筏板厚度大于 2000 mm 时，竖向和水平钢筋的直径不应小于 12 mm，间距不应大于 300 mm。

地下室底层柱或剪力墙与梁板式筏形基础的基础梁连接时，要求：柱、墙的边缘至基础梁边缘的距离不应小于 50 mm[图 2.40(a)]；当交叉基础梁的宽度小于柱截面的边长时，交叉基础梁连接处应设置八字角，角柱与八字角之间的净距不应小于 50 mm[图 2.40(b)]；单向基础梁与柱的连接、基础梁与剪力墙的连接分别按图 2.40(c)和图 2.40(d)采用。

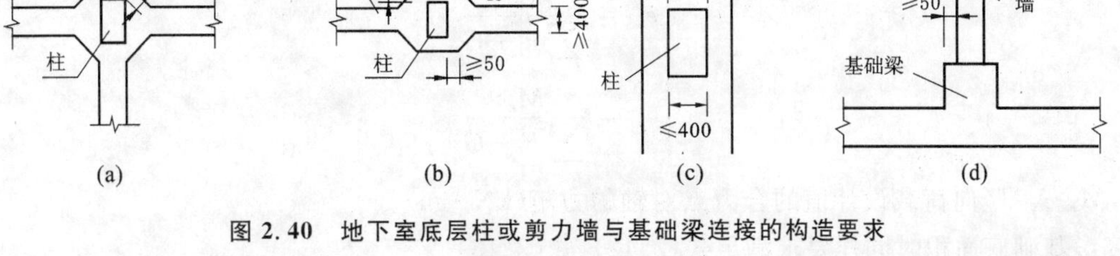

图 2.40 地下室底层柱或剪力墙与基础梁连接的构造要求

筏板与地下室外墙的接缝、地下室外墙沿高度处的水平接缝应严格施工，必要时可设通长止水带。

2.10.2 筏形基础的结构和内力计算

确定筏形基础底面形状和尺寸时首先应考虑使上部结构荷载的合力点接近基础底面的形心。如荷载不对称，宜调整筏板的外伸长度，但伸出长度从轴线算起横向不宜大于 1500 mm，纵向不宜大于 1000 mm，且同时宜将肋梁挑至筏板边缘。无外伸肋梁的筏板，其伸出长度宜适当减小。如上述调整措施不能完全达到目的，对上肋式、地面架空的布置形式，尚可采取调整筏上填土(或其他荷载)等措施以改变合力点位置。

对单栋建筑物，在地基土比较均匀的条件下，在荷载效应准永久组合下的偏心距 e 宜符合下式要求：

$$e \leqslant 0.1W/A \tag{2.35}$$

式中 W——与偏心距方向一致的基础底面边缘的抵抗矩(m^3)；

A——基础底面积(m^2)。

2.10.2.1 简化计算方法——"倒楼盖"法

"倒楼盖"法是将筏形基础看作一个放置在地基上的楼盖，柱、墙视为该楼盖的支座，地基净反力视为作用在该楼盖上的外荷载，按混凝土结构中的单向或双向梁板的肋梁楼盖、无梁楼盖方法进行计算。按"倒楼盖"法简化计算时，一般只计算局部弯曲，并假定基底反力为直线分布(或平面分布)进行计算。必须注意：如果地基地质比较均匀、上部结构和基础的刚度足够大，这种假定才认为是合理的。对柱下梁板式筏形基础，如果框架柱网在两个方向的尺寸比小于 2，且柱网内无小基础梁时，筏板按双向多跨连续板、肋梁按多跨连续梁计算内力，若柱网内设有小基础梁，把底板分割成长短边比大于 2 的矩形格板时，筏板按单向板计算，主、次肋梁仍按多跨连续梁计算内力。对柱下平板式筏形基础，可仿效无梁楼盖计算方法，分别截取柱下板带与柱间板带进行计算。

《建筑地基规范》规定，当地基地质均匀、上部结构刚度较好、梁板式筏形基础的高跨比或平板式筏形基础的厚跨比不小于 1/6，且相邻柱荷载及柱间距的变化不超过 20%时，筏形基础可仅考虑局部弯曲作用。筏形基础的内力，可按基底反力直线分布(或平面分布)进行计算，计算时基底反力应扣除底板自重及其上填土的自重。当不满足上述要求时，筏形基础的内力应按弹性地基上梁板方法进行分析计算。

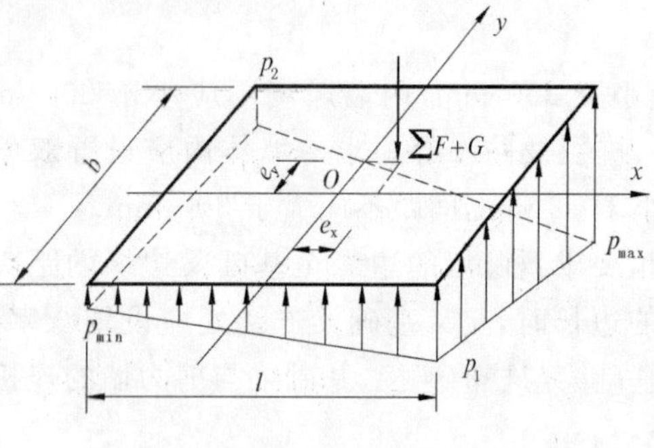

图 2.41 基底反力简化计算

对于矩形筏形基础，基底反力可按下列偏心受压式进行简化计算(图 2.41)：

$$\frac{p_{max}, p_1}{p_{min}, p_2} = \frac{\sum F + G}{lb}\left(1 \pm \frac{6e_x}{l} \pm \frac{6e_y}{b}\right) \tag{2.36}$$

式中 $p_{max}, p_{min}, p_1, p_2$——基底四个角的基底压力值(kPa)；

$\sum F$——筏板上的总竖向荷载设计值(kN)；

G——基础及其上土的重力(kN)，$G=20dlb$；

l, b——筏板底面长与宽(m)；

d——筏板的埋置深度(m)；

e_x, e_y——上部结构荷载在 x、y 方向对基底形心的偏心距(m)(x、y 轴通过基底形心)：

$$e_x = \frac{M_y}{\sum F + G} \tag{2.37}$$

$$e_y = \frac{M_x}{\sum F + G} \tag{2.38}$$

M_x, M_y——竖向荷载设计值的合力点对轴的力矩(kN·m)。

确定筏形基础底面积时同样要求满足式(2.12)、式(2.13)。

2.10.2.2 结构承载力计算

(1)梁板式筏形基础

梁板式筏形基础底板除了应计算截面受弯承载力外，其厚度还应满足受冲切承载力、受剪切承载力的要求。

① 冲切承载力计算

梁板式筏形基础底板受冲切承载力按下式计算：

$$F_l \leqslant 0.7\beta_{hp} f_t u_m h_0 \tag{2.39}$$

式中 F_l——作用在图 2.42 中阴影部分面积上的地基土平均净反力设计值(kN)；

u_m——距基础梁边 $h_0/2$ 处冲切临界截面的周长(m)。

当底板区格为矩形双向板时，底板受冲切所需的有效厚度 h_0 按下式计算：

$$h_0 = \frac{(l_{n1}+l_{n2}) - \sqrt{(l_{n1}+l_{n2}) - \dfrac{4p_n l_{n1} l_{n2}}{p_n + 0.7\beta_{hp} f_t}}}{4} \tag{2.40}$$

式中 l_{n1}，l_{n2}——计算格板的短边和长边的净长度(m)；

p_n——相应于荷载效应基本组合的地基土平均净反力设计值(kPa)。

②剪切承载力计算

梁板式筏形基础底板受剪切承载力应符合下式要求：

$$V_s \leqslant 0.7\beta_{hp} f_t (l_{n2} - 2h_0) h_0 \tag{2.41}$$

式中 V_s——距基础梁边缘 h_0 处，作用在图 2.43 阴影部分面积上的地基土平均净反力产生的剪力设计值(kN)。

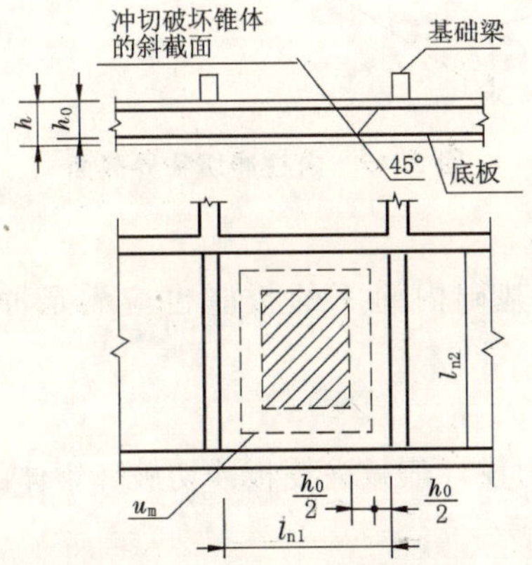

图 2.42 底板冲切计算示意图

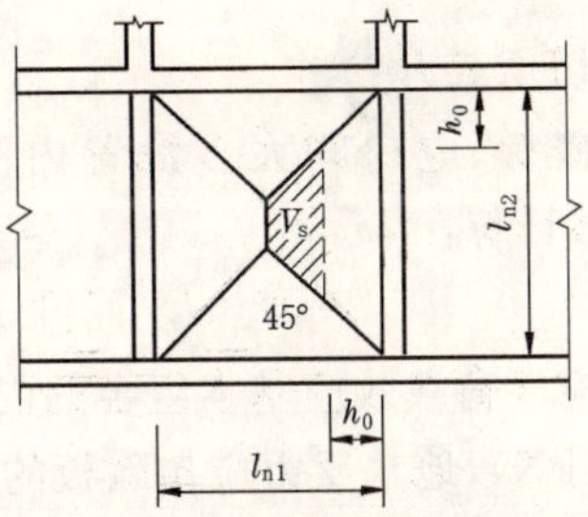

图 2.43 底板剪切计算示意图

(2)平板式筏形基础

① 冲切承载力计算

a. 柱的冲切临界截面的最大剪应力

高层建筑平板式筏形基础板厚应满足冲切承载力的要求。计算时应考虑作用在冲切临界截面重心上的不平衡弯矩产生的附加剪力。距柱边 $h_0/2$ 处冲切临界截面的最大应剪应力 τ_{max} 应按下式计算(板的最小板厚不小于 400 mm)：

$$\tau_{max} = \frac{F_l}{u_m h_0} + \frac{\alpha_s M_{unb} c_{AB}}{I_s} \tag{2.42}$$

$$\tau_{max} \leqslant 0.7(0.4 + 1.2/\beta_s)\beta_{hp} f_t \tag{2.43}$$

式中 F_l——相应于荷载效应基本组合时的集中力设计值(kN)，对内柱取轴力设计值减去筏板冲切破坏锥体内的地基土反力设计值；对边柱、角柱，取轴力设计值减去筏板冲切临界截面范围内的地基反力设计值；地基反力应扣除底板的自重；

u_m——距柱边 $h_0/2$ 处冲切临界截面的最小周长(m)；

α_s——不平衡弯矩通过冲切临界截面上的偏心剪力来传递的分配系数：

$$\alpha_s = 1 - \frac{1}{1 + \frac{2}{3}\sqrt{(c_1/c_2)}}$$

M_{unb}——作用在冲切临界截面重心上的不平衡弯矩设计值(kN·m)，由图 2.44 按下式计算：

$$M_{unb} = N \cdot e_N - P \cdot e_p \pm M_c$$

c_{AB}——沿弯矩作用方向，冲切临界截面重心至冲切临界截面最大剪应力点的距离(m)；

I_s——冲切临界截面对其重心的极惯性矩(m^4)；

β_s——柱截面长边与短边的比，当 $\beta_s < 2$ 时，β_s 取 2；当 $\beta_s > 4$ 时，β_s 取 4；

c_1——与弯矩作用方向一致的冲切临界截面的边长(m)；

c_2——垂直于 c_1 的冲切临界截面的边长(m)。

其中：u_m、c_{AB}、I_s、c_1、c_2 分别按内柱(图 2.45)、边柱、角柱查《建筑地基规范》附录 P 进行计算。

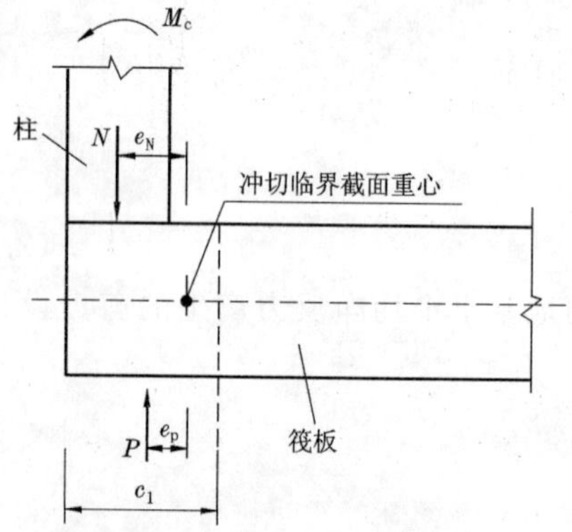

图 2.44 边柱 M_{unb} 计算示意图

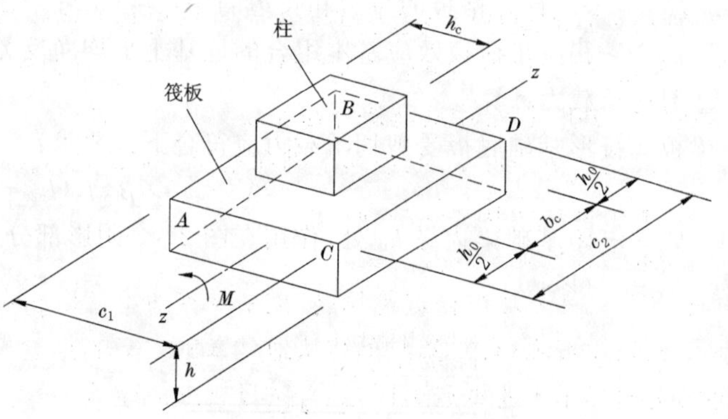

图 2.45 内柱冲切临界截面

b. 内筒的冲切承载力

高层建筑在楼梯、电梯间大多设置内筒，平板式筏形基础内筒下的板厚也应满足冲切承载力要求(图 2.46)，按下式计算：

$$F_l / u_m h_0 \leqslant 0.7\beta_{hp} f_t / \eta \tag{2.44}$$

式中 F_l——相应于荷载效应基本组合的内筒所承受的轴力设计值减去筏板冲切破坏锥体的地基反力设计值(kN)，地基反力应扣除板的自重；

u_m——距内筒外表面 $h_0/2$ 处冲切临界截面的周长(m)；

η——内筒冲切临界截面周长影响系数，取 1.25。

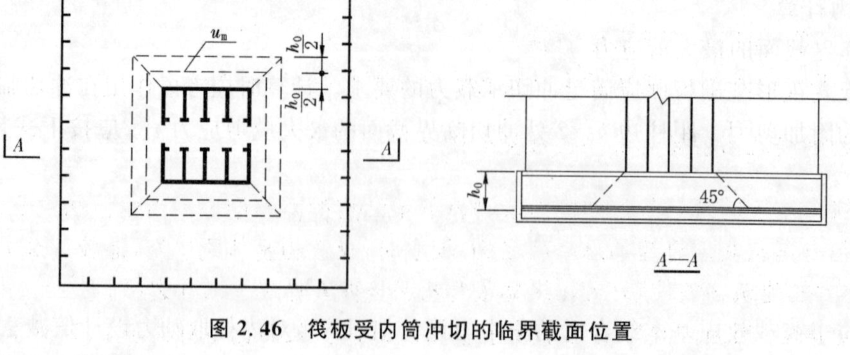

图 2.46 筏板受内筒冲切的临界截面位置

c. 内筒的冲切临界截面的最大剪应力

当需要考虑内筒根部弯矩影响时，距内筒外表面 $h_0/2$ 处冲切临界截面的最大剪应力按下式验算：

$$\tau_{max} \leqslant 0.7\beta_{hp} f_t/\eta \tag{2.45}$$

②剪切承载力计算

平板式筏形基础除满足受冲切承载力验算外，尚须验算距内筒或柱边缘 h_0 处的筏板剪切承载力：

$$V_s \leqslant 0.7\beta_{hp} f_t b_w h_0 \tag{2.46}$$

式中 V_s——荷载效应基本组合下，地基土平均净反力设计值产生的距内筒或柱边缘 h_0 处的筏板单位宽度的剪力设计值(kN)；

b_w——筏板计算截面单位宽度(m)；

h_0——距内筒或柱边缘 h_0 处筏板的截面有效宽度(m)。

2.11 减轻不均匀沉降损害的措施

工程中地基发生变形(即建筑物出现沉降)难以避免，但过量的地基变形将使建筑物损坏或影响其使用功能；特别是软弱地基以及软硬不均匀等不良地基上的建筑物，如处理不当，就更容易因不均匀沉降而开裂损坏。因此，如何防止或减轻不均匀沉降造成的损害，是建筑物设计中必须认真考虑的问题之一。单纯从地基基础的角度出发，常用的解决办法主要有以下三种：

(1)采用柱下条形基础、筏形基础和箱形基础等结构刚度较大、整体性较好的浅基础；

(2)采用桩基或其他深基础；

(3)采用各种地基处理方法。

但以上三种方法往往造价偏高，桩基及其他深基础和众多地基处理方法还需具备一定施工条件，特定情况下可能难以实施；有时甚至单纯从地基基础方案的角度出发，难以解决问题。因此，可考虑从地基、基础、上部结构相互作用的观点出发，综合选择合理的建筑、结构、施工方案和措施，降低对地基基础处理的要求和难度，同样达到减轻房屋不均匀沉降损害的预期目的。

2.11.1 建筑措施

2.11.1.1 建筑物体型力求简单

建筑物体型系指其平面形状与立面轮廓。平面形状复杂(如“L”、“T”、“E”、“Z”、“Π”形等)的建筑物，在纵、横单元交叉处基础密集，地基中各单元荷载产生的附加应力互相重叠，使该处的局部沉降量增加；同时，此类建筑物整体刚度差，刚度不对称，当地基出现不均匀沉降时，容易产生扭曲应力，因而更容易使建筑物开裂(图 2.47)。建筑物高低(或轻重)变化太大，地基各部分所受的荷载轻重不同，自然也容易出现过量的不均匀沉降(图 2.48)；据调查，软土地基上紧接高差超过一层的砌体承重结构房屋，低者很容易开裂。因此，遇软弱地基时，要力求：

(1)平面形状简单，如用“一”字形建筑物；

(2)立面体型变化不宜过大，砌体承重结构房屋高差不宜超过 1～2 层。

2.11.1.2 控制建筑物长高比及合理布置纵横墙

纵横墙的连接和房屋的楼(屋)面共同形成砌体承重结构的空间刚度。当砌体结构长高比(建筑物长度或沉降单元长度与自基础底面算起的总高度之比)较小时，建筑物整体刚度好，能较好地防止不均匀沉降危害。相反，长高比大的建筑物整体刚度差，纵墙很容易因挠曲变形过大而开裂(图 2.49)。根据调查认为，两层以上的砌体承重房屋，当预估的最大沉降量超过 120 mm 时，长高比不宜大于 2.5；对于平面简单，内外墙贯通，横墙间隔较小的房屋，长高比的限制可放宽至不大于 3.0。不符合上述条件时，可考虑设置沉降缝。

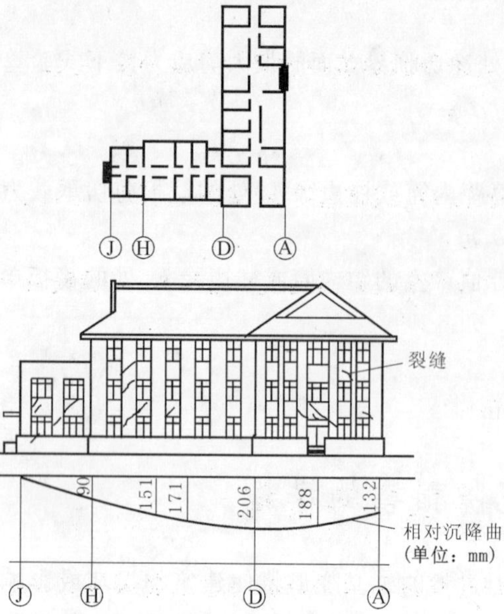

图 2.47　某“L”形建筑物一翼墙身开裂

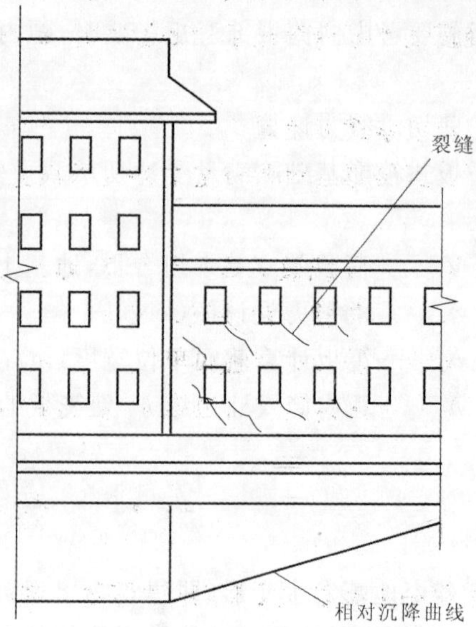

图 2.48　建筑物高差太大而开裂

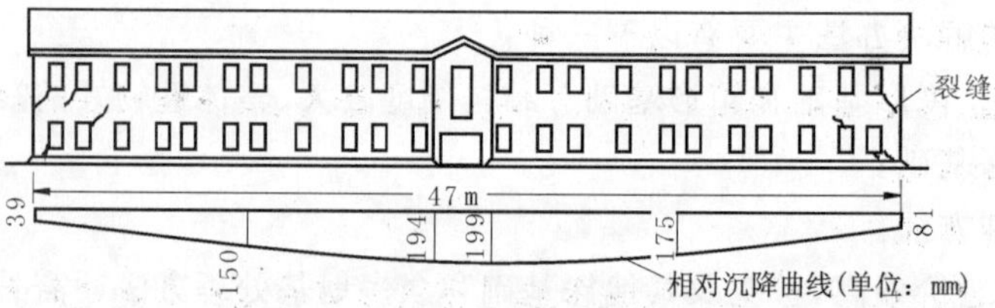

图 2.49　纵墙的长高比(7.6)过大的建筑物开裂实例

合理布置纵横墙，是增强砌体承重结构房屋整体刚度的重要措施之一。一般来说，房屋的纵向刚度较弱，故地基不均匀沉降的损害主要表现为纵墙的挠曲破坏。内、外纵墙的中断、转折，都会削弱建筑物的纵向刚度(图 2.50)。当遇地基不良时，应尽量使内、外纵墙都贯通；另外，缩小横墙的间距，也可有效地改善房屋的整体性，从而增强调整不均匀沉降的能力。

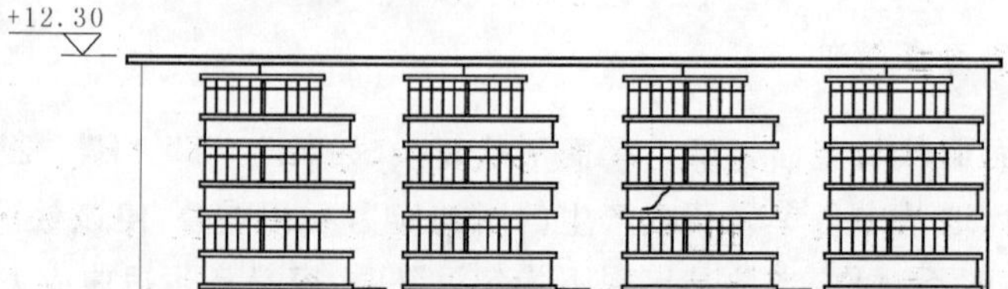

图 2.50　外纵墙多次转折、内纵墙中断的建筑物开裂实例

2.11.1.3　设置沉降缝

当地基极不均匀，且建筑物平面形状复杂或长度太长，高差悬殊等情况不可避免时，可在建筑物的特定

部位设置沉降缝，以有效减小不均匀沉降的危害。沉降缝是从屋面到基础把建筑物断开，将建筑物划分成若干个长高比较小、体型简单、整体刚度较好、结构类型相同、自成沉降体系的独立单元。根据经验，沉降缝的位置通常选择在下列部位上：

(1)平面形状复杂的建筑物的转折部位；

(2)建筑物的高度或荷载突变处；

(3)长高比较大的建筑物适当部位；

(4)地基土压缩性显著变化处；

(5)建筑结构(包括基础)类型不同处；

(6)分期建造房屋的交界处。

沉降缝的构造参见图 2.51。缝内一般不能填塞。沉降缝还要求有一定的宽度，以防止缝两侧单元发生互倾沉降时造成单元结构间的挤压破坏。一般沉降缝的宽度：二、三层房屋为 50～80 mm；四、五层房屋为 80～120 mm；六层及以上房屋不小于 120 mm。

沉降缝的造价颇高，并且会增加建筑及结构处理上的困难，所以不宜轻率使用。沉降缝可结合伸缩缝设置，在抗震区，最好与抗震缝共用。

2.11.1.4 控制相邻建筑物基础的间距

由于地基附加应力的扩散作用，使相邻建筑物产生附加不均匀沉降，可能导致建筑物的开裂或互倾。这种相邻房屋影响主要发生在：

(1)同期建造的两相邻建筑间的影响，特别是两建筑物轻(低)重(高)差别太大时，轻者受重者影响更甚；

(2)原有建筑物受邻近新建重型或高层建筑物的影响(图 2.52)。

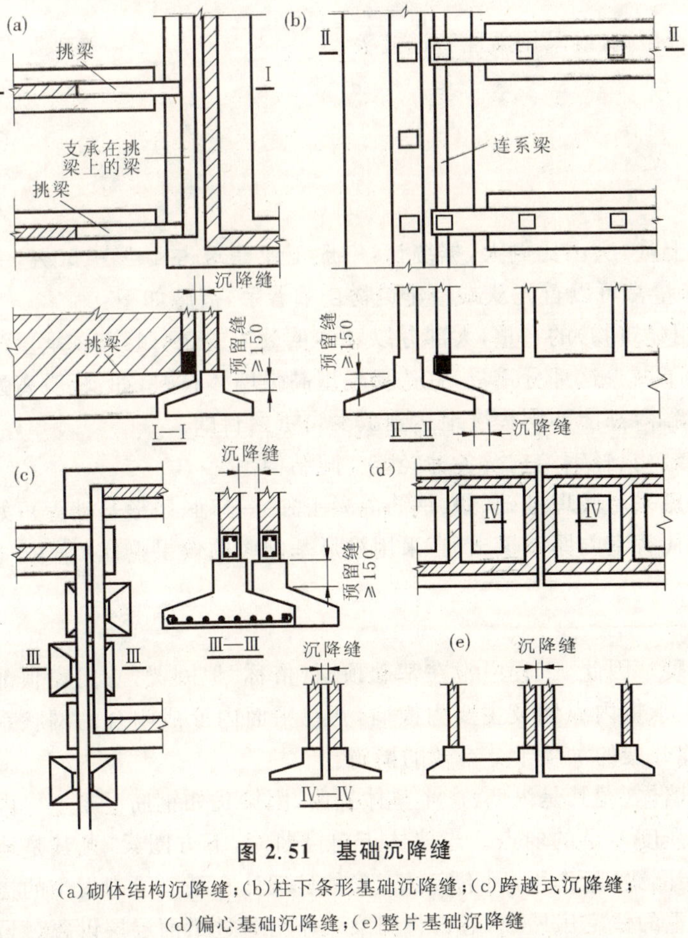

图 2.51 基础沉降缝

(a)砌体结构沉降缝；(b)柱下条形基础沉降缝；(c)跨越式沉降缝；(d)偏心基础沉降缝；(e)整片基础沉降缝

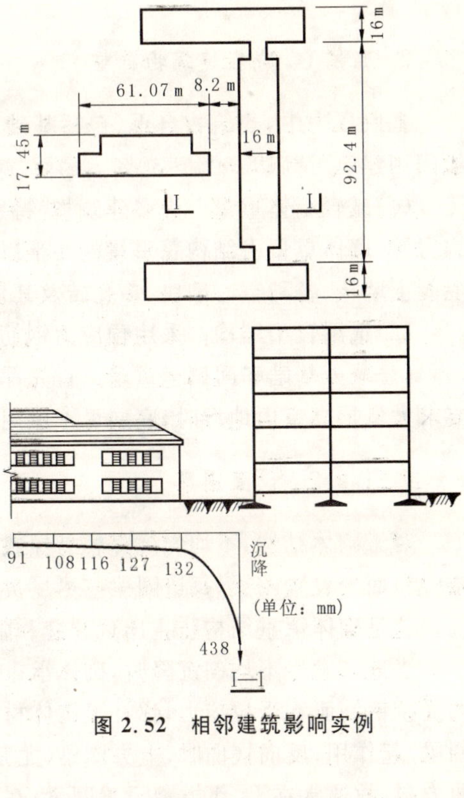

图 2.52 相邻建筑影响实例

除了上述在使用阶段的地基附加应力扩散的影响外，高层建筑在施工阶段的深基坑开挖对邻近原有建筑物的影响更应受到高度重视。

为避免相邻建筑物的影响，建造在软弱地基上的建筑基础间要有一定的净距，其值视地基的压缩性、相邻建筑物的规模和重量以及受影响建筑物的刚度等因素而定，参见表2.10。

表2.10 相邻建筑物基础间的净距(m)

受影响建筑物的预估平均沉降量 s(mm)	受影响建筑物的长高比	
	$2.0 \leqslant L/H_f < 3.0$	$3.0 \leqslant L/H_f < 5.0$
70～150	2～3	3～6
160～250	3～6	6～9
260～400	6～9	9～12
>400	9～12	≥12

注：①表中 L 为房屋长度或沉降缝分隔的单元长度(m)；H_f 为自基础底面算起的房屋高度(m)；

②当受影响建筑的长高比为 $1.5 < L/H_f < 2.0$ 时，其间隔距离可适当缩小。

2.11.1.5 调整建筑物的局部标高

由于沉降会改变建筑物原有标高，严重时将影响建筑物的正常使用，甚至导致管道等设备的破坏。设计时可采取下列措施调整建筑物的局部标高：

(1)根据预估沉降，适当提高室内地坪和地下设施的标高；

(2)将相互有联系的建筑物各部分(包括设备)中预估沉降较大者的标高适当提高；

(3)建筑物与设备之间应留有足够的净空；

(4)有管道穿过建筑物时，应留有足够尺寸的孔洞，或采用柔性管道接头。

2.11.2 结构措施

2.11.2.1 减轻建筑物自重

基底压力中，建筑物自重(包括基础及回填土重)所占比例大，据统计，一般工业建筑占40%～50%，一般民用建筑可高达60%～80%。因而，减小沉降量常可以首先从减轻建筑物自重着手，措施如下：

(1)减轻墙体重量。许多建筑物(特别是民用建筑物)的自重，大部分以墙体重量为主，例如：砌体承重结构房屋，墙体重量占结构总重量的一半以上。为了减少这部分重量，宜选择轻型高强墙体材料，如：轻质高强混凝土墙板、各种空心砌块、多孔砖及其他轻质墙等，都能不同程度地达到减少自重的目的。

(2)选用轻型结构。采用预应力钢筋混凝土结构、轻钢结构及各种轻型空间结构。

(3)减少基础和回填土重量。首先尽可能考虑采用浅埋基础(如：钢筋混凝土独立基础、条形基础等)；如要求大量抬高室内地坪时，底层可考虑用架空层代替室内厚墙填土(当采用筏形基础时的效果更佳)。

2.11.2.2 设置圈梁

对于砌体结构，不均匀沉降容易导致墙体开裂。因此，工程中常在基础顶面(俗称“地圈梁”)、门窗顶部楼(层)面处设置圈梁，每道圈梁应尽量贯通外墙、承重内纵墙及主要内横墙，并在平面内形成闭合的网状系统。这是砌体承重结构防止出现裂缝和阻止裂缝开展的一项十分有效的措施。

当地基发生不均匀沉降时，砌体承重房屋的墙体(尤其是纵墙)产生整体挠曲，圈梁犹如钢筋混凝土梁内的受拉钢筋而承受拉应力，弥补了砌体材料抗拉强度不足的弱点。当墙体正向挠曲时，下方圈梁(尤其是地圈梁)起作用；反向挠曲时，上方圈梁(尤其是顶层圈梁)起作用，因不容易正确估计墙体在某一段内发生的挠曲方向，故通常在上、下方都设置圈梁；在砌体承重的住宅房屋中，通常将圈梁兼作门窗过梁而层层设置。另外，圈梁必须与砌体结合成整体，否则便不能发挥应有作用。

圈梁的具体设置要求、截面与配筋、错层与洞口的处理方法等详见其他有关建筑与结构设计课程。

2.11.2.3 减小或调整基底附加压力

(1)减小基底附加压力：除采用本节有关"减轻建筑自重"的方法减小基底附加压力外，还可设置地下室(或半地下室、架空层)，以挖除的土重去补偿(抵消)一部分甚至全部的建筑物重量，达到减小沉降的目的。

(2)改变基底尺寸：按照沉降控制的要求，选择和调整基础底面尺寸，针对具体工程的不同情况考虑，尽量做到既有效又经济合理。

2.11.2.4 增强上部结构刚度或采用非敏感性结构

根据地基、基础、上部结构相互作用机理，上部结构整体刚度很大时，能调整和改善地基不均匀沉降；反过来，地基的不均匀沉降能引起上部结构(敏感性结构)产生附加压力，但只要在设计中合理地增加上部结构的刚度和强度，地基不均匀沉降(相当于支座位移)所产生的附加应力是完全可以承受的。

与刚性较好的敏感性结构相反，排架、三铰拱(架)等铰接结构，支座发生相对位移时上部结构中不会引起很大的附加应力，故可避免不均匀沉降对上部主体结构的损害。但这类非敏感性结构形式通常只适用于单层工业厂房、仓库和某些公共建筑，且即使采用了这些结构，严重的不均匀沉降对于屋盖系统、围护结构、吊车梁及各种纵、横联系构件等仍是有害的，因此，必须考虑采取相应的防范措施，如：避免用连续吊车梁、刚性屋面防水层等。图 2.53 是建造在软土地基上的某仓库三铰门架结构，实践证明效果良好。

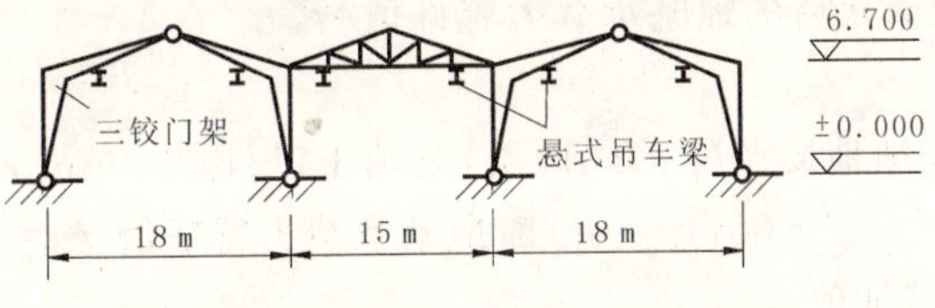

图 2.53 某仓库三铰门架结构示意图

2.11.3 施工措施

施工过程中合理安排施工程序、注意某些施工方法，也能达到减小或调整不均匀沉降的效果。

当拟建的相邻建筑物之间轻(低)重(高)悬殊时，一般应按先重后轻的程序施工；有时还需在重建筑物竣工后歇一段时间再建造轻的邻近建筑物(或建筑单元)。当高层建筑的主、裙楼下有地下室时，可在主、裙楼相交的裙楼一侧适当位置(一般是 1/3 跨度处)设置施工后浇带，同样以先主楼后裙楼的顺序施工，以减小不均匀沉降的影响。

已建或在建房屋周围均应避免长时间堆放大量集中的地面荷载，以免引起新、旧房屋的附加沉降。

细粒土，尤其是淤泥及淤泥质土的结构性很强，施工时应尽可能保持地基土的原状结构。开挖基槽时可暂不挖到基底标高，保留约 200 mm，等基坑内基础砌筑或浇筑时再挖，如槽底已扰动，可先挖去扰动部分，再用砂、碎石等回填处理。

思 考 题

2.1 根据《建筑地基规范》的规定，地基基础设计时所采用的荷载效应按哪些规定执行？

2.2 浅基础有哪些类型和特点？

2.3 地基土的冻胀性分类要考虑哪些因素？

2.4 确定基础埋置深度要考虑哪些因素？

2.5 什么是地基承载力特征值？其内涵是什么？

2.6 确定地基承载力的方法有哪些？我国现行不同行业规范是否统一？

2.7 基础底面尺寸如何确定？为什么要验算软弱下卧层的强度？

2.8 建筑物地基变形特征的意义、确定因素是什么？

2.9 有人说："偏心荷载基础的地基承载力可以提高 20%。"是否正确？

2.10 无筋扩展基础与扩展基础有什么区别？如何进行无筋扩展基础设计？

2.11 如何进行柱下钢筋混凝土独立基础和墙下钢筋混凝土条形基础的设计？

2.12 举例说明工程中设计者如何运用基于相互作用分析的"概念设计"方法对上部结构、基础的设计结果进行合理的调整。

2.13 对单栋建筑物，在地基土比较均匀的条件下，筏形基础在荷载效应准永久组合下的偏心距 e 宜符合什么要求？

2.14 除了本章已介绍的方法外，减轻不均匀沉降危害是否还有其他措施？请列举一二。

习 题

2.1 某桥梁基础，基础埋置深度(一般冲刷线以下)$h=4.2$ m，基础底面短边尺寸 $b=2.6$ m。地基土为一般黏性土，天然孔隙比 $e_0=0.8$，液性指数 $I_L=0.75$，土在水面以下的容积密度(饱和状态)$\gamma_0=28$ kN/m³。要求按《路桥地基规范》：

(1) 查表确定地基土的承载力基本容许值$[f_{a0}]$；

(2) 计算对基础宽度、埋深修正后的地基承载力容许值$[f_a]$。

(答案：$[f_a]=245.4$ kPa)

2.2 已知某拟建建筑物场地地质条件，第(1)层：杂填土，层厚 1.0 m，$\gamma=18$ kN/m³；第(2)层：粉质黏土，层厚 4.2 m，$\gamma=18.5$ kN/m³，$e=0.85$，$I_L=0.75$，地基承载力特征值 $f_{ak}=130$ kPa，试按在以下基础条件分别计算修正后的地基承载力特征值：

(1) 矩形独立基础的基础底面尺寸为 4.0 m×2.5 m，埋深 $d=1.2$ m；

(2) 箱形基础的基础底面尺寸为 9.0 m×42 m，埋深 $d=4.2$ m。

[答案：(1) $f_a=142.7$ kPa；(2) $f_a=231.1$ kPa]

2.3 某建筑物承受中心荷载的柱下独立基础底面尺寸为 3.5 m×1.8 m，埋深 $d=1.8$ m；地基土为粉土，土的物理力学性质指标：$\gamma=17.8$ kN/m³，$c_k=2.5$ kPa，$\varphi_k=30°$。试确定持力层的地基承载力特征值。

(答案：$f_a=249.7$ kPa)

2.4 某场地土层分布如图 2.54 所示，作用于条形基础顶面的荷载标准值 $F_k=300$ kN/m，弯矩 $M_k=35$ kN·m/m，取基础埋置深度 $d=0.8$ m，底宽 $b=2.0$ m，试按承载力要求验算所选基础底面尺寸是否合适。

(答案：合适)

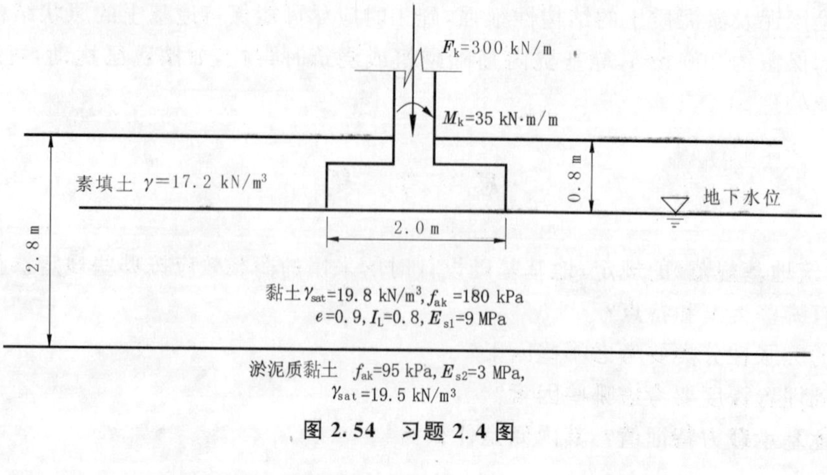

图 2.54 习题 2.4 图

2.5 某一砖厚 240 mm 的承重墙传来轴力标准值 $F_k = 180$ kN/m，地基资料如图 2.55 所示，试设计此刚性基础，并验算软弱下卧层强度。

2.6 某承重墙厚 370 mm，传来轴力设计值 $F = 280$ kN/m，基础埋深 $d = 0.8$ m，地基资料如图 2.56 所示，混凝土强度等级 C20，HPB300 钢筋，试设计此钢筋混凝土墙下条形基础。

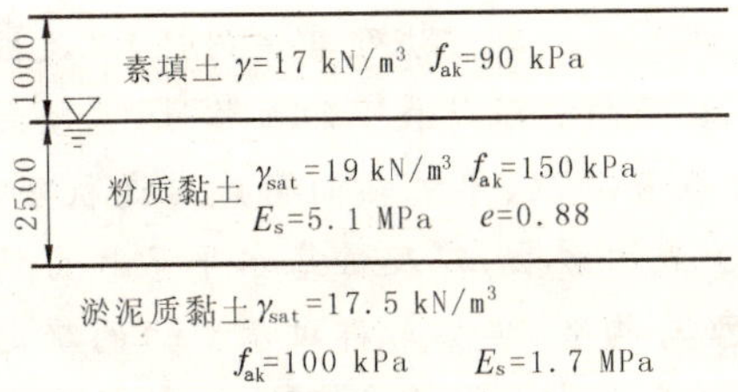

图 2.55 习题 2.5 图

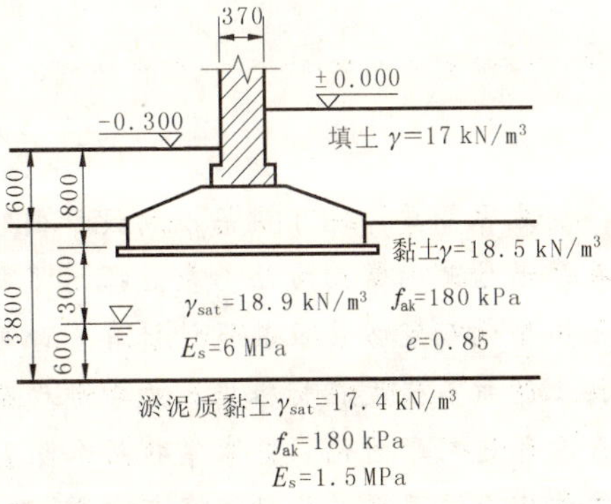

图 2.56 习题 2.6 图

2.7 某厂房内柱传来荷载 $F = 1500$ kN、$M = 90$ kN·m、$V = 25$ kN，现浇柱截面尺寸为 400 mm×800 mm，基础埋深 $d = 2$ m，基底以上土的加权平均重度 $\gamma_0 = 18$ kN/m³，基底处土的重度 $\gamma = 18.4$ kN/m³，地基承载力特征值 $f_a = 200$ kPa，混凝土强度等级 C20，HPB300 钢筋，试设计此基础(图 2.57)。

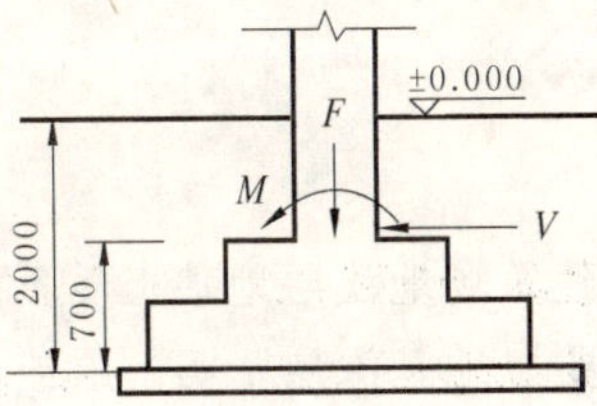

图 2.57 习题 2.7 图

2.8 某六层框架柱网布置如图 2.58 所示，已知 B 轴线上荷载设计值边柱 $F_1 = 980$ kN，中柱 $F_2 = 1410$ kN，已选取基础埋深为 1.2 m，地基土承载力特征值 $f_a = 130$ kPa，试设计 B 轴线上的钢筋混凝土条形基础(要求计算配筋并绘出配筋图)。

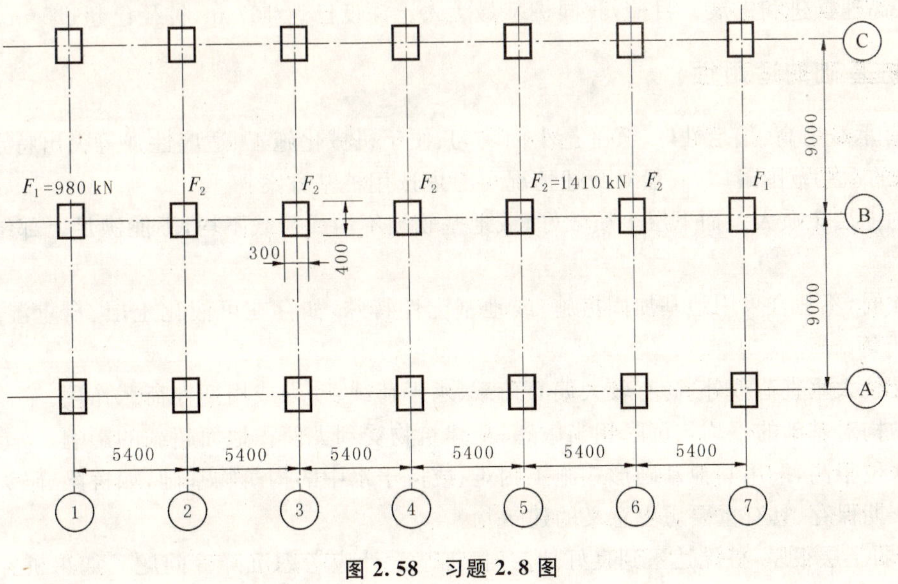

图 2.58 习题 2.8 图

3 桩基础

本章提要

本章简要介绍了桩基础的设计内容和原则、桩基的分类方法及其适用性，以及桩基质量检测的常用方法。重点探讨了单桩、群桩在竖向极限荷载下的工作性能、竖向承载力的确定方法及其设计计算。此外，对桩的设置效应、单桩轴向荷载传递机理、按土的抗剪强度指标根据土力学原理确定桩基承载力方法，以及桩基水平承载力的分析等进行了讨论。要求掌握桩和桩基础的类型与构造、单桩与群桩承载力的确定方法以及桩基础的设计内容与步骤；熟悉桩基沉降与承台计算方法；了解桩基的施工与质量检测技术。

3.1 概 述

当建筑场地浅层地基土质不能满足建筑物对地基承载力和变形的要求，也不宜采用地基处理等措施时，往往需要以地基深层坚实土层或岩层作为地基持力层，采用深基础方案。深基础主要有桩基础、沉井基础、墩基础和地下连续墙等几种类型，其中以桩基础的历史最为悠久，应用最为广泛。如我国秦代的渭桥、隋朝的郑州超化寺、五代的杭州湾大海堤以及南京的石头城和上海的龙华塔等，都是我国古代桩基的典范。近年来，随着生产力水平的提高和科学技术的发展，桩的种类和形式、施工机具、施工工艺以及桩基设计理论和设计方法等，都在高速演进和发展。目前，我国桩基最大入土深度已达 107 m，桩径已超过5 m。

3.1.1 桩基础的适用性

桩基础具有承载力高、稳定性好、沉降量小而均匀、便于机械化施工、适应性强等突出特点。与其他深基础相比，桩基础的适用范围最广，一般对下述情况可考虑选用桩基方案：

(1) 地基的上层土质太差而下层土质较好；或地基软硬不均或荷载不均，不能满足上部结构对不均匀变形的要求。

(2) 地基软弱，不适合采用地基加固措施；或地基土性特殊，如存在可液化土层、自重湿陷性黄土、膨胀土及季节性冻土等。

(3) 除承受较大垂直荷载外，尚有较大偏心荷载、水平荷载、动力或周期性荷载作用。

(4) 上部结构对基础的不均匀沉降相当敏感；或建筑物受到大面积地面超载的影响。

(5) 地下水位很高，采用其他基础形式施工困难；或位于水中的构筑物基础，如桥梁、码头、钻采平台等。

(6) 需要长期保存、具有重要历史意义的建筑物。

通常，当软弱土层很厚，桩端达不到良好地层时，桩基设计应考虑沉降等问题。如果桩穿过较好土层而桩端位于下卧软弱层，则不宜采用桩基。因此，在工程实践中，必须认真做好地基勘察、详细分析地质资料、综合考虑、精心设计和施工，才能使所选基础类型发挥出最佳效益。

3.1.2 桩基设计内容

桩基设计的基本内容包括下列各项：

(1) 选择桩的类型和几何尺寸；

(2) 确定单桩竖向(和水平向)承载力特征值；

(3) 确定桩的数量、间距和布桩方式；

(4) 验算桩基的承载力和沉降；

(5) 桩身结构设计；

(6) 承台设计；

(7) 绘制桩基施工图。

设计桩基应先根据建筑物的特点和有关要求，进行岩土工程勘察和场地施工条件等资料的收集工作；设计时应考虑桩的设置方法及其影响。

3.1.3 桩基设计原则

《建筑桩基技术规范》(JGJ 94—2008，以下简称《桩基规范》)规定，建筑桩基础应按下列两类极限状态设计：

(1) 承载能力极限状态：桩基达到最大承载能力、整体失稳或发生不适于继续承载的变形；

(2) 正常使用极限状态：桩基达到建筑物正常使用所规定的变形限值或耐久性要求的某项限值。

根据建筑规模、功能特征、对差异变形的适用性、场地地基和建筑物体型的复杂性以及由于桩基问题可能造成建筑物破坏或影响正常使用的程度，将桩基设计分为三个安全等级(表 3.1)，并要求进行如下计算和验算。

表 3.1 建筑桩基设计等级

设计等级	建筑物类型
甲级	(1) 重要的建筑； (2) 30 层以上或高度超过 100 m 的高层建筑； (3) 体型复杂且层数相差超过 10 层的高低层(含纯地下室)连体建筑； (4) 20 层以上框架-核心筒结构及其他对差异沉降有特殊要求的建筑； (5) 场地和地基条件复杂的 7 层以上的一般建筑及坡地、岸边建筑； (6) 对相邻既有工程影响较大的建筑
乙级	除甲级、丙级以外的建筑
丙级	场地和地基条件简单、荷载分布均匀的 7 层及 7 层以下的一般建筑

(1) 所有桩基均应根据具体条件分别进行承载能力计算和稳定性验算，内容包括：① 根据桩基使用功能和受力特征分别进行竖向和水平向承载力计算。② 计算桩身和承台结构的承载力，当桩侧土不排水抗剪强度小于 10 kPa 且桩长径比大于 50 时应进行桩身压屈验算；对混凝土预制桩应按吊装、运输和锤击作用进行桩身承载力验算；对钢管桩应进行局部压屈验算。③ 桩端平面以下存在软弱下卧层时应进行软弱下卧层承载力验算。④ 坡地、岸边桩基应进行整体稳定性验算。⑤ 抗浮、抗拔桩基应进行基桩和群桩的抗拔承载力计算。⑥ 抗震设防区的桩基应进行抗震承载力验算。

(2) 以下桩基尚应进行变形验算：① 设计等级为甲级的非嵌岩桩和非深厚坚硬持力层的建筑桩基，设计等级为乙级的体型复杂、荷载分布显著不均或桩端平面以下存在软弱土层的建筑桩基，以及软土地基上多层建筑减沉复合疏桩基础应进行沉降计算；② 承受较大水平荷载或对水平变位有严格限制的建筑桩基应计算其水平位移。

(3) 对不允许出现裂缝或需限制裂缝宽度的混凝土桩身和承台还应进行抗裂或裂缝宽度验算。

桩基设计时所采用的作用效应组合与相应的抗力应符合下列规定：

(1) 确定桩数和布桩时，应采用传至承载底面的荷载效应标准组合，相应的抗力采用桩基或复合桩基承载力特征值。

(2) 计算荷载作用下的桩基沉降和水平位移时，应采用荷载效应准永久组合；计算水平地震作用、风荷载作用下的桩基水平位移时，应采用水平地震作用、风荷载效应标准组合。

(3) 验算坡地、岸边建筑桩基的整体稳定性时，应采用荷载效应标准组合；抗震设防区应采用地震作用效应和荷载效应的标准组合。

(4) 计算桩基结构承载力、确定尺寸和配筋时，应采用传至承台顶面的荷载效应基本组合；当进行承台和桩身裂缝控制验算时，应分别采用荷载效应的标准组合和准永久组合。

(5) 桩基结构安全等级、设计使用年限和结构重要性系数 γ_0 应按现行有关建筑结构规范的规定采用；对桩基结构进行抗震验算时其承载力调整系数 γ_{RE} 应按《建筑抗震设计规范》(GB 50011—2010,2016 年版)的规定采用。

对软土、湿陷性黄土、季节性冻土和膨胀土、岩溶地区以及坡地岸边的桩基，抗震设防区桩基和可能出现负摩阻力的桩基，均应根据各自不同的特殊条件，遵循相应的设计原则。

3.2 桩和桩基的分类与质量检测

合理选择桩的类型是桩基设计中极为重要的环节。分类的目的是掌握其不同的特点，以供设计时根据现场的具体条件选择适当的桩型。桩可以按不同的方法分类，本节主要介绍《桩基规范》推荐的分类方法。

3.2.1 桩基的分类

桩基础可以采用单根桩的形式承受和传递上部结构的荷载，这种独立基础称为单桩基础。但绝大多数桩基础的桩数不止 1 根，而是由 2 根或 2 根以上的多根桩组成群桩，由承台将桩群在上部连接成一个整体，建筑物的荷载通过承台分配给各根桩，桩群再把荷载传递给地基。这种由 2 根或 2 根以上桩组成的桩基础称为群桩基础，群桩基础中的单桩称为桩基。

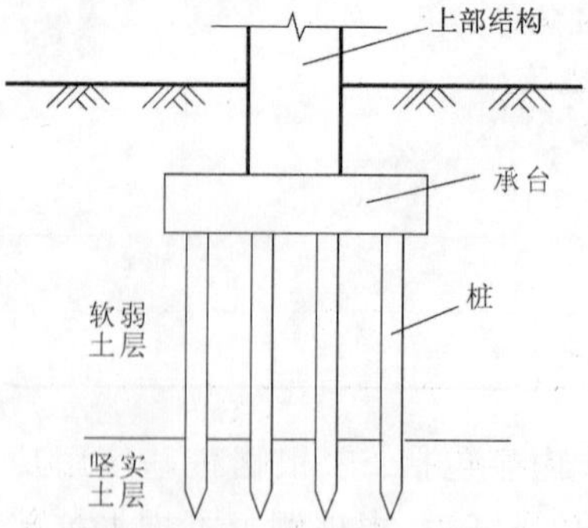

图 3.1　低承台桩基示意图

桩基由设置于土中的桩和承接上部结构荷载的承台两部分组成(图 3.1)。根据承台与地面的相对位置，一般可分为低承台桩基和高承台桩基。低承台桩基的承台底面位于地面以下，其受力性能好，具有较强的抵抗水平荷载的能力，在工业与民用建筑中，几乎都使用低承台桩基；高承台桩基的承台底面位于地面以上，且常处于水下，水平受力性能差，但可避免水下施工及节省基础材料，多用于桥梁及港口工程。

3.2.2 桩的分类

桩基中的桩可以是竖直或倾斜的，工业与民用建筑大多以承受竖向荷载为主而多用竖直桩。根据桩的承载性状、施工方法、桩身材料及桩的设置效应等可把桩划分为各种类型。

3.2.2.1 按承载性状分类

根据竖向荷载下桩土相互作用特点，达到承载力极限状态时桩侧与桩端阻力的发挥程度和分担荷载比例，将桩分为摩擦型桩和端承型桩两大类(图 3.2)。

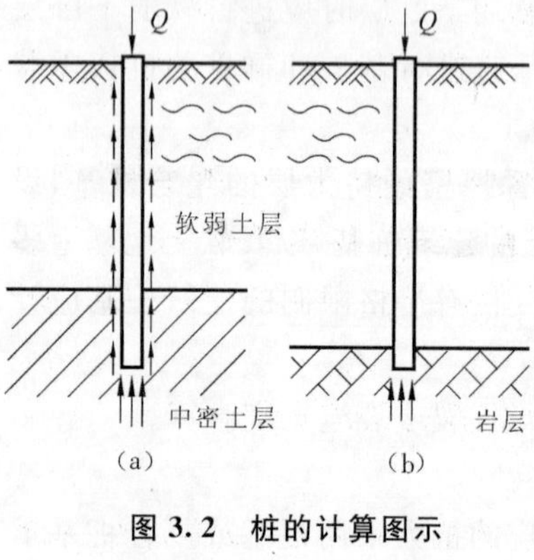

图 3.2　桩的计算图示

(a) 摩擦型桩；(b) 端承型桩

(1) 摩擦型桩

在竖向极限荷载作用下，桩顶荷载全部或主要由桩侧阻力承受。根据桩侧阻力分担荷载的比例，摩擦型桩又分为摩擦桩和端承摩擦桩两类。

摩擦桩：桩顶极限荷载绝大部分由桩侧阻力承担，桩端阻力可忽略不计。例如：① 桩长径比很大，桩顶荷载只通过桩身压缩产生的桩侧阻力传递给桩周土,桩端土层分担的荷载很小;② 桩端下无较坚实的持力层;③ 桩底残留虚土或沉渣的灌注桩;④ 桩端出现脱空的打入桩等。

端承摩擦桩:桩顶极限荷载由桩侧阻力和桩端阻力共同承担,但桩侧阻力分担荷载较大。当桩的长径比不是很大,桩端持力层为较坚实的黏性土、粉土和砂类土时,除桩侧阻力外,还有一定的桩端阻力。这类桩所占比例很大。

(2) 端承型桩

在竖向极限荷载作用下,桩顶荷载全部或主要由桩端阻力承受,桩侧阻力相对于桩端阻力可忽略不计。根据桩端阻力分担荷载的比例,又可分为端承桩和摩擦端承桩两类。

端承桩:桩顶极限荷载绝大部分由桩端阻力承担,桩侧阻力可忽略不计。桩的长径比较小(一般小于10),桩端设置在密实砂类、碎石类土层中或位于中、微风化及新鲜基岩中。

摩擦端承桩:桩顶极限荷载由桩侧阻力和桩端阻力共同承担,但桩端阻力分担荷载较大。通常桩端进入中密以上的砂类、碎石类土层中或位于中、微风化及新鲜基岩顶面。这类桩的侧阻力虽属次要,但不可忽略。

此外,当桩端嵌入岩层一定深度(要求桩的周边嵌入微风化或中等风化岩体的最小深度不小于0.5 m)时,称为嵌岩桩。对于嵌岩桩,桩侧与桩端荷载分担比例与孔底沉渣及进入基岩深度有关,桩的长径比不是制约荷载分担的唯一因素。

3.2.2.2 按施工方法分类

根据桩的施工方法不同,主要可分为预制桩和灌注桩两大类。

(1) 预制桩

预制桩桩体可以在施工现场或工厂预制,然后运至桩位处,再经锤击、振动、静压或旋入等方式设置就位。预制桩可以是钢筋混凝土桩、钢桩或木桩等。

① 钢筋混凝土桩:其横截面有方形、圆形等多种形状。一般普通实心方桩的截面边长为300~500 mm,桩长为25~30 m,工厂预制时分节长度小于或等于12 m,沉桩时在现场连接到所需桩长。分节接头应保证质量,以满足桩身承受轴力、弯矩和剪力的要求。通常可用钢板、角钢焊接,并涂以沥青以防腐蚀。也可采用钢板垂直插头加水平销连接,其施工快捷,不影响桩的强度和承载力。

大截面实心桩自重大,用钢量大,其配筋主要受起吊、运输、吊立和沉桩等各阶段的应力控制。采用预应力混凝土桩,则可减轻自重、节约钢材、提高桩的承载力和抗裂性。

预应力混凝土管桩(图3.3)采用先张法预应力工艺和离心成型法制作。经高压蒸汽养护生产的为PHC管桩,桩身混凝土强度等级大于或等于C80;未经高压蒸汽养护生产的为PC管桩(强度为C60~C80)。建筑工程中常用的PHC、PC管桩的外径为300~600 mm,每节长5~13 m。桩的下端设置开口的钢桩尖或封口的十字刃钢桩尖(图3.4)。沉桩时桩节处通过焊接端头板接长。

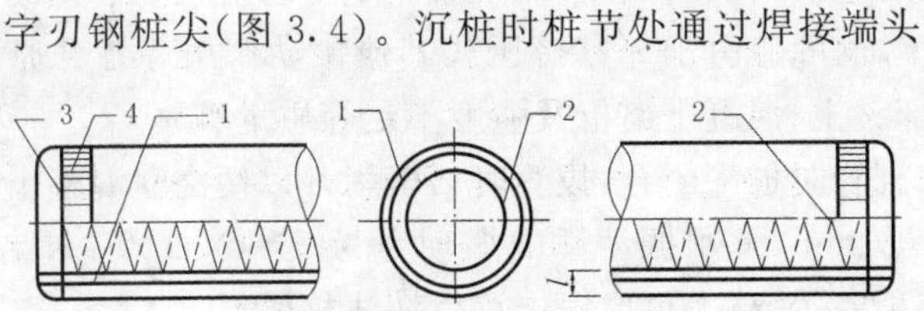

图3.3 预应力混凝土管桩

1—预应力钢筋;2—螺旋箍筋;3—端头板;4—钢套箍

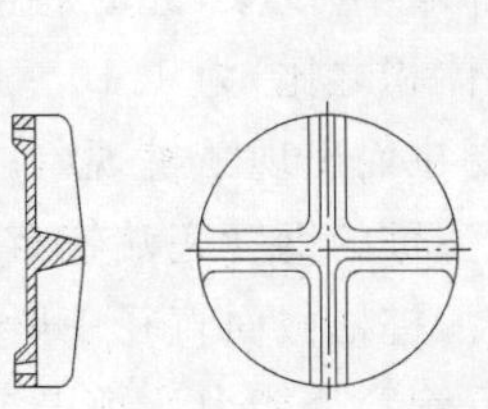

图3.4 预应力混凝土管桩的封口十字刃钢桩尖

预制桩的截面形状、尺寸和桩长可在一定范围内选择,桩尖可达坚硬黏性土或强风化基岩,具有承载能力高、耐久性好,且较易保证质量等优点。但其自重大,需大能量的打桩设备,并且由于桩端持力层起伏不平而导致桩长不一,施工中往往需要接长或截短,工艺比较复杂。

② 钢桩:常用的钢桩有下端开口或闭口的钢管桩和H型钢桩等。一般钢管桩的直径为250~1200 mm。钢桩的穿透能力强,自重轻,锤击沉桩效果好,承载能力高,无论起吊、运输或是沉桩、接桩都很方便。其缺点是耗钢量大,成本高,易锈蚀,我国只在少数重点工程中使用,如上海宝钢工程就采用了直径

914.4 mm、壁厚 16 mm、长 61 m 规格的钢管桩。

③ 木桩:常用松木、杉木或橡木做成,一般桩径为 160～260 mm,桩长 4～6 m,桩顶锯平并加铁箍,桩尖削成棱锥形。木桩制作和运输方便、打桩设备简单,在我国使用历史悠久,目前已很少使用,只在某些加固工程或能就地取材的临时工程中采用。木桩在淡水中耐久性好,但在海水及干湿交替的环境中极易腐烂,因此,一般应打入地下水位以下不少于 0.5 m。

预制桩沉桩深度一般应根据地质资料及结构设计要求估算。施工时从最后贯入度和桩尖设计标高两方面控制。最后贯入度系指沉至某标高时每次锤击的沉入量,通常以最后每阵的平均贯入量表示。锤击法常以 10 次锤击为一阵,振动沉桩以 1 min 为一阵。最后贯入度则根据计算或地区经验确定,一般可取最后两阵的平均贯入度,为 10～50 mm/阵。

(2) 灌注桩

灌注桩是直接在所设计桩位处成孔,然后在孔内下放钢筋笼(也有直接插筋或省去钢筋的)再浇灌混凝土而成。其横截面呈圆形,可以做成大直径和扩底桩。保证灌注桩承载力的关键在于桩身的成型及混凝土质量。灌注桩通常可分为:

① 沉管灌注桩:利用锤击或振动等方法沉管成孔,然后浇灌混凝土,拔出套管,其施工程序如图 3.5 所示。一般可分为单打法、复打法(浇灌混凝土并拔管后,立即在原位再次沉管及浇灌混凝土)和反插法(灌满混凝土后,先振动再拔管,一般拔 0.5～1.0 m,再反插 0.3～0.5 m)三种。复打后的桩横截面面积增大,承载力提高,但其造价也相应提高。

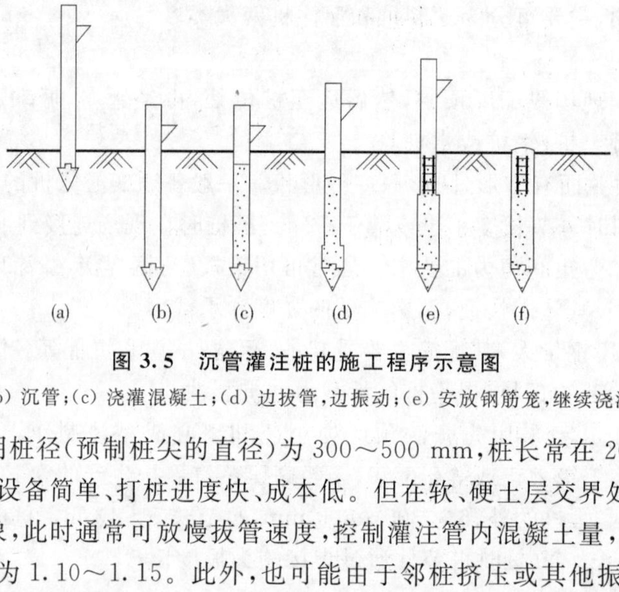

图 3.5　沉管灌注桩的施工程序示意图

(a) 打桩机就位;(b) 沉管;(c) 浇灌混凝土;(d) 边拔管,边振动;(e) 安放钢筋笼,继续浇灌混凝土;(f) 成型

锤击沉管灌注桩的常用桩径(预制桩尖的直径)为 300～500 mm,桩长常在 20 m 以内,可打至硬塑黏土层或中、粗砂层。其优点是设备简单、打桩进度快、成本低。但在软、硬土层交界处或软弱土层处容易发生颈缩(桩身截面局部缩小)现象,此时通常可放慢拔管速度,控制灌注管内混凝土量,使充盈系数(混凝土实际用量与计算的桩身体积之比)为 1.10～1.15。此外,也可能由于邻桩挤压或其他振动作用等各种原因使土体上隆,引起桩身受拉而出现断桩现象;或出现局部夹土、混凝土离析及强度不足等质量事故。

振动沉管灌注桩的钢管底端带有活瓣桩尖(沉管时桩尖闭合,拔管时活瓣张开以便浇灌混凝土),或套上预制混凝土桩尖。桩横截面直径一般为 400～500 mm,常用振动锤的振动力为 70 kN、100 kN 和160 kN。在黏性土中,其沉管穿透能力比锤击沉管灌注桩稍差,承载力也比锤击沉管灌注桩要低。

内击式沉管灌注桩(亦称弗朗基桩,Franki Pile)的优点是混凝土密实且与土层紧密接触,同时桩头扩大,承载力较高,效果较好,但穿越厚砂层能力较低,打入深度难以掌握。施工时,先在竖起的钢套筒内放进约 1 m 高的混凝土或碎石,用吊锤在套筒内锤打,形成"塞头"。以后锤打时,塞头带动套筒下沉,至设计标高后,吊住套筒,浇灌混凝土并继续锤击,使塞头脱出筒口,形成扩大的桩端,其直径可达桩身直径的 2～3 倍,当桩端不再扩大而使套筒上升时,开始浇筑桩身混凝土(若需配筋时先吊放钢筋笼),同时边拔套筒边锤击,直达所需高度为止。

② 钻(冲)孔灌注桩:钻(冲)孔灌注桩用钻机(如螺旋钻、振动钻、冲抓锥钻、旋转水冲钻等)钻土成孔,然后清除孔底残渣,安放钢筋笼,浇灌混凝土。有的钻机成孔后,可撑开钻头的扩孔刀刃使之旋转切土扩大桩

孔，浇灌混凝土后在底端形成扩大桩端，但扩底直径不宜大于3倍桩身直径。

目前国内钻(冲)孔灌注桩多用泥浆护壁，泥浆应选用膨润土或高塑性黏土在现场加水搅拌制成，一般要求其相对密实度为1.1～1.15，黏度为10～25 s，含砂率小于6%，胶体率大于95%。施工时泥浆水面应高出地下水面1 m以上，清孔后在水下浇灌混凝土，其施工程序如图3.6所示。常用桩径为800 mm、1000 mm、1200 mm等。其最大优点是入土深，能进入岩层，刚度大，承载力高，桩身变形小，并可方便地进行水下施工。

③ 挖孔桩：挖孔桩可采用人工或机械挖掘成孔，逐段边开挖边支护，达所需深度后再进行扩孔、安装钢筋笼及浇灌混凝土而成。

挖孔桩一般内径应大于或等于800 mm，开挖直径大于或等于1000 mm，护壁厚度大于或等于100 mm，分节支护，每节高500～1000 mm，可用混凝土浇筑或砖砌筑，桩身长度宜限制在40 m以内。图3.7为某人工挖孔桩示例。

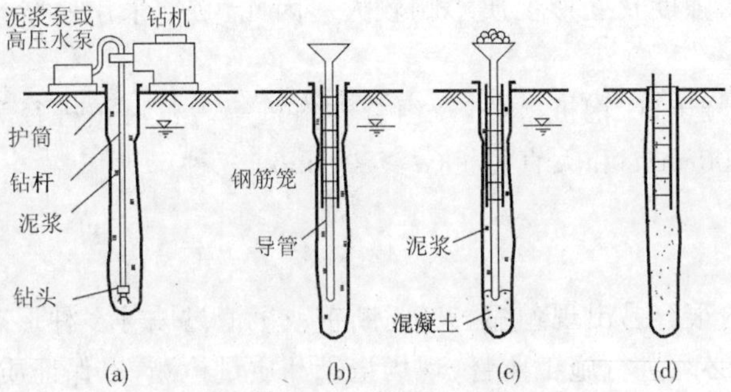

图3.6 钻孔灌注桩施工程序

(a) 成孔；(b) 下导管和钢筋笼；(c) 浇灌水下混凝土；(d) 成桩

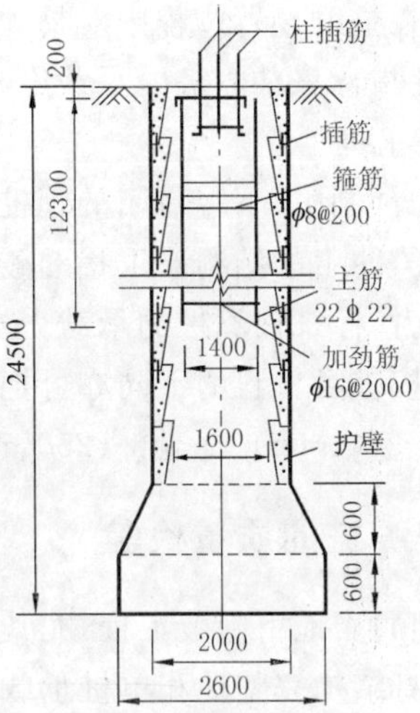

图3.7 人工挖孔桩示例

挖孔桩可直接观察地层情况，孔底易清除干净，设备简单，噪声小，场区内各桩可同时施工，且桩径大、适应性强，比较经济。但由于挖孔时可能存在塌方、缺氧、有害气体、触电等危险，易造成安全事故，因此应严格执行有关安全操作的规定。此外，挖孔桩难以避免流砂现象。

表3.2给出了我国常用灌注桩的适用范围、桩径及桩长的参考值。

表3.2 常用灌注桩的桩径、桩长及适用范围

成孔方法		桩径(mm)	桩长(m)	适用范围
泥浆护壁成孔	冲抓	≥800	≤30	碎石土、砂类土、粉土、黏性土及风化岩。当进入中等风化和微风化岩层时，冲击成孔的速度比回转钻快
	冲击		≤50	
	回转钻		≤80	
	潜水钻	500～800	≤50	黏性土、淤泥、淤泥质土及砂类土
干作业成孔	螺旋钻	300～800	≤30	地下水位以上的黏性土、粉土、砂类土及人工填土
	钻孔扩底	300～600	≤30	地下水位以上坚硬、硬塑的黏性土及中密以上砂类土
	机动洛阳铲	300～500	≤20	地下水位以上的黏性土、粉土、黄土及人工填土
沉管成孔	锤击	340～800	≤30	硬塑黏性土、粉土及砂类土，直径大于或等于600 mm的可达强风化岩
	振动	400～500	≤24	可塑黏性土、中细砂
爆扩成孔		≤350	≤12	地下水位以上的黏性土、黄土、碎石土及风化岩
人工挖孔		≥100	≤40	黏性土、粉土、黄土及人工填土

3.2.2.3 按桩的设置效应分类

桩的设置方法(打入或钻孔成桩等)不同,桩周土所受的排挤作用也很不同。排挤作用将使土的天然结构、应力状态和性质发生很大变化,从而影响桩的承载力和变形性质。这些影响统称为桩的设置效应。桩按设置效应可分为下列三类。

(1) 非挤土桩

如钻(冲或挖)孔灌注桩及先钻孔后再打入的预制桩等,因设置过程中清除孔中土体,桩周土不受排挤作用,并可能向桩孔内移动,使土的抗剪强度降低,桩侧摩阻力有所减小。

(2) 部分挤土桩

长螺旋压灌灌注桩、冲击成孔灌注桩、预钻孔打入式预制桩、H 型钢桩、开口钢管桩和开口预应力混凝土管桩等,在桩的设置过程中对桩周土体稍有排挤作用,但土的强度和变形性质变化不大,一般可用原状土测得的强度指标来估算桩的承载力和沉降量。

(3) 挤土桩

实心的预制桩、下端封闭的管桩、木桩以及沉管灌注桩等在锤击和振动贯入过程中都要将桩位处的土体大量排挤开,使土的结构严重扰动破坏,对土的强度及变形性质影响较大。因此,必须采用原状土扰动后再恢复的强度指标来估算桩的承载力及沉降量。

此外,按桩身材料的不同亦可把桩分为混凝土桩、钢桩、木桩及组合材料桩等。也可按桩径大小分为小直径桩($d \leqslant 250$ mm)、普通桩(250 mm$<d<$800 mm)和大直径桩($d \geqslant 800$ mm)三种。

3.2.3 桩的质量检验

桩基础属于地下隐蔽工程,尤其是灌注桩,很容易出现颈缩、夹泥、断桩或沉渣过厚等多种形态的质量缺陷,影响桩身结构完整性和单桩承载力,因此,必须进行施工监督、现场记录和质量检测,以保证质量,减少隐患。对于柱下单桩或大直径灌注桩工程,保证桩身质量就更为重要。目前已有多种桩身结构完整性的检测技术,下列几种较为常用:

(1) 开挖检查。只限于对暴露的桩身进行观察检查。

(2) 抽芯法。在灌注桩桩身内钻孔(直径 100~150 mm),取混凝土芯样进行观察和单轴抗压试验,了解混凝土有无离析、空洞、桩底沉渣和夹泥等现象,也可检测桩长、桩身质量及判断桩身完整性类别等。有条件时也可采用钻孔电视直接观察孔壁、孔底质量。

(3) 声波透射法。可检测桩身缺陷程度及位置,判定桩身完整性类别。预先在桩中埋入 3~4 根金属管,利用超声波在不同强度(或不同弹性模量)的混凝土中传播速度的变化来检测桩身质量。试验时在其中一根管内放入发射器,而在其他管中放入接收器,通过测读并记录不同深度处声波的传递时间来分析判断桩身质量。

(4) 动测法。包括锤击激振、机械阻抗、水电效应、共振等小应变动测,PDA(打桩分析仪)等大应变动测及 PIT(桩身结构完整性分析仪)等。对于等截面、质地较均匀的预制桩,测试效果较可靠;而对于灌注桩的动测检验,目前已有相当多的实践经验,具有一定的可靠性。

3.3 竖向荷载下单桩的工作性能

单桩工作性能的研究是单桩承载力分析理论的基础。通过桩土相互作用分析,了解桩土间的传力途径和单桩承载力的构成及其发展过程,以及单桩的破坏机理等,对正确评价单桩承载力设计值具有一定的指导意义。

桩顶荷载一般包括轴向力、水平力和力矩。为简化起见,在研究桩的受力性能及计算桩的承载力时,往往对竖向受力情况单独进行研究。本节主要讨论竖向荷载下单桩的受力性能。

3.3.1 桩的荷载传递

在竖向荷载作用下，桩身材料将发生弹性压缩变形，桩与桩侧土体发生相对位移，因而桩侧土对桩身产生向上的桩侧摩阻力。如果桩侧摩阻力不足以抵抗竖向荷载，一部分竖向荷载将传递到桩底，桩底持力层也将产生压缩变形，故桩底土也会对桩端产生阻力。桩通过桩侧摩阻力和桩端阻力将荷载传递给土体。或者说，土对桩的支承力由桩侧摩阻力和桩端阻力两部分组成。

如图 3.8 所示，桩顶在竖向荷载 Q 作用下，桩身任一深度 z 处横截面上所引起的轴力 N_z 将使该截面向下位移 δ_z，桩端下沉 δ_l，从而导致桩身侧面与桩周土之间相对滑移，其大小制约着土对桩侧向上作用的摩阻力 τ_z 的发挥程度。由深度 z 处桩段微元 dz 上力的平衡条件：

$$N_z - \tau_z \cdot u_p \cdot dz - (N_z + dN_z) = 0 \tag{3.1}$$

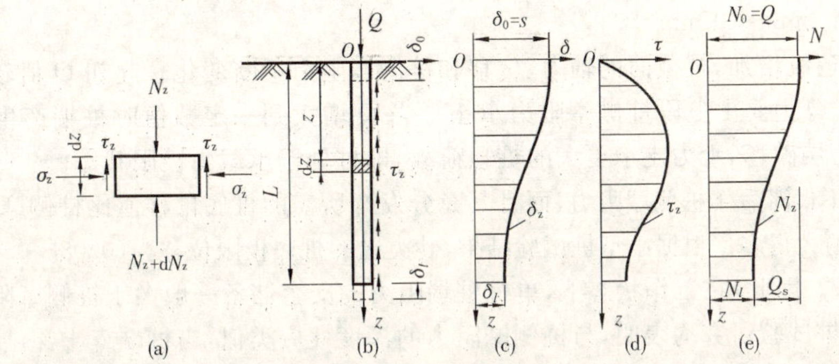

图 3.8 单桩轴向荷载传递

(a) 微桩段的受力情况；(b) 轴向受压的单桩；(c) 截面位移；(d) 摩阻力分布；(e) 轴力分布

可得桩侧摩阻力 τ_z 与桩身轴力 N_z 的关系为：

$$\tau_z = -\frac{1}{u_p} \cdot \frac{dN_z}{dz} \tag{3.2}$$

式中 τ_z——桩侧单位面积上的荷载传递量；

u_p——桩的周长。

桩顶轴力等于桩顶竖向荷载，即 $N_0 = Q$；桩端轴力 N_l 等于总桩端阻力($N_l = Q_p$)，故桩侧总阻力 $Q_s = Q - Q_p$。

由于桩身截面位移 δ_z 应为桩顶位移 δ_0($\delta_0 = s$)与 z 深度范围内的桩身压缩量之差，所以：

$$\delta_z = s - \frac{1}{A_p E_p}\int_0^z N_z \cdot dz \tag{3.3}$$

式中 A_p，E_p——桩身横截面面积和弹性模量。

若取 $z=l$，则上式变为桩端位移(即桩的刚体位移)表达式。

进行单桩静载荷试验时，除了测定桩顶荷载 Q 作用下的桩顶沉降 s 外，若通过沿桩身若干截面预先埋设的应力测量元件(传感器)，获得桩身轴力 N_z 分布图，则可利用式(3.2)及式(3.3)作出摩阻力 τ_z 和截面位移 δ_z 的分布图(图 3.8)。

3.3.2 桩侧摩阻力和桩端阻力

桩侧摩阻力 τ 是桩截面对桩周土相对位移 δ 的函数，如图 3.9 中曲线 OCD 所示，但通常可简化为折线 OAB。其极限值 τ_u 可用类似于土的抗剪强度的库仑公式表达：

$$\tau_u = c_a + \sigma_x \tan\varphi_a \tag{3.4}$$

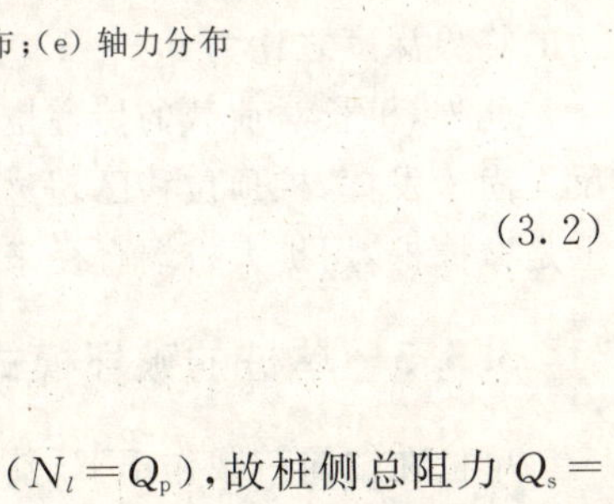

图 3.9 τ-δ 曲线

式中 c_a，φ_a——桩侧表面与土之间的附着力和摩擦角；

σ_x——深度 z 处作用于桩侧表面的法向压力，它与桩侧土的竖向有

效应力 σ'_v 成正比例，即

$$\sigma_x = K_s \sigma'_v \tag{3.5}$$

式中　K_s——桩侧土的侧压力系数，对挤土桩，$K_0 < K_s < K_p$；对非挤土桩，因桩孔中土被清除，而使 $K_a < K_s < K_0$。其中 K_a、K_0、K_p 分别为主动、静止和被动土压力系数。

由上可见，桩侧摩阻力随深度呈线性增大。但砂土中模型桩试验表明，当桩入土深度达某一临界值（为5～10倍桩径）后，桩侧摩阻力就不再随深度增加。该现象称为桩侧摩阻力的深度效应。维西克（Vesic，1967年）认为：桩周竖向有效应力 σ'_{vc} 不一定等于覆盖应力，其线性增加到临界深度（z_c）时达到某一限值，其原因是土的"拱作用"。

综上所述，桩侧极限摩阻力与所在的深度、土的类别和性质、成桩方法等多种因素有关。而桩侧摩阻力 τ_u 使桩身截面位移达到所需的桩-土相对滑移极限值 δ_u 则基本上只与土的类别有关，根据试验资料，一般黏性土为4～6 mm，砂土为6～10 mm。

随着桩顶荷载的逐级增加，桩截面的轴力、位移和桩侧摩阻力不断变化。起初 Q 值较小，桩身截面位移主要发生在桩身上段，Q 主要由上段桩侧摩阻力承担。当 Q 增大到一定数值时桩端产生位移，桩端阻力开始发挥，直到桩底持力层破坏，无力支承更大的桩顶荷载，即桩处于承载力极限状态。

桩端阻力的发挥不仅滞后于桩侧摩阻力，而且其充分发挥所需的桩底位移值比桩侧摩阻力达到极限状态所需的桩身截面位移值大得多。根据小型桩试验结果，砂类土的桩底极限位移为 $(0.08 \sim 0.1)d$，一般黏性土为 $0.25d$；硬黏土为 $0.1d$。因此，在工作状态下，单桩桩端阻力的安全储备一般大于桩侧摩阻力的安全储备。

模型试验和原型桩试验研究均表明，与桩侧摩阻力的深度效应类似，当桩端入土深度小于某一临界深度时，极限桩端阻力随深度线性增加，而大于该深度后则保持恒值不变。不同资料表明，桩侧摩阻力与桩端阻力的临界深度之比为0.3～1.0。关于桩侧摩阻力和桩端阻力的深度效应问题有待进一步研究。

此外，桩长对荷载的传递也有着重要的影响。当桩长较大（例如 $l/d > 25$）时，因桩身压缩变形大，桩端反力尚未发挥，桩顶位移已超过实用所要求的范围，此时传递到桩端的荷载极为微小。因此，很长的桩实际上是摩擦桩，用扩大桩端直径来提高承载力是徒劳的。

3.3.3　单桩的破坏模式

单桩在轴向荷载作用下，其破坏模式主要取决于桩周土的抗剪强度、桩端支承情况、桩的尺寸以及桩的类型等条件。图3.10给出了轴向荷载下可能的基桩破坏模式简图。

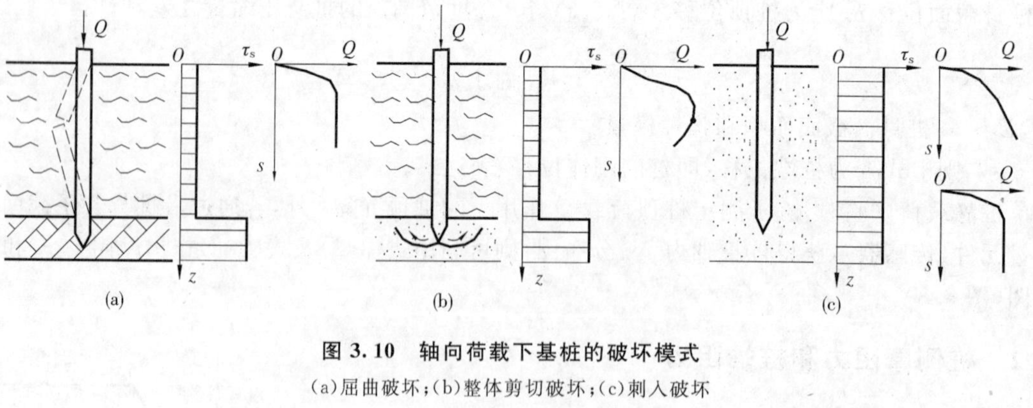

图3.10　轴向荷载下基桩的破坏模式

(a)屈曲破坏；(b)整体剪切破坏；(c)刺入破坏

3.3.3.1　屈曲破坏

当桩底支承在坚硬的土层或岩层上，桩周土层极为软弱，桩身无约束或侧向抵抗力。桩在轴向荷载作用下，如同一细长压杆出现纵向挠曲破坏，荷载-沉降（Q-s）关系曲线为"急剧破坏"的陡降型，其沉降量很小[图3.10(a)]。桩的承载力取决于桩身的材料强度。如穿越深厚淤泥质土层中的小直径端承桩或嵌岩桩、细长的木桩等多属于此种破坏。

3.3.3.2 整体剪切破坏

当具有足够强度的桩穿过抗剪强度较低的土层，到达强度较高的土层，且桩的长度不大时，桩在轴向荷载作用下，由于桩底上部土层不能阻止滑动土楔的形成，桩底土体形成滑动面而出现整体剪切破坏。此时，桩的沉降量较小，桩侧摩阻力难以充分发挥，主要荷载由桩端阻力承受，Q-s 曲线也为陡降型[图 3.10(b)]。桩的承载力主要取决于桩端土的支承力。一般打入式短桩、钻扩短桩等均属于此种破坏。

3.3.3.3 刺入破坏

当桩的入土深度较大或桩周土层抗剪强度较均匀时，桩在轴向荷载作用下将出现刺入破坏，如图 3.10(c)所示。此时桩顶荷载主要由桩侧摩阻力承受，桩端阻力极微，桩的沉降量较大。一般当桩周土质较软弱时，Q-s 曲线为“渐进破坏”的缓变型，无明显拐点，极限荷载难以判断，桩的承载力主要由上部结构所能承受的极限沉降 s_u 确定；当桩周土的抗剪强度较高时，Q-s 曲线可能为陡降型，有明显拐点，桩的承载力主要取决于桩周土的强度。一般情况下的钻孔灌注桩多属于此种情况。

3.3.4 桩侧负摩阻力

桩土之间相对位移的方向决定了桩侧摩阻力的方向，当桩周土层相对于桩侧向下位移时，桩侧摩阻力方向向下，称为负摩阻力。通常，在下列情况下应考虑桩侧负摩阻力作用：

① 在软土地区，大范围地下水位下降，使桩周土中有效应力增大，导致桩侧土层沉降；

② 桩侧地面承受局部较大的长期荷载，或地面大面积堆载(包括填土)时；

③ 桩穿越较厚松散填土、自重湿陷性黄土、欠固结土层、液化土层进入相对较硬土层时；

④ 冻土地区，由于温度升高而引起桩侧土的缺陷。

必须指出，引起桩侧负摩阻力的条件是，桩侧土体的下沉必须大于桩的下沉。

要确定桩侧负摩阻力的大小，首先就得确定产生负摩阻力的深度及其强度大小。桩身负摩阻力并不一定发生于整个软弱压缩土层中，而是发生在桩周土相对于桩产生下沉的范围内，它与桩周土的压缩、固结、桩身压缩及桩底沉降等直接有关。图 3.11 给出了穿过软弱压缩土层而到达坚硬土层的竖向荷载桩的荷载传递情况。由图可见，在 l_n 深度内，桩周土相对于桩侧向下位移，桩侧摩阻力朝下，为负摩阻力；在 l_n 深度以下，桩截面相对于桩周土向下位移，桩侧摩阻力朝上，为正摩阻力；而在 l_n 深度处，桩周土与桩截面沉降相等，两者无相对位移发生，其摩阻力为零，这种摩阻力为零的点称为中性点。图 3.11(b)和图 3.11(c)分别为桩侧摩阻力和桩身轴力的分布曲线，其中 Q_n 为中性点以上的负摩阻力之和，或称下拉荷载；Q_s 为总的正摩阻力。且在中性点处桩身轴力达到最大值($Q+Q_n$)，而桩端总阻力则等于 $Q+(Q_n-Q_s)$。

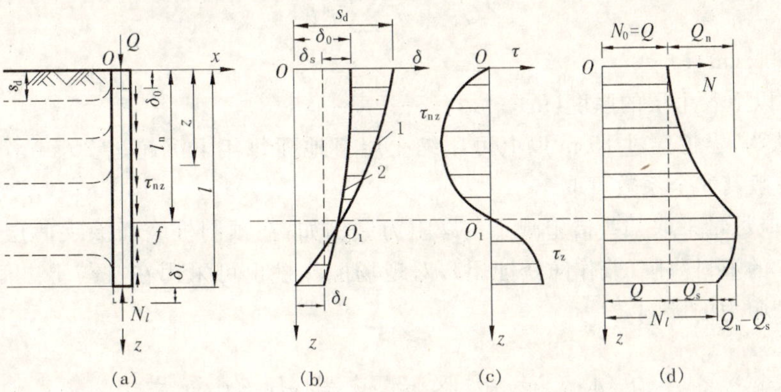

图 3.11 单桩在产生负摩阻力时的荷载传递

桩侧土层的固结随时间而变化，故土层的竖向位移和桩身截面位移都是时间的函数。因此，在桩顶荷载作用下，中性点位置、摩阻力及轴力等也都相应发生变化。当桩截面位移在桩顶荷载作用下稳定后，土层固结程度和速率是影响 Q_n 大小和分布的主要因素。固结程度高、地面沉降大，则中性点往下移；固结速率大，则 Q_n 增长快。但 Q_n 的增长需经过一定的时间才能达到极限值。在此过程中，桩身在 Q_n 作用下产生压缩，随着 Q_n 的产生和增大，桩端处轴力增加，沉降也相应增大，由此导致桩土相对位移减小，Q_n 降低而逐渐达到稳定状态。

中性点深度 l_n 应按桩周土层沉降与桩的沉降相等的条件确定，也可参照表 3.3 确定。

表 3.3　中性点深度比 l_n/l_0

持力层土类	黏性土、粉土	中密以上砂	砾石、卵石	基　岩
l_n/l_0	0.5～0.6	0.7～0.8	0.9	1.0

注：① l_0 为桩周软弱土层下限深度；
② 桩穿越自重湿陷性黄土时，l_n 按表列值增大 10%（持力层为基岩者除外）；
③ 当桩周土层固结与桩基固结沉降同时完成时取 $l_n=0$；
④ 当桩周土层计算沉降量小于 20 mm 时，应按表列值乘以 0.4～0.8 折减。

实测资料表明，桩侧第 i 层土负摩阻力标准值 q_{si}^n 可按下式计算（当计算值大于正摩阻力时取正摩阻力值）：

$$q_{si}^n = \zeta_n \sigma_i' \tag{3.6}$$

式中　ζ_n——桩周第 i 层土负摩阻力系数，可按表 3.4 取用；

σ_i'——桩周第 i 层土平均竖向有效上覆压力(kPa)。

表 3.4　负摩阻力系数 ζ_n

桩 周 土 类	饱 和 软 土	黏性土、粉土	砂　土	自重湿陷性黄土
ζ_n	0.15～0.25	0.25～0.40	0.35～0.50	0.20～0.35

注：① 同一类土中，打入桩或沉管灌注桩取较大值，钻孔灌注桩、挖孔灌注桩取较小值；
② 填土按土的类别取较大值。

此外，也可根据土的类别，按下列经验公式计算：

软土或中等强度黏土

$$q_{si}^n = c_u \tag{3.7}$$

砂土

$$q_{si}^n = \frac{N_i}{5} + 3 \tag{3.8}$$

式中　c_u——土的不排水抗剪强度(kPa)；

N_i——桩周第 i 层土经钻杆长度修正后的平均标准贯入试验击数。

桩侧总的负摩阻力（下拉荷载）Q_n 为（对群桩基础尚应乘以负摩阻力群桩效应系数，参见 3.6 节）：

$$Q_n = u_p \sum q_{si}^n l_i \tag{3.9}$$

式中　u_p——桩的周长(m)；

l_i——中性点以上各土层的厚度(m)。

国外有的学者认为，当桩穿过 15 m 以上可压缩土层且地面每年下沉超过 20 mm，或者为端承桩时，应计算下拉荷载 Q_n，一般其安全系数可取 1.0。

在桩基设计中，应尽量采取某些措施减小负摩阻力。例如，在预制桩表面涂一薄层沥青，或者对钢桩再加一层厚度为 3 mm 的塑料薄膜（兼作防锈蚀用），对现场灌注桩也可采用在桩与土之间灌注斑脱土浆等方法来消除或降低负摩阻力的影响。

3.4　单桩竖向承载力的确定

单桩承载力是指单桩在外荷载作用下，不丧失稳定性，不产生过大变形时的承载能力。单桩在竖向荷载作用下达到破坏状态前或出现不适于继续承载的变形时所对应的最大荷载，称为单桩竖向极限承载力。

单桩的竖向承载力主要取决于地基土对桩的支承能力和桩身的材料强度。一般情况下，桩的承载力由地基土的支承能力所控制，材料强度往往不能充分发挥，只有对端承桩、超长桩以及桩身质量有缺陷的桩，桩身材料强度才起控制作用。此外，当桩的入土深度较大、桩周土质软弱且比较均匀、桩端沉降量较大，或建筑物对沉降有特殊要求时，还应考虑桩的竖向沉降量，按上部结构对沉降的要求来确定单桩竖向承载力。

3.4.1 按材料强度确定

按桩身材料强度确定单桩竖向承载力时，可将桩视为轴心受压杆件，根据桩材按《混凝土结构设计规范》(GB 50010—2010,2015 年版)等混凝土或钢结构规范计算。对于钢筋混凝土桩：

$$N \leqslant \varphi(\psi_c f_c A_p + 0.9 f_y' A_g) \tag{3.10}$$

式中 N——单桩竖向承载力设计值(kN)；

f_c——混凝土的轴心抗压强度设计值(kPa)；

f_y'——纵向钢筋的抗压强度设计值(kPa)；

A_p——桩身的横截面面积(m^2)；

A_g——纵向钢筋的横截面面积(m^2)；

φ——桩的稳定系数，对低承台桩基，考虑土的侧向约束可取 $\varphi=1.0$；但穿过很厚软黏土层($c_u<$ 10 kPa)和可液化土层的端承桩或高承台桩基，其值应小于 1.0；

ψ_c——基桩成桩工艺系数，混凝土预制桩、预应力混凝土空心桩取 0.85；干作业非挤土灌注桩取 0.90；泥浆护壁和套管护壁非挤土灌注桩、部分挤土灌注桩及挤土灌注桩取 0.7～0.8；软土区挤土灌注桩取 0.6。

尚须注意，只有当桩顶以下 $5d$ 范围内桩身箍筋间距不大于 100 mm，且符合相关构造要求时才考虑纵向主筋对桩身受压承载力的作用，否则上式中 $f_y'A_g$ 项为零。此外，对高承台基桩、桩身穿越可液化土或不排水抗剪强度小于 10 kPa 的软弱土层中的基桩，还应考虑桩身挠曲对轴向偏心力、偏心距增大的影响。

3.4.2 按单桩竖向抗压静载荷试验确定

静载荷试验是评价单桩承载力最为直观和可靠的方法，它除了考虑到地基土的支承能力外，也计入了桩身材料强度对承载力的影响。对于甲级、乙级建筑桩基，必须通过静载荷试验。在同一条件下的试桩数量，不宜少于总数的 1%，并不应少于 3 根；当工程总桩数在 50 根以内时不应少于 2 根。对于地基条件复杂，桩施工质量可靠性低及本地区采用的新桩型或新工艺等情况下的桩基也须通过静载荷试验。

对于预制桩，由于打桩时土中产生的孔隙水压力有待消散，土体因打桩扰动而降低的强度随时间逐渐恢复，因此，为了使试验能真实反映桩的承载力，要求在桩身强度满足设计要求的前提下，砂类土间歇时间不少于 7 d，粉土不少于 10 d，非饱和黏性土不少于 15 d，饱和黏性土不少于 25 d。

(1) 静载荷试验装置及方法

试验装置主要由加荷稳压、提供反力和沉降观测三部分组成(图 3.12)。桩顶的油压千斤顶对桩顶施加压力，千斤顶的反力由锚桩、压重平台的重力或用若干根地锚组成的伞状装置来平衡。安装在基准梁上的百分表或电子位移计用于测量桩顶的沉降。

试桩与锚桩(或与压重平台的支墩、地锚等)之间、试桩与支承基准梁的基准桩之间以及锚桩与基准桩之间，都应有一定的间距(表 3.5)，以减少彼此的相互影响，保证测量精度。

表 3.5 试桩、锚桩和基准桩之间的中心距离

反力系统	试桩与锚桩(或压重平台支墩边)	试桩与基准桩	基准桩与锚桩(或压重平台支墩边)
锚桩横梁反力装置 压重平台反力装置	$\geqslant 4d$ 且 >2.0 m	$\geqslant 4d$ 且 >2.0 m	$\geqslant 4d$ 且 >2.0 m

注：d 为试桩、锚桩或地锚的设计直径，取其较大者(如试桩或锚桩为扩底桩时，试桩与锚桩的中心距离尚不应小于 2 倍扩大端直径)。

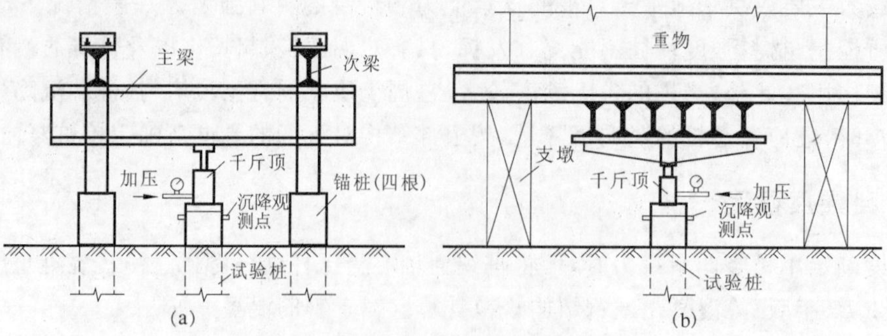

图 3.12　单桩静载荷试验的加载装置

(a) 锚桩横梁反力装置；(b) 压重平台反力装置

试验时加载方式通常有慢速维持荷载法、快速维持荷载法、等贯入速率法、等时间间隔加载法以及循环加载法等。工程中最常用的是慢速维持荷载法，即逐级加载，每级荷载值为单桩承载力特征值的1/8～1/5，当每级荷载下桩顶沉降量小于 0.1 mm/h 时，则认为已趋稳定，然后施加下一级荷载直到试桩破坏，再分级卸载到零。对于工程桩的检验性试验，也可采用快速维持荷载法，即一般每隔 1 h 加一级荷载。

(2) 终止加载条件

当出现下列情况之一时即可终止加载：

① 当荷载-沉降(Q-s)曲线上有可判定极限承载力的陡降段，且桩顶总沉降量超过 40 mm；

② 某级荷载下，桩顶沉降量大于前一级荷载下沉降量的 2 倍，且经 24 h 尚未达到相对稳定；

③ 25 m 以上的非嵌岩桩，Q-s 曲线呈缓变型时，桩顶总沉降量大于 60～80 mm；

④ 在特殊条件下，可根据具体要求加载至桩顶总沉降量大于 100 mm。

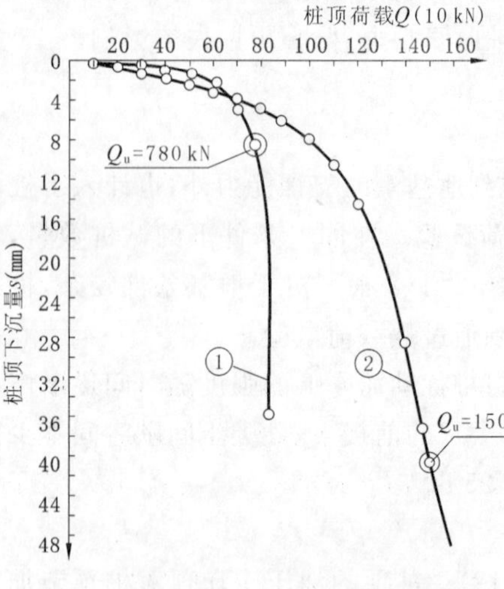

图 3.13　单桩 Q-s 曲线

(3) 按试验结果确定单桩承载力

一般认为，当桩顶发生剧烈或不停滞的沉降时，桩处于破坏状态，相应的荷载称为极限荷载(极限承载力，Q_u)。由桩的静载荷试验结果给出荷载与桩顶沉降关系 Q-s 曲线，再根据Q-s曲线特性，采用下述方法确定单桩竖向极限承载力 Q_u。

① 根据沉降随荷载的变化特征确定 Q_u

如图 3.13 中曲线①所示，对于陡降型 Q-s 曲线，可取曲线发生明显陡降的起始点所对应的荷载为 Q_u。该方法的缺点是作图比例将影响 Q-s 曲线的斜率和所选择的 Q_u，因此，宜按一定的作图比例，一般可取整个图形比例横：竖＝2：3。

因 Q-s 曲线拐点的确定易掺入绘图者的主观因素，有些曲线拐点也不甚明了，因此，国外多用切线交会法，即取相应于 Q-s 曲线始段和末段两点切线交点所对应的荷载作为极限荷载 Q_u。

② 根据沉降量确定 Q_u

对于缓变型 Q-s 曲线(图 3.13 中曲线②)，一般可取 s＝40～60 mm 对应的荷载值为 Q_u。对于大直径桩可取 s＝(0.03～0.06)D(D 为桩端直径)所对应的荷载值(大桩径取低值，小桩径取高值)，对于细长桩(l/d＞80)，可取 s＝60～80 mm 对应的荷载。

此外，也可根据沉降随时间的变化特征确定 Q_u，取 s-lg$t$ 曲线(图 3.14)尾部出现明显向下弯曲的前一级荷载值作为 Q_u；也可取终止加载条件②中的前一级荷载值作为 Q_u。

测出每根试桩的极限承载力值 Q_{ui} 后，可按下列规定通过统计确定单桩竖向抗压极限承载力 Q_u：

① 参加统计的所有试桩，当满足其级差不超过平均值的 30%时，取其平均值为单桩竖向抗压极限承载力；

② 若级差超过平均值的 30%，应分析级差过大的原因，结合工程具体情况综合确定，必要时增加试桩数量；

③ 对桩数为3根或3根以下的桩基承台，或工程桩抽检数量少于3根时，应取较低值。

取上述单桩竖向抗压极限承载力 Q_u 的一半作为单位工程同一条件下单桩竖向抗压承载力特征值 R_a。

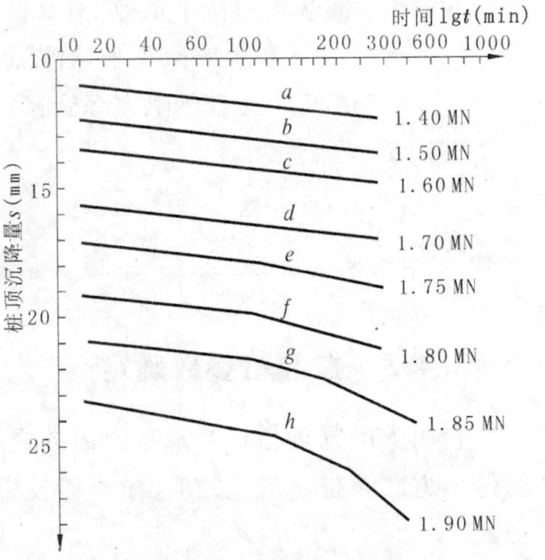

图3.14 单桩 s-lg$t$ 曲线

3.4.3 按土的抗剪强度指标确定

国外广泛采用以土力学原理为基础的单桩极限承载力公式。该类公式在土的抗剪强度指标的取值上考虑理论公式无法概括的某些影响因素，例如：土的类别和排水条件、桩的类型和设置效应等，所以仍是经验性的公式，其单桩极限承载力 Q_u 一般可以下式表示：

$$Q_u = Q_{su} + Q_{pu} - (G - \gamma A_p l) \tag{3.11}$$

式中 Q_{su}，Q_{pu}——桩侧总极限摩阻力和桩端总极限阻力；

G，γ——桩的自重和桩长以内土的平均重度；

$(G-\gamma A_p l)$——因桩的设置而附加于地基的重力，$\gamma A_p l$ 为与桩同体积的土重，常假设其值等于桩重 G，故上式可简化为：

$$Q_u = Q_{su} + Q_{pu} \tag{3.12}$$

对于黏性土中的桩，因桩在设置和受荷初期，桩周土来不及排水固结，一般以短期承载力控制设计，故宜按总应力分析法取不排水强度 c_u 估算 Q_u，故

$$Q_u = u_p \sum c_a l_i + c_u N_c A_p \tag{3.13}$$

式中 c_u——桩底以上 $3d$ 至桩底以下 d 范围内土的不排水抗剪强度平均值，对裂隙黏土宜用含裂隙的大试样测定；对钻孔桩可取三轴不排水抗剪强度的0.75倍；

N_c——地基承载力系数，当桩的长径比 $l/d>5$ 时，取 $N_c=9$；

c_a——桩土之间的附着力，$c_a=\alpha c_u$。

对黏性土 $\alpha=1$ 或更大，且随 c_u 的增大而迅速降低。对硬黏土中的桩，当 $l/d\leqslant 20$ 时，α 取1.25；当上部为软土时取 $\alpha=0.4$；其他情况取 $\alpha=0.7$。对打入桩，$c_a\leqslant 100$ kPa；对钻孔桩，α 的取值尚不成熟，平均约为0.45；对扩底桩，桩底以上 $2d$ 范围内的 c_a 不予考虑，即取 $\alpha=0$。

3.4.4 按静力触探法确定

静力触探是将圆锥形的金属探头，以静力方式按一定的速率均匀压入土中。借助探头的传感器，测出探头侧阻力 f_s 及端阻力 q_c。探头由浅入深测出各种土层的这些参数后，即可算出单桩承载力。根据探头构造的不同，又可分为单桥探头和双桥探头两种。

静力触探与桩的静载荷试验虽有很大区别，但与桩打入土中的过程基本相似，所以可把静力触探近似看成是小尺寸打入桩的现场模拟试验，且由于其设备简单、自动化程度高等优点，被认为是一种很有发展前途的确定单桩承载力的方法，国外应用极广。我国自1975年以来，已进行了大量研究，积累了丰富的静力触探与单桩竖向静载荷试验的对比资料，提出了不少反映地区经验的计算单桩竖向极限承载力标准值 Q_{uk} 的公式。

双桥探头（圆锥面积15 cm²，锥角60°，摩擦套筒高21.85 cm，侧面积300 cm²）可同时测出 f_s 和 q_c，《桩基规范》在总结各地经验的基础上提出，当按双桥探头静力触探资料确定混凝土预制桩单桩竖向极限承载力标准值 Q_{uk} 时，对于黏性土、粉土和砂土，如无当地经验时可按下式计算：

$$Q_{uk} = \alpha q_c A_p + u_p \sum l_i \beta_i f_{si} \tag{3.14}$$

式中 q_c——桩端平面上、下探头阻力(kPa)，取桩端平面以上 $4d$ 范围内探头阻力加权平均值，再与桩端平面以下 d 范围内的探头阻力进行平均；

α——桩端阻力修正系数，对黏性土、粉土取 2/3，饱和砂土取 1/2；

f_{si}——第 i 层土的探头平均侧阻力(kPa)；

β_i——第 i 层土桩侧阻力综合修正系数，按下式计算：

黏性土、粉土：

$$\beta_i = 10.04(f_{si})^{-0.55} \tag{3.15}$$

砂土：

$$\beta_i = 5.05(f_{si})^{-0.45} \tag{3.16}$$

3.4.5 按经验参数确定

利用土的物理指标与承载力参数之间的经验关系确定单桩竖向极限承载力标准值 Q_{uk} 是一种沿用多年的传统方法，《桩基规范》在大量经验及资料积累的基础上，针对不同的常用桩型，推荐如下竖向承载力估算公式。

(1) 一般预制桩及中小直径灌注桩

对直径 $d<800$ mm 的灌注桩和预制桩，单桩竖向极限承载力标准值 Q_{uk} 可按下式计算：

$$Q_{uk} = Q_{sk} + Q_{pk} = u_p \sum q_{sik} l_i + q_{pk} A_p \tag{3.17}$$

式中 Q_{sk}——单桩总极限侧阻力标准值(kN)；

Q_{pk}——单桩总极限端阻力标准值(kN)；

q_{sik}——桩侧第 i 层土的极限侧阻力标准值(kPa)，无当地经验值时，可按表 3.6 取值；

q_{pk}——桩端极限端阻力标准值(kPa)，无当地经验值时，可按表 3.7 取值。

其他符号意义同前。

表 3.6 桩的极限侧阻力标准值 q_{sik}(kPa)

土的名称	土的状态		混凝土预制桩	水下钻(冲)孔桩	干作业钻孔桩
填土	—		22～30	20～28	20～28
淤泥	—		14～20	12～18	12～18
淤泥质土	—		22～30	20～28	20～28
黏性土	流塑	$I_L>1$	24～40	21～38	21～38
	软塑	$0.75<I_L\leqslant 1$	40～55	38～53	38～53
	可塑	$0.50<I_L\leqslant 0.75$	55～70	53～68	53～66
	硬可塑	$0.25<I_L\leqslant 0.50$	70～86	68～84	66～82
	硬塑	$0<I_L\leqslant 0.25$	86～98	84～96	82～94
	坚硬	$I_L\leqslant 0$	98～105	96～102	94～104
红黏土	$0.7<\alpha_w\leqslant 1$		13～32	12～30	12～30
	$0.5<\alpha_w\leqslant 0.7$		32～74	30～70	30～70
粉土	稍密	$e>0.9$	26～46	24～42	24～42
	中密	$0.75\leqslant e\leqslant 0.9$	48～66	42～62	42～62
	密实	$e<0.75$	66～88	62～82	62～82
粉细砂	稍密	$10<N\leqslant 15$	24～48	22～46	22～46
	中密	$15<N\leqslant 30$	48～66	46～64	46～64
	密实	$N>30$	66～88	64～86	64～86
中砂	中密	$15<N\leqslant 30$	54～74	53～72	53～72
	密实	$N>30$	74～95	72～94	72～94

续表 3.6

土的名称	土的状态		混凝土预制桩	水下钻(冲)孔桩	干作业钻孔桩
粗砂	中密 密实	$15<N\leqslant 30$ $N>30$	74～95 95～116	74～95 95～116	76～98 98～120
砾砂	稍密 中密(密实)	$5<N_{63.5}\leqslant 15$ $N_{63.5}>15$	70～110 116～138	50～90 116～130	60～100 112～130
圆砾、角砾	中密、密实	$N_{63.5}>10$	160～200	135～150	135～150
碎石、卵石	中密、密实	$N_{63.5}>10$	200～300	140～170	150～170
全风化软质岩	—	$30<N\leqslant 50$	100～120	80～100	80～100
全风化硬质岩	—	$30<N\leqslant 50$	140～160	120～140	120～150
强风化软质岩	—	$N_{63.5}>10$	160～240	140～200	140～220
强风化硬质岩	—	$N_{63.5}>10$	220～300	160～240	160～260

注：① 对于尚未完成自重固结的填土和以生活垃圾为主的杂填土，不计算其侧阻力；

② α_w 为含水比，$\alpha_w=w/w_L$，w 为土的天然含水量，w_L 为土的液限；

③ N 为标准贯入击数，$N_{63.5}$ 为重型圆锥动力触探击数；

④ 全风化、强风化软质岩和全风化、强风化硬质岩指其母岩分别为 $f_{rk}\leqslant 15$ MPa、$f_{rk}>30$ MPa 的岩石。

表 3.7 桩的极限端阻力标准值 q_{pk}(kPa)

土的名称	土的状态 \ 桩型		混凝土预制桩桩长 l(m)				泥浆护壁钻(冲)孔桩桩长 l(m)			
			$l\leqslant 9$	$9<l\leqslant 16$	$16<l\leqslant 30$	$l>30$	$5\leqslant l<10$	$10\leqslant l<15$	$15\leqslant l<30$	$30\leqslant l$
黏性土	软塑	$0.75<I_L\leqslant 1$	210～850	650～1400	1200～1800	1300～1900	150～250	250～300	300～450	300～450
	可塑	$0.50<I_L\leqslant 0.75$	850～1700	1400～2200	1900～2800	2300～3600	350～450	450～600	600～750	750～800
	硬可塑	$0.25<I_L\leqslant 0.50$	1500～2300	2300～3300	2700～3600	3600～4400	800～900	900～1000	1000～1200	1200～1400
	硬塑	$0<I_L\leqslant 0.25$	2500～3800	3800～5500	5500～6000	6000～6800	1100～1200	1200～1400	1400～1600	1600～1800
粉 土	中密	$0.75\leqslant e\leqslant 0.9$	950～1700	1400～2100	1900～2700	2500～3400	300～500	500～650	650～750	750～850
	密实	$e<0.75$	1500～2600	2100～3000	2700～3600	3600～4400	650～900	750～950	900～1000	1100～1200
粉 砂	稍密	$10<N\leqslant 15$	1000～1600	1500～2300	1900～2700	2100～3000	350～500	450～600	600～700	650～750
	中密、密实	$N>15$	1400～2200	2100～3000	3000～4500	3800～5500	600～750	750～900	900～1100	1100～1200
细 砂	中密、密实	$N>15$	2500～4000	3600～5000	4400～6000	5300～7000	650～850	900～1200	1200～1500	1500～1800
中 砂			4000～6000	5500～7000	6500～8000	7500～9000	850～1050	1100～1500	1500～1900	1900～2100
粗 砂			5700～7500	7500～8500	8500～10000	9500～11000	1500～1800	2100～2400	2400～2600	2600～2800
砾 砂	中密、密实	$N>15$	6000～9500		9000～10500		1400～2000		2000～3200	
角砾、圆砾		$N_{63.5}>10$	7000～10000		9500～11500		1800～2200		2200～3600	
碎石、卵石		$N_{63.5}>10$	8000～11000		10500～13000		2000～3000		3000～4000	
全风化软质岩		$30<N\leqslant 50$	4000～6000				1000～1600			
全风化硬质岩		$30<N\leqslant 50$	5000～8000				1200～2000			
强风化软质岩		$N_{63.5}>10$	6000～9000				1400～2200			
强风化硬质岩		$N_{63.5}>10$	7000～11000				1800～2800			

续表 3.7

土的名称	桩型 / 土的状态		干作业钻孔桩桩长 l(m)		
			$5\leqslant l<10$	$10\leqslant l<15$	$15\leqslant l$
黏性土	软塑	$0.75<I_L\leqslant 1$	200～400	400～700	700～950
	可塑	$0.50<I_L\leqslant 0.75$	500～700	800～1100	1000～1600
	硬可塑	$0.25<I_L\leqslant 0.50$	850～1100	1500～1700	1700～1900
	硬塑	$0<I_L\leqslant 0.25$	1600～1800	2200～2400	2600～2800
粉　土	中密	$0.75\leqslant e\leqslant 0.9$	800～1200	1200～1400	1400～1600
	密实	$e<0.75$	1200～1700	1400～1900	1600～2100
粉　砂	稍密	$10<N\leqslant 15$	500～950	1300～1600	1500～1700
	中密、密实	$N>15$	900～1000	1700～1900	1700～1900
细　砂	中密、密实	$N>15$	1200～1600	2000～2400	2400～2700
中　砂			1800～2400	2800～3800	3600～4400
粗　砂			2900～3600	4000～4600	4600～5200
砾　砂	中密、密实	$N>15$	3500～5000		
角砾、圆砾		$N_{63.5}>10$	4000～5500		
碎石、卵石		$N_{63.5}>10$	4500～6500		
全风化软质岩		$30<N\leqslant 50$	1200～2000		
全风化硬质岩		$30<N\leqslant 50$	1400～2400		
强风化软质岩		$N_{63.5}>10$	1600～2600		
强风化硬质岩		$N_{63.5}>10$	2000～3000		

注：① 对于砂土和碎石类土，要综合考虑土的密实度、桩端进入持力层的深径比 h_b/d 确定，土愈密实，h_b/d 愈大，取值愈高；

② 预制桩的岩石极限端阻力指桩端支承于中、微风化基岩表面或进入强风化岩、软质岩一定深度条件下的极限端阻力；

③ 全风化、强风化软质岩和全风化、强风化硬质岩指其母岩分别为 $f_{rk}\leqslant 15$ MPa、$f_{rk}>30$ MPa 的岩石。

(2) 大直径桩($d\geqslant 0.8$ m)

大直径桩的桩底持力层一般都呈渐进破坏，其 Q-s 曲线呈缓变型，单桩承载力的取值常以沉降控制，极限端阻力随桩径的增大而减小，且以持力层为无黏性土时为甚。由于大直径桩一般为钻孔、冲孔、挖孔灌注桩，在无黏性土的成孔过程中将使孔壁因应力解除而松弛，故侧阻力的降幅随孔径的增大而增大。《桩基规范》推荐其单桩的竖向极限承载力标准值按下式计算：

$$Q_{uk}=Q_{sk}+Q_{pk}=u_p\sum\psi_{si}q_{sik}l_i+\psi_p q_{pk}A_p \tag{3.18}$$

式中 q_{sik}——桩侧第 i 层土的极限侧阻力标准值(kN)，无当地经验值时，可按表 3.6 取值，对于扩底桩变截面以上 $2d$ 长度范围不计侧阻力；

q_{pk}——桩径为 0.8 m 的极限端阻力标准值(kN)，对于干作业挖孔(清底干净)可采用深层平板(端承型桩平板直径应与孔径一致)载荷试验确定；不能进行试验时按表 3.8 取值；对于其他成桩工艺可按表 3.7 取值；

ψ_{si}，ψ_p——大直径桩侧阻力、端阻力尺寸效应系数，按表 3.9 取值。

此外，对于混凝土护壁振捣密实的大直径挖孔桩，桩身周长 u_p 可按护壁外直径计算。

表 3.8　干作业桩(清底干净，$d=0.8$ m)极限端阻力标准值 q_{pk}(kPa)

名　称	状　态		
黏　性　土	$0.25<I_L\leqslant 0.75$	$0<I_L\leqslant 0.25$	$I_L\leqslant 0$
	800～1800	1800～2400	2400～3000

续表 3.8

名称		状态		
粉土		—	$0.75 \leqslant e \leqslant 0.9$	$e < 0.75$
		—	1000～1500	1500～2000
砂土、碎石类土		稍密	中密	密实
	粉砂	500～700	800～1100	1200～2000
	细砂	700～1100	1200～1800	2000～2500
	中砂	1000～2000	2200～3200	3500～5000
	粗砂	1200～2200	2500～3500	4000～5500
	砾砂	1400～2400	2600～4000	5000～7000
	圆砾、角砾	1600～3000	3200～5000	6000～9000
	卵石、碎石	2000～3000	3300～5000	7000～11000

注：① q_{pk} 取值宜考虑桩端持力层土的状态及桩进入持力层的深度效应，当进入持力层深度 h_b 满足 $h_b \leqslant D$，$D < h_b < 4D$，$h_b \geqslant 4D$ 时，q_{pk} 可分别取较低值、中值、较高值，D 为桩端直径；

② 砂土密实度可根据标准贯入击数 N 判定，$N \leqslant 10$ 为松散，$10 < N \leqslant 15$ 为稍密，$15 < N \leqslant 30$ 为中密，$N > 30$ 为密实；

③ 当桩的长径比 $l/d \leqslant 8$ 时，q_{pk} 宜取较低值；

④ 当对沉降要求不严时，可适当提高 q_{pk} 值。

表 3.9 大直径桩侧阻力尺寸效应系数 ψ_{si}、端阻力尺寸效应系数 ψ_p

土类别	黏性土、粉土	砂石、碎石类土	土类别	黏性土、粉土	砂石、碎石类土
ψ_{si}	$\left(\frac{0.8}{d}\right)^{1/5}$	$\left(\frac{0.8}{d}\right)^{1/3}$	ψ_p	$\left(\frac{0.8}{D}\right)^{1/4}$	$\left(\frac{0.8}{D}\right)^{1/3}$

（3）嵌岩桩

随着高层建筑及桥梁工程的高速发展，嵌岩桩的应用日益广泛。近十年来大量试验研究成果和工程应用经验均表明，一般情况下，只要嵌岩桩不是很短，上覆土层的侧阻力就能部分发挥；此外，嵌岩深度内也有侧阻力作用，故传递到桩端的应力随嵌岩深度增大而递减，当嵌岩深度达 $5d$ 时，该应力接近于零。所以，桩端嵌岩深度一般不必很大，超过某一界限则无助于提高桩的竖向承载力。因此，桩端置于完整、较完整基岩的嵌岩单桩的极限承载力标准值 Q_{uk} 由桩周土总侧阻力 Q_{sk} 和嵌岩段总极限阻力 Q_{rk} 组成，当根据岩石单轴抗压强度确定单桩竖向极限承载力标准值时，可按下式计算：

$$Q_{uk} = Q_{sk} + Q_{rk} = u_p \sum q_{sik} l_i + \zeta_r f_{rk} A_p \tag{3.19}$$

式中 q_{sik}——桩周第 i 层土的极限侧阻力标准值，无当地经验时可根据成桩工艺按表 3.6 取值；

f_{rk}——岩石饱和单轴抗压强度标准值，对于黏土质岩取天然湿度单轴抗压强度标准值；

ζ_r——桩嵌岩段侧阻力和端阻力综合系数，与嵌岩深径比 h_r/d、岩石软硬程度和成桩工艺有关，可按表 3.10采用，表中数值适用于泥浆护壁成桩，对于干作业成桩（清底干净）和泥浆护壁后注浆应取表列数值的 1.2 倍。

表 3.10 嵌岩段侧阻力和端阻力综合系数 ζ_r

嵌岩深径比 h_r/d	0.0	0.5	1	2	3	4	5	6	7	8
极软岩、软岩	0.60	0.80	0.95	1.18	1.35	1.48	1.57	1.63	1.66	1.70
较硬岩、坚硬岩	0.45	0.65	0.81	0.90	1.00	1.04	—	—	—	—

注：① 表中极软岩、软岩指 $f_{rk} \leqslant 15$ MPa 的岩石；较硬岩、坚硬岩指 $f_{rk} > 30$ MPa 的岩石，介于两者之间可内插取值；

② h_r 为桩身嵌岩深度，当岩面倾斜时，以坡下方的嵌岩深度为准；当 h_r/d 为非表列数值时可内插取值。

此外,《桩基规范》指出,确定单桩竖向极限承载力标准值尚须满足下列规定:

① 甲级建筑桩基应通过单桩静载荷试验确定;

② 乙级建筑桩基应通过单桩静载荷试验确定,仅当地质条件简单时,可参照地质条件相同的试桩资料,结合静力触探等原位测试和经验参数综合确定;

③ 丙级建筑桩基,可根据原位测试和经验参数确定。

3.4.6 按动力试桩法确定

动力试桩法是应用物体振动和应力波的传播理论来确定单桩竖向承载力以及检验桩身完整性的一种方法。它与传统的静载荷试验相比,无论在试验设备、测试效率、工作条件以及试验费用等方面,均具有明显的优越性。其最大的技术经济效益是速度快、成本低,可对工程桩进行大量的普查,及时找出工程桩的隐患,防止重大安全质量事故。

动测技术在国外应用较早。打桩时,桩在一定能量锤击下入土的难易程度反映出土对桩的支承能力,桩在一次锤击下入土的深度 e 称为贯入度。当其他条件相同时,桩打入硬土中的 e 值要比软土中的小;在同一土层中,则桩入土越深,e 值就越小。也就是说,e 与打桩时土对桩的阻力之间存在着一定的函数关系,反映这种关系的表达式就统称为动力打桩公式。动力打桩公式的基本假定与实际不符,往往带来较大误差,近年来国内外已很少采用。

近三十年来,随着测试和计算技术的提高,动力试桩技术在我国得到了较大的发展。1972 年,湖南大学周光龙教授率先提出了桩基参数动测法,对开创我国动力试桩方法的研究起了积极的推动作用。1978 年,东南大学唐念慈教授等首先应用波动方程法,在渤海 12 号平台的钢管桩动力测试中获得了成功。随着我国桩基工程的发展,动力试桩法已在全国广泛应用,有效地补充了静力试桩的不足,满足了我国桩基工程发展的需要。然而,由于我国动测技术的研究和应用毕竟为时不长,各种方法尚存在一定的问题,有待进一步研究和完善。

动力试桩法种类繁多,一般可分为高应变动力检测法和低应变动力检测法两大类。

高应变法由 20 世纪 70 年代的锤击法发展为 80 年代引进的 PDA 和 PID 法,近年来我国又自行研制出各种试桩分析仪,软件和硬件的功能都有很大的提高。今后宜有步骤地发展这种动力测试仪器,加强动力模型和机理的研究工作,提高软硬件的质量、适用性和可靠性。目前,国际上普遍采用高应变法测定桩的极限承载力,而用低应变法检测桩的质量和完整性。

低应变法在我国应用极为广泛,约有 90% 的检测单位采用低应变法,每年检测的桩数在 4 万根以上。由于低应变法具有软硬件价格便宜、设备轻巧、测试过程简单等优点,目前多用于桩身质量检测。

3.4.7 桩的抗拔承载力

对于高耸结构物桩基(如高压输电塔、电视塔、微波通讯塔等)、承受巨大浮托力作用的基础(如地下室、地下油罐、取水泵房等),以及承受巨大水平荷载的桩结构(如码头、桥台、挡土墙等),桩侧部分或全部承受上拔力,此时尚须验算桩的抗拔承载力。

桩的抗拔承载力主要取决于桩身材料强度及桩与土之间的抗拔侧阻力和桩身自重。上拔时形成的桩端真空吸引力所占比例不大,且可靠性不高,可不予考虑。目前,有关抗拔承载力的机理研究尚不充分。《桩基规范》规定,应同时验证群桩基础呈整体破坏和呈非整体破坏时的基桩抗拔承载力。

对于甲级、乙级建筑桩基,基桩的抗拔极限承载力应通过现场单桩上拔静载荷试验确定,如无当地经验,对群桩基础及丙级建筑桩基,可按下式估算群桩呈非整体破坏时单桩的抗拔极限承载力标准值 T_{uk},即

$$T_{uk} = \sum \lambda_i q_{sik} u_i l_i \tag{3.20}$$

式中 λ_i——抗拔系数,可按表 3.11 取值;

u_i——桩身周长，等直径桩为 πd，对扩底桩，自桩底起的 $(4\sim10)d$ 范围内取值为 πD，其余部分仍取为 πd。

其他符号意义同式(3.18)。

当群桩基础呈整体破坏时，基桩的抗拔极限承载力标准值 T_{gk} 可取桩群外围周长范围形成的抗拔承载力再除以桩数。

表 3.11 抗拔系数 λ_i

土 类	λ_i
砂 土	0.50～0.70
黏性土、粉土	0.70～0.80

注：$l/d\leqslant20$ 时，λ_i 取小值。

3.4.8 单桩竖向承载力特征值

作用于桩顶的竖向荷载主要由桩侧和桩端土体承担，而地基土体为大变形材料。当桩顶荷载增加时，随着桩顶变形的相应增大，单桩承载力也逐渐增大，很难定出一个真正的“极限值”；此外，建筑物的使用也存在功能上的要求，往往基桩承载力尚未充分发挥，桩顶变形已超出正常使用的限值。因此，单桩竖向承载力应不超过桩顶荷载-变形曲线线性变形阶段的比例界限荷载，即表示正常使用极限状态计算时采用的单桩承载力值，以发挥正常使用功能时所允许采用的抗力设计值。为与国际标准《结构可靠性总原则》(ISO 2394)中相应的术语“特征值”(characteristic value)相一致，故称之为单桩竖向承载力特征值。

《建筑地基规范》指出，单桩竖向承载力特征值的确定应符合下列规定：

(1) 单桩竖向承载力特征值应通过单桩竖向静载荷试验确定。在同一条件下的试桩数量，不宜少于总桩数的1%，且不应少于3根。单桩竖向承载力特征值取单桩竖向静载荷试验所得单桩竖向极限承载力除以安全系数2。

当桩端持力层为密实砂卵石或其他承载力类似的土层时，对单桩承载力很大的大直径端承型桩，可采用深层平板载荷试验确定桩端土的承载力特征值。

(2) 地基基础设计等级为丙级的建筑物，可采用静力触探及标贯试验参数确定 R_a 值。

(3) 初步设计时单桩竖向承载力特征值 R_a 可按下式估算：

$$R_a = q_{pa}A_p + u_p\sum q_{sia}l_i \tag{3.21}$$

式中 q_{pa}，q_{sia}——桩端阻力、桩侧阻力特征值，由当地静载荷试验结果统计分析算得。

其他符号意义同前。

当桩端嵌入完整及较完整的硬质岩中时，可按下式估算单桩竖向承载力特征值：

$$R_a = q_{pa}A_p \tag{3.22}$$

式中 q_{pa}——桩端岩石承载力特征值，当桩端无沉渣时，应根据岩石饱和单轴抗压强度标准值确定，或按岩基载荷试验确定。

(4) 嵌岩灌注桩桩端以下3倍桩径范围内应无软弱夹层、断裂破碎带和洞穴分布；并应在桩底应力扩散范围内无岩体临空面。

《桩基规范》规定：单桩竖向承载力特征值 R_a 取其极限承载力标准值 Q_{uk} 的一半，即

$$R_a = Q_{uk}/K \tag{3.23}$$

式中 K——安全系数，取 $K=2$。

对于端承型桩基、桩数少于4根的摩擦型柱下独立桩基，或由于地基性质、使用条件等因素不宜考虑承台效应时，基桩竖向承载力特征值 R 应取单桩竖向承载力特征值，即 $R=R_a$；否则，对符合条件的摩擦型桩基，一般宜考虑承台效应确定其复合基桩的竖向承载力特征值 R($R>R_a$，详见3.6节)。

3.5 桩的水平承载力与位移

建筑工程中的桩基础大多以承受竖向荷载为主，但在风荷载、地震荷载、机械制动荷载或土压力、水压力等作用下，也将承受一定的水平荷载。尤其是桥梁工程中的桩基，除了满足桩基的竖向承载力要求之外，还

必须对桩基的水平承载力进行验算。

3.5.1 水平荷载下基础的受力特性

在水平荷载和弯矩作用下，桩身产生挠曲变形，并挤压桩侧土体，土体则对桩侧产生水平抗力，而桩周土体水平抗力的大小则控制着竖直桩的水平承载力，其大小和分布与桩的变形、土质条件以及桩的入土深度等因素有关。在出现破坏以前，桩身的水平位移与土的变形是协调的，相应地，桩身产生内力。随着位移和内力的增大，对于低配筋率的灌注桩而言，通常桩身首先出现裂缝，然后断裂破坏；对于抗弯性能好的混凝土预制桩，桩身虽未断裂，但桩侧土体明显开裂和隆起，桩的水平位移将超出建筑物容许变形值，使桩处于破坏状态。

影响桩水平承载力的因素很多，如桩的断面尺寸、刚度、材料强度、入土深度、间距、桩顶嵌固程度以及土质条件和上部结构的水平位移容许值等。且实践证明，桩的水平承载力远比竖向承载力要低。

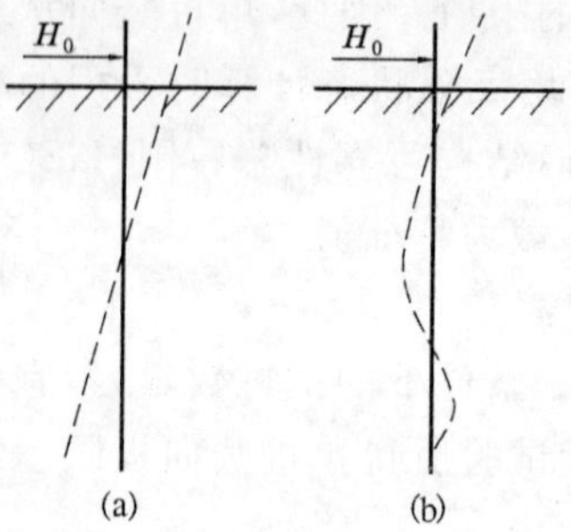

图 3.15 水平受荷桩示意图

桩的刚度与入土深度不同，其受力及破坏特性亦不同。根据桩的无量纲入土深度 αh[α 为桩的水平变形系数，见式(3.28)]，通常可将桩分为刚性桩($\alpha h \leqslant 2.5$)和柔性桩($\alpha h > 2.5$)。刚性桩因入土较浅，而表层土的性质一般较差，桩的刚度远大于土层的刚度，桩周土体水平抗力较小，水平荷载作用下整个桩身易被推倒或发生倾斜[图 3.15(a)]，故桩的水平承载力主要由桩的水平位移和倾斜控制。桩的入土深度愈大，土的水平抗力也就愈大。柔性桩为细长的杆件，在水平荷载作用下，将形成一段嵌固的地基梁，桩的变形如图 3.15(b)所示。如果水平荷载过大，桩身土中某处将产生较大的弯矩值而出现桩材屈服。因此，桩的水平承载力将由桩身水平位移及最大弯矩值所控制。

确定单桩水平承载力的方法，以水平静载荷试验最能反映实际情况，所得到的承载力和地基土水平抗力系数最符合实际情况，若预先埋设测量元件，还能反映出加荷过程中桩身截面的内力和位移。此外，也可采用理论计算，根据桩顶水平位移容许值，或材料强度、抗裂度验算等确定，还可参照当地经验加以确定。

3.5.2 单桩水平静载荷试验

对于受横向荷载较大的甲级、乙级建筑物桩基，单桩水平承载力特征值应通过单桩水平静载荷试验确定。

3.5.2.1 试验装置

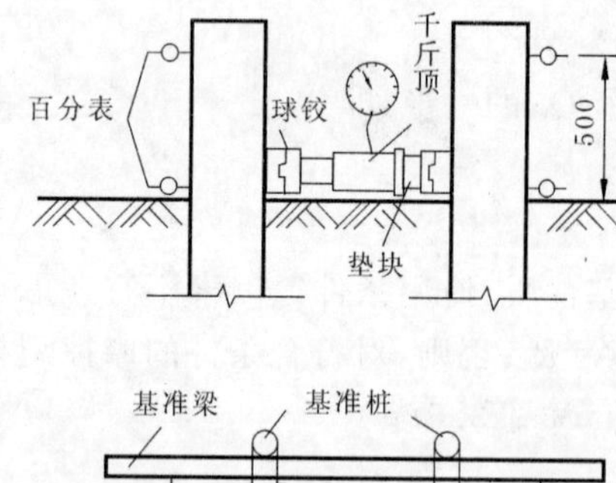

图 3.16 单桩水平静载荷试验装置

一般采用千斤顶施加水平力，力的作用线应通过工程桩基承台标高处，千斤顶与试桩接触处宜设置一球形铰座，以保证作用力能水平通过桩身轴线。桩的水平位移宜用大量程百分表测量，若需测定地面以上桩身转角时，在水平力作用线以上 500 mm 左右还应安装一或两只百分表(图 3.16)。固定百分表的基准桩与试桩的净距不少于一倍试桩直径。

3.5.2.2 试验加载方法

一般采用单向多循环加卸载法，每级荷载增量约为预估水平极限承载力的 1/15～1/10，根据桩径大小并适当考虑土层软硬，对于直径 300～1000 mm 的桩，每级荷载增量可取 2.5～20 kN。每级荷载施加后，恒载 4 min 测读水平位移，然后卸载至零，停 2 min 测读残余水平位移，或者加载、卸载各 10 min，如此循环 5 次，再施加下一级荷载。对于个别承受长期水平荷载的桩基也可采用慢速连续加载法进行，其稳定标准可参照竖向静载荷试验确定。

3.5.2.3 终止加载条件

当桩身折断或桩顶水平位移超过 30～40 mm（软土取 40 mm），或桩侧地表出现明显裂缝或隆起时，即可终止试验。

3.5.2.4 水平承载力的确定

根据试验结果，一般应绘制桩顶水平荷载-时间-桩顶水平位移（H_0-t-x_0）曲线（图 3.17），或水平荷载-位移梯度（H_0-$\Delta x_0/\Delta H_0$）曲线（图 3.18），或水平荷载-位移（H_0-x_0）曲线。当具有桩身应力测量资料时，尚应绘制应力沿桩身分布图及水平荷载与最大弯矩截面的钢筋应力（H_0-σ_g）曲线（图 3.19）。

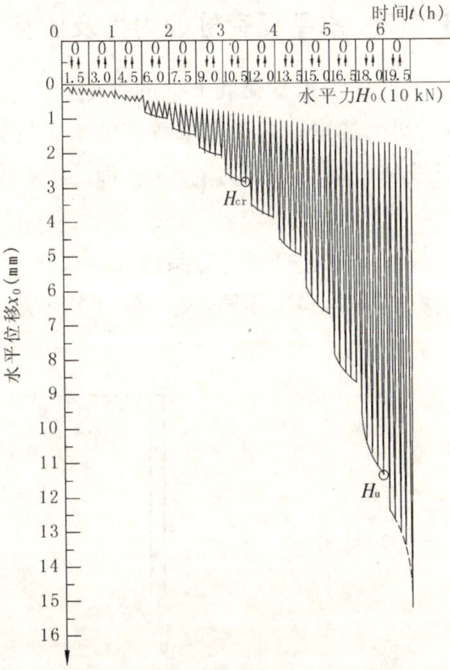

图 3.17 水平静载荷试验 H_0-t-x_0 曲线

试验资料表明，上述曲线中通常有两个特征点，其所对应的桩顶水平荷载称为临界荷载 H_{cr} 和极限荷载 H_u。H_{cr} 是相当于桩身开裂、受拉区混凝土不参加工作时的桩顶水平力，一般可取：① H_0-t-x_0 曲线出现突变点（相同荷载增量的条件下出现比前一级明显增大的位移增量）的前一级荷载；② H_0-$\Delta x_0/\Delta H_0$ 曲线的第一直线段的终点或 $\lg H_0$-$\lg x_0$ 曲线拐点所对应的荷载；③ H_0-σ_g 曲线第一突变点对应的荷载。H_u 是相当于桩身应力达到强度极限时的桩顶水平力，一般可取：① H_0-t-x_0 曲线明显陡降的前一级荷载或水平位移包络线向下凹曲（图 3.17）时的前一级荷载；② H_0-$\Delta x_0/\Delta H_0$ 曲线第二直线段终点所对应的荷载；③ 桩身折断或钢筋应力达到极限的前一级荷载。

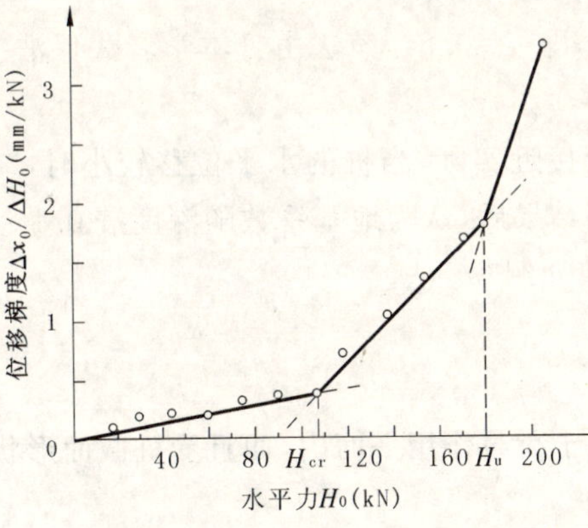

图 3.18 单桩 H_0-$\Delta x_0/\Delta H_0$ 曲线

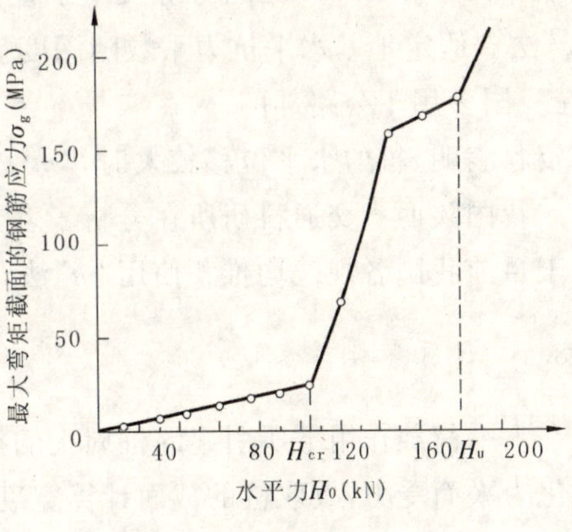

图 3.19 单桩 H_0-σ_g 曲线

按规范要求获得单位工程同一条件下的单桩水平临界荷载统计值后：① 当水平承载力按桩身强度控制时，取水平临界荷载统计值为单桩水平承载力特征值 R_{ha}；② 当桩受长期水平荷载且不允许桩身开裂时，取水平临界荷载统计值的 0.8 倍作为单桩水平承载力特征值 R_{ha}。

混凝土预制桩、钢桩、桩身配筋率大于 0.65％的灌注桩，可取 $x_0=10$ mm（对水平位移敏感的建筑物取 $x_0=6$ mm）所对应荷载的 75％作为单桩水平承载力特征值 R_{ha}；对桩身配筋率小于 0.65％的灌注桩，可取临界荷载 H_{cr} 的 75％作为其水平承载力特征值 R_{ha}。

3.5.3 水平受荷桩的内力及位移分析

国内外关于水平荷载下桩的理论分析方法有几十种，我国多采用线弹性地基反力法。该法将土体视为弹性体，用梁的弯曲理论来求解桩的水平抗力 σ_x，并假设 σ_x 与桩的水平位移 x 成正比，且不计桩土之间的摩阻力以及邻桩对水平抗力的影响，即

$$\sigma_x = k_h x \tag{3.24}$$

式中 k_h——地基水平抗力系数，$k_h = kz^n$。

根据对 n 的假定不同，又可分为多种方法，采用较多的是图 3.20 中所示的几种方法，其分别是：

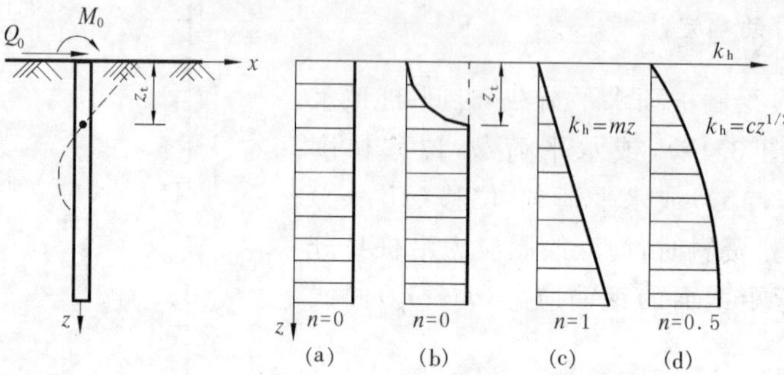

图 3.20 地基水平抗力系数的分布图

(a) 常数法；(b) "k"法；(c) "m"法；(d) "c"法

① 常数法。假定地基水平抗力系数沿深度均匀分布，即 $n=0$。该法为我国学者张有龄先生于 1937 年提出，在日本和美国应用较多。

② "k"法。假定地基水平抗力系数在第一弹性零点 t 以上按抛物线变化，以下保持为常数。该法由苏联学者盖尔斯基于 1937 年提出，曾在我国广泛采用。

③ "m"法。假定地基水平抗力系数随深度呈线性增加，即 $n=1$。该法始见于 1939 年，**И. В. Урбан** 用于计算板桩墙，1962 年 K. C. Завриев 等人用于管柱计算，目前在我国应用最广。

④ "c"法。假定地基水平抗力系数随深度呈抛物线增加，即 $n=0.5$。该法由日本学者久保浩一于 1964 年提出，在我国多用于公路部门。

实测资料表明，桩的水平位移较大时，"m"法计算结果较接近实际；当桩的水平位移较小时，"c"法比较接近实际。我国陕西省交通科研所在分析了若干桩基的实测结果后，认为地基系数随深度按 0.1～0.6 次方增大。由于目前我国各规范均推荐使用"m"法，故下面仅简单介绍"m"法。

3.5.3.1 计算参数

单桩在水平荷载作用下所引起的桩周土的抗力不仅分布于荷载作用平面内，而且受桩截面形状的影响。计算时简化为平面受力，故取桩的截面计算宽度 b_1 为：

$$b_1 = \begin{cases} k_f(d+1) & d > 1\ \text{m} \\ k_f(1.5d+0.5) & d \leqslant 1\ \text{m} \end{cases} \tag{3.25}$$

式中 k_f——桩的形状系数，方形截面桩 $k_f=1.0$，圆形截面桩 $k_f=0.9$；

d——桩的直径，方形截面时为桩的边长 b。

计算桩身抗弯刚度 EI 时，对于钢筋混凝土桩，可取 $EI=0.85E_cI_0$，其中 E_c 为混凝土的弹性模量；I_0 为桩身换算截面惯性矩。

如果无试验资料时，地基水平抗力系数的比例系数 m 值可参考表 3.12 选取。此外，若桩侧为多层土，可按主要影响深度 $h_m=2(d+1)$ 范围内的 m 值加权平均，具体可参见有关规范。

表 3.12 地基土水平抗力系数的比例系数 m 值

序号	地基土类别	预制桩、钢桩		灌注桩	
		m (MN/m^4)	相应单桩在地面处水平位移(mm)	m (MN/m^4)	相应单桩在地面处水平位移(mm)
1	淤泥、淤泥质土、饱和湿陷性黄土	2～4.5	10	2.5～6	6～12
2	流塑($I_L>1$)、软塑($0.75<I_L\leqslant1$)状黏性土，$e>0.9$ 粉土，松散粉细砂，松散、稍密填土	4.5～6.0	10	6～14	4～8
3	可塑($0.25<I_L\leqslant0.75$)状黏性土、湿陷性黄土，$e=0.7\sim0.9$ 粉土，中密填土，稍密细砂	6.0～10	10	14～35	3～6
4	硬塑($0<I_L\leqslant0.25$)、坚硬($I_L\leqslant0$)状黏性土、湿陷性黄土，$e<0.75$ 粉土，中密的中粗砂，密实老填土	10～22	10	35～100	2～5
5	中密、密实的砾砂、碎石类土	—	—	100～300	1.5～3

注：① 当桩顶水平位移大于表列数值或当灌注桩配筋率较高(≥0.65%)时，m 值应适当降低；当预制桩的水平位移小于 10 mm 时，m 值可适当提高；

② 当水平荷载为长期或经常出现的荷载时，应将表列数值乘以 0.4 后采用；

③ 当地基为可液化土层时，表列数值应乘以相应的土层液化折减系数。

3.5.3.2 单桩挠曲微分方程及解答

设单桩在桩顶竖向荷载 N_0、水平荷载 H_0、弯矩 M_0 和地基水平抗力 $p(z)=b_1\sigma_x$ 作用下产生挠曲，其弹性挠曲微分方程为：

$$EI\frac{d^4x}{dz^4}+N_0\frac{d^2x}{dz^2}=-p(z) \tag{3.26}$$

通常，竖向荷载 N_0 的影响很小，可忽略不计，并将式(3.24)代入，可得桩的挠曲微分方程式为：

$$\frac{d^4x}{dz^4}+\alpha^5zx=0 \tag{3.27}$$

其中

$$\alpha=\sqrt[5]{\frac{mb_1}{EI}} \tag{3.28}$$

式中 α——桩的水平变形系数(m^{-1})。

采用幂级数对式(3.27)求解可得沿桩身深度 z 处的内力及位移的简捷算法表达式为：

$$\left.\begin{aligned}
&\text{位移} && x_z=\frac{H_0}{\alpha^3EI}A_x+\frac{M_0}{\alpha^2EI}B_x\\
&\text{转角} && \varphi_z=\frac{H_0}{\alpha^2EI}A_\varphi+\frac{M_0}{\alpha EI}B_\varphi\\
&\text{弯矩} && M_z=\frac{H_0}{\alpha}A_M+M_0B_M\\
&\text{剪力} && V_z=H_0A_Q+\alpha M_0B_Q
\end{aligned}\right\} \tag{3.29}$$

式中系数 A_x、B_x、A_φ、B_φ、A_M、B_M、A_Q、B_Q 均可查表 3.13 得到。按上式可作出单桩的水平抗力、内力、变位随深度的变化曲线，如图 3.21 所示，由此即可进行桩的设计与验算。

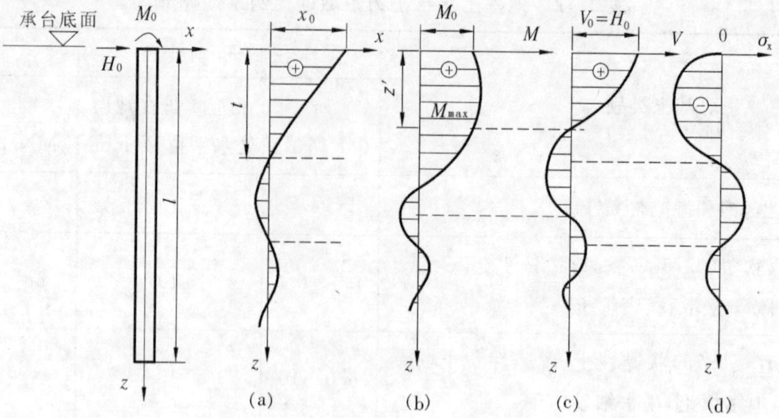

图 3.21 单桩内力与变位曲线

(a) 挠曲 x 分布;(b) 弯矩 M 分布;(c) 剪力 V 分布;(d) 水平抗力 σ_x 分布

表 3.13 长桩的内力和变形计算系数

αz	A_x	B_x	A_φ	B_φ	A_M	B_M	A_Q	B_Q
0.0	2.4407	1.6210	−1.6210	−1.7506	0.0000	1.0000	1.0000	0.0000
0.1	2.2787	1.4509	−1.6160	−1.6507	0.0996	0.9997	0.9883	−0.0075
0.2	2.1178	1.2909	−1.6012	−1.5507	0.1970	0.9981	0.9555	−0.0280
0.3	1.9588	1.1408	−1.5768	−1.4511	0.2901	0.9938	0.9047	−0.0582
0.4	1.8027	1.0006	−1.5433	−1.3520	0.3774	0.9862	0.8390	−0.0955
0.5	1.6504	0.8704	−1.5015	−1.2539	0.4575	0.9746	0.7615	−0.1375
0.6	1.5027	0.7498	−1.4601	−1.1573	0.5294	0.9586	0.6749	−0.1819
0.7	1.3602	0.6389	−1.3959	−1.0624	0.5923	0.9382	0.5820	−0.2269
0.8	1.2237	0.5373	−1.3340	−0.9698	0.6456	0.9132	0.4852	−0.2709
0.9	1.0936	0.4448	−1.2671	−0.8799	0.6893	0.8841	0.3869	−0.3125
1.0	0.9704	0.3612	−1.1965	−0.7931	0.7231	0.8509	0.2890	−0.3506
1.1	0.8544	0.2861	−1.1228	−0.7098	0.7471	0.8141	0.1939	−0.3844
1.2	0.7459	0.2191	−1.0473	−0.6304	0.7618	0.7742	0.1015	−0.4134
1.3	0.6450	0.1599	−0.9708	−0.5551	0.7676	0.7316	0.0148	−0.4369
1.4	0.5518	0.1079	−0.8941	−0.4841	0.7650	0.6869	−0.0659	−0.4549
1.5	0.4661	0.0629	−0.8180	−0.4177	0.7547	0.6408	−0.1395	−0.4672
1.6	0.3881	0.0242	−0.7434	−0.3560	0.7373	0.5937	−0.2056	−0.4738
1.8	0.2593	−0.0357	−0.6008	−0.2467	0.6849	0.4989	−0.3135	−0.4710
2.0	0.1470	−0.0757	−0.4706	−0.1562	0.6141	0.4066	−0.3884	−0.4491
2.2	0.0646	−0.0994	−0.3559	−0.0837	0.5316	0.3203	−0.4317	−0.4118
2.6	−0.0399	−0.1114	−0.1785	−0.0142	0.3546	0.1755	−0.4365	−0.3073
3.0	−0.0874	−0.0947	−0.0699	−0.0630	0.1931	0.0760	−0.3607	−0.1905
3.5	−0.1050	−0.0570	−0.0121	−0.0829	0.0508	0.0135	−0.1998	−0.0167
4.0	−0.1079	−0.0149	−0.0034	−0.0851	0.0001	0.0001	0.0000	−0.0005

3.5.3.3 桩顶水平位移

桩顶水平位移是控制基桩水平承载力的主要因素,且桩的无量纲深度不同,桩端约束条件不同,其水平荷载下的工作性状也不同。表 3.14 给出了基桩不同无量纲深度及桩端约束条件下的位移系数 A_x 和 B_x,将其代入式(3.29)即可求出桩顶的水平位移。

表 3.14 各类桩的桩顶水平位移系数

αh	桩端置于土中		桩端嵌固在基岩中	
	A_x	B_x	A_x	B_x
2.4	3.526	2.327	2.240	1.586
2.6	3.163	2.048	2.330	1.596
2.8	2.905	1.869	2.371	1.593
3.0	2.727	1.758	2.385	1.586
3.5	2.502	1.641	2.389	1.584
≥4.0	2.441	1.621	2.401	1.600

3.5.3.4 桩身最大弯矩及其位置

要设计桩截面配筋，最关键的是求出桩身最大弯矩值 M_{max} 及其相应的截面深度 z_0，根据最大弯矩截面剪应力为零的条件，可导得其无量纲法计算过程如下：

① 由 $C_D=\alpha M_0/H_0$，查表 3.15 得相应的换算深度 $\bar{z}(=\alpha z)$，则最大弯矩截面的深度 z_0 为：

$$z_0=\frac{\bar{z}}{\alpha} \tag{3.30}$$

表 3.15 确定桩身最大弯矩截面系数 C_D 及最大弯矩系数 C_M

$\bar{z}=\alpha z$	C_D	C_M	$\bar{z}=\alpha z$	C_D	C_M	$\bar{z}=\alpha z$	C_D	C_M
0.0	∞	1.000	1.0	0.824	1.728	2.0	−0.865	−0.304
0.1	131.252	1.001	1.1	0.503	2.299	2.2	−1.048	−0.187
0.2	34.186	1.004	1.2	0.246	3.876	2.4	−1.230	−0.118
0.3	15.544	1.012	1.3	0.034	23.438	2.6	−1.420	−0.074
0.4	8.781	1.029	1.4	−0.145	−4.596	2.8	−1.635	−0.045
0.5	5.539	1.057	1.5	−0.299	−1.876	3.0	−1.893	−0.026
0.6	3.710	1.101	1.6	−0.434	−1.128	3.5	−2.994	−0.003
0.7	2.566	1.169	1.7	−0.555	−0.740	4.0	−0.045	−0.011
0.8	1.791	1.274	1.8	−0.665	−0.530			
0.9	1.238	1.441	1.9	−0.768	−0.396			

注：此表仅适用于 $\alpha h\geqslant 4.0$ 的情况；当 $\alpha h<4.0$ 时，可查相应规范表格。

② 由 $\bar{z}$ 查表 3.15 可得桩身最大弯矩系数 C_M，即桩身最大弯矩 M_{max} 为：

$$M_{max}=C_M M_0 \tag{3.31}$$

一般当桩的入土深度达 $4.0/\alpha$ 时，桩身内力及位移已几乎为零。在此深度以下，桩身只需按构造配筋或不配钢筋。

【例 3.1】 某预制桩桩径为 500 mm，桩长 11 m，桩周土层为均匀密实中砂层，土体比例系数 $m=10\ \mathrm{MN/m^4}$，$E_c=2.6\times10^4$ MPa。桩顶作用水平力 $H=300$ kN，$M=200$ kN·m。试计算：①判断该桩是否为柔性桩；② 确定地面处桩身位移、桩身最大弯矩及最大弯矩截面深度。

【解】 ① 桩的计算宽度：$b_1=0.9\times(1.5\times0.5+0.5)=1.13$ m

而桩身抗弯刚度 $EI=0.85\times E_c I=0.85\times2.6\times10^7\times3.14\times0.5^4\div64\div16=6.78\times10^4\ \mathrm{kN\cdot m^2}$

所以根据式(3.28)得到桩的水平变形系数：

$$\alpha=\sqrt[5]{\frac{10\times1.13\times10^3}{6.78\times10^4}}=0.70\ \mathrm{m^{-1}}$$

则

$$\alpha h=0.7\times11=7.7\geqslant2.5$$

因此该桩属于柔性桩。

② 由 $z=0$，查表 3.13，得 $A_x=2.4407$，$B_x=1.6210$，根据式(3.29)得地面处位移：

$$x_{z=0}=\frac{300\times 2.4407}{0.7^3\times 6.78\times 10^4}+\frac{200\times 1.6210}{0.7^2\times 6.78\times 10^4}=41.25\ \text{mm}$$

$C_D=0.7\times 200\div 300=0.47$，查表 3.15 并根据式(3.30)得最大弯矩截面深度 $z_0=1.60$ m

桩身最大弯矩为 $M_{max}=C_M M_0=2.31\times 200=462\ \text{kN}\cdot\text{m}^2$

3.6 群桩基础计算

在实际工程中，除少量大直径桩基础外，一般都是群桩基础。竖向荷载下的群桩基础，各桩的承载力发挥和沉降性状往往与相同情况下的单桩有显著差别；承台底产生的土反力也将分担部分荷载，因此，在设计时必须综合考虑群桩的工作特点，以确定群桩的承载能力。

3.6.1 群桩的工作特点

对于群桩基础，作用于承台上的荷载实际上是由桩和地基土共同承担，由于承台、桩、地基土的相互作用情况不同，使桩端、桩侧阻力和地基土的阻力因桩基类型而异。

3.6.1.1 端承型群桩基础

由于端承型桩基持力层坚硬，桩顶沉降较小，桩侧摩阻力不易发挥，桩顶荷载基本上通过桩身直接传到桩端处土层上。而桩端处承压面积很小，各桩端的压力彼此互不影响(图 3.22)，因此，可近似认为端承型群桩基础中各基桩的工作性状与单桩基本一致。同时，由于桩的变形很小，桩间土基本不承受荷载，群桩基础的承载力就等于各单桩的承载力之和，群桩的沉降量也与单桩基本相同，故可不考虑群桩效应。

3.6.1.2 摩擦型群桩基础

摩擦型群桩主要通过每根桩侧的摩擦阻力将上部荷载传递到桩周及桩端土层中，且一般假定桩侧摩阻力在土中引起的附加应力 σ_z 按某一角度，沿桩长向下扩散分布，至桩端平面处，压力分布如图 3.23 中阴影部分所示。当桩数较少，桩中心距(简称"桩距")s_a 较大时，例如 $s_a>6d$，桩端平面处各桩传来的压力互不重叠或重叠不多[图 3.23(a)]，此时群桩中各桩的工作情况与单桩的一致，故群桩的承载力等于各单桩承载力之和。但当桩数较多，桩距较小时，例如常用桩距 $s_a=(3\sim 4)d$ 时，桩端处地基中各桩传来的压力将相互重叠[图 3.23(b)]。桩端处压力比单桩时大得多，桩端以下压缩土层的厚度也比单桩要大，此时群桩中各桩的工作状态与单桩的迥然不同，其承载力小于各单桩承载力之总和，沉降量则大于单桩的沉降量，即所谓群桩效应。显然，若限制群桩的沉降量与单桩沉降量相同，则群桩中每一根桩的平均承载力就比单桩时要低。故应考虑群桩效应。

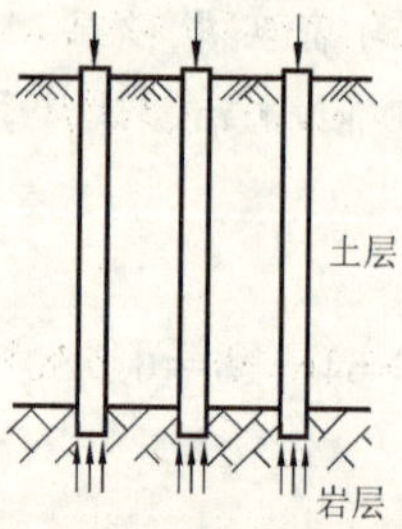

图 3.22 端承型群桩基础

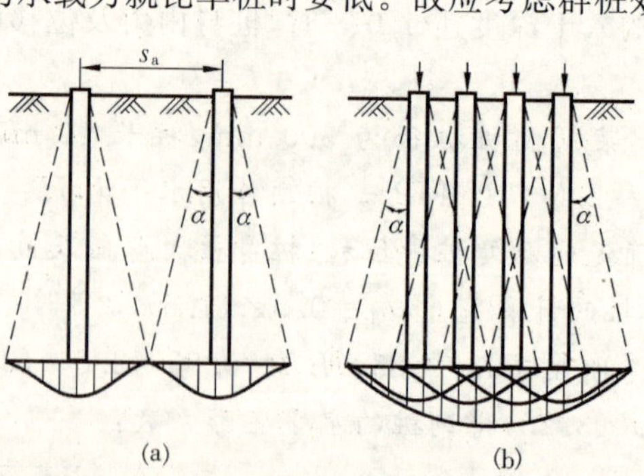

图 3.23 摩擦型群桩桩端平面上的压力分布

但是国内外大量工程实践和试验研究结果表明，采用单一的群桩效应系数不能正确反映群桩基础的工作状况，还低估了群桩基础的承载能力。其原因是：① 群桩基础的沉降量只需满足建筑物桩基变形允许值的要求，无须按单桩的沉降量控制；② 群桩基础中的一根桩与单桩的工作条件不同，其极限承载力也不一样。由于群桩基础成桩时桩侧土体受挤密的程度高，潜在的侧阻力大，桩间土的竖向变形量比单桩时大，故桩与土的相对位移减小，影响侧阻力的发挥。通常，砂土和粉土中的桩基，群桩效应使桩的侧阻力提高；而黏性土中的桩基，在常见桩距下，群桩效应往往使侧阻力降低。考虑群桩效应后，桩端平面处压应力增加较多，极限桩端阻力相应提高。因此，群桩基础中桩的极限承载力确定极为复杂，与桩的间距、土质、桩数、桩径、入土深度以及桩的类型和排列方式等因素有关。

3.6.2 承台下土对荷载的分担作用

桩基在荷载作用下，由桩和承台底地基土共同承担荷载，构成复合桩基（图3.24）。复合桩基中基桩的承载力含有承台底的土阻力，故称为复合基桩。承台底分担荷载的作用随桩群相对于地基土向下位移幅度的加大而增强。为了保证承台底与土保持接触而不脱开，并提供足够的土阻力，则桩端必须贯入持力层促使群桩整体下沉。此外，桩身受荷压缩，产生桩-土相对滑移，也使承台底土反力增加。

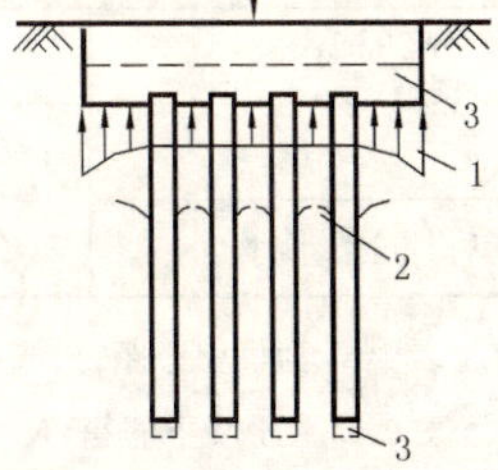

图3.24 复合桩基

1—承台底土反力；2—上层土位移；3—桩端贯入、桩基整体下沉

研究表明，承台底土反力比平板基础底面下的土反力要低（由于桩侧土因桩的竖向位移而发生剪切变形所致），其大小及分布形式，随桩顶荷载水平、桩径桩长比、承台底和桩端土质、承台刚度以及桩群的几何特征等因素而变化。通常，承台底分担荷载的比例可从百分之十几直至百分之五十以上。

刚性承台底土反力呈马鞍形分布。若以桩群外围包络线为界，将承台底面积分为内、外两区，则内区反力比外区小而且比较均匀，桩距增大时内外区反力差明显降低。承台底分担的荷载总值增加时，反力的塑性重分布不显著而保持反力图基本不变。利用承台底反力分布的上述特征，可以通过加大外区与内区的面积比来提高承台分担荷载的份额。

3.6.3 复合基桩的竖向承载力特征值

《桩基规范》规定：对于端承型桩基、桩数少于4根的摩擦型桩基，或由于地层土性、使用条件等因素不宜考虑承台效应时，基桩竖向承载力特征值取单桩竖向承载力特征值，即 $R=R_a$；对于符合下列条件之一的摩擦型桩基，宜考虑承台效应确定其复合基桩的竖向承载力特征值：

① 上部结构整体刚度较好、体型简单的建(构)筑物；

② 对差异沉降适应性较强的排架结构和柔性构筑物。

考虑承台效应的复合基桩的竖向承载力特征值 R 可按下式确定：

不考虑地震作用时：

$$R=R_a+\eta_c f_{ak} A_c \tag{3.32}$$

考虑地震作用时：

$$R=R_a+\frac{\zeta_a}{1.25}\eta_c f_{ak} A_c \tag{3.33}$$

式中 η_c——承台效应系数，可按表3.16取值；

f_{ak}——承台底1/2承台宽度且深度范围≤5 m内各层土的地基承载力特征值按厚度加权的平均值；

A_c——计算基桩所对应的承台底地基土净面积，$A_c=(A-nA_{ps})/n$，A_{ps} 为桩身截面积，A 为承台计算域面积；对于柱下独立桩基，A 为承台总面积；对于桩筏基础，A 为柱、墙筏板的1/2跨距和悬臂边2.5倍筏板厚度所围成的面积；桩集中布置于单片墙下的桩筏基础，取墙两边各1/2跨距围成的面积，按条形承台计算 η_c；

ζ_a——地基抗震承载力调整系数，应按《建筑抗震设计规范》(GB 50011—2010，2016年版)采用。

设计复合桩基时应注意：承台分担荷载是以桩基的整体下沉为前提，故只有在桩基沉降不会危及建筑物的安全和正常使用，且承台底不与软土直接接触时，才宜于开发利用承台底土反力的潜力。因此，在下列情况下，通常不能考虑承台的荷载分担效应（即取 $\eta_c=0$）：① 承受经常出现的动力作用，如铁路桥梁桩基；② 承台下存在可能产生负摩擦力的土层，如湿陷性黄土、欠固结土、新填土、高灵敏度软土以及可液化土，或由于降水地基土固结而与承台脱开；③ 在饱和软土中沉入密集桩群，引起超孔隙水压力和土体隆起，随着时间推移，桩间土逐渐固结下沉而与承台脱离等。

表 3.16　承台效应系数 η_c

B_c/l \ s_a/d	3	4	5	6	>6
≤0.4	0.06～0.08	0.14～0.17	0.22～0.26	0.32～0.38	0.50～0.80
0.4～0.8	0.08～0.10	0.17～0.20	0.26～0.30	0.38～0.44	
>0.8	0.10～0.12	0.20～0.22	0.30～0.34	0.44～0.50	
单排桩条形承台	0.15～0.18	0.25～0.30	0.38～0.45	0.50～0.60	

注：① 表中 s_a 为桩中心距，对非正方形排列基桩，$s_a=\sqrt{A/n}$，A 为承台计算域面积，n 为总桩数；B_c 为承台宽度；

② 对桩布置于墙下的箱、筏承台，η_c 可按单排桩条形承台取值；对单排桩条形承台，若 $B_c<1.5d$，η_c 按非条形承台取值；

③ 对采用后注浆灌注桩的承台，η_c 宜取低值；对饱和黏性土中的挤土桩基、软土地基上的桩基承台，η_c 宜取低值的0.8倍。

【例 3.2】 某预制桩桩径为 400 mm，桩长 10 m，穿越厚度 $l_1=3$ m、液性指数 $I_L=0.75$ 的黏土层；进入密实的中砂层，长度 $l_2=7$ m。桩基同一承台中采用 3 根桩，桩顶离地面 1.5 m。试确定该预制桩的竖向极限承载力标准值和基桩竖向承载力特征值。

【解】 由表 3.6 查得桩的极限侧阻力标准值 q_{sik} 为：

黏土层：$I_L=0.75$，$q_{s1k}=60$ kPa；

中砂层：密实，可取 $q_{s2k}=80$ kPa。

再由表 3.7 查得桩的极限端阻力标准值 q_{pk} 为：

密实中砂，$l=10$ m，查得 $q_{pk}=5500\sim7000$ kPa，可取 $q_{pk}=6000$ kPa。

故该预制桩的竖向极限承载力标准值为：

$$\begin{aligned} Q_{uk} &= Q_{sk}+Q_{pk}=u_p\sum q_{sik}l_i+q_{pk}A_p \\ &= \pi\times0.4\times(60\times3+80\times7)+6000\times\pi\times0.4^2/4 \\ &= 929.91+753.98=1683.89\ \text{kN} \end{aligned}$$

因该桩基属桩数不超过 3 根的非端承桩基，可不考虑承台效应，由式(3.23)可求得基桩竖向承载力特征值为：

$$R=\frac{Q_{uk}}{2}=\frac{1683.89}{2}=842\ \text{kN}$$

3.6.4　桩顶作用效应简化计算

桩顶作用效应分为荷载效应和地震作用效应，相应的作用效应组合分为荷载效应标准组合、地震作用效应和荷载效应标准组合。

3.6.4.1　基桩桩顶荷载效应计算

对于一般建筑物和受水平力较小的高大建筑物，当桩基中桩径相同时，通常可假定：① 承台是刚性的；② 各桩刚度相同；③ x、y 轴是桩基平面的惯性主轴。按下列公式计算基桩的桩顶作用效应（图 3.25）：

轴心竖向力作用下

$$N_k=\frac{F_k+G_k}{n} \tag{3.34}$$

偏心竖向力作用下

$$N_{ik}=\frac{F_k+G_k}{n}+\frac{M_{xk}y_i}{\sum y_j^2}+\frac{M_{yk}x_i}{\sum x_j^2} \quad (3.35)$$

水平力

$$H_{ik}=H_k/n \quad (3.36)$$

式中 F_k——荷载效应标准组合下作用于承台顶面的竖向力(kN)；

G_k——承台及其上土的自重标准值(kN)，地下水位以下部分应扣除水的浮力；

M_{xk}，M_{yk}——荷载效应标准组合下作用于承台底面，通过桩群形心的 x、y 轴的力矩(kN·m)；

N_k，N_{ik}——荷载效应标准组合轴心与偏心竖向力作用下第 i 根基桩或复合基桩的平均竖向力、竖向力(kN)；

H_k——荷载效应标准组合下作用于承台底面的水平力(kN)；

H_{ik}——荷载效应标准组合下作用于第 i 根基桩或复合基桩的水平力(kN)；

x_i，x_j，y_i，y_j——第 i、j 基桩或复合基桩至 y、x 轴的距离(m)；

n——桩基中的基桩总数。

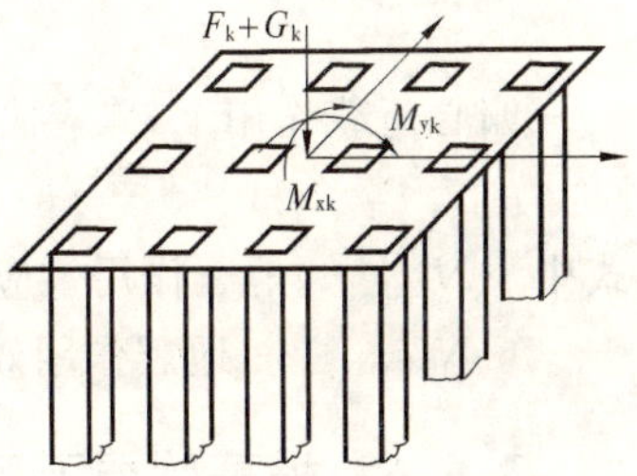

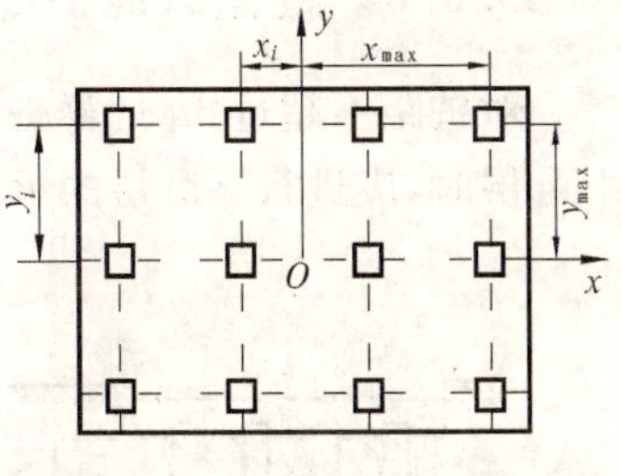

图 3.25 桩顶荷载的计算简图

对位于 8 度和 8 度以上抗震设防区和其他受较大水平力的高层建筑桩基，当其桩基承台刚度较大或由于上部结构与承台的协同作用能增强承台的刚度时；以及受较大水平力及 8 度和 8 度以上地震作用的高承台桩基，桩顶作用效应的计算应考虑承台与基桩协同工作和土的弹性抗力作用。对烟囱、水塔、电视塔等高耸结构物桩基则常采用圆形或环形刚性承台，当基桩布置在直径不等的同心圆圆周上，且同一圆周上的桩距相等时，仍可按式(3.35)计算。

3.6.4.2 地震作用效应

对于主要承受竖向荷载的抗震设防区低承台桩基，当同时满足下列条件时，计算桩顶作用效应时可不考虑地震作用：

(1) 按《建筑抗震设计规范》(GB 50011—2010，2016 年版)规定可不进行桩基抗震承载力计算的建筑物；

(2) 不位于斜坡地带和地震可能导致滑移、地裂地段的建筑物；

(3) 桩端及桩身周围无可液化土层；

(4) 承台周围无可液化土、淤泥、淤泥质土。

对位于 8 度和 8 度以上抗震设防区的高大建筑物低承台桩基，在计算各基桩的作用效应和桩身内力时，可考虑承台(包括地下墙体)与基桩的协同工作和土的弹性抗力作用。

3.6.5 基桩竖向承载力验算

3.6.5.1 荷载效应标准组合

承受轴心荷载的桩基，其基桩或复合基桩承载力特征值 R 应符合下式要求：

$$N_k \leqslant R \quad (3.37)$$

承受偏心荷载的桩基，除应满足上式要求外，尚应满足下式要求：

$$N_{k\max} \leqslant 1.2R \quad (3.38)$$

式中 $N_{k\max}$——荷载效应标准组合偏心竖向力作用下桩顶最大竖向力(kN)。

3.6.5.2 地震作用效应和荷载效应标准组合

地震震害调查表明，不论桩周土类别如何，基桩竖向承载力均可提高 25%，故：

轴心荷载作用下

$$N_{Ek} \leqslant 1.25R \tag{3.39}$$

偏心荷载作用下，除应满足式(3.39)的要求外，尚应满足：

$$N_{Ek\,max} \leqslant 1.5R \tag{3.40}$$

式中 N_{Ek}——地震作用效应和荷载效应标准组合下，基桩或复合基桩的平均竖向力(kN)；

$N_{Ek\,max}$——地震作用效应和荷载效应标准组合下，基桩或复合基桩的最大竖向力(kN)。

3.6.6 桩基软弱下卧层承载力验算

对桩距不超过 $6d$ 的群桩基础，当桩端持力层以下受力层范围内存在承载力低于桩端持力层 1/3 的软弱下卧层时，应进行下卧层的承载力验算。验算时要求(如图 3.26 所示)：

$$\sigma_z + \gamma_m z \leqslant f_{az} \tag{3.41}$$

$$\sigma_z = \frac{F_k + G_k - 3/2(a_0 + b_0)\sum q_{sik} l_i}{(a_0 + 2t\tan\theta)(b_0 + 2t\tan\theta)} \tag{3.42}$$

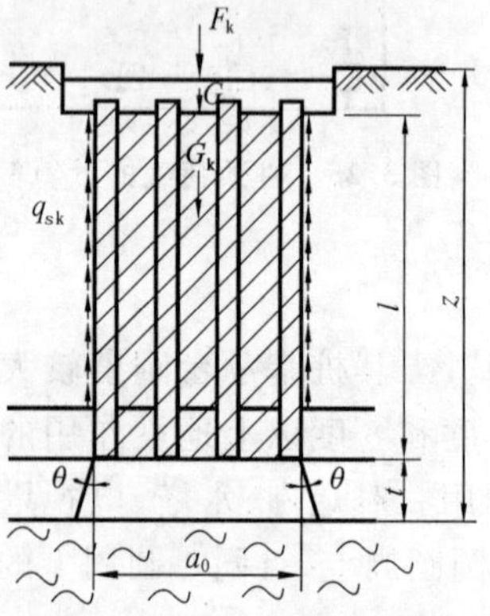

图 3.26 软弱下卧层承载力验算

式中 σ_z——作用于软弱下卧层顶面的附加应力(kPa)；

γ_m——软弱层顶面以上各土层重度加权平均值(kN/m³)(地下水位以下取浮重度)；

z——承台底面至软弱层顶面的深度(m)；

f_{az}——软弱下卧层经深度修正(系数取 1.0)的地基承载力特征值(kPa)；

a_0, b_0——桩群外围桩边包络线内矩形面积的长、短边长(m)；

θ——桩端硬持力层压力扩散角(°)，按表 2.7 取值；

t——桩端至软弱下卧层顶面的距离(m)。

其余符号意义同前。

3.6.7 桩基竖向抗拔承载力及负摩阻力验算

3.6.7.1 桩基竖向抗拔承载力验算

承受拔力的桩，应同时验算群桩基础呈整体破坏和呈非整体破坏时基桩的抗拔承载力：

$$N_k \leqslant \frac{T_{gk}}{2} + G_{gp} \tag{3.43}$$

$$N_k \leqslant \frac{T_{uk}}{2} + G_p \tag{3.44}$$

式中 G_{gp}——群桩基础所包围体积的桩土总自重设计值除以总桩数，地下水位以下取浮重度；

G_p——基桩自重设计值，地下水位以下取浮重度，对于扩底桩应按规范确定桩、土柱体周长后计算桩土自重。

基桩的抗拔极限承载力及群桩呈整体破坏和呈非整体破坏时的基桩抗拔极限承载力标准值 T_{gk}、T_{uk} 的计算可参见 3.4.7 节中的规定与式(3.20)。此外，还应按《混凝土结构设计规范》(GB 50010—2010，2015 年版)验算桩身的抗拉承载力，并按规定进行裂缝宽度或抗裂性验算。

3.6.7.2 桩基负摩阻力验算

群桩中任一基桩的下拉荷载标准值 Q_g^n，可取单桩下拉荷载 Q_n 乘以负摩阻力群桩效应系数 η_n，即：

$$Q_g^n = \eta_n Q_n \tag{3.45}$$

其中

$$\eta_n = s_{ax} \cdot s_{ay} \Big/ \left[\pi d\left(\frac{q_n}{\gamma_n}\right) + \frac{d}{4}\right] \tag{3.46}$$

式中 s_{ax}, s_{ay}——纵横向桩的中心距；

q_n——中性点以上桩周土层厚度加权平均负摩阻力标准值；

γ_n——中性点以上桩周土层厚度加权平均重度(地下水位以下取有效重度)。

对于单桩基础，可取 $\eta_n = 1$；当按式(3.46)计算的群桩基础 $\eta_n > 1$ 时，取 $\eta_n = 1$。

当考虑桩侧负摩阻力，验算基桩竖向承载力特征值 R 时，对于摩擦型基桩取桩身计算中性点以上侧阻力为零，按下式验算基桩承载力：

$$N_k \leqslant R \tag{3.47}$$

对端承型基桩除应满足式(3.47)要求外，尚应计入下拉荷载 Q_g^n，按下式验算基桩承载力：

$$N_k + Q_g^n \leqslant R \tag{3.48}$$

式(3.47)、式(3.48)中基桩竖向承载力特征值 R 只计中性点以下部分侧阻力值和端阻力值。

当土层不均匀和建筑物对不均匀沉降较敏感时，尚应将负摩阻力引起的下拉荷载计入附加荷载验算桩基沉降。

3.6.8 桩基水平承载力验算

对于受水平力的竖直桩，在一般建筑桩基中，当外荷载合力与竖直线的夹角小于或等于5°时，竖直桩的水平承载力能满足设计要求，可不设斜桩，但要求基桩的桩顶水平荷载设计值 H_{ik} 满足：

$$H_{ik} \leqslant R_h \tag{3.49}$$

式中 R_h——单桩基础或群桩中基桩的水平承载力特征值(kN)，单桩基础 $R_h = R_{ha}$(R_{ha} 为单桩水平承载力特征值，可按3.5.2节中的单桩水平静载试验等方法确定)，群桩基础(不含水平力垂直于单排桩基纵向轴线和力矩较大的情况)$R_h = \eta_h R_{ha}$，其中 η_h 为群桩效应综合系数，其值与桩径、桩距、桩数、土的水平抗力系数、桩顶位移等因素有关，具体可参见《桩基规范》取值。

当缺少单桩水平静载试验资料时，可按下式估算桩身配筋率小于0.65%的灌注桩的单桩水平承载力特征值 R_{ha}：

$$R_{ha} = \frac{0.75\alpha\gamma_m f_t W_0}{\upsilon_m}(1.25 + 22\rho_g)\left(1 \pm \frac{\zeta_N N_k}{\gamma_m f_t A_n}\right) \tag{3.50}$$

式中 γ_m——桩截面模量塑性系数，圆形截面 $\gamma_m = 2$，矩形截面 $\gamma_m = 1.75$；

f_t——桩身混凝土抗拉强度设计值；

υ_m——桩身最大弯矩系数，按表3.17取值，对于单桩基础和单排桩基纵向轴线与水平力方向相垂直的情况，按桩顶铰接考虑；

ρ_g——桩身配筋率；

ζ_N——桩顶竖向力影响系数，竖向压力取 $\zeta_N = 0.5$，竖向拉力取 $\zeta_N = 1.0$；正负号根据桩顶竖向力性质确定，压力取“+”，拉力取“−”；

N_k——荷载效应标准组合下桩顶的竖向力；

W_0——桩身换算截面受拉边缘的弹性抵抗矩，圆形截面 $W_0 = \frac{\pi d}{32}[d^2 + 2(\alpha_E - 1)\rho_g d_0^2]$，方形截面 $W_0 = \frac{b}{6}[b^2 + 2(\alpha_E - 1)\rho_g b_0^2]$；

A_n——桩身换算截面面积，圆形截面 $A_n = \frac{\pi d^2}{4}[1 + (\alpha_E - 1)\rho_g]$，方形截面 $A_n = b^2[1 + (\alpha_E - 1)\rho_g]$；

其中：d_0, b_0——扣除保护层的桩直径、边长；

α_E——钢筋弹性模量与混凝土弹性模量的比值。

当桩的水平承载力由水平位移控制，且缺少单桩水平静载试验资料时，对预制桩、钢桩、桩身配筋率大于

0.65%的灌注桩，其 R_{ha} 可按下式估算：

$$R_{ha}=\frac{0.75\alpha^3 EI}{\upsilon_x}x_{oa} \tag{3.51}$$

式中 x_{oa}——桩顶容许水平位移；

υ_x——桩顶水平位移系数，按表3.17取值，取值方法同 υ_m。

当验算永久荷载控制的桩基水平承载力时，应将上述方法确定的单桩水平承载力特征值 R_{ha} 乘以调整系数0.80；验算地震作用桩基的水平承载力时，应将上述方法确定的 R_{ha} 乘以调整系数1.25。

计算水平荷载较大和水平地震作用、风荷载作用下的带地下室的高大建筑物桩基的水平位移时，可考虑地下室侧墙、承台、桩群、土共同作用，按《桩基规范》方法计算。

表3.17 桩顶(身)最大弯矩系数(υ_m)和桩顶水平位移系数(υ_x)

桩顶约束情况	桩的换算埋深(αh)	υ_m	υ_x
铰接、自由	4.0	0.768	2.441
	3.5	0.750	2.502
	3.0	0.703	2.727
	2.8	0.675	2.905
	2.6	0.639	3.163
	2.4	0.601	3.526
固　接	4.0	0.926	0.940
	3.5	0.934	0.970
	3.0	0.967	1.028
	2.8	0.990	1.055
	2.6	1.018	1.079
	2.4	1.045	1.095

注：① 铰接(自由)的 υ_m 系桩身的最大弯矩系数，固接的 υ_m 系桩顶的最大弯矩系数；
② 当 $\alpha h>4.0$ 时取 $\alpha h=4.0$，h 为桩的入土深度。

3.6.9 桩基沉降验算

当建筑物对桩基的沉降有特殊要求，或桩端下有软弱下卧层，或为摩擦型群桩基础时，尚应考虑桩基的沉降验算，保证其沉降变形计算值不大于桩基沉降变形容许值。

桩基的容许变形值如无当地经验时，可按表2.8规定采用，对于表中未包括的建筑物桩基容许变形值，可根据上部结构对桩基变形的适应能力和使用上的要求确定。一般验算因地质条件不均匀、荷载差异很大、体型复杂等因素引起的地基变形时，对砌体承重结构应由局部倾斜值控制；对于多层或高层建筑和高耸结构应由整体倾斜值控制，当其结构为框架、框架-剪力墙、框架-核心筒结构时，尚应控制柱(墙)之间的差异沉降。

对于桩中心距不大于 $6d$ 的群桩基础，可假定桩群为一假想的实体深基础，按与浅基础相同的计算方法和步骤计算桩端平面以下由附加应力引起的压缩层范围内地基的变形量，但计算过程中各土层的压缩模量，按实际的自重应力和附加应力由实验曲线确定；同时，基底边长取承台底面边长(a_c、b_c)；最后引入桩基等效沉降系数 ψ_e 对沉降计算结果加以修正：

$$s=\psi\cdot\psi_e\cdot s' \tag{3.52}$$

式中 s——桩基最终沉降量；

s'——按分层总和法计算的桩基沉降量，但桩基沉降计算深度 z_n 应按应力比法确定；

ψ——桩基沉降计算经验系数，无当地可靠经验时可按《桩基规范》查取；

ψ_e——桩基等效沉降系数，可按《桩基规范》有关规定计算。

对于单桩、单排桩、桩中心距大于 $6d$ 的桩基，当承台底地基土分担荷载按复合桩基计算时，可采用

Mindlin 解考虑桩径影响，计算基桩引起的附加应力，采用 Boussinesq 解计算承台引起的附加应力，取两者叠加，按单向压缩分层总和法计算该点的最终沉降量，并应计入桩身压缩量，详见《桩基规范》。

3.7 桩基础设计

桩基础的设计应力求选型恰当、经济合理、安全适用，对桩和承台有足够的强度、刚度和耐久性；对地基(主要是桩端持力层)有足够的承载力和不产生过量的变形，其设计内容和步骤如下(图 3.27)：

① 进行调查研究、场地勘察，收集有关资料；

② 综合勘察报告、荷载情况、使用要求、上部结构条件等确定桩基持力层；

③ 选择桩材，确定桩的类型、外形尺寸和构造；

④ 确定单桩承载力特征值；

⑤ 根据上部结构荷载情况，初步拟订桩的数量和平面布置；

⑥ 根据桩的平面布置，初步拟订承台的轮廓尺寸及承台底标高；

⑦ 验算作用于单桩上的竖向和横向荷载；

⑧ 验算承台尺寸及结构强度；

⑨ 必要时验算桩基的整体承载力和沉降量，当桩端下有软弱下卧层时，验算软弱下卧层的地基承载力；

⑩ 单桩设计，绘制桩和承台的结构及施工详图。

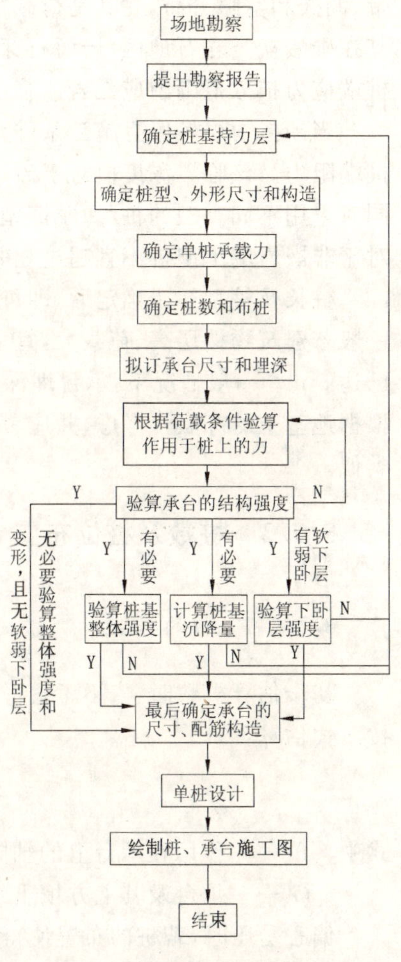

图 3.27 桩基础设计框图

3.7.1 收集设计资料

设计桩基之前必须充分掌握设计原始资料，包括建筑类型、荷载、工程地质勘察资料、材料来源及施工技术设备等情况，并尽量了解当地使用桩基的经验。

对桩基的详细勘察除满足现行勘察规范有关要求外尚应满足以下要求：

(1) 勘探点间距：端承型桩和嵌岩桩，主要由桩端持力层顶面坡度决定，点距一般为 12～24 m，若相邻两勘探点间露出的层面坡度大于10%，应视具体情况适当加密勘探点；摩擦型桩，点距一般为20～35 m，若土层性质或状态在水平向分布变化较大，或存在可能对成桩不利的土层时，也应适当加密勘探点；在复杂地质条件下的柱下单桩基础应按桩列线布置勘探点，并宜逐桩设点。

(2) 勘探深度：布置 1/3～1/2 的勘探孔作为控制性孔，且一级建筑桩基场地至少应有 3 个，二级建筑桩基应不少于 2 个。控制性孔应穿透桩端平面以下压缩层厚度，一般性勘探孔应深入桩端平面以下 3～5 m；嵌岩桩钻孔应深入持力岩层不小于 3～5 倍桩径；当持力岩层较薄时，部分钻孔应钻穿持力岩层。岩溶地区，应查明溶洞、溶沟、溶槽、石笋等的分布情况。

在勘察深度地区范围内的每一地层，均应进行室内试验或原位测试，以提供设计所需参数。

3.7.2 桩型、桩长和截面尺寸选择

桩基设计时，首先应根据建筑物的结构类型、荷载情况、地层条件、施工能力及环境限制(噪声、振动)等因素，选择预制桩或灌注桩的类别，桩的截面尺寸和长度以及桩端持力层等。

一般当土中存在大孤石、废金属以及花岗岩残积层中未风化的石英脉时，预制桩将难以穿越；当土层分布很不均匀时，混凝土预制桩的预制长度较难掌握；在场地土层分布比较均匀的条件下，采用质量易于保证

的预应力高强混凝土管桩比较合理。

桩的长度主要取决于桩端持力层的选择。桩端最好进入坚硬土层或岩层，采用嵌岩桩或端承桩；当坚硬土层埋藏很深时，则宜采用摩擦型桩基，桩端应尽量到达低压缩性、中等强度的土层上。桩端进入持力层的深度，对于黏性土、粉土不宜小于 $2d$，砂类土不宜小于 $1.5d$，碎石类土不宜小于 d。当存在软弱下卧层时，桩端以下硬持力层厚度不宜小于 $3d$，嵌岩灌注桩嵌入倾斜的完整和较完整岩的全断面深度不宜小于 $0.4d$ 且不小于 0.5 m；倾斜度大于 30%的中风化岩，宜根据倾斜度及岩石完整性适当加大嵌岩深度；嵌入平整、完整的坚硬和较坚硬岩的深度不宜小于 $0.2d$ 且不应小于 0.2 m。此外，在桩底下 $3d$ 范围内应无软弱夹层、断裂带、洞穴和空隙分布，尤其是荷载很大的柱下单桩更为如此。一般岩层表面起伏不平，且常有隐伏的沟槽，尤其在碳酸盐类岩石地区，岩面石芽、溶槽密布，桩端可能落于岩面隆起或斜面处，有导致滑移的可能，因此在桩端应力扩散范围内应无岩体临空面存在，并确保基底岩体的滑动稳定。

当硬持力层较厚且施工条件允许时，桩端进入持力层的深度应尽可能达到桩端阻力的临界深度，以提高桩端阻力。该临界深度值对于砂、砾为 $(3\sim6)d$，对于粉土、黏性土为 $(5\sim10)d$。此外，同一建筑物还应避免同时采用不同类型的桩（如摩擦型桩和端承型桩，但用沉降缝分开者除外）。同一基础相邻桩的桩底标高差，对于非嵌岩端承型桩不宜超过相邻桩的中心距，对于摩擦型桩，在相同土层中不宜超过桩长的 1/10。

桩长及桩型初步确定后，即可根据 3.2 节内容或表 3.2 定出桩的截面尺寸，并初步确定承台底面标高。一般若建筑物楼层高、荷载大，宜采用大直径桩，尤其是大直径人工挖孔桩比较经济实用，目前国内最大桩径已达 5 m。一般情况下，承台埋深主要从结构要求和方便施工的角度来选择。季节性冻土上的承台埋深应根据地基土的冻胀性考虑，并应考虑是否需要采取相应的防冻害措施。膨胀土上的承台，其埋深选择与此类似。

3.7.3 桩数及桩位布置

3.7.3.1 桩的根数

初步估算桩数时，先不考虑群桩效应，根据单桩竖向承载力特征值 R_a，当桩基为轴心受压时，桩数 n 可按下式估算：

$$n \geqslant \frac{F_k + G_k}{R_a} \tag{3.53}$$

式中 F_k——作用在承台上的轴向压力标准值(kN)；

G_k——承台及其上方填土的重力(kN)。

偏心受压时，若桩的布置使得群桩横截面的重心与荷载合力作用点重合，桩数仍可按上式确定。否则，应将上式确定的桩数增加 10%～20%。对桩数超过 3 根的非端承群桩基础，应按 3.6 节求得基桩承载力特征值后重新估算桩数，如有必要，还要通过桩基软弱下卧层承载力和桩基沉降验算才能最终确定。

承受水平荷载的桩基，在确定桩数时还应满足桩水平承载力的要求。此时，可粗略地以各单桩水平承载力之和作为桩基的水平承载力，其偏于安全。

此外，在层厚较大的高灵敏度流塑黏土中，不宜采用桩距小而桩数多的打入式桩基，而应采用承载力高、桩数少的桩基；否则，软黏土结构破坏严重，使土体强度明显降低，加之相邻各桩的相互影响，桩基的沉降和不均匀沉降都将显著增加。

3.7.3.2 桩的中心距

桩的间距过大，承台体积增加，造价提高；间距过小，桩的承载能力不能充分发挥，且给施工造成困难。一般桩的最小中心距应符合表 3.18 规定。对于大面积桩群，尤其是挤土桩，桩的最小中心距还应按表列数值适当加大。

表 3.18 桩的最小中心距

土类与成桩工艺		桩排数大于或等于 3 且桩数不少于 9 的摩擦型桩基	其他情况
非挤土灌注桩		3.0d	3.0d
部分挤土桩	非饱和土、饱和非黏性土	3.5d	3.0d
	饱和黏性土	4.0d	3.5d
挤土桩	非饱和土、饱和非黏性土	4.0d	3.5d
	饱和黏性土	4.5d	4.0d
沉管夯扩、钻孔挤扩桩	非饱和土、饱和非黏性土	2.2D 且 4.0d	2.0D 且 3.5d
	饱和黏性土	2.5D 且 4.5d	2.2D 且 4.0d
钻孔、挖孔扩底桩		2D 或 D+2.0 m(当 D>2 m)	1.5D 或 D+1.5 m(当 D>2 m)

注:① d 为圆桩设计直径或方桩设计边长,D 为扩大端设计直径;
② 当纵横向桩距不相等时,其最小中心距应满足"其他情况"一栏的规定;
③ 当为端承桩时,非挤土灌注桩的"其他情况"一栏可减小至 2.5d。

3.7.3.3 桩位的布置

桩在平面内可布置成方形(或矩形)、三角形和梅花形[图 3.28(a)]。条形基础下的桩,可采用单排或双排布置[图 3.28(b)],也可采用不等距布置。

为了使桩基中各桩受力比较均匀,布桩时应尽可能使上部荷载的中心与桩群的横截面形心重合或接近。当作用在承台底面的弯矩较大时,应增加桩基横截面的惯性矩。对柱下单独桩基和整片式桩基,宜采用外密内疏的布置方式;对横墙下桩基,可在外纵墙之外布设一至两根"探头"桩(图 3.29)。此外,在有门洞的墙下布桩应将桩设置在门洞的两侧,梁式或板式基础下的群桩,布置时应注意使梁板中的弯矩尽量减小,即多在柱、墙下布桩,以减少梁和板跨中的桩数。

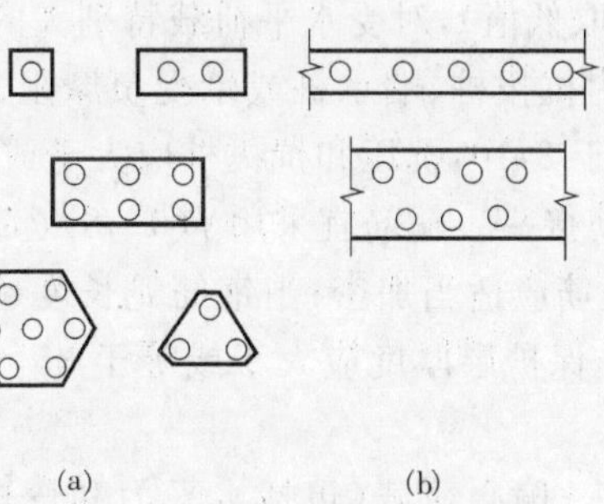

图 3.28 桩的平面布置示例

(a) 柱下桩基;(b) 墙下桩基

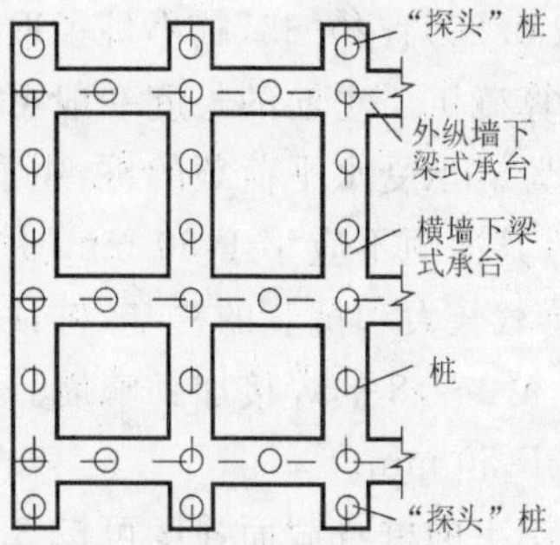

图 3.29 横墙下"探头"桩的布置

3.7.4 桩身截面强度计算

预制桩的混凝土强度等级宜大于或等于 C30,采用静压法沉桩时,可适当降低,但不宜小于 C20;预应力混凝土桩的混凝土强度等级宜大于或等于 C40。预制桩的主筋(纵向)应按计算确定并根据断面的大小及形状选用 4~8 根直径为 14~25 mm 的钢筋。最小配筋率 ρ_{min} 宜大于或等于 0.8%,一般可为 1%左右,静压法沉桩时宜大于或等于 0.6%。箍筋直径可取 6~8 mm,间距小于或等于 200 mm,在桩顶和桩尖处应适当加密,如图 3.30 所示。用打入法沉桩时,直接受到锤击的桩顶应设置三层 ϕ6 @40~70 mm 的钢筋网,层距 50 mm。桩尖所有主筋应焊接在一根圆钢上,或在桩尖处用钢板加强。主筋的混凝土保护层应大于或等于 30 mm,桩上须埋设吊环,位置由计算确定。桩的混凝土强度必须达设计强度的 100%才可起吊和搬运。

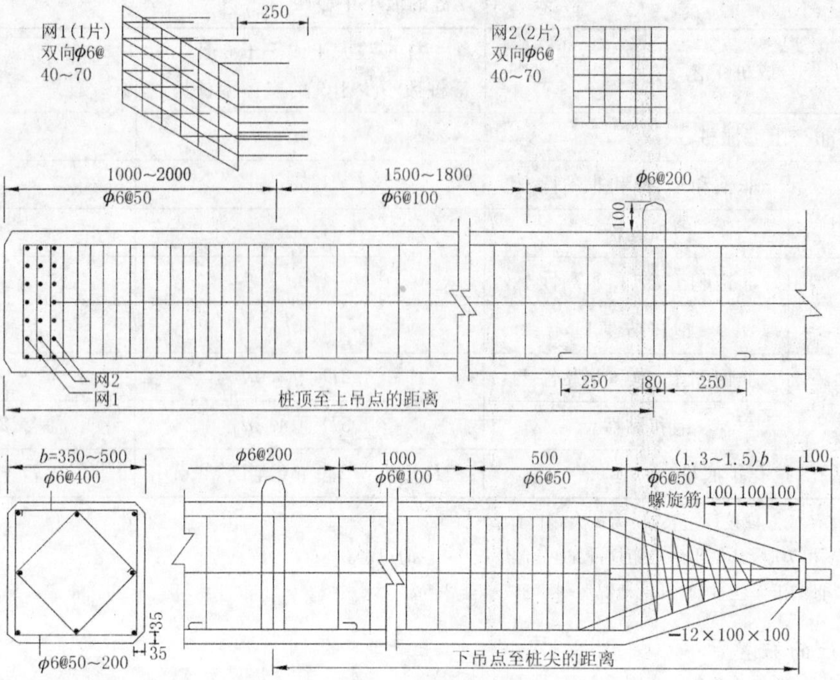

图 3.30　混凝土预制桩

灌注桩的混凝土强度等级一般应大于或等于 C25，混凝土预制桩尖应大于或等于 C30。当桩顶轴向压力和水平力满足《桩基规范》受力条件时，可按构造要求配置桩顶与承台的连接钢筋笼。对甲级建筑桩基，配置6～10根 $\phi12$～14 主筋，$\rho_{\min}\geqslant0.2\%$，锚入承台 $30d_g$（主筋直径），伸入桩身长度大于或等于 $10d$，且不小于承台下软弱土层层底厚度；对乙级建筑桩基，可配置 4～8 根 $\phi10$～12 的主筋，锚入承台 $30d_g$，且伸入桩身长度大于或等于 $5d$，对于沉管灌注桩，配筋长度不应小于承台软弱土层层底厚度；丙级建筑桩基可不配构造钢筋。

一般 ρ_g 可取 0.20%～0.65%（小桩径取高值，大桩径取低值），对受水平荷载特别大的桩、抗拔桩和嵌岩端承桩应根据计算确定。主筋的长度一般可取 $4.0/\alpha$，当为抗拔桩、端承桩或承受负摩阻力和位于坡地岸边的基桩应通长配置。承受水平荷载的桩，主筋宜大于或等于 $8\phi10$，抗压和抗拔桩应大于或等于 $6\phi10$，且沿桩身周边均匀布置，其净距不应小于 60 mm，并尽量减少钢筋接头。箍筋宜采用 $\phi(6\sim8)$@200～300 mm 的螺旋箍筋，受水平荷载较大和抗震的桩基，桩顶$(3\sim5)d$ 内箍筋应适当加密；当钢筋笼长度超过 4 m 时，每隔 2 m 左右应设一道 $\phi12$～18 的焊接加劲箍筋。主筋的混凝土保护层厚度应大于或等于 35 mm，水下浇灌混凝土时应大于或等于 50 mm。

轴心荷载作用下的桩身截面强度可按 3.5 节方法计算；偏心荷载（包括水平力和弯矩）作用时，可先按 3.7 节方法求出桩身最大弯矩及其相应位置，再根据《混凝土结构设计规范》要求，按偏心受压确定出桩身截面所需的主筋面积，但尚须满足各类桩的最小配筋率。对于受长期或经常出现的水平荷载或上拔力的建筑物，还应验算桩身的裂缝宽度，其最大裂缝宽度不得超过 0.2 mm，对处于腐蚀介质中的桩基则不得出现裂缝；对处于含有酸、氯等介质环境中的桩基，还应根据介质腐蚀性的强弱采取专门的防护措施，以保证桩基的耐久性。

预制桩除了满足上述计算之外，还应考虑运输、起吊和锤击过程中的各种强度验算。桩在自重作用下产生的弯曲应力与吊点的数量和位置有关。桩长在 20 m 以下者，起吊时一般采用双点吊；在打桩架龙门吊立时，采用单点吊。吊点位置应按吊点间的正弯矩和吊点处的负弯矩相等的条件确定，如图 3.31 所示。其中 q 为桩单位长度的重力，K 为考虑在吊运过程中桩可能受到的冲击和振动而取的动力系数，可取 1.3。桩在运输或堆放时的支点应放在起吊吊点处。通常，普通混凝土桩的配筋常由起吊和吊立的强度计算控制。

用锤击法沉桩时，冲击产生的应力以应力波的形式传到桩端，然后又反射回来。在周期性拉压应力作用下，桩身上端常出现环向裂缝。设计时，一般要求锤击过程中产生的压应力小于桩身材料的抗压强度设计值；拉应力应小于桩身材料的抗拉强度设计值。

影响锤击拉压应力的因素主要有锤击能量和频率、锤垫及桩垫的刚度、桩长、桩材及土质条件等。当锤击能量小、频率低，采用软而厚的锤垫和桩垫，在不厚的软黏土或无密实砂夹层的黏性土中沉桩，以及桩长较小（<12 m）时，锤击拉压应力比较小，一般可不考虑。设计时常根据实测资料确定锤击拉压应力值。当无实测资料时，可按《桩基规范》建议的经验公式及表格取值。预应力混凝土桩的配筋常取决于锤击拉应力。

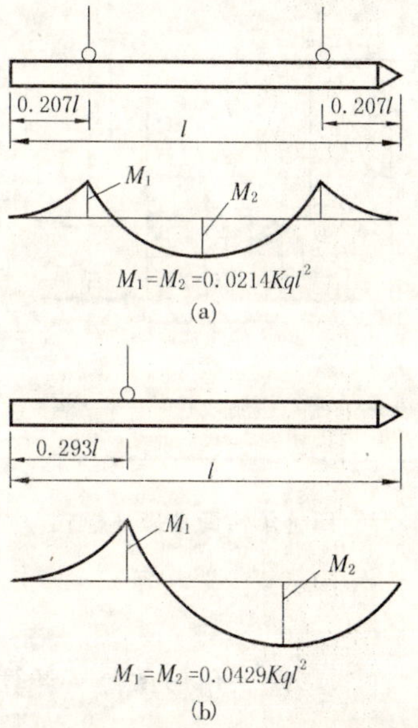

图 3.31 预制桩的吊点位置和弯矩图

(a) 双点起吊时；(b) 单点起吊时

3.7.5 承台设计

桩基承台可分为柱下独立承台、柱下或墙下条形承台梁，以及筏板承台和箱形承台等。承台的作用是将桩联结成一个整体，并把建筑物的荷载传到桩上，因而承台应有足够的强度和刚度。

3.7.5.1 外形尺寸及构造要求

承台的平面尺寸一般由上部结构、桩数及布桩形式决定。通常，墙下桩基做成条形承台梁；柱下桩基宜采用板式承台（矩形或三角形），如图 3.32 所示。其剖面形状可做成锥形、台阶形或平板形。

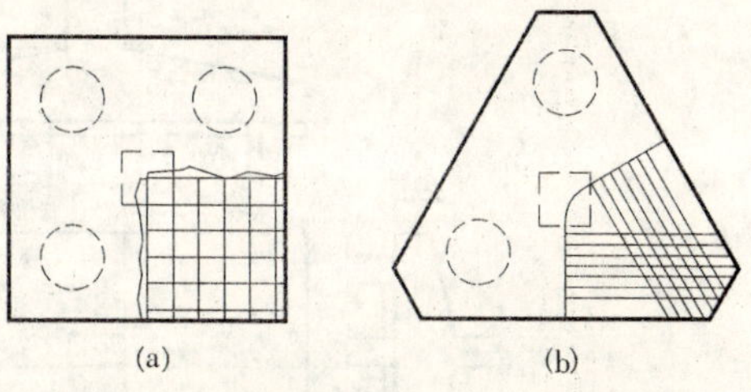

图 3.32 柱下独立桩基承台配筋示意图

(a) 矩形承台；(b) 三桩承台

承台厚度应大于或等于 300 mm，宽度大于或等于 500 mm，承台边缘至边桩中心距离不应小于桩的直径或边长，且边缘挑出部分应大于或等于 150 mm，对于条形承台梁应大于或等于 75 mm。为保证群桩与承台之间连接的整体性，桩顶应嵌入承台一定长度，对大直径桩宜大于或等于 100 mm；对中等直径桩宜大于或等于 50 mm。混凝土桩的桩顶主筋应伸入承台内，其锚固长度宜大于或等于 $30d_g$，对于抗拔桩基应大于或等于 $40d_g$。承台的混凝土强度等级宜大于或等于 C15，采用 HRB335 级钢筋时宜大于或等于 C20。承台的配筋按计算确定，对于矩形承台板，宜双向均匀配置，钢筋直径宜大于或等于 $\phi10$，间距应满足 100～200 mm；对于三桩承台，应按三向板带均匀配置，最里面 3 根钢筋相交围成的三角形，应位于柱截面范围以内[图 3.32(b)]；台底钢筋的混凝土保护层厚度宜大于或等于70 mm。当有混凝土垫层时不应小于50 mm，承台梁的纵向主筋应大于或等于 $\phi12$。

筏形、箱形承台板的厚度应满足整体刚度、施工条件及防水要求。对于桩布置于墙下或基础梁下的情况，承台板厚度宜大于或等于 250 mm，且板厚与计算区段最小跨度之比不宜小于1/20。承台板的分布构造钢筋可用 $\phi(10～12)$@150～200 mm，考虑到整体弯矩的影响，纵横两方向的支座钢筋尚应有 1/3～1/2，且配筋率大于或等于 0.15%，贯通全跨配置；跨中钢筋应按计算配筋率全部连通。

两桩桩基的承台，应在其短边方向设置连系梁。连系梁顶面宜与承台顶位于同一标高，梁宽宜大于或等于 250 mm，梁高可取承台中心距的 1/15～1/10，并配置不小于 $4\phi12$ 的钢筋。

承台埋深应大于或等于 600 mm，在季节性冻土、膨胀土地区宜埋设在冰冻线、大气影响线以下，但当冰冻线、大气影响线深度大于或等于 1 m 且承台高度较小时，则应视土的冻胀、膨胀性等级分别采取换填无黏性垫层、预留空隙等隔胀措施。

3.7.5.2 承台的内力计算

模型试验研究表明，柱下独立桩基承台（四桩及三桩承台）在配筋不足的情况下将产生弯曲破坏，其破坏

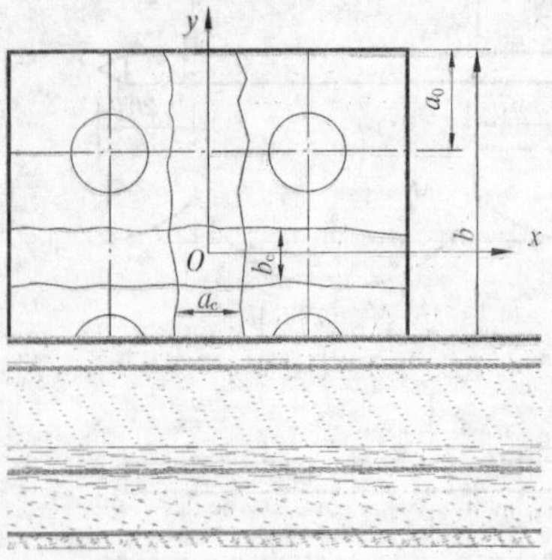

图 3.33　四桩承台弯曲破坏模式

特征呈梁式破坏。破坏时屈服线如图 3.33 所示，最大弯矩产生于屈服线处。根据极限平衡原理，承台正截面弯矩计算如下：

① 柱下多桩矩形承台　其计算截面应取在柱边和承台高度变化处（杯口外侧或台阶边缘），按下式计算：

$$\left.\begin{aligned} M_x &= \sum N_i y_i \\ M_y &= \sum N_i x_i \end{aligned}\right\} \tag{3.54}$$

式中　M_x, M_y——绕 x、y 轴方向计算截面处的弯矩设计值（kN·m）；

x_i, y_i——垂直 y 轴和 x 轴方向自桩轴线到相应计算截面的距离（m）（图 3.34）；

N_i——扣除承台和承台上土自重设计值后 i 桩竖向净反力设计值（kN·m），当不考虑承台效应时，则为 i 桩竖向总反力设计值。

② 柱下三桩三角形承台　计算截面应取在柱边（图 3.35），并按下式计算：

$$\left.\begin{aligned} M_x &= N_x x \\ M_y &= N_y y \end{aligned}\right\} \tag{3.55}$$

当计算弯矩截面不与主筋方向正交时，须对主筋方向角进行换算。

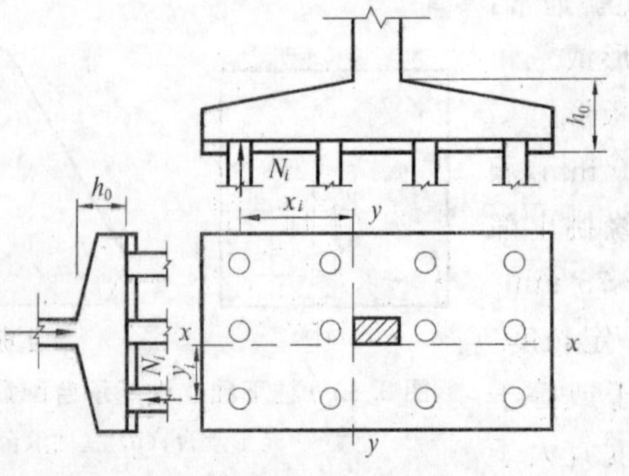

图 3.34　矩形承台

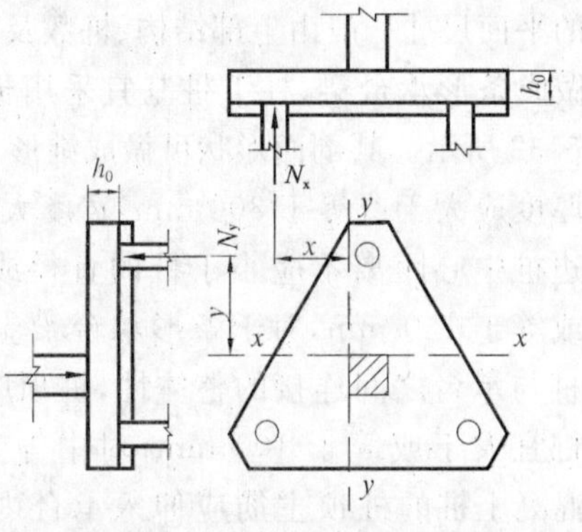

图 3.35　三桩三角形承台

③ 柱下或墙下条形承台梁　正截面弯矩设计值一般可按弹性地基梁进行分析，地基的计算模型应根据地基土层的特性选取。通常可采用文克尔假定，将基桩视为弹簧支承，其刚度系数可由静载荷试验的 Q-s 曲线确定，具体计算可参见有关文献。当桩端持力层较硬且桩轴线不重合时，可视桩为不动支座，按连续梁计算。

3.7.5.3　承台厚度及强度计算

承台厚度可按冲切及剪切条件确定，一般可先按冲切计算，再按剪切复核；其强度计算包括受冲切、受剪切、局部受压及受弯计算。

(1) 受冲切计算

若承台有效高度不足，将产生冲切破坏。其破坏方式可分为沿柱（墙）边的冲切和单一基桩对承台的冲切两类。柱边冲切破坏锥体斜面与承台底面的夹角大于或等于 45°，该斜面的上周边位于柱与承台交接处或承台变阶处，下周边位于相应的桩顶内边缘处（图 3.36）。

承台抗冲切承载力与冲切锥角有关，可以冲跨比 λ 表达。对于柱下矩形承台，验算时应满足：

$$F_l \leqslant \beta_{hp} \beta_0 u_m f_t h_0 \tag{3.56}$$

$$F_l = F - \sum N_i \tag{3.57}$$

$$\beta_0 = \frac{0.84}{\lambda + 0.2} \tag{3.58}$$

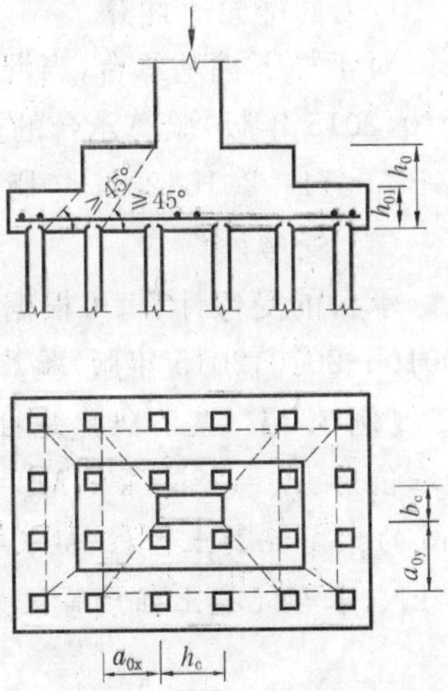

图 3.36　柱下承台的冲切

式中　F_l——作用于冲切破坏锥体上的冲切力设计值(kN·m)；

f_t——承台混凝土抗拉强度设计值(kN·m)；

u_m——冲切破坏锥体有效高度中线周长(m)；

h_0——承台冲切破坏锥体的有效高度(m)；

β_{hp}——受冲切剪力截面高度的影响系数，当 $h \leqslant 800$ mm 时取 $\beta_{hp}=1.0$，当 $h \geqslant 2000$ mm 时取 $\beta_{hp}=0.9$，其间按线性内插法取值；

β_0——冲切系数；

λ——冲跨比，$\lambda=a_0/h_0$（a_0 为冲跨，即柱边或承台变阶处到桩边的水平距离），当 $\lambda<0.25$ 时取 $\lambda=0.25$，当 $\lambda>1.0$ 时取 $\lambda=1.0$；

F——作用于柱(墙)底的竖向荷载设计值(kN)；

$\sum N_i$——冲切破坏锥体范围内各基桩的净反力(不计承台和承台上土自重)设计值之和(kN)。

对于圆柱及圆桩，计算时应将截面换算成方柱或方桩，取换算柱或桩截面边宽 $b_p=0.8d$。

柱下矩形独立承台受柱冲切时可按下列公式计算(图 3.36)：

$$F_l = 2[\beta_{0x}(b_c + a_{0y}) + \beta_{0y}(h_c + a_{0x})]\beta_{hp} f_t h_0 \tag{3.59}$$

式中　β_{0x}，β_{0y}——由式(3.58)求得，$\lambda_{0x}=\dfrac{a_{0x}}{h_0}$，$\lambda_{0y}=\dfrac{a_{0y}}{h_0}$，$\lambda_{0x}$、$\lambda_{0y}$ 均应满足其值在 0.25～1.0 范围内的要求；

h_c，b_c——柱截面长边、短边尺寸(m)；

a_{0x}，a_{0y}——自柱长边或短边到最近桩边的水平距离(m)。

对位于柱(墙)冲切破坏锥体以外的基桩，尚应考虑单桩对承台的冲切作用，并按四桩承台、三桩承台等不同情况计算受冲切承载力。

对于柱下两桩承台，宜按深受弯构件($l_0/h<5.0$，$l_0=1.15l_n$，l_n 为两桩净距)计算受弯、受剪承载力，不需进行冲切承载力计算。

(2) 受剪切计算

桩基承台的剪切破坏面为一通过柱(墙)边与桩边连线所形成的斜截面(图 3.37)。当柱(墙)外有多排桩形成多个剪切斜截面时，对每一个斜截面都应进行受剪承载力计算。

下面仅介绍柱下等厚度承台的计算。其斜截面受剪承载力可按下列公式计算：

$$V \leqslant \beta_{hs}\alpha f_t b_0 h_0 \tag{3.60}$$

$$\alpha = \frac{1.75}{\lambda + 1.0} \tag{3.61}$$

$$\beta_{hs} = \left(\frac{800}{h_0}\right)^{1/4} \tag{3.62}$$

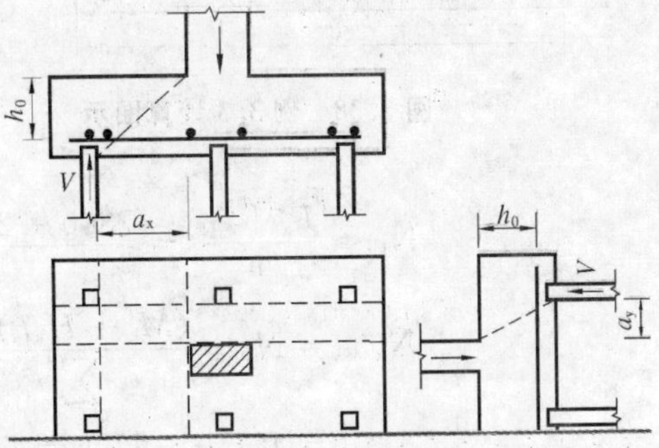

图 3.37　承台斜截面受剪切计算

式中　V——斜截面的最大剪力设计值(kN)；

b_0——承台计算截面处的计算宽度(m)；

h_0——承台计算截面处的有效高度(m)；

β_{hs}——受剪切承载力截面高度影响系数，当 $h_0<800$ mm 时取 $h_0=800$ mm，当 $h_0>2000$ mm 时取 $h_0=2000$ mm，其间按线性内插法取值；

α——剪切系数；

λ——计算截面的剪跨比，$\lambda_x=\dfrac{a_x}{h_0}$，$\lambda_y=\dfrac{a_y}{h_0}$，其中 a_x、a_y(图 3.37)为柱(墙)边或承台变阶处至 y、x 方向计算一排桩的桩边水平距离，当 $\lambda<0.25$ 时取 $\lambda=0.25$，当 $\lambda>3$ 时取 $\lambda=3$。

(3) 局部受压计算

对于柱下桩基承台，当混凝土强度等级低于柱的强度等级时，应按《混凝土结构设计规范》(GB 50010—2010,2015 年版)验算承台的局部受压承载力。当进行承台的抗震验算时，尚应根据《建筑抗震设计规范》(GB 50011—2010,2016 年版)规定对承台的受弯、受剪切承载力进行抗震调整。

(4) 受弯计算

承台的受弯计算，可根据承台类型分别按上述方法求得承台内力，然后按《混凝土结构设计规范》(GB 50010—2010,2015 年版)验算其正截面受弯承载力，计算方法同一般梁板，在此不赘述。

【例 3.3】 某二级建筑桩基如图 3.38 所示，柱截面尺寸为 450 mm×600 mm，作用在基础顶面的荷载标准值为：$F_k=2800$ kN，$M_k=210$ kN·m(作用于长边方向)，$H_k=145$ kN。拟采用截面为 350 mm×350 mm 的预制混凝土方桩，桩长 12 m，已确定基桩竖向承载力特征值 $R_a=500.0$ kN，水平承载力特征值 $R_h=45$ kN，承台混凝土强度等级为 C25，配置 HRB335 级钢筋。试设计该桩基础(不考虑承台效应)。

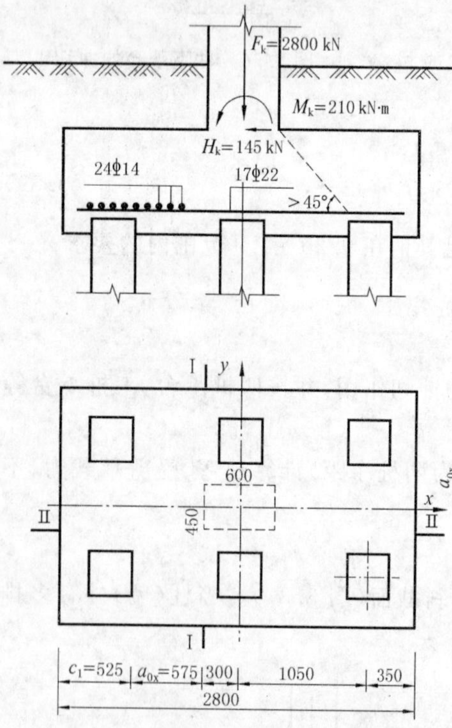

图 3.38　例 3.3 计算图示

【解】 C25 混凝土，$f_t=1270$ kPa，$f_c=11900$ kPa；HRB335 级钢筋，$f_y=300\ \text{N/mm}^2$。

(1) 基桩持力层、桩材、桩型、外形尺寸及单桩承载力特征值均已选定，桩身结构设计从略。

(2) 确定桩数及布桩

初选桩数：

$$n>\frac{F_k}{R_a}=\frac{2800}{500}=5.6$$

暂取 6 根，取桩距 $s=3d=3\times0.35=1.05$ m，按矩形布置，如图 3.38 所示。

(3) 初选承台尺寸

取承台长边和短边为：

$$a=2\times(0.35+1.05)=2.8\ \text{m}$$

$$b=2\times0.35+1.05=1.75\ \text{m}$$

承台埋深 1.3 m，承台高 0.8 m，桩顶伸入承台 50 mm，钢筋保护层取 35 mm，则承台有效高度为：

$$h_0=0.8-0.050-0.035=0.715\ \text{m}=715\ \text{mm}$$

(4) 计算桩顶荷载

取承台及其上土的平均重度 $\gamma_G=20\ \text{kN/m}^3$，则桩顶平均竖向力为：

$$N_k=\frac{F_k+G_k}{n}=\frac{2800+20\times2.8\times1.75\times1.3}{6}=487.9\ \text{kN}<R_a=500\ \text{kN}$$

$$N_{k\max}=N_k+\frac{(M_k+H_kh)x_{\max}}{\sum x_i^2}=487.9+\frac{(210+145\times0.8)\times1.05}{4\times1.05^2}$$

$$=487.9+77.6=565.5\ \text{kN}<1.2R_a=600\ \text{kN}$$

符合式(3.37)和式(3.38)的要求。

基桩水平力标准值：

$$H_{1k}=H_k/n=145/6=24.2\ \text{kN}$$

其值远小于单桩水平承载力特征值 $R_h=45$ kN，因此无须验算考虑群桩效应的基桩水平承载力(详见《桩基规范》)。

(5) 承台受冲切承载力验算

① 柱边冲切，按式(3.56)～式(3.58)可求得冲跨比 λ_0 与冲切系数 β_0：

$$\lambda_{0x}=\frac{a_{0x}}{h_0}=\frac{0.575}{0.715}=0.804(\text{介于 } 0.25\sim1.0 \text{ 之间})$$

$$\beta_{0x}=\frac{0.84}{\lambda_{0x}+0.2}=\frac{0.84}{0.804+0.2}=0.837$$

$$\lambda_{0y}=\frac{a_{0y}}{h_0}=\frac{0.125}{0.715}=0.175<0.25,\text{取 }\lambda_{0y}=0.25$$

$$\beta_{0y}=\frac{0.84}{\lambda_{0y}+0.2}=\frac{0.84}{0.25+0.2}=1.867$$

因 $h=800$ mm，故可取 $\beta_{hp}=1.0$。

$$\begin{aligned}&2[\beta_{0x}(b_c+a_{0y})+\beta_{0y}(h_c+a_{0x})]\beta_{hp}f_t h_0\\&=2\times[0.837\times(0.450+0.125)+1.867\times(0.600+0.575)]\times1.0\times1270\times0.715\\&=4858.1\text{ kN}>F_l=2800\times1.35-0=3780\text{ kN(可以)}\end{aligned}$$

② 角桩向上冲切，从角柱内边缘至承台外边缘距离 $c_1=c_2=0.525$ m，$a_{1x}=a_{0x}$，$\lambda_{1x}=\lambda_{0x}$，$a_{1y}=a_{0y}$，$\lambda_{1y}=\lambda_{0y}$。

$$\beta_{1x}=\frac{0.56}{\lambda_{1x}+0.2}=\frac{0.56}{0.804+0.2}=0.558$$

$$\beta_{1y}=\frac{0.56}{\lambda_{1y}+0.2}=\frac{0.56}{0.25+0.2}=1.244$$

$$\begin{aligned}&[\beta_{1x}(c_2+a_{1y}/2)+\beta_{1y}(h_c+a_{1x}/2)]\beta_{hp}f_t h_0\\&=[0.558\times(0.525+0.125/2)+1.244\times(0.6+0.575/2)]\times1.0\times1270\times0.715\\&=1300.7\text{ kN}>N_{k\,max}\times1.35=763.4\text{ kN(可以)}\end{aligned}$$

(6) 承台受剪切承载力计算

根据式(3.60)，剪跨比与以上冲跨比相同，故对Ⅰ—Ⅰ斜截面：

$$\lambda_x=\lambda_{0x}=0.804(\text{介于 } 0.25\sim3.0 \text{ 之间})$$

故剪切系数：

$$\alpha=\frac{1.75}{\lambda+1.0}=\frac{1.75}{0.804+1.0}=0.970$$

因 $h_0=715$ mm<800 mm，故可取 $h_0=800$ mm 后求得 $\beta_{hs}=1.0$。

$$\begin{aligned}\beta_{hs}\alpha f_t b_0 h_0&=1.0\times0.970\times1270\times1.75\times0.715=1541.4\text{ kN}\\&>2N_{k\,max}\times1.35=2\times565.5\times1.35=1526.9\text{ kN(可以)}\end{aligned}$$

Ⅱ—Ⅱ斜截面 λ 按 0.3 计，其受剪切承载力更大，故验算从略。

(7) 承台受弯承载力计算

由式(3.54)可得：

$$M_x=\sum N_i y_i=3\times487.9\times0.325=475.7\text{ kN}\cdot\text{m}$$

$$A_s=\frac{M_x}{0.9f_y h_0}=\frac{475.7\times10^6}{0.9\times300\times715}=2464.1\text{ mm}^2$$

选用 22Φ12，$A_s=2488$ mm²，沿平行于 y 轴的方向均匀布置。

$$M_y=\sum N_i x_i=2\times565.5\times0.757=856.2\text{ kN}\cdot\text{m}$$

$$A_s=\frac{M_y}{0.9f_y h_0}=\frac{856.2\times10^6}{0.9\times300\times715}=4435.1\text{ mm}^2$$

选用 18Φ18，$A_s=4581$ mm²，沿平行于 x 轴的方向均匀布置。

思 考 题

3.1 试简述桩基础的适用场合及设计原则。

3.2　试分别根据桩的承载性状和桩的施工方法对桩进行分类。

3.3　简述单桩在竖向荷载下的工作性能及其破坏性状。

3.4　什么叫负摩阻力、中性点？如何确定中性点的位置及负摩阻力的大小？

3.5　何谓单桩竖向承载力特征值？

3.6　何谓群桩效应？如何验算桩基竖向承载力？

3.7　单桩水平承载力与哪些因素有关？设计时如何确定？

3.8　在工程实践中如何选择桩的直径、桩长以及桩的类型？

3.9　如何确定承台的平面尺寸及厚度？设计时应作哪些验算？

习　题

3.1　某工程桩基采用预制混凝土桩，桩截面尺寸为 350 mm×350 mm，桩长 10 m，各土层分布情况如图 3.39 所示。试确定该基桩的竖向承载力标准值 Q_{uk} 和基桩的竖向承载力特征值 R(不考虑承台效应)。

(答案：$Q_{uk}=1375$ kN，$R=688$ kN)

3.2　某建筑物采用单桩基础，桩径 $d=0.5$ m，旋转钻施工，地质剖面如图3.40所示。试求该桩受到的下拉荷载值。

(答案：$Q_g^n=692.4$ kN)

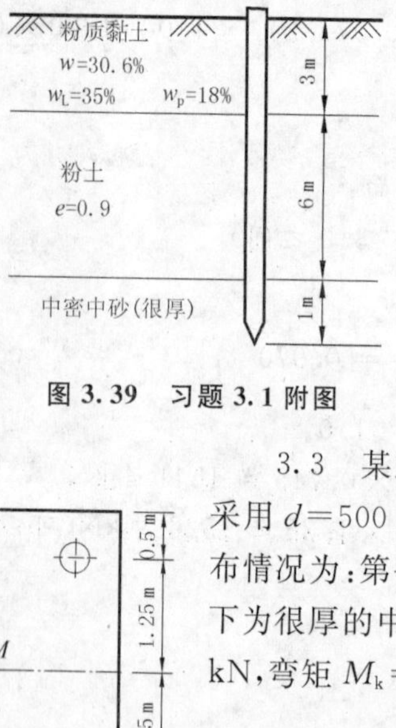

图 3.39　习题 3.1 附图

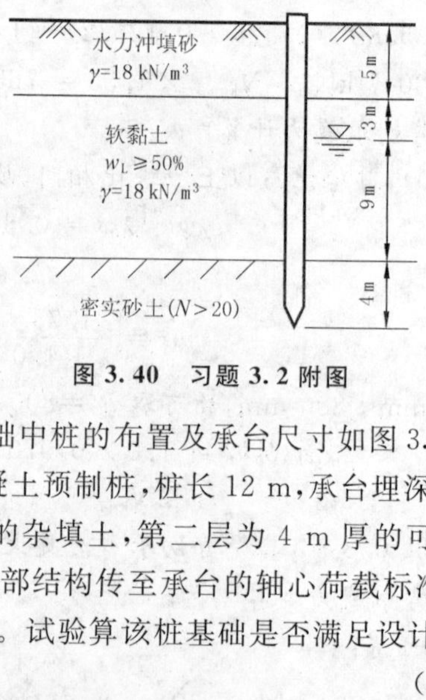

图 3.40　习题 3.2 附图

3.3　某工程一群桩基础中桩的布置及承台尺寸如图 3.41 所示，其中桩采用 $d=500$ mm的钢筋混凝土预制桩，桩长 12 m，承台埋深 1.2 m。土层分布情况为：第一层为 3 m 厚的杂填土，第二层为 4 m 厚的可塑状态黏土，其下为很厚的中密中砂层。上部结构传至承台的轴心荷载标准值为 $F_k=5400$ kN，弯矩 $M_k=1200$ kN·m。试验算该桩基础是否满足设计要求。

(答案：满足要求)

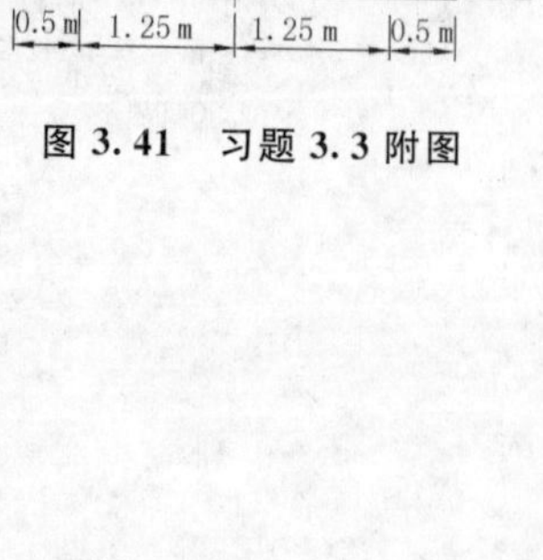

图 3.41　习题 3.3 附图

3.4　某场地土层分布情况为：第一层为杂填土，厚 1.0 m；第二层为淤泥，软塑状态，厚 6.5 m；第三层为粉质黏土，$I_L=0.25$，厚度较大。现需设计一框架内柱的预制桩基础。柱底在地面处的竖向荷载为 $F_k=1700$ kN，弯矩为 $M_k=180$ kN·m，水平荷载为 $H_k=100$ kN，初选预制桩截面尺寸为 350 mm×350 mm。试设计该桩基础。

4 沉井及其他深基础

本章提要

主要介绍了沉井基础、地下连续墙、墩基础及沉箱等几种深基础类型的基本构造、适用条件及分类，重点介绍了沉井基础及地下连续墙的设计与计算要点，并结合工程实例进行了详细阐述。要求熟悉沉井的构造与分类、沉井作为基础的计算与构造要求，以及沉井施工期的结构计算；了解沉井基础、墩基础和地下连续墙等深基础的设计与施工。

4.1 概　述

4.1.1 沉井的作用及适用条件

沉井是用钢筋混凝土材料制成的带有刃脚的井筒状构造物[图 4.1(a)]。它是利用人工或机械方法清除井内土石，并借助自重或添加压重等措施克服井壁摩阻力逐节下沉至设计标高，再浇筑混凝土封底并填塞井孔而成为建筑物基础的井筒状构造物[图 4.1(b)]。

沉井的特点是埋深较大，整体性强，稳定性好，具有较大的承载面积，能承受较大的垂直荷载和水平荷载。此外，沉井既是基础，又是施工时的挡土和挡水围堰结构物，其施工工艺简便，技术稳妥可靠，无需特殊专业设备，并可做成补偿性基础，避免过大沉降，在深基础或地下结构中应用较为广泛，如桥梁墩台基础、地下泵房、水池、油库、矿用竖井以及大型设备基础、高层和超高层建筑物基础等。但沉井基础施工工期较长，对粉砂、细砂类土在井内抽水时易发生流砂现象，造成沉井倾斜；沉井下沉过程中遇到的大孤石、树干或井底岩层表面倾斜过大，也会给施工带来一定的困难。

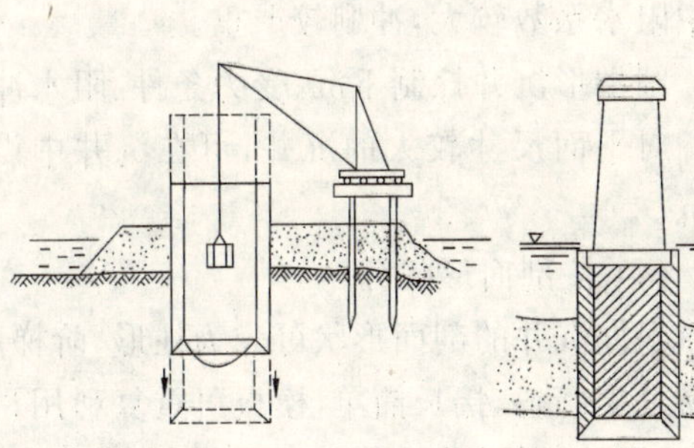

(a)　　(b)

图 4.1　沉井基础示意图

(a) 沉井下沉；(b) 沉井基础

沉井最适宜于不太透水的土层，易于控制下沉方向。下列情况时可考虑采用沉井基础：

① 上部结构荷载较大，表层地基土承载力不足，而在一定深度下有较好的持力层，且与其他基础方案相比较为经济合理；

② 虽然土质较好，但冲刷大的山区河流或河中有较大卵石不便于桩基础施工；

③ 岩层表面较平坦且覆盖层较薄，但河水较深，采用扩大基础施工围堰有困难。

4.1.2 沉井的分类

(1) 按施工方法分

根据不同的施工方法可将沉井分为一般沉井和浮运沉井。一般沉井指直接在基础设计的位置上制造，然后挖土，依靠井壁自重下沉。若基础位于水中，则先人工筑岛，再在岛上筑井下沉。浮运沉井指先在岸边预制，再浮运就位下沉的沉井。通常在深水地区（如水深大于 10 m），或水流流速大，有通航要求，人工筑岛困难或不经济时采用。

（2）按井壁材料分

根据不同的井壁材料可将沉井分为混凝土沉井、钢筋混凝土沉井、竹筋混凝土沉井和钢沉井。混凝土沉井因抗压强度高，抗拉强度低，多做成圆形，且仅适用于下沉深度不大（4～7 m）的松软土层。钢筋混凝土沉井抗压、抗拉强度高，下沉深度大，可做成重型或薄壁就地制造下沉的沉井，也可做成薄壁浮运沉井及钢丝网水泥沉井等，在工程中应用最广。沉井主要在下沉阶段过程中承受拉力，因此，在盛产竹材的南方，也可采用耐久性差而抗拉力好的竹筋代替部分钢筋，做成竹筋混凝土沉井。钢沉井由钢材制作，强度高、质量轻、易于拼装、适于制造空心浮运沉井，但用钢量大，国内应用较少。此外，根据工程条件也可选用木沉井和砌石圬工沉井等。

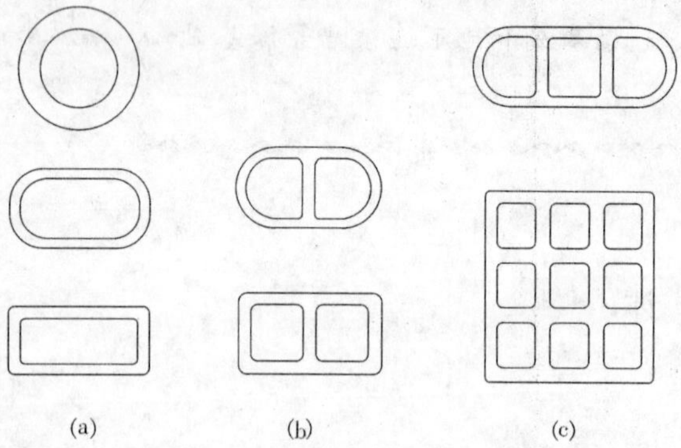

图 4.2　沉井的平面形状

（a）单孔沉井；（b）双孔沉井；（c）多孔沉井

（3）按平面形状分

根据沉井的平面形状可分为圆形、矩形和圆端形三种基本类型，按井孔的布置方式，又可分为单孔、双孔及多孔沉井（图 4.2）。

圆形沉井在下沉过程中易于控制方向，若采用抓泥斗挖土，可比其他沉井更能保证其刃脚均匀地支承在土层上；在侧压力作用下，井壁仅受轴向应力作用，即使侧压力分布不均匀，弯曲应力也不大，能充分利用混凝土抗压强度大的特点，多用于斜交桥或水流方向不定的桥墩基础。

矩形沉井制造方便，受力有利，能充分利用地基承载力。沉井四角一般为圆角，以减少井壁摩阻力和除土清孔的困难。但在侧压力作用下，井壁受较大的挠曲力矩，且流水中阻水系数较大，冲刷较严重。

圆端形沉井控制下沉、受力条件、阻水冲刷均较矩形者有利，但施工较为复杂。

对平面尺寸较大的沉井，可在沉井中设隔墙，构成双孔或多孔沉井，以改善井壁受力条件及均匀取土下沉。

（4）按剖面形状分

根据沉井的剖面形状可分为柱形、阶梯形和锥形沉井（图 4.3）。柱形沉井井壁受力较均衡，下沉过程中不易发生倾斜，接长简单，模板可重复利用，但井壁侧阻力较大，若土体密实、下沉深度较大时，容易下部悬空，造成井壁拉裂，一般多用于入土不深或土质较松软的情况。阶梯形沉井和锥形沉井井壁侧阻力较小，抵抗侧压力性能较合理，但施工较复杂，模板消耗多，沉井下沉过程中易发生倾斜，多用于土质较密实、沉井下沉深度大、自重较小的情况。通常锥形沉井井壁坡度为 1/40～1/20，阶梯形井壁的台阶宽为 100～200 mm。

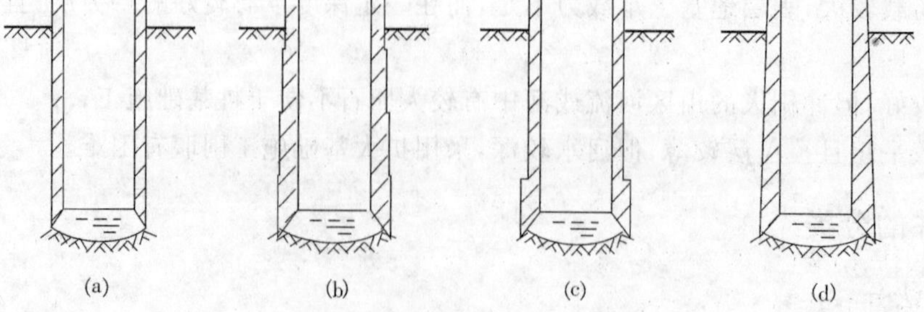

图 4.3　沉井的剖面形状

（a）柱形；（b），（c）阶梯形；（d）锥形

4.1.3 沉井基础的构造

(1) 沉井的轮廓尺寸

沉井的平面形状常取决于结构物底部的形状。为保证下沉的稳定性，沉井的截面长短边之比宜小于或等于3。若结构物的长宽比较接近，可采用方形或圆形沉井。沉井顶面尺寸为结构物底部尺寸加襟边宽度。襟边宽度宜大于或等于0.2 m，且大于或等于$H/50$(H为沉井全高)，浮运沉井大于或等于0.4 m，如沉井顶面需设置围堰，其襟边宽度根据围堰构造还需加大。结构物边缘应尽可能支承于井壁或顶板支承面上，对井孔内不填充混凝土的空心沉井不允许结构物边缘全部置于井孔位置上。

沉井的入土深度应根据上部结构、水文地质条件及各土层的承载力等确定。若沉井入土深度较大，应分节制造和下沉，每节高度宜小于或等于5 m；底节沉井在松软土层中下沉时，还应小于或等于$0.8B$(B为沉井宽度)；若底节沉井过高，沉井过重，将给制模、筑岛时岛面处理、抽除垫木下沉等带来困难。

(2) 沉井的一般构造

沉井一般由井壁、刃脚、隔墙、井孔、凹槽、封底和顶板等组成(图4.4)。有时井壁中还预埋射水管等其他部分。各组成部分的作用如下：

① 井壁：沉井的外壁，是沉井的主体部分，其作用是在沉井下沉过程中挡土、挡水及利用本身自重克服由土与井壁间摩阻力导致的下沉，沉井施工完毕后，作为传递上部荷载的基础或基础的一部分。因此，井壁必须具有足够的强度和一定的厚度，并根据施工过程中的受力情况配置竖向及水平向钢筋。一般壁厚为0.80～1.50 m。最薄不宜小于0.4 m，混凝土强度等级大于或等于C15。

② 刃脚：井壁下端形如楔状部分称为刃脚，其作用是利于沉井切土下沉。刃脚底面(踏面)宽度一般小于或等于150 mm，软土可适当放宽。若下沉深度大，土质较硬，刃脚底面应以型钢(角钢或槽钢)加强(图4.5)，以防刃脚损坏。刃脚内侧斜面与水平面夹角宜大于或等于45°，其高度视井壁厚度、便于抽除垫木而定，一般大于1.0 m，混凝土强度等级宜大于C20。

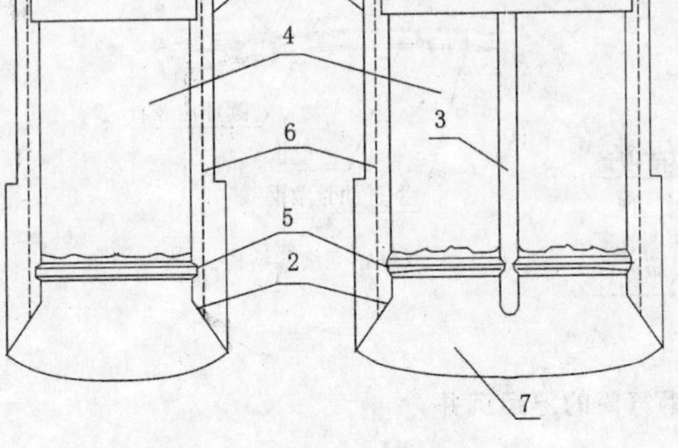

图4.4 沉井的一般构造

1—井壁；2—刃脚；3—隔墙；4—井孔；
5—凹槽；6—射水管组；7—封底混凝土；8—顶板

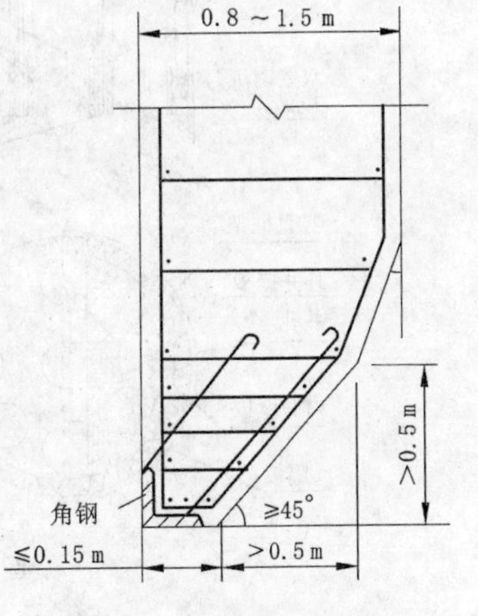

图4.5 刃脚构造示意图

③ 隔墙：沉井的内壁，其作用是将沉井空腔分隔成多个井孔，便于控制挖土下沉，防止或纠正倾斜和偏移，并加强沉井的刚度，减小井壁挠曲应力。隔墙厚度一般小于井壁，为0.5～1.0 m。隔墙底面应高出刃脚底面0.5 m以上，避免被土搁住而妨碍下沉。当人工挖土时，在隔墙下应设置过人孔，以便工作人员井孔间往来。

④ 井孔：挖土、排土的工作场所和通道。其尺寸应满足施工要求，最小边长宜大于或等于3 m。井孔应对称布置，以便对称挖土，保证沉井下沉均匀。

⑤ 凹槽：位于刃脚内侧上方，沉井封底时利于井壁与封底混凝土的良好结合，使封底混凝土底面反力更好地传给井壁。凹槽高约1.0 m，深度一般为150～300 mm。

⑥ 射水管:若沉井下沉较深,土阻力较大而下沉困难,可在井壁中预埋射水管组。射水管应均匀布置,以便控制水压和水量,调整下沉方向。一般水压大于或等于 600 kPa,若使用泥浆润滑套施工,应有预埋的压射泥浆管路。

⑦ 封底:沉井达设计标高进行清基后,应在刃脚踏面以上至凹槽处浇筑混凝土形成封底,以承受地基土和水的反力,防止地下水涌入井内。封底混凝土顶面应高出凹槽 0.5 m,其厚度可由应力验算决定,根据经验也可取不小于井孔最小边长的 1.5 倍。一般混凝土强度等级大于或等于 C15,井孔内的填充混凝土强度等级大于或等于 C10。

⑧ 顶板:沉井封底后,若条件允许,为节省圬工量,减轻基础自重,可做成空心沉井基础,或仅填以砂石。此时,井顶须设置钢筋混凝土顶板,以承托上部结构的全部荷载。顶板厚度一般为 1.5~2.0 m,钢筋配置由计算确定。

(3) 浮运沉井的构造

浮运沉井可分为不带气筒和带气筒两种。不带气筒的浮运沉井多用钢、木、钢丝网水泥等材料制作,薄壁空心。其构造简单、施工方便、节省钢材,适用于水不太深、流速不大、河床较平、冲刷较小的自然条件。为增加水中自浮能力,还可做成带临时性井底的浮运沉井,当浮运就位后,灌水下沉,同时接筑井壁,抵达河床后,再打开临时性井底,按一般沉井施工。若水深流急、沉井较大时,可采用带气筒的浮运沉井(图 4.6),它主要由双壁的沉井底节、单壁钢壳、钢气筒等组成。双壁钢沉井底节为一可自浮于水中的壳体结构,底节以上井壁为单壁钢壳,用于防水及兼作接高时灌注沉井外圈混凝土的模板,钢气筒为沉井提供浮力,并可通过充放气调节沉井的上浮、下沉或校正偏斜,沉井抵达河床后,切除气筒即为取土井孔。

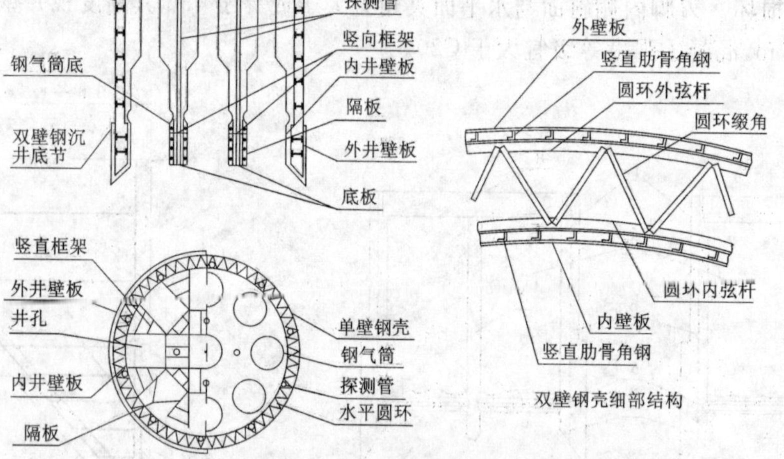

图 4.6 带钢气筒的浮运沉井

(4) 组合式沉井

当采用低承台桩基施工困难,而采用沉井基础则岩层倾斜较大或地基土软硬不均且水深较大时,可采用沉井-桩基的组合式沉井基础。即先将沉井下沉至预定标高,浇筑封底混凝土和承台,再在井内预留孔位钻孔灌注成桩。该沉井结构既可围水挡土,又可作为钻孔桩的护筒和桩基的承台。

4.2 沉井的施工

沉井基础施工通常有旱地施工、水中筑岛及浮运沉井三种。施工前应详细了解场地的地质、水文和气象资料,做好河流汛期、河床冲刷、通航及漂流物等的调查研究,应充分利用枯水季节,制订出详细的施工计划及必要的措施,确保施工安全。

4.2.1 旱地沉井施工

旱地沉井施工顺序如图4.7所示，其一般工序如下：

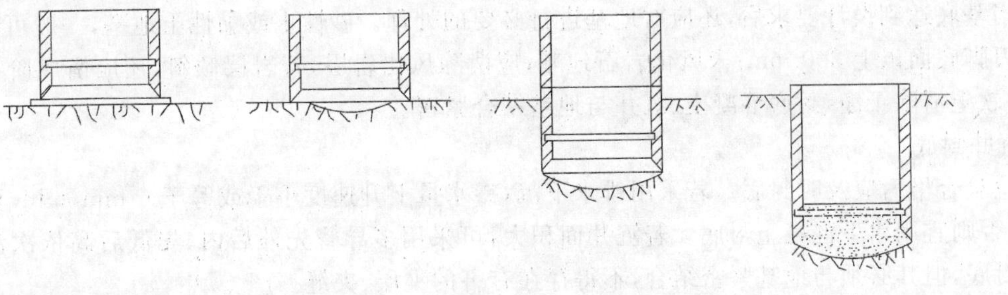

(a)　(b)　(c)　(d)

图4.7 旱地沉井施工顺序示意图

(a) 制作第一节沉井；(b) 抽垫挖土下沉；(c) 沉井接高下沉；(d) 封底

(1) 清整场地

要求施工场地平整干净。一般只需将地表杂物清除干净并整平，但若天然地面土质较差，尚应换土或在基坑处铺填大于或等于0.5 m厚夯实的砂或砂砾垫层，以防沉井在混凝土浇筑之初因地面沉降不均产生裂缝。为减小下沉深度，也可挖一浅坑，在坑底制作沉井，但坑底应高出地下水面0.5～1.0 m。

(2) 制作第一节沉井

在刃脚处应先对称铺满垫木(图4.8)，以支承第一节沉井的重量，垫木一般为枕木或方木(200 mm×200 mm)，其数量可按垫木底面压力小于或等于100 kPa确定，考虑抽垫方便设置，并垫一层厚约0.3 m的砂，垫木间间隙用砂填实(填到半高即可)。然后在刃脚位置处设置刃脚角钢，竖立内模，绑扎钢筋，再立外模浇筑第一节沉井。模板应有较大刚度，以免挠曲变形。当场地土质较好时也可采用土模。

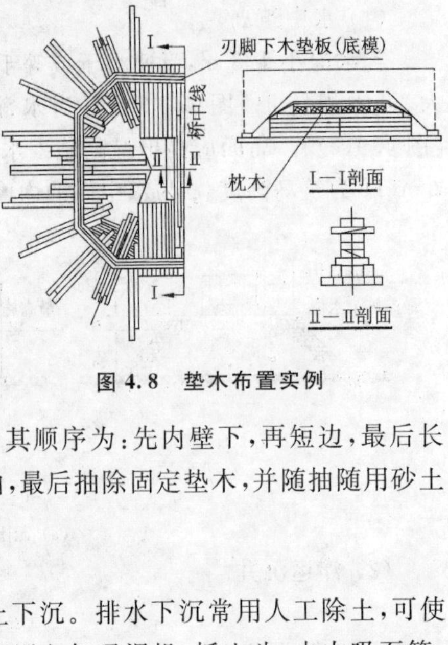

图4.8 垫木布置实例

(3) 拆模及抽垫

当沉井混凝土强度达设计强度的70%时可拆除模板，达设计强度后方可抽撤垫木。抽垫应分区、依次、对称、同步地向沉井外抽出。其顺序为：先内壁下，再短边，最后长边。长边下垫木隔一根抽一根，以固定垫木为中心，由远而近对称地抽，最后抽除固定垫木，并随抽随用砂土回填捣实，以免沉井开裂、移动或偏斜。

(4) 除土下沉

沉井宜采用不排水除土下沉，在稳定的土层中，也可采用排水除土下沉。排水下沉常用人工除土，可使沉井均匀下沉和易于清除井内障碍物，但需有安全措施；不排水下沉多用空气吸泥机、抓土斗、水力吸石筒、水力吸泥机等除土。若遇黏土、胶结层，可采用高压射水辅助下沉。此外，正常情况下应自沉井中间向刃脚处均匀对称除土，排水下沉时应严格控制设计支承点处土的排除，并随时注意沉井正位，保持竖直下沉，无特殊情况不宜采用爆破施工。

(5) 接高沉井

当第一节沉井下沉至一定深度(井顶露出地面0.5 m以上或露出水面1.5 m以上)时，停止挖土，接筑下节沉井。接筑前刃脚不得掏空，并应尽量纠正上节沉井的倾斜，凿毛顶面，立模，然后对称均匀地浇筑混凝土，待强度达设计要求后再拆模继续下沉。

(6) 设置井顶防水围堰

沉井顶面低于地面或水面时，应在井顶接筑临时性防水围堰，围堰的平面尺寸略小于沉井，其下端与井顶上预埋锚杆相连。常见的围堰有土围堰、砖围堰和钢板桩围堰。若水深流急，围堰高度大于5.0 m时，宜采用钢板桩围堰。

(7) 基底检验和处理

沉井达到设计标高后，应对基底土质进行检验。若采用不排水下沉应进行水下检验，必要时可用钻机取样检验。当基底达到设计要求后，还应对地基进行必要的处理。砂性土或黏性土地基，一般可在井底铺砾石或碎石至刃脚底面以上 200 mm；未风化岩石地基，应凿除风化岩层，若岩层倾斜，还应凿成阶梯形。要确保井底浮土、软土清除干净，封底混凝土、沉井与地基结合紧密。

(8) 沉井封底

基底检验合格后应及时封底。若采用排水下沉，渗水量上升速度小于或等于 6 mm/min，可采用普通混凝土封底；否则宜用水下混凝土封底。若沉井面积大，可采用多导管先外后内、先低后高依次浇筑。一般用素混凝土封底，但其必须与地基紧密结合，不得存在有害的夹层、夹缝。

(9) 井孔填充和顶板浇筑

封底混凝土达到设计强度后，排干井孔中水，填充井内圬工。如果井孔中不填料或仅填砾石，则井顶应浇筑钢筋混凝土顶板，以支承上部结构，且应保持无水施工。然后砌筑井上构筑物，并随后拆除临时性的井顶围堰。井孔是否填充，应根据受力或稳定要求确定，在严寒地区，低于冻结线 0.25 m 以上部分，必须用混凝土或圬工填实。

4.2.2 水中沉井施工

(1) 水中筑岛

若水深小于 3 m，流速小于或等于 1.5 m/s，可采用砂或砾石在水中筑岛[图 4.9(a)]；若水深或流速加大，可围堤防护[图 4.9(b)]；当水深再加大(通常小于 15 m)或流速更大时，宜采用钢板桩围堰筑岛[图 4.9(c)]。岛面应高出最高施工水位 0.5 m 以上，围堰距井壁外缘距离 $b \geqslant H\tan(45^\circ - \varphi/2)$，且大于等于 2 m($H$ 为筑岛高度，φ 为水中砂的内摩擦角)。其余施工方法与旱地沉井施工相同。

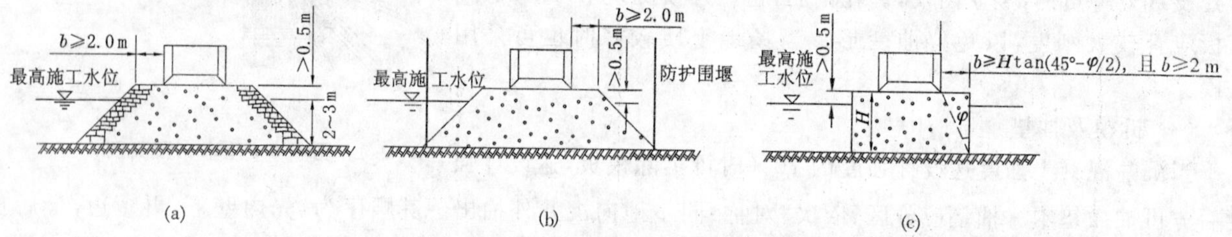

图 4.9 水中筑岛下沉沉井

(a) 无围堰防护土岛；(b) 有围堰防护土岛；(c) 围堰筑岛

(2) 浮运沉井

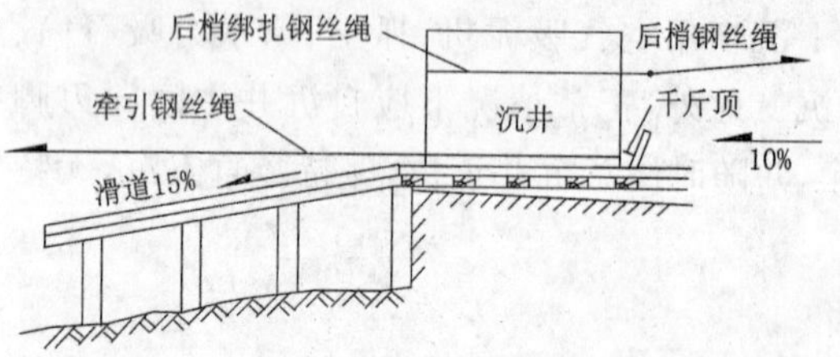

图 4.10 浮运沉井下水示意图

若因水深(如大于 10 m)导致人工筑岛困难或不经济，可采用浮运法施工。即先在岸边将沉井做成空体结构，或采用其他措施(如使用带钢气筒等)使其浮于水上，再利用在岸边铺成的滑道滑入水中(图 4.10)，然后用绳索牵引至设计位置。在悬浮状态下，逐步将水或混凝土注入空体中，使沉井徐徐下沉至河底。若沉井较高，则分段制造，在悬浮状态下逐节接长下沉至河底，但整个过程应保证沉井本身稳定。当刃脚切入河床一定深度后，即可按一般沉井下沉方法施工。

4.2.3 泥浆套和空气幕下沉沉井施工简介

当沉井深度很大，井侧土质较好时，井壁侧阻力很大，采用增加井壁厚度或压重等办法受限时，通常可设置泥浆润滑套和空气幕来减小井壁的侧阻力。

(1) 泥浆套辅助下沉法

该法借助泥浆泵和输送管道将特制的泥浆压入沉井外壁与土层之间，在沉井外围形成一定厚度的泥浆层，将土与井壁隔开，并起润滑作用，从而大大降低沉井下沉中的侧阻力(可降至 3～5 kPa，一般黏性土为 25～50 kPa)，减少井壁圬工数量，加速沉井下沉，并具有良好的稳定性，但不宜用于卵石、砾石土层。

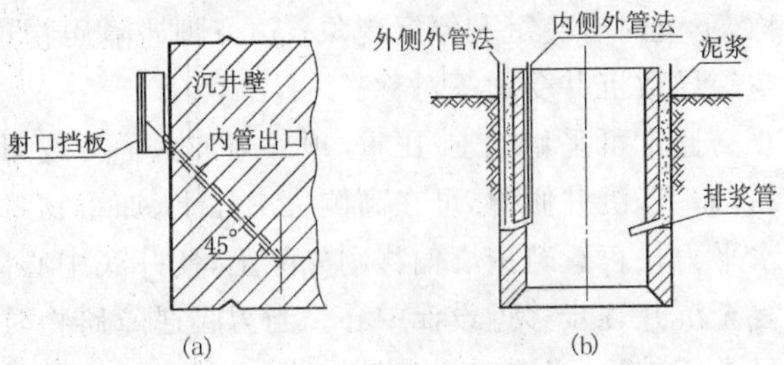

图 4.11 射口挡板与压浆管构造

(a) 射口挡板；(b) 外管法压浆管构造

泥浆通常由膨润土、水和碳酸钠分散剂配置而成，具有良好的固壁性、触变性和胶体稳定性。泥浆润滑套的构造主要包括射口挡板、地表围圈及压浆管。

射口挡板可用角钢或钢板弯制，固定于泥浆射出口处的井壁台阶上[图 4.11(a)]，其作用是防止压浆管射出的泥浆直冲土壁，防止局部坍落堵塞射浆口。地表围圈用木板或钢板制成，埋设于沉井周围，用于防止沉井下沉时土壁坍落，为沉井下沉过程中新造成的空隙补充泥浆，及调整各压浆管出浆的不均衡。其宽度与沉井台阶相同，高 1.5～2.0 m，顶面高出地面或岛面 0.5 m，圈顶面宜加盖。

压浆管可分为内管法(厚壁沉井)和外管法(薄壁沉井)两种[图 4.11(b)]，通常用 $\phi 38$～$\phi 50$ 的钢管制成，沿井周边每 3～4 m 布置一根。

(2) 空气幕辅助下沉法

用空气幕辅助下沉是一种减少井壁侧阻力的有效方法。它通过向沿井壁四周预埋的气管中压入高压气流，气流沿喷气孔射出再沿沉井外壁上升，在沉井周围形成一空气“帷幕”(即空气幕)，使井壁周围土松动或液化，摩阻力减小，促使沉井下沉。该方法适应于砂类土、粉质土及黏质土地层，对于卵石土、砾类土及风化岩等地层不宜使用。

如图 4.12 所示，空气幕沉井在构造上增加了一套压气系统，该系统由气斗、井壁中的气管、压缩空气机、贮气筒以及输气管等组成。

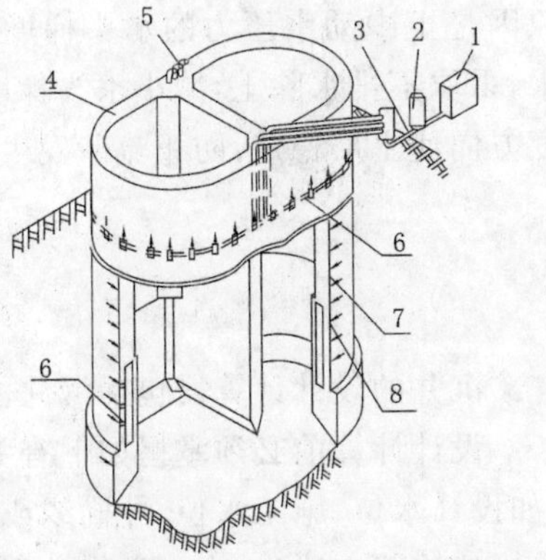

图 4.12 空气幕沉井压气系统构造

1—压缩空气机；2—贮气筒；3—输气管路；4—沉井；5—竖管；6—水平喷气管；7—气斗；8—喷气孔

气斗是沉井外壁上凹槽及槽中的喷气孔，凹槽的作用是保护喷气孔，使喷出的高压气流有一扩散空间，然后较均匀地沿井壁上升，形成气幕。气斗应布设简单、不易堵塞、便于喷气，目前多用棱锥形(150 mm×150 mm)，其数量根据每个气斗所作用的有效面积确定。喷气孔直径为1 mm，可按等距离分布，上下交错排列布置。

气管有水平喷气管和竖管两种，可采用内径 25 mm 的硬质聚氯乙烯管。水平管连接各层气斗，每1/4或 1/2 周设一根，以便纠偏；每根竖管连接两根水平管，并伸出井顶。

压缩空气机输出的压缩空气应先输入贮气筒，再由地面输气管送至沉井，以防止压气时压力骤然降低而影响压气效果。

沉井下沉时，应先在井内除土，消除刃脚下土的抗力后再压气(但不得过分除土而不压气)，一般除土面低于刃脚 0.5～1.0 m 时就应压气下沉，压气时间一般不超过 5 min/次。压气顺序应先上后下，以形成沿沉井外壁上喷的气流。气压不应小于喷气孔最深处理论水压的 1.4～1.6 倍，并尽可能使用风压机的最大值。停气时应先停下部气斗，依次向上，并缓慢减压。不得将高压空气突然停止，造成瞬时负压，使喷气孔内吸入泥砂而被堵塞。

4.2.4 沉井下沉过程中遇到的问题及处理

(1) 偏斜

沉井偏斜大多发生在下沉不深时。导致偏斜的主要原因有：① 土岛表面松软，或制作场地、河底高低不平，软硬不均；② 刃脚制作质量差，井壁与刃脚中线不重合；③ 抽垫方法欠妥，回填不及时；④ 除土不均匀对称，下沉时有突沉和停沉现象；⑤ 刃脚遇障碍物顶住而未及时发现，排土堆放不合理，或单侧受水流冲击掏空等导致沉井受力不对称。

通常可采用除土、压重、顶部施加水平力或刃脚下支垫等方法纠正偏斜，空气幕下沉也可采用单侧压气纠偏。若沉井倾斜，可在高侧集中除土、加重物，或用高压射水冲松土层，低侧回填砂石，必要时在井顶施加水平力扶正。若中心偏移则先除土，使井底中心向设计中心倾斜，然后在对侧除土，使沉井恢复竖直，如此反复至沉井逐步移近设计中心。当刃脚遇障碍物时，须先清除障碍物再下沉。如遇树根、大孤石或钢料铁件，可人工排除，必要时用少量炸药（少于 200 g）炸碎；若不排水施工时，可由潜水工进行水下切割或爆破。

（2）难沉

即沉井下沉过慢或停沉。其主要原因有：① 开挖面深度不够，正面阻力大；② 偏斜，或刃脚下遇障碍物、坚硬岩层和土层；③ 井壁侧阻力大于沉井自重；④ 井壁无减阻措施，或泥浆套、空气幕等遭到破坏。

解决难沉的措施主要是增加压重和减少井壁侧阻力。增加压重的方法有：① 提前接筑下节沉井，增加沉井自重；② 在井顶加压沙袋、钢轨等重物迫使沉井下沉；③ 不排水下沉时，可在井内抽水，减少浮力，迫使下沉，但需保证土体不产生流砂现象。减小井壁侧阻力的方法有：① 将沉井设计成阶梯形、钟形，或使外壁光滑；② 井壁内埋设高压射水管组，射水辅助下沉；③ 利用泥浆套或空气幕辅助下沉；④ 增大开挖范围和深度。必要时还可采用 0.1～0.2 kg 炸药起爆助沉，但同一沉井每次只能起爆一次，且需适当控制炮振次数。

（3）突沉

突沉常发生于软土地区，容易使沉井产生较大的倾斜或超沉。引起突沉的主要原因是井壁侧阻力较小，当刃脚下土被挖除时，沉井支承削弱，或排水过多、挖土太深、出现塑流等。防止突沉的措施一般是控制均匀挖土，在刃脚处挖土不宜过深，此外，在设计时可采用增大刃脚踏面宽度或增设底梁的措施提高刃脚阻力。

（4）流砂

在粉、细砂层中下沉沉井，易出现流砂现象，若不采取适当措施将造成沉井严重倾斜。产生流砂的主要原因是土中动水压力的水头梯度大于临界值。故防止流砂的措施有：① 排水下沉发生流砂时可向井内灌水，采取不排水除土，减小水头梯度；② 采用井点降水、深井降水和深井泵降水，降低井外水位，改变水头梯度方向使土层稳定，防止流砂发生。

4.3 沉井的设计与计算

沉井的设计计算需包括沉井作为整体深基础的计算和施工过程中的结构计算两大部分。

设计计算前必须掌握如下有关资料：① 上部或下部结构尺寸要求，基础设计荷载；② 水文和地质资料（如设计水位、施工水位、冲刷线或地下水位标高，土的物理力学性质，施工过程中是否会遇障碍物等）；③ 拟采用的施工方法（排水或不排水下沉，筑岛或防水围堰的标高等）。

4.3.1 沉井作为整体深基础的计算

沉井作为整体深基础设计，主要是根据上部结构特点、荷载大小及水文和地质情况，结合沉井的构造要求及施工方法，拟定出沉井埋深、高度和分节及平面形状和尺寸，井孔大小及布置，井壁厚度和尺寸，封底混凝土和顶板厚度等，然后进行沉井基础的计算。

当沉井埋深较浅时可不考虑井侧土体横向抗力的影响，按浅基础计算；当埋深较大时，井侧土体的约束作用不可忽视，此时在验算地基应力、变形及沉井的稳定性时，应考虑井侧土体弹性抗力的影响，按刚性桩（$\alpha h<2.5$）计算内力和土抗力。但对泥浆套施工的沉井，只有采取了恢复侧面土约束能力措施后方可考虑。

一般要求沉井基础下沉到坚实的土层或岩层上，其作为地下结构物，荷载较小，地基的强度和变形通常不会存在问题。作为整体深基础，一般要求地基强度应满足：

$$F+G \leqslant R_j + R_f \tag{4.1}$$

式中 F——沉井顶面处作用的荷载（kN）；

G——沉井的自重(kN)；

R_j——沉井底部地基土的总反力(kN)；

R_f——沉井侧面的总侧阻力(kN)。

沉井底部地基土的总反力 R_j 等于该处土的承载力特征值 f_a 与支承面积 A 的乘积，即

$$R_j = f_a A \tag{4.2}$$

可假定井壁摩阻力沿深度呈梯形分布，距地面 5 m 范围内按三角形分布，5 m以下为常数(图 4.13)，故总侧阻力为：

$$R_f = U(h-2.5)q \tag{4.3}$$

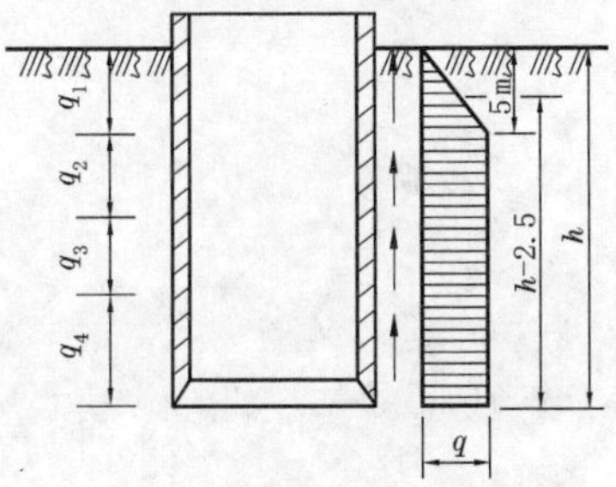

图 4.13 井壁摩阻力分布假定

式中 U——沉井的周长(m)；

h——沉井的入土深度(m)；

q——单位面积摩阻力加权平均值(kPa)，$q=\sum q_i h_i / \sum h_i$；

h_i——各土层厚度(m)；

q_i——各土层井壁单位面积摩阻力(kPa)，根据实际资料或查表 4.1 选用。

考虑井侧土体弹性抗力时，通常可作如下基本假定：

① 地基土为弹性变形介质，水平向地基系数随深度成正比例增加(即“m”法)；

② 不考虑基础与土之间的黏着力和摩阻力；

③ 沉井刚度与土的刚度之比视为无限大，横向力作用下只能发生转动而无挠曲变形。

表 4.1 井壁与土体间的摩阻力标准值

土的名称	土与井壁的摩阻力 q(kPa)
黏性土	25～50
砂性土	12～25
卵　石	15～30
砾　石	15～20
软　土	10～12
泥浆套	3～5

注：本表适用于深度不超过 30 m 的沉井。

根据基础底面的地质情况，可分为两种情况计算。

(1) 非岩石地基(包括沉井立于风化岩层内和岩面上)

当沉井基础受到水平力 F_H 和偏心竖向力 F_V($F_V=F+G$)共同作用[图 4.14(a)]时，可将其等效为距基底作用高度为 λ 的水平力 F_H[图 4.14(b)]，即

$$\lambda = \frac{F_V e + F_H l}{F_H} = \frac{\sum M}{F_H} \tag{4.4}$$

式中 $\sum M$——对井底各力矩之和。

在水平力作用下，沉井将围绕位于地面下深度 z_0 处点 A 转动，转动角为 ω[图 4.14(b)]，地面下深度 z 处沉井基础产生的水平位移 Δx 和土的横向抗力 σ_{zx} 分别为：

$$\Delta x = (z_0 - z)\cdot\tan\omega \tag{4.5}$$

$$\sigma_{zx} = \Delta x C_z = C_z(z_0 - z)\cdot\tan\omega \tag{4.6}$$

式中 z_0——转动中心 A 离地面的距离(m)；

C_z——深度 z 处水平向的地基系数(kN/m^3)，$C_z=mz$，m 为地基土的比例系数(kN/m^4)。

将 C_z 值代入式(4.6)得：

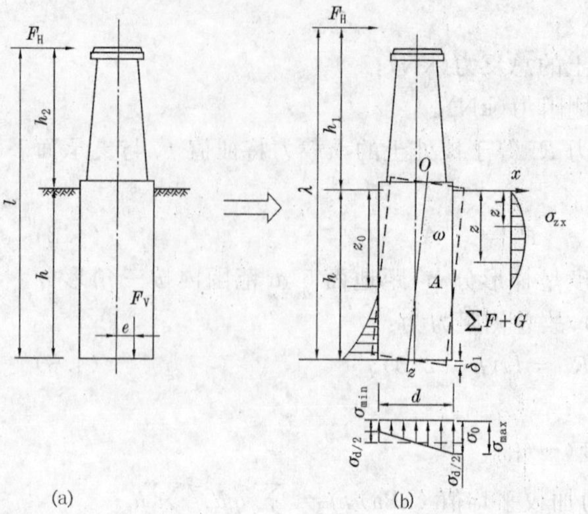

图 4.14　非岩石地基计算示意图

$$\sigma_{zx} = mz(z_0 - z) \cdot \tan\omega \tag{4.7}$$

即井侧水平压应力沿深度呈二次抛物线形式变化。若考虑到基础底面处竖向地基系数 C_0 不变，则基底压应力图形与基础竖向位移图相似。故

$$\sigma_{d/2} = C_0\delta_1 = C_0 \frac{d}{2} \cdot \tan\omega \tag{4.8}$$

式中　C_0——地基系数，$C_0 = m_0 h$，且大于或等于 $10m_0$，对岩石地基，其地基系数 C_0 不随岩层深度增大而增大，可按岩石饱和单轴抗压强度 f_{rc} 取值；

d——基底宽度或直径(m)；

m_0——基底处竖向地基比例系数(kN/m^4)，近似取 $m_0 = m$。

上述各式中 z_0 和 ω 为两个未知数，根据图 4.14 可建立两个平衡方程式，即

$$\sum X = 0,\quad F_H - \int_0^h \sigma_{zx} \cdot b_1 dz = F_H - b_1 m \cdot \tan\omega \int_0^h z(z_0 - z) \cdot dz = 0 \tag{4.9}$$

$$\sum M = 0,\quad F_H h_1 + \int_0^h \sigma_{zx} b_1 z \cdot dz - \sigma_{d/2} W_0 = 0 \tag{4.10}$$

式中　b_1——沉井的计算宽度(见 3.5 节)；

W_0——基底的截面模量。

联立求解可得：

$$z_0 = \frac{\beta \cdot b_1 h^2 (4\lambda - h) + 6dW_0}{2\beta \cdot b_1 h (3\lambda - h)} \tag{4.11}$$

$$\tan\omega = \frac{6F_H}{Amh} \tag{4.12}$$

其中，$A = \dfrac{\beta \cdot b_1 h^3 + 18W_0 d}{2\beta \cdot (3\lambda - h)}$，$\beta = \dfrac{C_h}{C_0} = \dfrac{mh}{m_0 h}$，$\beta$ 为深度 h 处井侧水平地基系数与井底竖向地基系数的比值。

将其代入上述各式可得：

井侧水平应力：

$$\sigma_{zx} = \frac{6F_H}{Ah} z(z_0 - z) \tag{4.13}$$

基底边缘处压应力：

$$\sigma_{min}^{max} = \frac{F_V}{A_0} \pm \frac{3F_H d}{A\beta} \tag{4.14}$$

式中　A_0——基底面积(m^2)。

离地面或最大冲刷线以下深度 z 处基础截面上的弯矩(图 4.14)为：

$$M_z = F_H(\lambda - h + z) - \int_0^z \sigma_{zx} b_1 (z - z_1) \cdot dz_1$$

$$= F_H(\lambda - h + z) - \frac{F_H b_1 z^3}{2hA}(2z_0 - z) \tag{4.15}$$

(2) 岩石地基(基底嵌入基岩内)

若基底嵌入基岩内,在水平力和竖直偏心荷载作用下,可假定基底不产生水平位移,其旋转中心 A 与基底中心重合,即 $z_0 = h$(图 4.15),但在基底嵌入处将存在一水平阻力 P,若该阻力对 A 点的力矩忽略不计,取弯矩平衡可导得转角 $\tan\omega$ 为:

$$\tan\omega = \frac{F_H}{mhD} \tag{4.16}$$

其中,$D = \dfrac{b_1\beta \cdot h^3 + 6W_0 d}{12\lambda\beta}$。

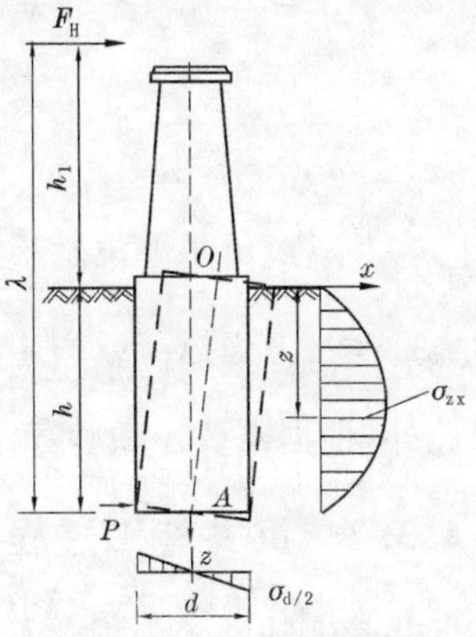

图 4.15 基底嵌入基岩内计算示意图

横向抗力:

$$\sigma_{zx} = (h - z) z \frac{F_H}{Dh} \tag{4.17}$$

基底边缘处压应力:

$$\sigma_{\min}^{\max} = \frac{F_V}{A_0} \pm \frac{F_H d}{2\beta \cdot D} \tag{4.18}$$

由 $\sum x = 0$ 可得嵌入处未知水平阻力 F_R 为:

$$F_R = \int_0^h b_1 \sigma_{zx} dz - F_H = F_H\left(\frac{b_1 h^2}{6D} - 1\right) \tag{4.19}$$

地面以下深度 z 处基础截面上的弯矩为:

$$M_z = F_H(\lambda - h + z) - \frac{b_1 F_H z^3}{12Dh}(2h - z) \tag{4.20}$$

尚须注意,当基础仅受偏心竖向力 F_V 作用时,$\lambda \to \infty$,上述公式均不能应用。此时,应以 $F_V \cdot e$ 代替式(4.10)等式中的 $F_H h_1$,同理可导得上述两种情况下相应的计算公式,此处不赘述,可详见《公路桥涵地基与基础设计规范》(JTG D63—2007)。

(3) 验算

① 基底应力

要求基底最大压应力不应超过沉井底面处土的承载力特征值 f_{ah}。即

$$\sigma_{\max} \leqslant f_{ah} \tag{4.21}$$

② 井侧水平压应力验算

要求井侧水平压应力 σ_{zx} 应小于沉井周围土的极限抗力 $[\sigma_{zx}]$。计算时可认为沉井在外力作用下产生位移时,深度 z 处沉井一侧产生主动土压力 E_a,而另一侧受到被动土压力 E_p 作用,故井侧水平压应力应满足:

$$\sigma_{zx} \leqslant [\sigma_{zx}] = E_p - E_a \tag{4.22}$$

由朗肯土压力理论可导得:

$$\sigma_{zx} \leqslant \frac{4}{\cos\varphi}(\gamma \cdot z\tan\varphi + c) \tag{4.23}$$

式中 γ——土的重度(kN/m³);

φ, c——土的内摩擦角(°)和黏聚力(kPa)。

考虑到桥梁结构性质和荷载情况,且经验表明最大的横向抗力大致在 $z = h/3$ 和 $z = h$ 处,以此代入式(4.23)可得:

$$\sigma_{\frac{h}{3}x} \leqslant \eta_1 \cdot \eta_2 \frac{4}{\cos\varphi}\left(\frac{\gamma \cdot h}{3}\tan\varphi + c\right) \tag{4.24}$$

$$\sigma_{hx} \leqslant \eta_1 \cdot \eta_2 \frac{4}{\cos\varphi}(\gamma \cdot h\tan\varphi + c) \tag{4.25}$$

式中 $\sigma_{\frac{h}{3}x}$, σ_{hx}——相应于 $z=\frac{h}{3}$ 和 $z=h$ 深度处土的水平压应力(kPa)；

η_1——取决于上部结构形式的系数，一般取 1，对于超静定推力拱桥可取 0.7；

η_2——考虑恒荷载产生的弯矩 M_g 对总弯矩 M 的影响系数，$\eta_2=1-0.8\frac{M_g}{M}$。

此外，根据需要还须验算结构顶部的水平位移及施工容许偏差的影响。

4.3.2 沉井施工过程中的结构强度计算

沉井受力随整个施工及营运过程的不同而不同。因此，必须掌握沉井在各个施工阶段中各自的最不利受力状态，进行相应的设计计算及必要的配筋，以保证井体结构在施工各阶段中的强度和稳定。

沉井结构在施工过程中主要须进行下列验算：

(1) 沉井自重下沉验算

为保证沉井施工时能顺利下沉达设计标高，一般要求沉井下沉系数 K 满足：

$$K=\frac{G}{R_f} \geqslant 1.15 \sim 1.25 \tag{4.26}$$

式中 G——沉井自重(kN)，不排水下沉时应扣除浮力；

R_f——沉井侧面的总侧阻力(kN)。

若不满足上述要求，可加大井壁厚度或调整取土井尺寸；当不排水下沉达一定深度后改用排水下沉；增加附加荷载或射水助沉；或采取泥浆套或空气幕等措施。

(2) 底节沉井竖向挠曲验算

由于施工方法不同，底节沉井在抽垫及除土下沉过程中刃脚下支承亦不同，沉井自重将导致井壁产生较大的竖向挠曲应力，因此，应根据不同的支承情况进行井壁的强度验算。若挠曲应力大于沉井材料纵向抗拉强度，应增加底节沉井高度或在井壁内设置水平向钢筋，防止沉井竖向开裂。其支承情况根据施工方法不同可按如下考虑：

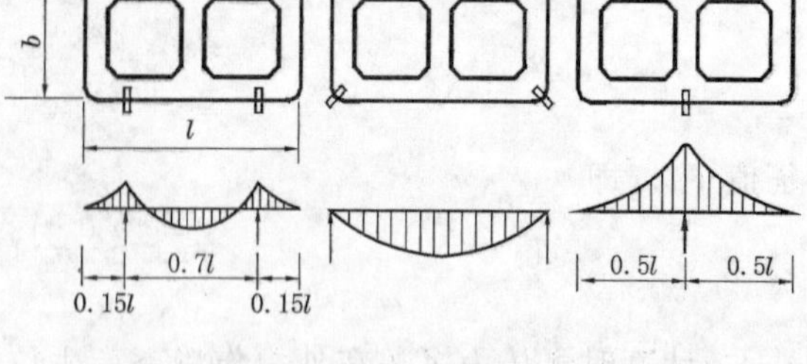

图 4.16 底节沉井支点布置示意图

(a) 排水除土下沉；(b)，(c) 不排水除土下沉

① 排水除土下沉：将沉井视为支承于四个固定支点上的梁，支点控制在最有利位置处，即支点和跨中所产生的弯矩大致相等。对矩形和圆端形沉井，若沉井长宽比大于 1.5，支点可设在长边[图 4.16(a)]；圆形沉井的四个支点可布置在两相互垂直线上的端点处。

② 不排水除土下沉：机械挖土时刃脚下支点很难控制，沉井下沉过程中可能出现最不利支承，即矩形和圆端形沉井可能支承于四角[图 4.16(b)]，成为一简支梁，跨中弯矩最大，沉井下部竖向开裂；也可能因孤石等障碍物而支承于壁中[图 4.16(c)]形成悬臂梁，支点处沉井顶部产生竖向开裂；圆形沉井则可能出现支承于直径上的两个支点。

若底节沉井隔墙跨度较大，还须验算隔墙的抗拉强度。其最不利受力情况是下部土已挖空，上节沉井刚浇筑而未凝固，此时，隔墙成为两端支承于井壁上的梁，承受两节沉井隔墙和模板等重力。若底节隔墙强度不够，可布置水平向钢筋，或在隔墙下夯填粗砂以承受荷载。

(3) 沉井刃脚受力计算

沉井在下沉过程中刃脚受力较为复杂，为简化起见，一般可按竖向和水平向分别计算。竖向分析时，近似地将刃脚视为固定于刃脚根部井壁处的悬臂梁(图 4.17)，根据刃脚内外侧作用力的不同可能向外或向内挠曲；在水平面上则视为一封闭的框架(图 4.19)，在水、土压力作用下在水平面内发生弯曲变形。根据悬臂及水平框架两者的变位关系及其相应的假定分别可导得刃脚悬臂分配系数 α 和水平框架分配系数 β 为：

$$\alpha=\frac{0.1L_1^4}{h_k^4+0.05L_1^4}\leqslant 1.0 \tag{4.27}$$

$$\beta=\frac{h_k^4}{h_k^4+0.05L_2^4} \tag{4.28}$$

式中 L_1,L_2——支承于隔墙间的井壁最大和最小计算跨度(m)；

h_k——刃脚斜面部分的高度(m)。

上述分配系数仅适用于内隔墙底面高出刃脚底不超过 0.5 m，或有垂直埂肋的情况。否则 $\alpha=1.0$，刃脚不起水平框架作用，但需按构造配置水平钢筋，以承受一定的正、负弯矩。

外力经上述分配后，即可将刃脚受力情况分别按竖、横两个方向计算。

① 刃脚竖向受力分析：一般可取单位宽度井壁，将刃脚视为固定在井壁上的悬臂梁，分别按刃脚向内和向外挠曲两种最不利情况分析。

当沉井下沉过程中刃脚内侧切入土中深约 1.0 m，并刚接筑完上节沉井，井顶露出地面或水面约一节沉井高度时处于最不利位置。此时，沉井因自重将导致刃脚斜面土体抵抗刃脚而向外挠曲(图 4.17)，作用在刃脚高度范围内的外力有：

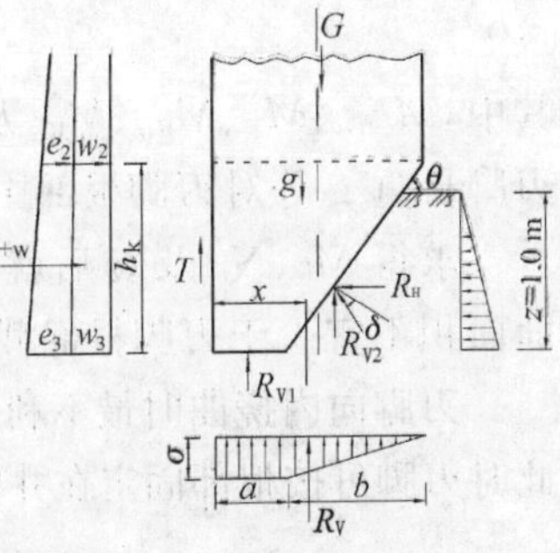

图 4.17 刃脚向外挠曲受力示意图

外侧的土、水压力合力 p_{e+w}：

$$p_{e+w}=\frac{p_{e_2+w_2}+p_{e_3+w_3}}{2}h_k \tag{4.29}$$

式中 $p_{e_2+w_2}$——作用于刃脚根部处的土、水压力强度之和(kPa)，$p_{e_2+w_2}=e_2+w_2$；

$p_{e_3+w_3}$——刃脚底面处土、水压力强度之和(kPa)，$p_{e_3+w_3}=e_3+w_3$。

p_{e+w} 的作用点位置(离刃脚根部距离为 y)为：

$$y=\frac{h_k}{3}\cdot\frac{2p_{e_3+w_3}+p_{e_2+w_2}}{p_{e_3+w_3}+p_{e_2+w_2}}$$

地面下深度 h_y 处刃脚承受的土压力 e_y 可按朗肯土压力公式计算，水压力应根据施工情况和土质条件计算，为安全起见，一般规定式(4.29)计算所得刃脚外侧土、水压力合力不得大于静水压力的 70%，否则按静水压力的 70% 计算。

刃脚外侧阻力 T：

$$T=qh_k \tag{4.30}$$

$$T=0.5E \tag{4.31}$$

式中 E——刃脚外侧主动土压力合力(kPa)，$E=(e_2+e_3)h_k/2$。

为保证安全，使刃脚下土反力最大，井壁侧阻应力取上两式中较小值。

土的竖向反力 R_V：

$$R_V=G-T \tag{4.32}$$

式中 G——沿井壁周长单位宽度上沉井的自重(kPa)，水下部分应考虑水的浮力。

若将 R_V 分解为作用在踏面下土的竖向反力 R_{V1} 和刃脚斜面下土的竖向反力 R_{V2}，且假定 R_{V1} 为均布强度 σ 的合力，R_{V2} 为三角形分布部分的合力(图 4.17)，水平反力 R_H 亦呈三角形分布，则根据力的平衡条件可得：

$$R_{V1}=\frac{2a}{2a+b}R_V \tag{4.33}$$

$$R_{V2}=\frac{b}{2a+b}R_V \tag{4.34}$$

$$R_H=R_{V2}\tan(\theta-\delta) \tag{4.35}$$

式中 a——刃脚踏面宽度(m)；

b——切入土中部分刃脚斜面的水平投影长度(m)；

θ——刃脚斜面的倾角(°)；

δ——土与刃脚斜面间的外摩擦角(°)，一般可取 $\delta=\varphi$。

刃脚单位宽度自重 g：

$$g=\frac{t+a}{2}h_k\gamma_k \tag{4.36}$$

式中 t——井壁厚度(m)；

γ_k——钢筋混凝土刃脚的重度(kN/m³)，不排水施工时应扣除浮力。

求出上述各力的数值、方向及作用点后，根据图 4.17 几何关系可求得各力对刃脚根部中心轴的力臂，从而求得总弯矩 M_0、竖向力 N_0 及剪力 Q，即

$$M_0=M_{e+w}+M_T+M_{R_V}+M_{R_H}+M_g \tag{4.37}$$

$$N_0=R_V+T+g \tag{4.38}$$

$$Q=p_{e+w}+R_H \tag{4.39}$$

其中，M_{e+w}、M_T、M_{R_V}、M_{R_H} 及 M_g 分别为土水压力合力 p_{e+w}、刃脚底部外侧阻力 T、反力 R_V、横向反力 R_H 及刃脚自重 g 等对刃脚根部中心轴的弯矩，且刃脚部分各水平力均应考虑分配系数 α。

求得 M_0、N_0 及 Q 后就可验算刃脚根部应力，并计算出刃脚内侧所需竖向钢筋用量。一般刃脚钢筋截面面积不宜少于刃脚根部截面面积的 0.1%，且竖向钢筋应伸入根部以上 $0.5L_1$。

刃脚向内挠曲时最不利位置是沉井已下沉至设计标高，刃脚下土体挖空而尚未浇筑封底混凝土(图 4.18)，此时刃脚可按根部固定在井壁上的悬臂梁计算。

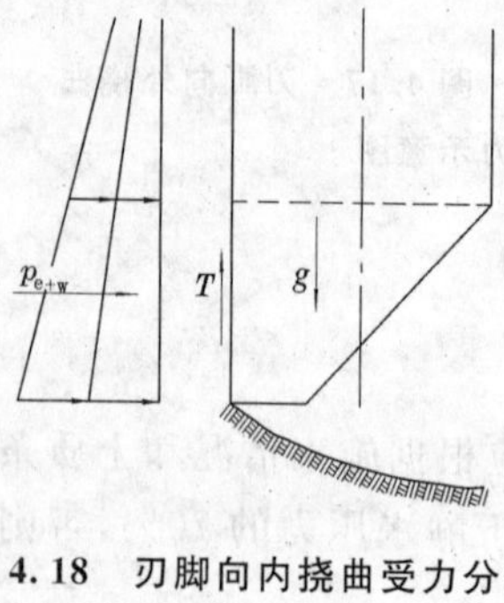

图 4.18 刃脚向内挠曲受力分析

此时作用在刃脚上的力有：刃脚外侧土压力、水压力、侧阻力以及刃脚本身的重力，其计算方法同前。但为保证安全，当不排水下沉时，井壁外侧水压力以 100% 计算，井内取 50%，也可按施工中可能出现的水头差计算；若排水下沉，不透水土取静水压力的 70%，透水土按 100% 计算。同样各水平外力应考虑分配系数 α。再由外力计算出对刃脚根部中心轴的弯矩、竖向力及剪力，并求出刃脚外壁钢筋用量，其配筋构造要求与计算刃脚向外挠曲时相同。

② 刃脚水平受力计算

当沉井达到设计标高，刃脚下土已挖空但未浇筑封底混凝土时，刃脚所受水平压力最大，处于最不利状态。此时可将刃脚视为水平框架(图 4.19)，作用于刃脚上的外力与计算刃脚向内挠曲时一样，但所有水平力应乘以分配系数 β，以此求得水平框架的控制内力，再配置框架所需水平钢筋。

框架的内力可按一般结构力学方法计算，具体可根据不同沉井平面形式查阅有关文献。

(4) 井壁受力计算

① 井壁竖向拉应力验算：沉井下沉过程中，若上部井壁侧阻力较大，当刃脚下土挖空时可能将沉井箍住，使井壁产生因自重引起的竖向拉应力。若假定作用于井壁的侧阻力呈倒三角形分布(图 4.20)，沉井自重为 G，入土深度为 h，井壁为等截面，则距刃脚底面 x 深度处断面上的拉力 S_x 为：

$$S_x=\frac{Gx}{h}-\frac{Gx^2}{h^2} \tag{4.40}$$

并可导得井壁内最大拉力 S_{max} 为：

$$S_{max}=\frac{G}{4} \tag{4.41}$$

其位置在 $x=h/2$ 的断面上。

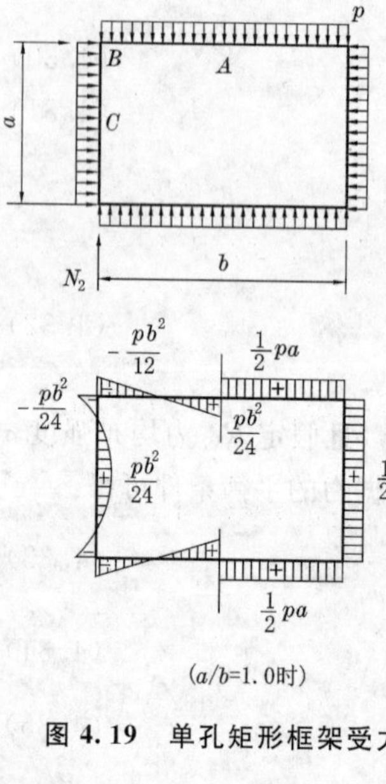

图 4.19 单孔矩形框架受力

若沉井很高，各节沉井接缝处混凝土的拉应力可由接缝钢筋承受，并按接缝钢筋所在位置产生的拉应力设置。钢筋的应力应小于钢筋强度标准值的75%，并须验算钢筋的锚固长度。而采用泥浆套下沉的沉井则不会因自重而产生拉应力。

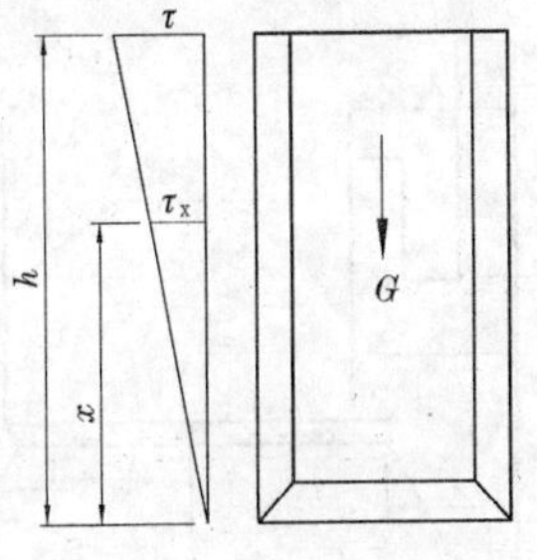

图 4.20 井壁侧阻力分布

② 井壁横向受力计算：当沉井达到设计标高，刃脚下土已挖空而未封底时，井壁承受的水、土压力最大，此时应按水平框架分析内力，验算井壁材料强度，其计算方法与刃脚框架计算相同。

刃脚根部以上约井壁厚度高的一段井壁(图4.21)，除承受作用于该段的土、水压力外，还受由刃脚悬臂作用传来的水平剪力(即刃脚内挠时受到的水平外力乘以分配系数 α)。此外，还应验算每节沉井最下端处单位高度井壁作为水平框架的强度，并以此控制该节沉井的设计，但作用于井壁框架上的水平外力仅有土压力和水压力，且不需乘以分配系数 β。

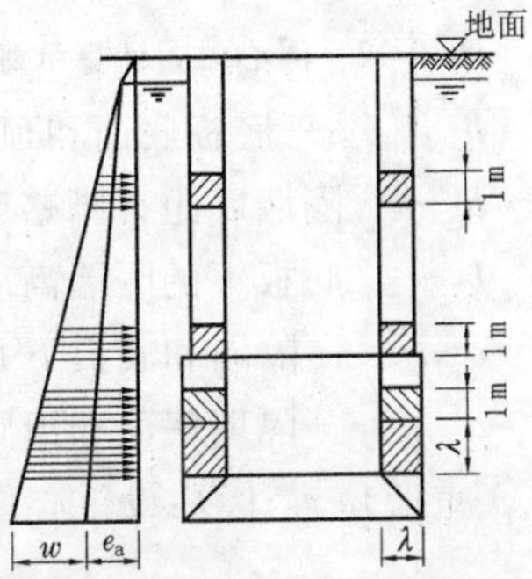

图 4.21 井壁框架受力示意图

采用泥浆套下沉的沉井，若台阶以上泥浆压力大于上述土、水压力之和，则井壁压力应按泥浆压力计算。

(5) 混凝土封底及顶板计算

① 封底混凝土计算：封底混凝土厚度取决于基底承受的反力，该竖向反力由封底后封底混凝土需承受的基底水和地基土的向上反力组成。封底混凝土厚度一般比较大，可按受弯和受剪计算确定。

按受弯计算时将封底混凝土视为支承在凹槽或隔墙底面和刃脚上的底板，按周边支承的双向板(矩形或圆端形沉井)或圆板(圆形沉井)计算，底板与井壁的连接一般按简支考虑，当连接可靠(由井壁内预留钢筋连接等)时，也可按弹性固定考虑。要求计算所得的弯曲拉应力应小于混凝土的弯曲抗拉设计强度，具体计算可参考有关设计手册。

按受剪计算时须考虑封底混凝土承受基底反力后是否存在沿井孔周边剪断的可能性，若剪应力超过其抗剪强度则应加大封底混凝土的抗剪面积。

② 钢筋混凝土顶板计算：空心或井孔内填以砾砂石的沉井，井顶必须浇筑钢筋混凝土顶板，用以支承上部结构荷载。顶板厚度一般预先拟定再进行配筋计算，计算时按承受最不利均布荷载的双向板考虑。

当上部结构平面全部位于井孔内时，还应验算顶板的剪应力和井壁支承压力；若部分支承于井壁上则不需进行顶板的剪力验算，但须进行井壁的压应力验算。

4.3.3 浮运沉井计算要点

沉井在浮运过程中需有一定的吃水深度，使重心低而不易倾覆，保证浮运时稳定；同时还必须具有足够高的出水高度，使沉井不因风浪等因素而沉没。因此，除前述计算外，还应考虑沉井浮运过程中的受力情况，进行浮体稳定性和井壁露出水面高度等的验算。

(1) 浮运沉井稳定性验算

将沉井视为一悬浮于水中的浮体，控制计算其重心、浮心及定倾半径，现以带临时性底板的浮运沉井为例进行稳定性验算如下：

① 浮心位置计算：根据沉井质量等于沉井排开水的质量，则沉井吃水深 h_0(从底板算起，图4.22)为：

$$h_0 = \frac{V_0}{A_0} \tag{4.42}$$

式中 A_0——沉井吃水截面面积(m^2)；

V_0——沉井底板以上部分的排水体积(m^3)。

故浮心位置 O_1(以刃脚底面起算)为 $h_3 + Y_1$，且

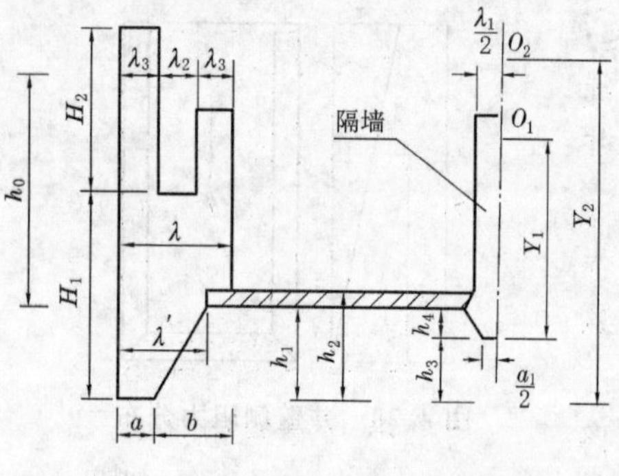

图 4.22 浮心位置计算示意图

$$Y_1 = \frac{M_{\mathrm{I}}}{V} - h_3 \tag{4.43}$$

其中 M_{I} 为各排水体积(底板以上部分 V_0、刃脚 V_1、底板下隔墙 V_2)对刃脚底板的力矩(M_0、M_1、M_2)之和,即

$$M_{\mathrm{I}} = M_0 + M_1 + M_2 \tag{4.44}$$

其中

$$M_0 = V_0(h_1 + h_0/2), \quad M_1 = V_1 \frac{h_1}{3} \cdot \frac{2t' + a}{t' + a},$$

$$M_2 = V_2\left(\frac{h_4}{3} \cdot \frac{2t_1 + a_1}{t_1 + a_1} + h_3\right)$$

式中 h_1,h_2——底板底面和顶面至刃脚踏面的距离(m);

h_3——隔墙底距刃脚踏面的距离(m);

h_4——底板下的隔墙高度(m);

t_1,t'——隔墙和底板下井壁的厚度(m);

a_1,a——隔墙底面和刃脚踏面的宽度(m)。

② 重心位置计算:设重心位置 O_2 离刃脚底面的距离为 Y_2,则

$$Y_2 = \frac{M_{\mathrm{II}}}{V} \tag{4.45}$$

式中 M_{II}——沉井各部分体积中心对刃脚底面距离的乘积,并假定沉井圬工单位重相同。

设重心与浮心的高差为 Y,则

$$Y = Y_2 - (h_3 + Y_1) \tag{4.46}$$

③ 定倾半径验算:定倾半径 ρ 为定倾中心至浮心的距离,可由下式计算

$$\rho = \frac{I_{\mathrm{X\text{-}X}}}{V_0} \tag{4.47}$$

式中 $I_{\mathrm{X\text{-}X}}$——吃水截面积的惯性矩。

浮运沉井的稳定性应满足重心至浮心的距离小于定倾中心至浮心的距离,即

$$\rho > Y \tag{4.48}$$

(2) 浮运沉井最小出水高度

沉井在浮运过程中因牵引力、风力等作用,不免产生一定的倾斜,故一般要求沉井顶高出水面不小于 1.0 m 为宜,以保证沉井在拖运过程中的安全。

由牵引力及风力等对浮心产生弯矩 M 而引起的沉井旋转角度 θ 为:

$$\theta = \arctan \frac{M}{\gamma_w V(\rho - Y)} \leqslant 6^\circ \tag{4.49}$$

式中 γ_w——水的重度(kN/m³),可取 10 kN/m³。

若假定由于弯矩作用使沉井没入水中的深度为计算值的两倍(考虑沉井倾斜边水面存在波浪,波峰高于无波水面),可得沉井浮运时最小出水高度 h 为:

$$h = H - h_0 - h_1 - d\tan\theta \geqslant f \tag{4.50}$$

式中 H——浮运时沉井的高度(m);

f——浮运沉井发生最大倾斜时顶面露出水面的安全距离(m),其值为 1.0 m。

4.4 沉井基础算例

某公路桥墩基础,上部构造为等跨等截面悬链线双曲拱桥,下部构造为重力式墩及圆端形沉井基础,平面及剖面尺寸如图 4.23 所示,采用浮运法施工(浮运方法及浮运稳定性等验算从略)。

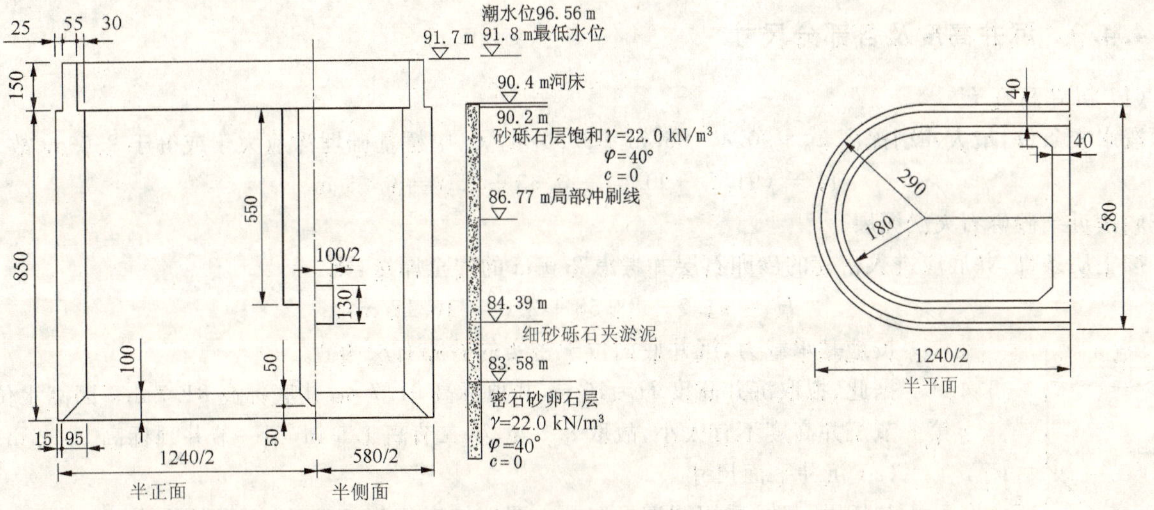

图 4.23 圆端形沉井计算实例

4.4.1 设计资料

土质及水位情况如图 4.23 所示，传给沉井的恒荷载及活荷载分别见表 4.2 及表 4.3。

表 4.2 沉井自重力计算汇总

沉井部位	重度 (kN/m³)	体积 (m³)	重力 (kN)	形心至井壁外侧距离 (m)
刃脚	25.00	18.18	454.50	0.372
第一节沉井井壁	24.50	230.72	5652.64	
底节沉井隔墙	24.50	24.22	593.39	
第二节沉井井壁	24.50	23.20	568.40	
钢筋混凝土盖板	24.50	62.36	1527.82	
井孔填砂卵石	20.00	150.62	3012.40	
封底混凝土	24.00	126.26	3030.24	
沉井总重力			14839.39	

表 4.3 各力汇总表

力的名称	力值 (kN)	对沉井底面形心轴的力臂 (m)	弯矩 (kN·m)
二孔上部结构恒荷载及墩身	$P_1=25691.00$		
一孔活荷载(竖向力)	$P_g=650.00$	1.15	747.50
由制动力产生的竖向力	$P_T=32.40$	1.15	37.26
沉井自重力	$G=14839.39$		
沉井浮力	$G'=-6355.23$		
合计	$\sum P=34857.56$		784.76
一孔活荷载(水平力)	$F_{Hg}=815.10$	18.806	−15328.77
制动力	$F_{HT}=75.00$	18.806	−1410.45
合计	$\sum F_H=890.10$		−16739.22

注：① 低水位时沉井浮力 $G'=(549.96+3.1416\times2.65^2\times1.5+6.6\times5.3\times1.5)\times10.00=6355.23$ kN；

② 上表仅列了单孔荷载作用情况，双孔荷载时 $\sum M=-15954.46$ kN·m。

沉井混凝土等级为 C20。按《公路桥涵地基与基础设计规范》(JTG D63—2007)设计计算如下几节。

4.4.2 沉井高度及各部分尺寸

(1) 沉井高度 H

按水文条件，最大冲刷深度 $h_m = 90.4 - 86.77 = 3.63$ m，大、中桥基础埋深应大于或等于 2.0 m，故

$$H = (91.7 - 90.4) + 3.63 + 2.0 = 6.93 \text{ m}$$

但井底接近细砂砾石夹淤泥层。

按土质条件，井底应进入密实的砂卵石层并考虑 2.0 m 的安全厚度，则：

$$H = 91.7 - 83.58 + 2.0 = 10.12 \text{ m}$$

按地基承载力，沉井底面位于密实的砂卵石层为宜。

据此，拟取沉井高度 $H=10$ m，井顶标高 91.7 m，井底标高 81.7 m。因潮水位高，第一节沉井高度不宜太小，故取 8.5 m，第二节高 1.5 m，第一节井顶标高 90.2 m。

(2) 沉井平面尺寸

与桥墩一致，采用圆端形沉井。圆端外半径为 2.9 m，矩形长边为 6.6 m，短边为 5.8 m，第一节井壁厚 $t=1.1$ m，第二节井壁厚 0.55 m，隔墙厚 $\delta=0.8$ m。其他尺寸如图 4.23 所示。

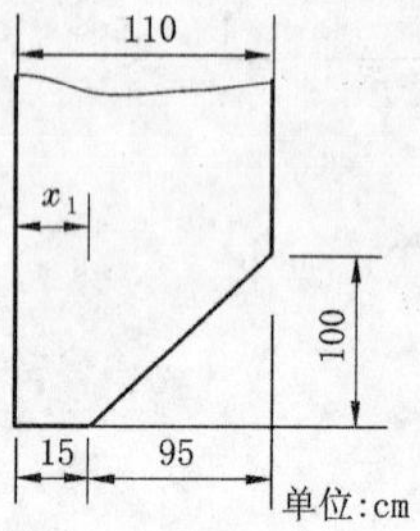

图 4.24　刃脚尺寸

刃脚踏面宽度 $a=0.15$ m，刃脚高 $h_k=1.0$ m(图 4.24)，内侧倾角计算如下：

$$\tan\theta = \frac{1.0}{1.1-0.15} = 1.0526, \quad \theta = 46°28' > 45°$$

4.4.3 荷载计算

沉井自重计算见表 4.2，各力汇总于表 4.3。

4.4.4 基底应力验算

沉井井底埋深 $h=86.77-81.70=5.07$ m，井宽 $d=5.8$ m，井底面积 $A_0=3.1416\times2.9^2+6.6\times5.8=64.7\ \text{m}^2$，井底抵抗矩 $W_0=\dfrac{3.1416\times5.8^3}{32}+\dfrac{1}{6}\times6.6\times5.8^2=56.12\ \text{m}^3$；竖向荷载 $F_V=\sum P=34857.56$ kN，水平荷载 $\sum F_H=890.10$ kN，弯矩 $\sum M=15954.46$ kN·m。又 $h<10$ m，故取 $C_0=10m_0$，即 $\beta=C_h/C_0=mh/10m_0=0.5$，$b_1=(1-0.1\times\dfrac{5.8}{12.4})(12.4+1)=12.77$ m，$\lambda=M/h=17.92$ m，故

$$A=\frac{b_1\beta h^3+18dW_0}{2\beta(3\lambda-h)}=\frac{12.77\times0.5\times5.07^3+18\times5.8\times56.12}{2\times0.5\times(3\times17.92-5.07)}=137.42\ \text{m}^2$$

$$\sigma_{\min}^{\max}=\frac{F_V}{A_0}\pm\frac{3\sum F_H d}{A\beta}=\frac{34857.56}{64.7}\pm\frac{3\times890.10\times5.8}{137.42\times0.5}=\begin{cases}764.71\\313.35\end{cases}\ \text{kPa}$$

井底地基土为中等密实砂、卵石类土层，可取 $[\sigma_0]=600$ kPa，$K_1=4$，$K_2=6$，土重度 $\gamma_1=\gamma_2=12.0\ \text{kN/m}^3$(考虑浮力后的近似值)，并考虑附加组合，承载力提高 25%，故基底土容许承载力为：

$$\begin{aligned}[\sigma]&=1.25\times\{[\sigma_0]+K_1\gamma_1(d-2)+K_2\gamma_2(h-3)\}\\&=1.25\times\{600+4\times12.0\times(5.8-2)+6\times12.0\times(5.07-3)\}\\&=1164.30\ \text{kPa}>764.7\ \text{kPa}\end{aligned}$$

均满足要求。

4.4.5 横向抗力验算

将以上计算参数代入式(4.11)得井身转动中心 A 离地面的距离为：

$$z_0=\frac{\beta b_1h^2(4\lambda-h)+6dW_0}{2\beta b_1h(3\lambda-h)}=\frac{0.5\times12.77\times5.07^2\times(4\times17.92-5.07)+6\times5.8\times56.12}{2\times0.5\times12.77\times5.07\times(3\times17.92-5.07)}=4.09\ \text{m}$$

根据式(4.13)可得基础侧向水平压应力为：

$$\sigma_{\frac{h}{3}x}=\frac{6\times 890.10}{137.42\times 5.07}\times\frac{5.07}{3}\times\left(4.09-\frac{5.07}{3}\right)=31.06\ \text{kPa}$$

$$\sigma_{hx}=\frac{6\times 890.10\times 5.07}{137.42\times 5.07}\times(4.09-5.07)=-38.09\ \text{kPa}$$

若取土体抗剪强度指标 $\varphi=40°$，$c=0$；系数 $\eta_1=0.7$，$\eta_2=1.0$(因 $M_g=0$)，则根据式(4.24)及式(4.25)可得土体极限横向抗力为：

$z=\frac{h}{3}$时

$$[\sigma_{zx}]=0.7\times 1.0\times\frac{4}{\cos 40°}\left(\frac{12.00\times 5.07}{3}\times\tan 40°\right)=62.21\ \text{kPa}>\sigma_{\frac{h}{3}x}(31.06\ \text{kPa})$$

$z=h$ 时

$$[\sigma_{zx}]=0.7\times 1.0\times\frac{4}{\cos 40°}(12.00\times 5.07\times\tan 40°)=186.64\ \text{kPa}>\sigma_{hx}(38.09\ \text{kPa})$$

均满足要求，因此计算时可以考虑井侧土体弹性抗力。

4.4.6 沉井自重下沉验算

沉井自重 G＝刃脚重＋底节沉井重＋底节隔墙重＋顶节沉井重

$=454.50+5652.64+593.39+568.40=7268.93\ \text{kN}$

沉井浮力 $G'=(18.18+230.72+24.22+23.22)\times 10.00=2963.40\ \text{kN}$

土与井壁间平均单位侧阻力强度

$$T_m=\frac{20.0\times 1.9+12.0\times 0.8+18.0\times 6.0}{8.7}=17.89\ \text{kN/m}^2$$

总侧阻力

$$T=[(\pi\times 5.3+2\times 6.6)\times 0.2+(\pi\times 5.8+2\times 6.6)\times 8.5]\times 17.89=4883.26\ \text{kN}$$

排水下沉时 $G>T$；不排水下沉时，预估井底围堰重(高出潮水位)600 kN，则

$$\frac{7268.93+600-2963.40}{4883.26}=1.01\text{，即}\frac{G}{T}=1.01$$

沉井自重稍大于井侧阻力，可采取部分排水方法，也可采取加压重或其他措施。

4.4.7 刃脚受力验算

(1) 刃脚向外挠曲

经试算分析，最不利位置为刃脚下沉到标高 90.4－8.7＋4.35＝86.05 m 处，刃脚切入土中 1 m，第二节沉井已接上，如图 4.25 所示，其悬臂作用分配系数为：

$$\alpha=\frac{0.1L_1^4}{h_k^4+0.05L_1^4}=\frac{0.1\times 4.7^4}{1.0^4+0.05\times 4.7^4}=1.92>1.0$$

取 $\alpha=1.0$。刃脚侧土为砂卵石层，$\tau=18.00\ \text{kPa}$，$\varphi=40°$，则：

① 作用于刃脚的力(按低水位取单位宽度计算)：

$w_2=(91.8-87.05)\times 10=47.50\ \text{kN/m}$

$w_3=(91.8-86.05)\times 10=57.50\ \text{kN/m}$

$e_2=12.0\times(90.4-87.05)\times\tan^2(45°-40°/2)=8.70\ \text{kN/m}$

$e_3=12.0\times(90.4-86.05)\times\tan^2(45°-40°/2)=11.30\ \text{kN/m}$

若从安全考虑，刃脚外侧水压力取 50%，则

$$p_{e_2+w_2}=47.50\times 0.5+8.7=32.45\ \text{kN/m}$$

$$p_{e_3+w_3}=57.50\times 0.5+11.3=40.05\ \text{kN/m}$$

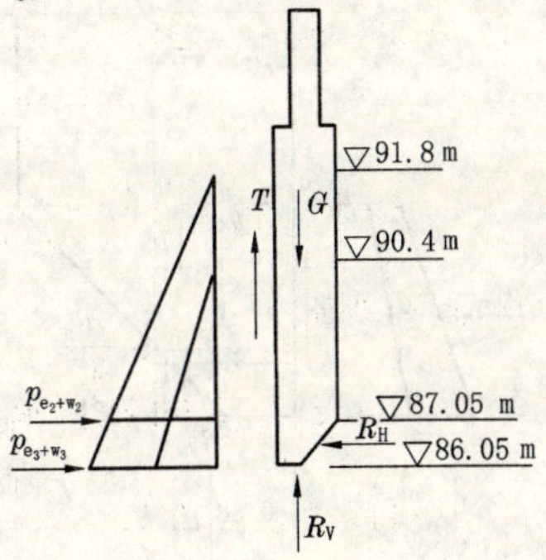

图 4.25

$$p_{e+w}=\frac{1}{2}\times(p_{e_2+w_2}+p_{e_3+w_3})h_k=\frac{1}{2}\times(32.45+40.05)\times 1.0$$
$$=36.25\ \text{kN}$$

若以静水压力的70%计算，则

$$0.7\gamma_w hh_k=0.7\times 10.00\times 5.25\times 1=36.75\ \text{kN}>p_{e+w}$$

故取 $p_{e+w}=36.25$ kN。

刃脚侧阻力为：

$$T_1=0.5E=0.5\times\frac{e_2+e_3}{2}\times h_k=0.5\times\frac{8.7+11.3}{2}\times 1=5.00\ \text{kN}$$

或

$$T_1=\tau h_k\times 1=18.00\times 1.0\times 1=18.00\ \text{kN}$$

因此，取刃脚侧阻力为5.00 kN(取小值)。

单位宽沉井自重(不计沉井浮力及隔墙自重)为：

$$G_1=\frac{0.15+1.10}{2}\times 1.0\times 1.0\times 25.0+7.5\times 1.1\times 1.0\times 24.5+0.825\times 24.5=237.96\ \text{kN}$$

刃脚踏面竖向反力为：

$$R_V=237.96-11.30\times\frac{1}{2}\times 4.35\times 0.5=225.67\ \text{kN}$$

刃脚斜面横向力(取 $\delta_2=\varphi=40°$)为：

$$R_H=\frac{bR_V}{2a+b}\tan(\theta-\delta_2)=\frac{0.95\times 225.67}{2\times 0.15+0.95}\tan(46°28'-40°)=19.38\ \text{kN}$$

井壁自重 q 的作用点至刃脚根部中心轴的距离为：

$$x_1=\frac{\lambda^2+a\lambda-2a^2}{6(\lambda+a)}=\frac{(1.1)^2+0.15\times 1.1-2\times(0.15)^2}{6\times(1.1+0.15)}=0.178\ \text{m}$$

刃脚踏面下反力合力为：

$$R_{V1}=\frac{2a}{2a+b}R_V=\frac{2\times 0.15}{2\times 0.15+0.95}R_V=0.24R_V$$

刃脚踏面上反力合力为：

$$R_{V2}=R_V-0.24R_V=0.76R_V$$

R_V 的作用点至井壁外侧的距离为：

$$x=\frac{1}{R_V}\left[R_{V1}\frac{a}{2}+R_{V2}\left(a+\frac{b}{3}\right)\right]$$
$$=\frac{1}{R_V}\left[0.24R_V\frac{0.15}{2}+0.76R_V\left(0.15+\frac{0.95}{3}\right)\right]=0.38\ \text{m}$$

② 各力对刃脚根部界面中心的弯矩(图4.26)：

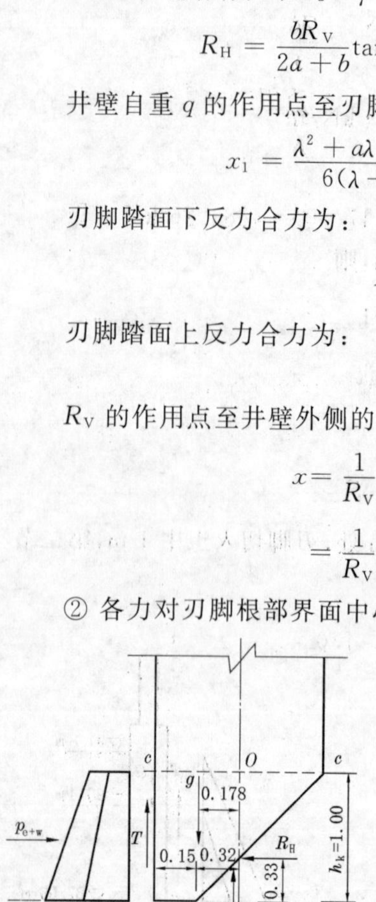

图4.26

水平水压力及土压力引起的弯矩

$$M_{e+w}=36.25\times\frac{1}{3}\times\frac{2\times 40.05+32.45}{40.05+32.45}\times 1.0=18.73\ \text{kN}\cdot\text{m}$$

刃脚侧面摩阻力引起的弯矩

$$M_T=5.00\times 1.1/2=2.75\ \text{kN}\cdot\text{m}$$

反力 R_V 引起的弯矩

$$M_{R_V}=225.67\times\left(\frac{1.1}{2}-0.38\right)=38.36\ \text{kN}\cdot\text{m}$$

刃脚斜面水平反力引起的弯矩

$$M_{R_H}=19.38\times(1-0.33)=12.98\ \text{kN}\cdot\text{m}$$

刃脚自重引起的弯矩

$$M_g = 0.625 \times 1 \times 25.00 \times 0.178 = 2.78 \text{ kN} \cdot \text{m}$$

故总弯矩为：

$$M_0 = \sum M = 12.98 + 38.36 + 2.75 - 18.73 - 2.78 = 32.58 \text{ kN} \cdot \text{m}$$

③ 刃脚根部处的应力验算：

刃脚根部轴力 $N_0 = 225.67 - 0.625 \times 25.00 = 210.04$ kN，面积 $A = 1.1$ m^2，抵抗矩 $W = 0.2$ m^3，故

$$\sigma_h = \frac{N_0}{A} \pm \frac{M_0}{W} = \frac{210.04}{1.1} \pm \frac{32.58}{0.2} = \begin{cases} 353.58 \\ 28.05 \end{cases} \text{kPa}$$

因水平剪力较小，验算时未予考虑。压应力远小于 $f_{cd} = 7820$ kPa，由 C20 混凝土查《公路圬工桥涵设计规范》(JTG D61—2005)得到其轴心抗压强度 f_{cd}、弯曲抗拉强度 f_{tmd} 及直接抗剪强度 f_{vd}，按受力条件不需设置钢筋，可按构造要求配筋。

(2) 刃脚向内挠曲(图 4.27)

① 作用于刃脚的力：

可求得作用于刃脚外侧的土、水压力(按潮水位计算)为：$w_2 = 138.60$ kN/m，$w_3 = 148.60$ kN/m，$e_2 = 20.10$ kN/m，$e_3 = 22.60$ kN/m，故总土、水压力为 $P = 164.95$ kN。

p_{e+w} 力对刃脚根部形心轴的弯矩为：

$$M_{e+w} = 164.95 \times \frac{1}{3} \times \frac{2 \times (148.60 + 22.60) + 138.60 + 20.10}{148.60 + 22.60 + 138.60 + 20.10}$$
$$= 83.52 \text{ kN} \cdot \text{m}$$

此时刃脚侧阻力 $T_1 = 10.68$ kN($\tau h_k = 20.00$ kN>10.68 kN)，所产生的弯矩为：

$$M_T = -10.68 \times 0.55 = -5.87 \text{ kN} \cdot \text{m}$$

刃脚自重 $g = 0.625 \times 25.00 = 15.63$ kN，所产生的弯矩为：

$$M_g = 15.63 \times 0.178 = 2.78 \text{ kN} \cdot \text{m}$$

所有力对刃脚根部的弯矩 M、轴向力 N 及剪力 Q 为：

$$M = M_{e+w} + M_T + M_g = 83.52 - 5.87 + 2.78 = 80.43 \text{ kN} \cdot \text{m}$$
$$N = T_1 - g = 10.68 - 15.63 = -4.95 \text{ kN}$$
$$Q = P = 164.95 \text{ kN}$$

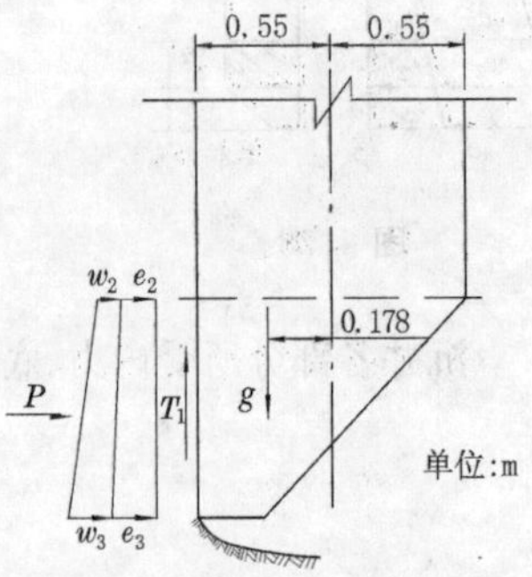

图 4.27

② 刃脚根部截面应力验算：

弯曲应力

$$\sigma = \frac{N}{A} \pm \frac{M}{W} = \frac{-4.95}{1.1} \pm \frac{80.43}{0.2} = \begin{cases} 397.65 \text{ kPa} < 7820 \text{ kPa} \\ -406.65 \text{ kPa} < f_{tmd} = 800 \text{ kPa} \end{cases}$$

剪应力

$$\sigma_j = \frac{164.95}{1.1} = 149.96 \text{ kPa} < f_{vd} = 1590 \text{ kPa}$$

计算结果表明，刃脚外侧也仅需按构造要求配筋。

(3) 刃脚框架计算

由于 $\alpha = 1.0$，刃脚作为水平框架承受的水平力很小，故不需验算，可按构造要求布置钢筋。如需验算，则与井壁水平框架计算方法相同，此略。

4.4.8 井壁受力验算

(1) 沉井井壁竖向拉力验算

$$S_{max} = \frac{1}{4} \times (Q_1 + Q_2 + Q_3 + Q_4) = 1817.23 \text{ kN(未考虑浮力)}$$

井壁受拉面积为：

$$A_1 = \frac{3.1416}{4} \times (5.8^2 - 3.6^2) + 6.6 \times 5.8 - 2.9 \times 3.6 \times 2 = 33.64\ \text{m}^2$$

混凝土所受到的拉应力为：

$$\sigma_h = \frac{S_{max}}{A_1} = \frac{1817.23}{33.64} = 54.02\ \text{kPa} < f_{td} = 1060\ \text{kPa}$$

其中，f_{td}为混凝土轴心抗拉强度设计值，由《公路钢筋混凝土及预应力混凝土桥涵设计规范》(JTG D62—2004)查表得到。

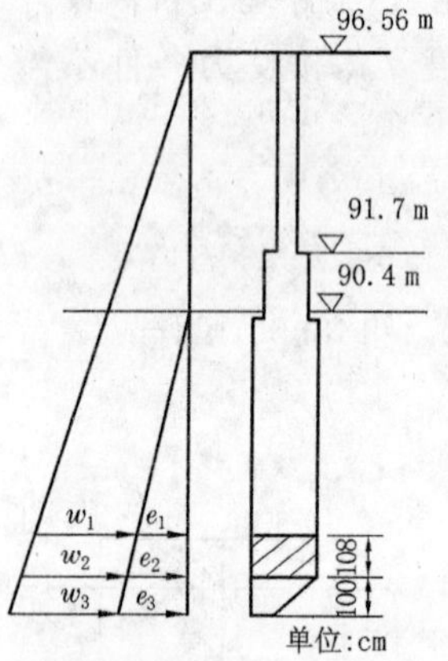

图 4.28

井壁内可按构造要求布置竖向钢筋。实际上根据土质情况井壁不可能产生大的拉应力。

(2) 井壁横向受力计算

沉井达设计标高时，刃脚根部以上一段井壁承受的外力最大，它承受由本身范围内的水平力和刃脚作为悬臂传来的剪力而处于最不利状态。

考虑潮水位时单位面积井壁上的水压力(图 4.28)为：

$$w_1 = 127.60\ \text{kN/m}^2, w_2 = 138.60\ \text{kN/m}^2, w_3 = 148.60\ \text{kN/m}^2$$

单位面积井壁上的土压力为：

$$e_1 = 17.19\ \text{kPa}, e_2 = 20.10\ \text{kPa}, e_3 = 22.60\ \text{kPa}$$

刃脚及刃脚根部以上 1.1 m 井壁范围内的外力为：

$$P = 0.5 \times (17.19 + 22.60 \times 1 + 127.60 + 148.6 \times 1) \times 2.1$$
$$= 331.79\ \text{kN/m} (\alpha = 1)$$

沉井各部分所受内力、底节沉井竖向挠曲、封底混凝土及盖板等结构强度验算从略。

4.5 地下连续墙

1) 地下连续墙的作用及适用条件

地下连续墙是20世纪50年代由意大利米兰ICOS公司首先开发成功的一种新的支护形式。它最初应用于水库和贮水池挡土墙工程施工中。它是在泥浆护壁条件下，使用专门的成槽机械，在地面开挖一条狭长的深槽，然后在槽内设置钢筋笼，浇筑混凝土，形成钢筋混凝土墙段，各段墙依次施工并连接成整体，形成一条连续地下墙体的深基础(图 4.29)。

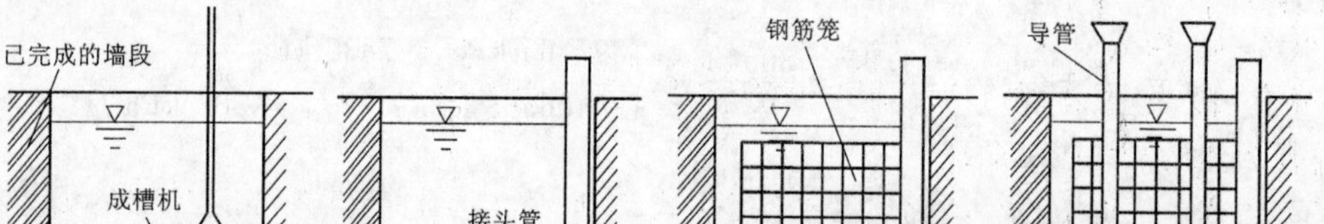

图 4.29 槽板式地下连续墙施工示意图

(a)开挖槽段；(b)放入接头管；(c)吊入钢筋笼；(d)下导管、浇筑混凝土地下连续墙发展初期仅作为施工时承受水平荷载的挡土墙或防渗墙使用;随后建筑、地铁等工程逐渐将其用作高层建筑的地下室、地下停车场及地铁等建筑的外墙结构,除施工过程中的支挡作用外,地下连续墙还承担部分或全部的建筑物竖向荷载。近年来,连续墙在公路行业也得到了应用,主要用作悬索桥重力式锚碇基坑的施工支护结构,同时也兼作基础的一部分参与使用阶段受力,如广东虎门大桥西锚碇采用圆形地下连续墙、江苏润扬长江大桥北锚碇采用矩形地下连续墙、武汉阳逻长江大桥南锚碇及广州珠江黄浦大桥采用圆形地下连续墙等。而新的《公路桥涵地基与基础设计规范》(JTG D63—2007)更是把地下连续墙新增为桥梁基础结构,并根据墙段单元之间的连接组合、平面布置以及使用功能,将其分为条壁式地下连续墙基础、井筒式地下连续墙基础及部分地下连续墙基础等形式。

地下连续墙施工振动小、噪声低,墙体刚度大,防渗性能好,对周围地基无扰动,可以组成具有很大承载力的任意多边形连续墙代替桩基础、沉井基础或沉箱基础。对土壤的适应范围很广,在软弱的冲积层、中硬地层、密实的砂砾层以及岩石的地基中都可施工。其初期用于坝体防渗、水库地下截流,后发展为挡土墙、地下结构的一部分或全部。房屋的深层地下室、地下停车场、地下街、地下铁道、地下仓库、矿井等均可应用。

根据地下连续墙的特点,其目前主要在以下几个方面得到大量应用:

(1)深基坑开挖中的挡土护壁结构,如高层超高层建筑地下室外墙、地铁和地下街道的外墙、盾构和顶管等工程的工作竖井、码头和河港的驳岸和护岸、干船坞的围墙等;

(2)地下承重结构物,如各种基础构造、墙及支承桩等;

(3)水利水电工程的挡土墙、防渗坝、截水帷幕、地下污水处理厂和净水池、泵房的外墙、城市市政管道及各种管形渠、地下贮存槽等;

(4)用于城市道路立交桥、地下铁道、地下商场、地下储油库、顶管工作井等工程;

(5)近年来大量用于船坞、船闸、升降机坞、码头岸壁等工程;

(6)用于抗滑挡土墙、防爆墙等工程。

2)地下连续墙的分类

地下连续墙的分类方法较多,大致有以下几种:

(1)按成墙方式可分为桩排式地下墙、槽板式地下墙、组合式地下墙。

(2)按墙的用途可分为防渗墙、临时挡土墙、永久挡土(承重)墙、作为基础用的地下连续墙。

(3)按墙体材料可分为刚性混凝土、塑性混凝土、自凝灰浆、固化灰浆。

另外,根据地下连续墙的材料还有预制墙、泥浆槽墙(回填砾石、黏土和水泥三合土)、后张预应力地下连续墙、钢制地下连续墙等形式。

(4)按开挖形式可分为地下连续墙(开挖)、地下防渗墙(不开挖)。

3)地下连续墙的构造

地下连续墙主要由槽段墙体、槽段接头、导墙、结构接头等几部分构成。

(1)地下连续墙槽段墙体的形式

目前,基础工程中的地下连续墙形式主要有壁板式、T形及Ⅱ形、格形和预应力U形折板等(图4.30),分别适用于不同条件。

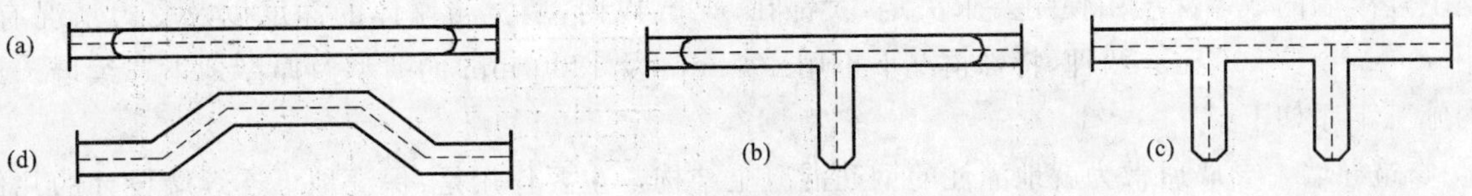

图4.30 地下连续墙的形式

(2)槽段接头

常用的地下连续墙槽段接头形式,有以下几种:

① 使用接头管(也称锁口管)做成的接头

这是最常用的一种接头形式。单元槽段挖成后，于槽段的端头吊放入接头管，槽内吊放钢筋笼，浇灌混凝土，再拔出接头管，形成两相邻槽段间的接头，如图 4.31(a)所示。

② 用隔板做成的接头

按隔板的形式可分为平隔板、“V”形隔板[图 4.31(b)]和榫形隔板接头；按与水平钢筋的关系，可分为不搭接接头与搭接接头。这种形式适用于深度大的地下连续墙，不必拔接头管。

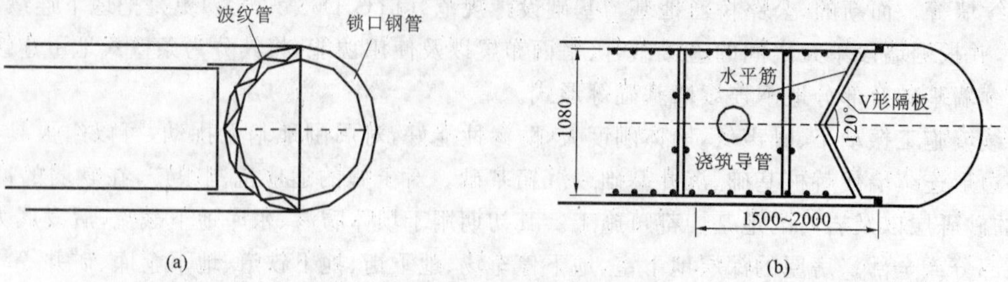

图 4.31　地下连续墙槽段接头形式

(a)锁口管接头；(b)“V”形隔板接头

③ 用预制件做成的接头

按所用材料，可分为钢制的和钢筋混凝土制作的。还有插入的型钢，既作为承受墙身剪力和弯矩的主要材料，又是两相邻墙段的连接件。对于较深的地下连续墙，采用带有波纹钢板的预制接头，对受力及防渗都有效。

另外，还有采用接头箱做成的接头、钢板止水式接头、钢筋焊接接头等。

(3)导墙

导墙具有防止槽壁顶部的坍塌、支承施工荷载、保持泥浆液面、控制地下连续墙平面尺寸等作用。导墙一般为现浇钢筋混凝土结构，具有必要的强度、刚度和精度，并满足挖槽机械的施工要求。

导墙的各种形式如图 4.32 所示。图 4.32 中(a)及(b)所示断面最简单，它适用于表层土质良好和导墙上荷载较小的情况；(c)、(d)为应用较多的两种，适用于表层土为杂填土、软黏土等承载能力较弱的土层，因而将导墙做成倒“L”形或“]”形；(e)适用于作用在导墙上荷载很大的情况，可根据荷载计算其伸出部分的长度；(f)适用于相邻建筑物一侧的一肢需加强，以保护建(构)筑物的情况；(g)适用于地下水位高、须将导墙提高以保持泥浆面距地下水位 1.0 m，导墙提高后两边要填土找平的情况；(h)适用于施工作业面在地下(如在路面以下时)的情况。

(4)结构接头

地下连续墙与建筑物内部的梁、楼板及柱的连接接头称为结构接头，通常有下列几种：①预埋连接钢筋法。②预埋连接钢板法。③预埋剪力连接件法。

4.5.1　地下连续墙的施工

地下连续墙的成墙深度由使用要求决定，大都在 50 m 以内，墙宽与墙体的深度以及受力情况有关，目前常用 600 mm 及 800 mm 两种，特殊情况下也用 400 mm 及 1200 mm 的薄型及厚型地下连续墙。地下连续墙的施工工序如下：

① 修筑导墙　导墙通常为就地灌注的钢筋混凝土结构。主要作用是：保证地下连续墙设计的几何尺寸和形状；容蓄部分泥浆，保证成槽施工时液面稳定；承受挖槽机械的荷载，保护槽口土壁不破坏，并作为安装钢筋骨架的基准。导墙深度一般为 1.2～1.5 m。墙顶高出地面 10～15 cm，以防地表水流入而影响泥浆质量。导墙底不能设在松散的土层或地下水位波动的部位。沿设计轴线两侧开挖导沟，修筑钢筋混凝土(钢、木)导墙，以供成槽机械钻进导向、维护表土和保持泥浆稳定液面。导墙内壁面之间的净空应比地下连续墙设计厚度加宽 40～60 mm，埋深一般为 1～2 m，墙厚 0.1～0.2 m。

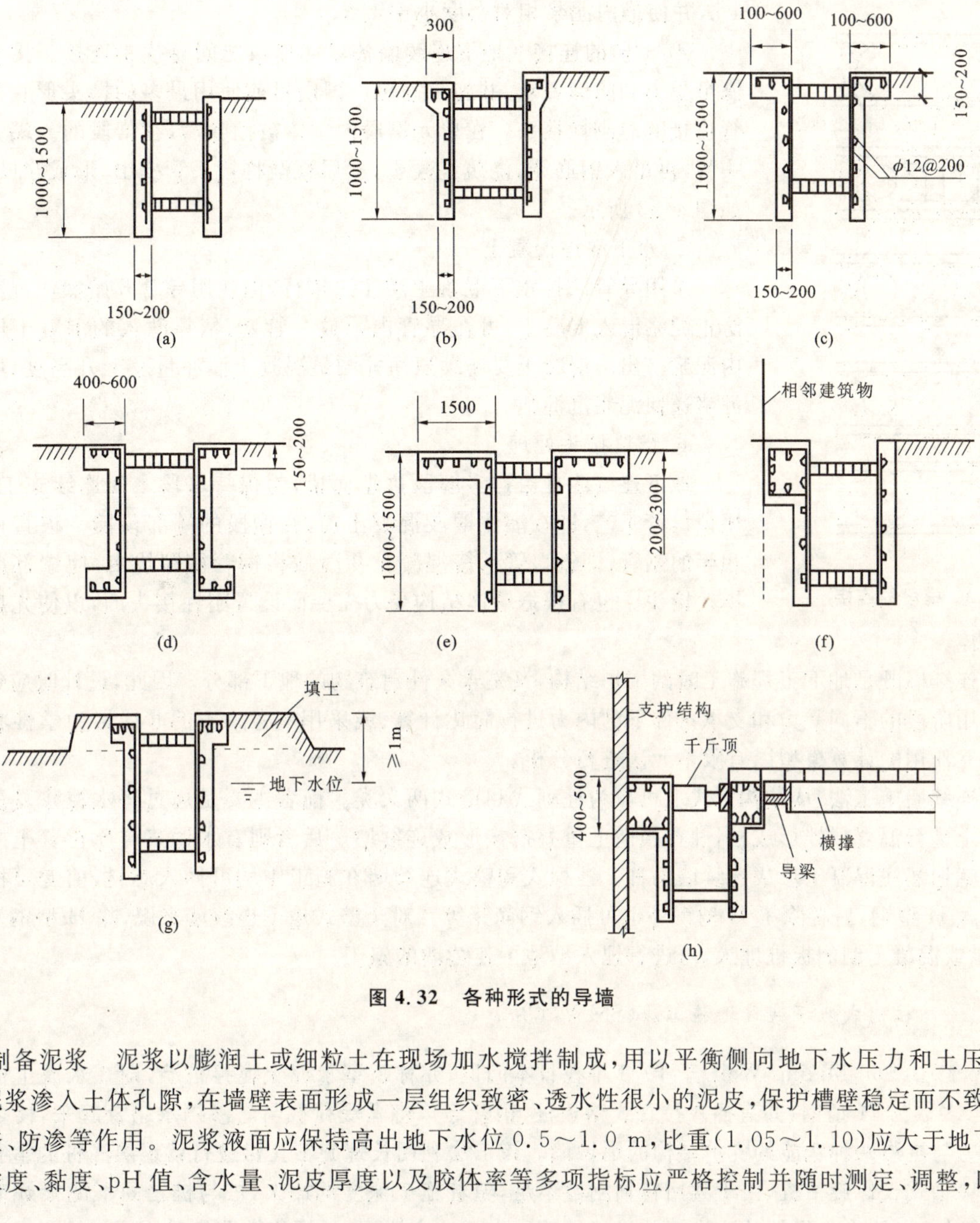

图 4.32　各种形式的导墙

② 制备泥浆　泥浆以膨润土或细粒土在现场加水搅拌制成，用以平衡侧向地下水压力和土压力，泥浆压力使泥浆渗入土体孔隙，在墙壁表面形成一层组织致密、透水性很小的泥皮，保护槽壁稳定而不致坍塌，并起到携渣、防渗等作用。泥浆液面应保持高出地下水位 0.5～1.0 m，比重(1.05～1.10)应大于地下水的比重。其浓度、黏度、pH 值、含水量、泥皮厚度以及胶体率等多项指标应严格控制并随时测定、调整，以保证其稳定性。

通过泥浆对槽壁施加压力以保护开挖的深槽形状不变，灌注混凝土把泥浆置换出来。泥浆材料通常由膨润土、水、化学处理剂和一些惰性物质组成。泥浆的作用是在槽壁上形成不透水的泥皮，从而使泥浆的静水压力有效地作用在槽壁上，防止地下水的渗水和槽壁的剥落，保持壁面的稳定，同时泥浆还有悬浮土渣和将土渣携带出基槽的功能。

在砂砾层中成槽必要时可采用木屑、蛭石等挤塞剂防止漏浆。泥浆使用方法分静止式和循环式两种。泥浆循环式使用时，应用振动筛、旋流器等净化装置。在指标恶化后要考虑采用化学方法处理或废弃旧浆，换用新浆。

③ 成槽　成槽是地下连续墙施工中最主要的工序，对于不同土质条件和槽壁深度应采用不同的成槽机具开挖槽段。例如，大卵石或孤石等复杂地层可用冲击钻；切削一般土层，特别是软弱土，常用导板抓斗、铲斗或回转钻头抓铲。采用多头钻机开槽，每段槽孔长度可取 6～8 m，采用抓斗或冲击钻机成槽，每段长度可更大，通常结合土质情况、钢筋骨架重量及结构尺寸、划分段落等决定。墙体深度可达几十米，成槽后需静置

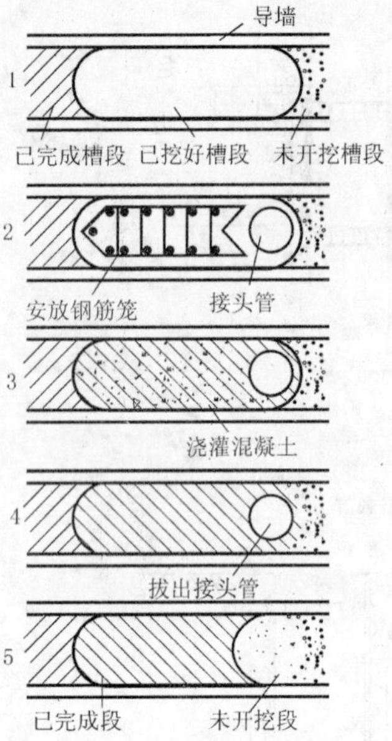

图 4.33 槽段的连接

4 h,并使槽内泥浆相对密度小于 1.3。

④ 槽段的连接　地下连续墙各单元槽段之间靠接头连接。接头通常要满足受力和防渗要求,并施工简单。国内目前使用最多的接头形式是用接头管连接的非刚性接头。在单元槽段内土体被挖除后,在槽段的一端先吊放接头管,再吊入钢筋笼,浇筑混凝土,然后逐渐将接头管拔出,形成半圆形接头,如图 4.33 所示。

⑤ 水下灌注混凝土

采用导管法按水下混凝土灌注法进行,但在用导管开始灌注混凝土前为防止泥浆混入混凝土,可在导管内吊放一管塞,依靠灌入的混凝土压力将管内泥浆挤出。混凝土要连续灌注并测量混凝土灌注量及上升高度,所溢出的泥浆送回泥浆沉淀池。

⑥ 墙段接头处理

地下连续墙是由许多墙段拼组而成,为保持墙段之间连续施工,接头采用锁口管工艺,即在灌注槽段混凝土前,在槽段的端部预插一根直径和槽宽相等的钢管(即锁口管),待混凝土初凝后将钢管徐徐拔出,使端部形成半凹榫状接头。也有根据墙体结构受力需要而设置刚性接头的,以使先后两个墙段连成整体。

地下连续墙既是地下工程施工时的围护结构,又是永久性建筑物的地下部分。因此,设计时应针对墙体施工和使用阶段的不同受力和支承条件下的内力进行简化计算;或采用能考虑土的非线性力学性状以及墙与土的相互作用的计算模型以有限单元法进行分析。

地下连续墙施工法,从结构形式上可分为柱列式和壁式两大类。前者主要是通过将水泥浆及添加剂与原位置的土进行混合搅拌形成桩,并在横向上重叠搭接形成连续墙。后者则有水泥浆与原位置土搅拌形成连续墙和就地灌注混凝土形成连续墙两种。柱列式和壁式连续墙在施工中均可插入芯材,前者可根据桩径及间隔插入 H 型钢,后者除了 H 型钢外也可插入钢筋笼等。对于壁式地下连续墙来说,除 H 型钢及钢筋笼外,将钢制或混凝土制的板桩埋入,可进行埋入型地下连续墙的施工。

4.5.1.1　柱列式地下连续墙施工法(SMW 工法)

SMW 工法(Soil Mixing Wall)于 1976 年在日本问世,亦称新型水泥土搅拌桩墙,即在水泥土桩内插入 H 型钢等(多数为 H 型钢,亦有插入拉森式钢板桩、钢管等),将承受荷载与防渗挡水结合起来,使之成为同时具有受力与抗渗两种功能的支护结构的围护墙。该工法利用长螺旋钻孔机进行就地灌注桩的重叠搭接施工。对于单轴式长螺旋钻机,由于其回转轴刚性不足,随着施工深度的加大,桩与桩之间不能很好地重叠搭接,特别是对于以防水为目的的防渗墙效果就很差。由于这个原因,长螺旋钻孔机采用了双轴或双重钻孔的形式,用以提高施工的垂直精度。近年来为了解决上述问题,出现了利用多轴(一般为三轴)的长螺旋钻孔机及 SMW 工法进行就地灌注桩的重叠搭接施工。该工法属于机械搅拌式,用多轴长螺旋钻孔机在土层中钻孔,在钻孔的同时通过钻杆从钻头端部注入水泥浆和高压空气,在原位置上建成一段水泥墙,然后再进行第二段墙施工,使相邻的水泥墙彼此有重合段,连续施工形成连续墙。SMW 工法的不足之处在于机械的重心位置比较高,在施工中必须十分注意机械的稳定性。为了解决此问题,目前已开发出可在施工中接长钻杆的低重心机型。另外,该工法在遇到大深度硬岩基础时,可能出现重叠搭接消失的情况,因此在施工中必须同时采取随时确认桩的位置精度的方法。

4.5.1.2　原位置上混合搅拌壁式地下连续墙施工法(TRD 工法)

TRD 工法(Trench-Cutting & Re-mixing Deep Wall Method)是由日本(株)神户制钢所与东绵建机(株)联合开发成功的,近来在地基基础施工中正以很快的速度得到广泛应用。该工法是把插入地基中的链锯式刀具跟主机连接并横向移动、挖沟及灌注凝结剂、混合搅拌原来位置上的泥土以浇筑连续墙，插入工字钢之类的芯材后，可作为地层挖掘工程中的挡土防渗或承重墙使用。此外，也用于防液化、加固地基及截断地下水等。此工法形成的连续墙与柱列式不同，它所形成的是完全连续墙，止水防渗性能特别好。另外，根据深度的不同，由于链锯式刀具的上下移动能够将土层完全搅拌，从而使形成的连续墙质量非常稳定，并且切削装置的整体高度低，对于在高度受限的施工现场及靠近已建建筑物的施工十分有利。此外亦可进行倾斜式连续墙的施工。

4.5.1.3　铣削深层搅拌地下连续墙施工法(CSM 工法)

CSM 工法(Cutter Soil Mixing)是德国宝峨公司开发的一种新型水泥土搅拌墙施工技术。该工法利用钻具底部的一对水平轴双轮铣垂直纵向对土体进行切削破碎，同时注入水泥浆液搅拌，形成水泥土搅拌墙。CSM 工法适用于均质土层，松散、中密的砂砾土、卵砾石，甚至在无侧限弧度达到 15～35 MPa 的花岗岩中，平均切削、搅拌速度仍可达 2.3 cm/min。CSM 工法可实现管线下方截水帷幕的施工(图 4.34)。

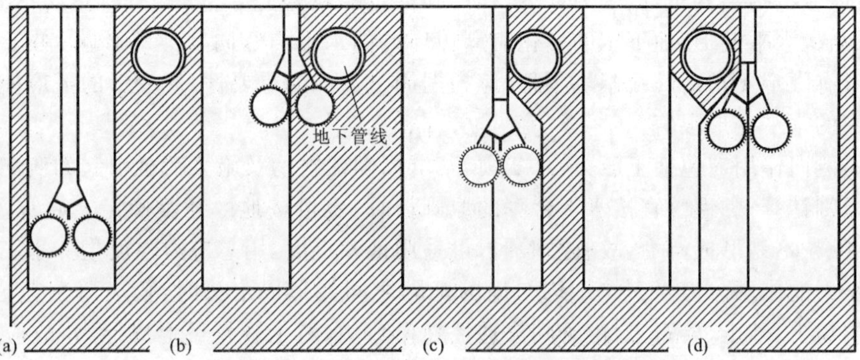

图 4.34　CSM 工法管线下方截水帷幕的施工

(a)施工左侧墙体；(b)施工下侧墙体；(c)完成左下侧墙体；(d)施工右侧及右下侧墙体

4.5.1.4　就地灌注壁式地下连续墙施工法

该工法有抓斗式切削机、回转式切削机及振动沉钢模板三大类。抓斗式包括悬挂式液压抓斗和导杆式液压抓斗两种，回转式包括垂直多轴型和水平多轴型两种。

悬挂式液压抓斗切削机是用液压动力使抓斗开闭，并利用抓斗的自重对土砂进行切削，然后用悬挂抓斗的履带起重机将土砂吊起排出。

导杆式液压抓斗切削机是用液压动力驱动安装在液压抓斗上部的多节伸缩钻杆在履带起重机上安装的导向架中进行升降，切削反力由导向架承受。

垂直多轴型回转式切削机是由 5 个电动的垂直牙轮钻头与侧切削刃组成，切削装置通过专用支撑架或履带起重机用钢丝绳悬吊，切削的土砂通过砂浆泵以逆循环的方式，将泥水(稳定液)在地面上排出。

水平多轴回转式切削机是通过两对双轮铣刀的水平轴回转进行土砂的切削，用机体内装备的潜水砂浆泵以逆循环方式将泥水(稳定液)在地面上排出。

4.5.2　地下连续墙的设计与计算

地下连续墙支护结构设计应在强度、稳定和变形三个方面满足要求。基坑施工过程中的监测应包括对支护结构的监测和对周边环境的监测。地下连续墙支护结构设计应包括下列内容：

(1)支护体系的方案技术经济比较和选型；

(2)支护结构的强度、稳定和变形计算；

(3)基坑内外土体稳定性计算；

(4)抗渗流稳定性计算；

(5)基坑降水、岩土开挖方法及要求；

(6)基坑施工过程监测要求。

为了基坑的安全施工和坑底周围土体的稳定，地下连续墙必须插入基坑开挖面以下土中一定深度(又称嵌入深度)，深度可采用极限平衡法计算确定。当计算确定的地下连续墙入土深度接近底部岩层且在工程造价增加不多的前提下，宜将墙体嵌入岩层，可根据静力平衡条件初步选定地下连续墙在基坑开挖面以下的入土深度，在进行整体稳定性和墙体变形验算后综合确定入土深度。当悬臂式地下连续墙支护结构不能满足结构受力及变形要求时，应设置支承系统。直线形地下连续墙支护结构的支承系统包括支撑(如撑杆、水平支架)和土层锚杆(锚索)等结构形式，圆形地下连续墙支护结构的支承系统包括环梁(含竖肋)、内衬等结构形式。当单层支承不能满足结构受力要求时，应采用多层支撑。支撑必须采用稳定的结构体系和连接构造，刚度应满足变形要求。支撑设计应包括结构布置、结构内力和变形计算、构件强度和稳定性验算、构件结点设计及构件安装和拆除流程设计。土层锚杆(锚索)设计应包括结构布置、轴向承载力验算、土体稳定性验算。环梁、内衬设计应包括结构布置、受力计算、强度和稳定性验算。

同时，应考虑结构水平变形、地下水的变化对周边环境的水平与竖向变形的影响；对于安全等级为一级或对周边环境变形有限定要求的二级基坑工程，应根据周边环境的重要性、对变形的适应能力及土的性质等因素确定支护结构的水平变形限值。

地下连续墙的侧向作用应包括土压力、水压力、基坑周围建筑物及施工荷载引起的侧向压力等。砂性土应按水土分算的原则计算；黏性土宜按水土合算的原则计算；也可按地区经验确定。通常，由于黏性土渗透性弱，地下水对土颗粒不易形成浮力，故有经验时，可采用饱和重度，用总应力强度指标水、土合算，其计算结果中已包括了水压力的作用。但当支护结构与周围土层之间能形成水头时，仍应单独考虑水压力的作用。对地下水位以下的粉土、砂土、碎石土，由于其渗透性强，地下水对土颗粒可形成浮力，故应采用水、土分算。水压力可按静水压力计算，有经验时也可考虑渗流作用对水压力的影响。

地下连续墙支护结构设计应根据设计状况，分别按承载能力极限状态和正常使用极限状态设计。

(1)承载能力极限状态应包括下列计算内容：

①土体稳定性计算；

②墙体结构强度和稳定性计算；

③支承系统承载力和稳定性计算。

(2)正常使用极限状态应包括结构变形、抗裂和裂缝宽度验算。

地下连续墙支护结构应根据不同设计状态，按施工过程的不同工况进行作用效应组合。对于地下连续墙构造规定参见相关规范要求。

4.5.2.1 直线形地下连续墙支护结构计算

直线形地下连续墙应进行抗倾覆稳定性、整体抗滑移稳定性、坑底抗隆起稳定性和坑底抗渗稳定性验算。抗倾覆稳定、整体抗滑移稳定、坑底抗隆起稳定和坑底抗渗稳定的验算方法按照《建筑地基规范》的有关规定执行。

作用于墙体上的土压力采用库仑或朗肯理论计算。自然状态土体内水平向有效应力，可认为与静止土压力相等，随着基坑开挖，墙体变形增大，最终可呈现出主动极限平衡状态和被动极限平衡状态。当对支护结构水平位移有严格限制时，采用静止土压力计算。当按变形控制原则设计支护结构时，作用在支护结构上的土压力按变形条件，即支护结构与土体的相互作用原理确定土压力是比较合理的方法。当按变形控制原则设计支护结构时，作用在地下连续墙上的土压力可按墙体与土体相互作用原理确定，考虑墙体水平变形对墙侧水平土压力的影响。水平土压力强度可按下式计算：

$$E_{jk} = E_{0k} - K\delta \tag{4.51}$$

$$E_{0k} = K_0(q_k + \sum \gamma_i h_i) \tag{4.52}$$

$$K = mz \tag{4.53}$$

式中 E_{jk} ——墙侧水平土压力强度(kPa),当 $E_{jk} < E_a$ 时,取 $E_{jk} = E_a$;当 $E_{jk} > E_p$ 时,取 $E_{jk} = E_p$(其中,E_a、E_p 分别为墙侧水平主动土压力强度和被动土压力强度,包括土体自重和墙侧地面荷载的作用效应,可按库仑或朗肯土压力理论计算);

E_{0k} ——墙侧水平静止土压力强度(kPa)。

地下连续墙的内力和变形可按竖向弹性地基梁法计算,目前我国支护结构设计中常用的方法可分为弹性地基梁法及极限平衡法。弹性地基梁法能较好地反映基坑施工过程中各种工况和复杂情况对支护结构受力的影响,当嵌固深度合理,可由试验数据或当地经验确定弹性支点刚度时,用该法确定支护结构内力及变形较合理。考虑到现在计算手段均能保证,故规定采用弹性地基梁法进行支护结构计算。

此外,直线形地下连续墙支护结构构件计算应符合下列规定:

(1)墙体、支撑、立柱应按偏心受压构件计算。

(2)腰梁可按水平方向的受弯构件计算。当腰梁与水平支撑斜交或腰梁作为边桁架的弦杆时,应按偏心受压构件进行验算。

(3)土层锚杆(锚索)的杆体应按轴心受拉构件计算。自由段和锚固段长度、锚固体直径、锚固体形状和浆体强度,应根据锚杆(锚索)轴向设计拉力、土层抗拔力及握裹力确定。

外锚头和腰梁应根据锁定荷载值进行设计。

4.5.2.2 圆形地下连续墙支护结构计算

圆形地下连续墙支护结构受力不同于直线形地下连续墙,在结构受力机理上具有明显的空间性,宜按空间结构计算。但当对墙体、环梁或内衬的环向效应,以及水土压力不均匀分布及程度能较准确把握时,按轴对称结构取单位宽度的墙体作为竖向弹性地基梁计算是一种简洁、直观的方法。其计算原理和方法与直线形地下连续墙相同,不同之处在于圆形地下连续墙应考虑墙体、环梁或内衬的环向效应支承刚度。

环梁或内衬可按平面内的刚架环形梁进行计算。荷载作用的不均匀性对环梁或内衬的内力及变形计算影响很大,应充分研究并准确掌握。在缺乏资料的情况下,荷载作用的不均匀系数可取 1.1~1.2,为安全计,按沿对角象限分布进行计算。圆环向外侧变形区域的土体对环梁或内衬的约束作用可通过在外侧设置水平径向弹簧来模拟。

圆形地下连续墙应进行抗倾覆稳定性、整体抗滑移稳定性、坑底抗隆起稳定性和坑底抗渗稳定性验算。应进行土压力和水压力作用下的结构失稳验算,结构失稳的临界荷载宜按空间结构计算,也可简化为圆环按下列公式进行验算:

$$q_{pk} = \frac{3EI}{R_0^3 h} \tag{4.54}$$

$$\gamma_s q_{tk} \leqslant q_{pk} \tag{4.55}$$

4.5.2.3 地下连续墙基础设计

根据地下连续墙墙段单元之间的连接组合、平面布置以及使用功能,基础可分为条壁式地下连续墙基础、井筒式地下连续墙基础和部分地下连续墙基础。墙端应进入良好的持力层,墙体在持力层内的埋设深度应大于墙体厚度。当持力层为非岩石地基时,应优先考虑增加墙体的埋置深度以提高竖向承载力。基础的截面形状和平面布置,宜使其形心与作用基本组合的合力作用点一致。基础主要承受上部构造物传递的各种作用。基础设计应保证不发生影响上部结构功能的沉降、水平移动、倾斜等。

地下连续墙基础根据墙段单元之间的连接组合、平面布置以及使用功能可分为下列类型。

(1)条壁式地下连续墙基础:由平面长度不小于 2.5 倍宽度的一个或多个墙段单元组成的分离或连接组合但不封闭的地下连续墙基础。可分为下列类型:①单壁式;②平行复壁式;③自由复壁式;④组合复壁式。

(2)井筒式地下连续墙基础:由多个墙段单元相互刚性连接或外周墙刚性连接而内隔墙铰接组成平面封

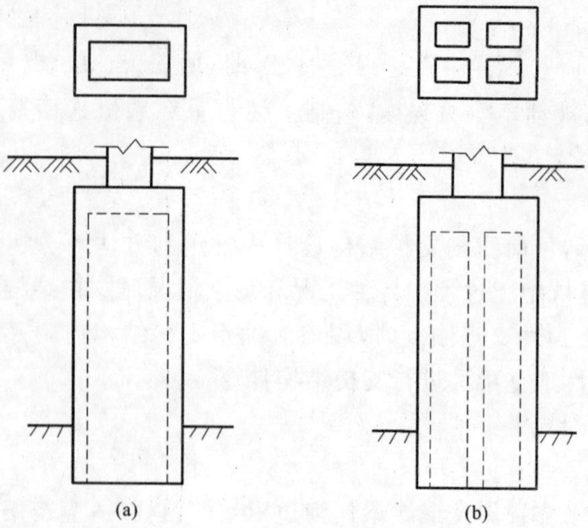

图 4.35 井筒式地下连续墙基础类型

(a)单室型;(b)多室型

闭断面并通过顶板相连而成的地下连续墙基础,可分单室型[图 4.35(a)]和多室型[图 4.35(b)]两种形式。

(3)部分地下连续墙基础:以地下连续墙作为基坑开挖支护结构,内部土体开挖到要求的深度后,在基坑内部构筑钢筋混凝土结构而形成的基础形式,地下连续墙作为基础结构的一部分参与承担上部结构荷载作用。根据地下连续墙平面布置可分为矩形、圆形或复合异形等形式。

基础结构设计应按不同设计状况,分别按承载能力极限状态和正常使用极限状态设计:

①承载能力极限状态主要包括地基承载力、地下连续墙结构强度以及顶板结构强度等计算;

②正常使用极限状态应包括地下连续墙及顶板的结构变形、抗裂和裂缝宽度验算。

4.6 其他深基础简介

深基础种类很多,除桩基、沉井、地下连续墙外,墩基和沉箱等都属于深基础。其主要特点是需采用特殊的施工方法,解决基坑开挖、排水等问题,减小对邻近建筑物的影响。

4.6.1 墩基础

墩是一种利用机械或人工在地基中开挖成孔后灌注混凝土形成的大直径桩基础,由于其直径粗大如墩(一般直径 $d>1800$ mm),故称为墩基础。其功能与桩相似,底面可扩大成钟形,形成扩底墩。墩底直径最大已达 7.5 m,深度一般为 20～40 m,最大可达 60～80 m。当支承于基岩上时,竖向承载力可达 60～70 MN,且沉降量极小。

墩基能较好地适应复杂的地质条件,常用于高层建筑中柱基础。墩身可穿越浅部不良地基达到深部基岩或坚实土层,并可通过扩底工艺获得很高的单墩承载力。但其混凝土用量大,施工时有一定难度,故不宜用于荷载较小、地下水位较高、水量较大的小型工程及相当深度内无坚硬持力层的地区。

墩基设计时要详细掌握工程地质和水文地质资料,以及施工设备及技术条件,论证其经济合理和技术可行性,并综合考虑如下因素:

(1)墩基承载力高,原则上应采用一柱一墩。墩深一般不宜超过 30 m,扩底墩的中心距宜$\geqslant 1.5d_b$(图 4.36),d_b/d 宜$\leqslant 3.0$,扩大头斜面高宽比 h/b 不宜小于 1.5,具体数值应根据持力层土体稳定条件确定。

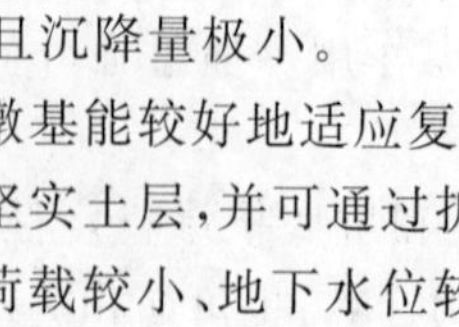

图 4.36 扩底墩的基本尺寸

(2)墩基持力层必须承载力较高且具有一定厚度,其厚度不得小于$(1.5\sim2.0)d_b$,并保证土层在扩底施工时具有足够的稳定性。墩底一般可做成锅底状,进入持力层深度不宜小于 0.5 m。当持力层为基岩时,应嵌入岩层一定深度,当岩面倾斜时宜做成台阶形,并进行稳定性验算,以防止滑动失稳。

(3)墩基的混凝土强度等级一般$\geqslant$C20,钢筋不少于 $\phi10@200$,最小配筋率当受压时应$\geqslant 0.2\%$,受弯时$\geqslant 0.4\%$。箍筋不少于 $\phi8@300$,墩顶 1.5 m范围内应加密至@100,并设置 $\phi14@200$ 加劲筋。主筋保护层厚度不小于 35 mm,水下浇注混凝土时不小于 50 mm。墩顶应嵌入承台不小于 100 mm,承台厚度$\geqslant$300 mm,墩边至承台边的距离不小于 200 mm。此外,还宜在墩的双向设置拉梁,拉梁配筋可按所连柱子轴力值的 10%设置。

(4)因墩基承载力高，多为一柱一墩，一旦发生质量问题，其后果严重且难以处理。故墩基的施工技术和质量对工程的成败起主要作用，设计时必须明确规定施工和质检方案，提出监控指标及安全、技术措施，并预计到可能出现的不利变化及人为因素等造成的影响，以确保墩基的施工质量。

(5)墩基施工前应查明土层的渗透性，地下水的类型、流量及补给条件，地下土层中的有害气体等，进行周密的施工组织设计，并考虑施工过程中可能遇到的各种问题，如坍孔、缩颈、地下水条件的可能变化、施工时对周围建筑物及环境的影响等。

4.6.2 沉箱基础

沉箱基础又称气压沉箱基础，它是以气压沉箱来修筑的桥梁墩台或其他构筑物的基础，是一种无底的箱形结构，因为需要输入压缩空气来提供工作条件，故称为气压沉箱或直接简称沉箱。

沉箱是从潜水钟发展起来的。1841 年法国工程师 M. 特里热在采煤工程中为克服管状沉井下沉困难，把沉井的一段改装为气闸，使之成为沉箱，并提出了用管状沉箱建造水下基础的方案。1851 年 J. 赖特在英国罗切斯特梅德韦河建桥时，首次下沉了深 18.6 m 的管状沉箱。1859 年法国的弗勒尔-圣德尼在莱茵河上建桥时，下沉了底面和基底相同的矩形沉箱，以后被广泛应用。早期的沉箱多用钢铁制造，以后又相继出现石沉箱、木沉箱、钢筋混凝土沉箱等。特大型的沉箱应以 1878—1880 年法国土伦干船坞钢沉箱为典型，其平面尺寸为 41 m×144 m。下沉最深的沉箱用于 1955 年位于密西西比河上、跨度 655 m 的管道悬索桥，因采用了沉箱周围打深井抽水以降低地下水位的措施，使刃脚下工作最低处在静水位以下 44 m。

沉箱由顶盖和侧壁组成(图 4.37)，其侧壁也称刃脚。顶盖留有孔洞，以安设向上接高的气筒(井管)和各种管路。气筒上端连以气闸。气闸由中央气闸、人用变气闸及料用变气闸(或进料筒、出土筒)组成。在沉箱顶盖上安装围堰或砌筑永久性外壁。顶盖下的空间称为工作室。当把沉箱沉入水下时，在沉箱外用空气压缩机把压缩空气通过储气筒、油质分离器经输气管分别输入气闸和沉箱工作室，把工作室内的水压出室外。工作人员就可经人用变气闸，从中央气闸及气筒内的扶梯进到工作室内工作。人用变气闸的作用，是通过逐步改变闸内气压而使工作人员适应室内外的气压差，同时又可防止由于人员出入工作室而导致高压空气外溢。

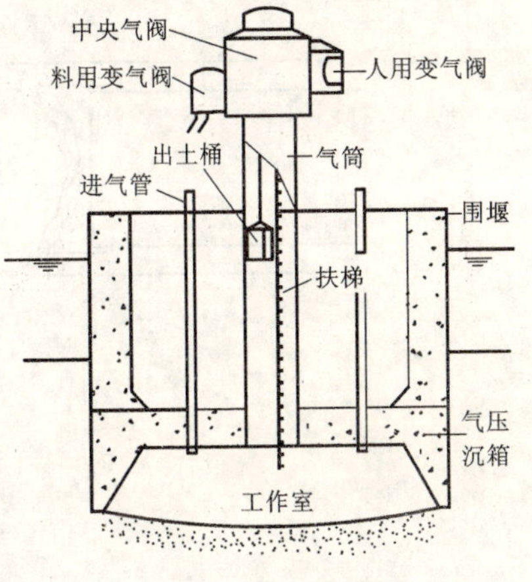

图 4.37　气压沉箱

在沉箱工作室里，工作人员用挖土机具、水力机械(包括水力冲泥机、吸泥机)和其他机具挖除沉箱底下的土石，排除各种障碍物，使沉箱在其自重及其上逐渐增加的圬工或其他压重作用下，克服周围的摩阻力及压缩空气的反力而下沉。沉箱下到设计标高并经检验、处理地基后，用圬工填充工作室，拆除气闸气筒，这时沉箱就成了基础的组成部分。在其上面可在围堰保护下继续修筑所需要的建筑物，如桥梁墩台、水底隧道、地下铁道及其他水工、港口构筑物等。

除上述气压沉箱外，还有一种被港口部门也称为沉箱的构筑物，其外形像一只有底无盖的箱子，因其不用压缩空气，称为无压沉箱。它用钢筋混凝土建造，只能在水中而不能在土中下沉，故它和气压沉箱不同，不能作为深埋基础。一般多用在水流不急，地基或基床不受冲刷，地基沉降小，基础不需埋入土中或对沉降不敏感的构筑物，如港口岸壁、码头、防波堤、灯塔等工程。无压沉箱一般在岸边或船坞中制造，然后浮运就位，灌水和填充下沉，使之平稳沉到已整平的地基或抛石基床上。如箱内填砂石，沉箱要做顶盖。在基底土质较差时，也可先在水底挖一浅坑，打下若干基桩，在桩顶处灌筑水下混凝土承台，再将无压沉箱沉至已找平的承台面上，箱周下部也用水下混凝土围护。

思 考 题

4.1　何谓沉井基础？它适用于哪些场合？与桩基础相比，其荷载传递有何异同？

4.2　沉井基础的主要构成有哪几部分？工程中如何选择沉井的类型？

4.3　沉井在施工中会遇到哪些问题？应如何处理？

4.4　沉井作为整体深基础，其设计计算应考虑哪些内容？

4.5　沉井在施工过程中应进行哪些验算？

4.6　浮运沉井的计算有何特殊性？

4.7　何谓墩基础？与桩基础相比，它有何特点？

4.8　何谓地下连续墙？其主要施工工序有哪些？适用于哪些场合？

习　题

4.1　某水下圆形沉井基础直径为 7 m，作用于基础上的竖向荷载为 18503 kN（已扣除浮力 3848 kN），水平力为 503 kN，弯矩为 7360 kN·m（均为考虑附加组合荷载），$\eta_1=\eta_2=1.0$，沉井埋深为 10 m，土质为中等密实的砂砾层，重度为 $21.0\ \text{kN/m}^3$，内摩擦角为 35°，内聚力 $c=0$。试验算该沉井基础的地基承载力及横向土抗力。

4.2　某旱桥桥墩为钢筋混凝土圆形沉井基础，各地基土层物理力学性质资料及沉井初拟尺寸如图 4.38 所示。底节沉井及盖板混凝土等级为 C20，顶节为 C15，井孔中空。作用于井顶中心处的竖向荷载为 7075 kN，水平力为 350 kN，弯矩为2455 kN·m。试验算该沉井基础的基底应力是否满足要求。

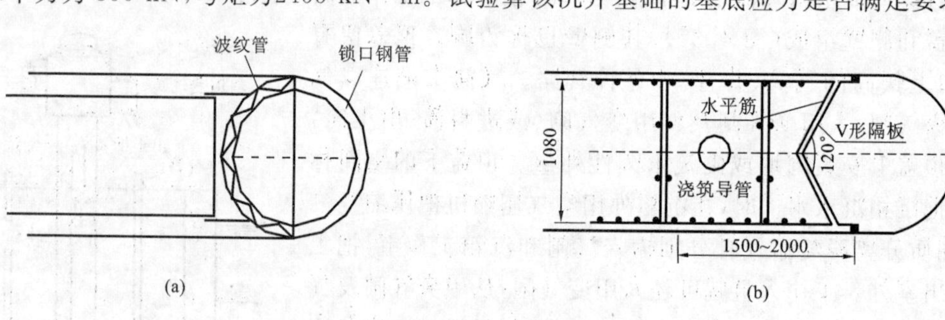

图 4.38　习题 4.2 沉井立面图

5 基坑工程

本章提要

本章简要阐述了基坑工程的概念和特点、常用支挡结构的类型和适用条件;重点介绍了支挡结构上的水平荷载计算方法,排桩与地下连续墙支挡结构、土钉墙支护结构的设计计算方法,以及基坑稳定性的验算方法;对基坑工程中地下水控制、现场监测等问题进行了简要说明。要求熟悉基坑支护结构常用形式的特点和适用条件;掌握内撑或拉锚式桩(墙)支护结构的设计计算方法;熟悉基坑稳定性分析方法与基坑降排水设计;了解土钉墙的设计计算方法与基坑施工监测内容。

5.1 概　述

基坑是指为进行建(构)筑物基础与地下室的施工所开挖的地面以下空间。为保护基础和地下室施工以及基坑周围环境的安全,对基坑采取的临时性支挡、加固、保护与地下水控制的措施称为基坑支护。其中周边环境是与基坑开挖相互影响的周边建(构)筑物、地下管线、道路、岩土体和地下水体等的统称。

为保证基坑施工以及主体地下结构的安全和周围环境不受损害,需对场地及基坑(包括开挖和降水)进行一系列勘察、设计、施工和检测等工作。这项综合性的工程就称为基坑工程。

基坑工程是一项综合性很强的岩土工程,既涉及土力学中典型的强度、稳定与变形问题,又涉及土与支护结构相互作用以及场地的工程、水文地质等问题,同时还与测试技术、施工技术等密切相关。因此,基坑工程具有以下特点:

(1)支护结构通常都是临时性的,一般情况下安全储备相对较小,风险性较大。

(2)由于场地的工程水文地质条件、岩土的工程性质以及周边环境条件的差异性,基坑工程往往具有很强的地域性特征,因此,它的设计和施工,必须因地制宜,切忌生搬硬套。

(3)基坑工程是一项综合性很强的系统工程。它不仅涉及结构、岩土、工程地质及环境等多门学科,而且勘察、设计、施工、检测等工作环环相扣,紧密相连。

(4)具有较强的时空效应。支护结构所受荷载(如土压力)及其产生的应力和变形在时间上和空间上具有较强的变异性,在软黏土和复杂体型基坑工程中尤为突出。

(5)对周边环境会产生较大影响。基坑开挖、降水势必引起周边场地土的应力和地下水位发生改变,使土体产生变形,对相邻建(构)筑物和地下管线等产生影响,严重者将危及它们的安全和正常使用。大量土方运输也将对交通和环境卫生产生影响。

5.2 基坑支护结构的类型及适用条件

5.2.1 基坑支护结构的常见类型

基坑支护结构是指支挡和加固基坑侧壁的结构。其中仅由挡土构件(桩、地下连续墙)构成,或者由挡土

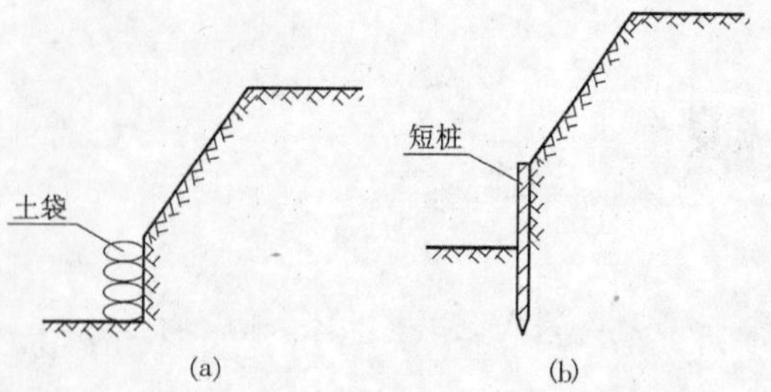

图 5.1　基坑简易支护

(a)土袋或块石堆砌支护;(b)短桩支护

构件和锚杆或支撑组合而成的支护结构,称为支挡结构,包括悬臂式、锚拉式和内支撑式支挡结构等;而坑壁加固式结构主要有土钉墙和重力式水泥土墙。

基坑支护结构的基本类型及其适用条件如下:

(1)放坡开挖及简易支护

放坡开挖是指选择合理的坡度进行开挖,适用于地基土质较好、开挖深度不大以及施工现场有足够放坡场所的工程。放坡开挖施工简便、费用低,但挖土及回填土方量大。有时为了增加边坡稳定性和减少土方量,常采用简易支护(图 5.1)。

(2)悬臂式支挡结构

广义上讲,一切设有支撑和锚杆的支挡结构均可归属悬臂式支挡结构,但这里仅指没有内撑和锚拉的板桩墙、排桩墙和地下连续墙支挡结构(图 5.2)。悬臂式支挡结构依靠足够的入土深度和结构的抗弯能力来维持基坑壁的稳定和结构的安全。悬臂式支挡结构的水平位移对开挖深度很敏感,容易产生较大的变形,只适用于土质较好、开挖深度较浅的基坑工程。

(3)内撑式支挡结构

内撑式支挡结构由支护桩或墙和内支撑组成(图 5.3)。支护桩常采用钢筋混凝土桩或钢板桩,支护墙通常采用地下连续墙。内支撑常采用木方、钢筋混凝土或钢管(或型钢)做成。内支撑支挡结构适合各种地基土层,但设置的内支撑会占用一定的施工空间。

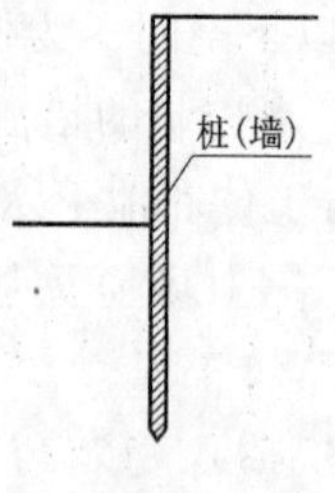

图 5.2　悬臂式支挡结构

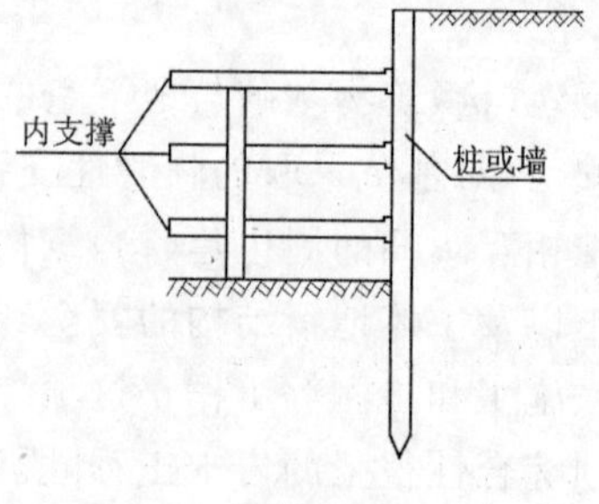

图 5.3　内撑式支挡结构

(4)锚拉式支挡结构

锚拉式支挡结构由支护桩或墙和锚杆组成。支护桩和墙同样采用钢筋混凝土桩和地下连续墙。锚拉式支挡结构通常有地面锚拉式[图 5.4(a)]和土层锚杆式[图 5.4(b)]两种。地面锚拉式需要有足够的场地设置锚桩或其他锚固装置。土层锚杆式因需要土层提供较大的锚固力,适用于深部有较好土层的地层,不宜用于软黏土地层。

(5)土钉墙支护结构

土钉墙支护结构是由被加固的原位土体、布置较密的土钉和喷射于坡面上的混凝土面板组成(图 5.5)。土钉一般是通过钻孔、插筋、注浆来设置的,但也可通过直接打入较粗的钢筋、钢管或型钢形成。土钉墙支护结构适合地下水位以上的黏性土、砂土和碎石土等地层,不宜用于淤泥或淤泥质土等软土地层。

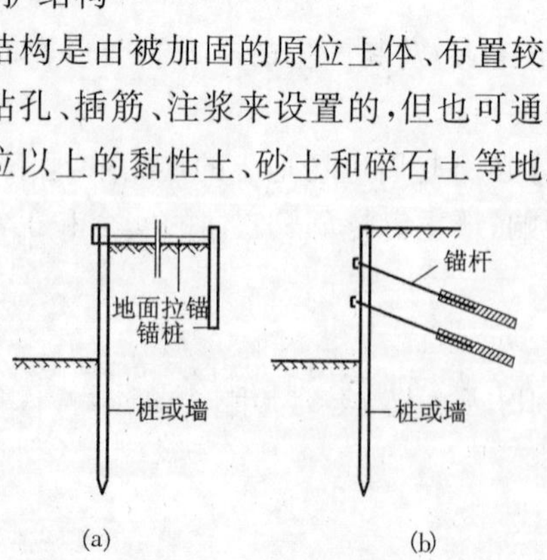

图 5.4　锚拉式支挡结构示意图

(a)地面锚拉式;(b)土层锚杆式

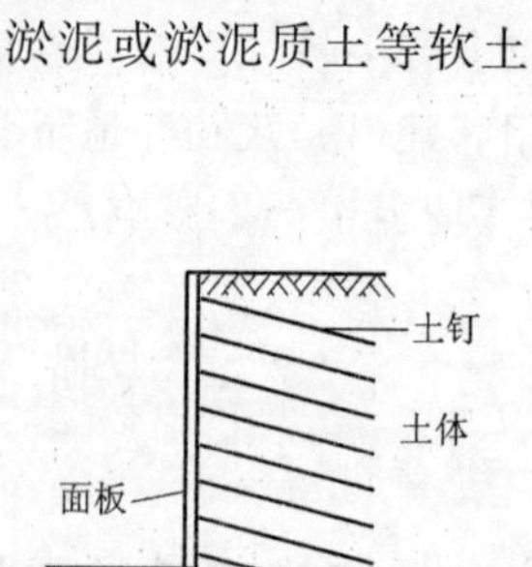

图 5.5　土钉墙支护结构示意图

(6)水泥土桩墙支护结构

利用水泥作为固化剂，通过特制的深层搅拌机械在地层深部将水泥和软土强制拌和，让水泥和软土之间产生一系列的物理-化学反应，硬结成具有整体性、水稳定性和一定强度的水泥土桩墙。水泥土桩墙中的桩与桩或排与排之间可相互咬合紧密排列，也可按网格式排列(图 5.6)。水泥土桩墙适合于淤泥、淤泥质土等软土地区的基坑支护。

(7)其他支护结构

其他支护结构形式有双排桩支挡结构(图 5.7)、连拱式支挡结构(图 5.8)、逆作拱墙支挡结构(图 5.9)、加筋水泥土挡墙以及各种组合式支护结构。

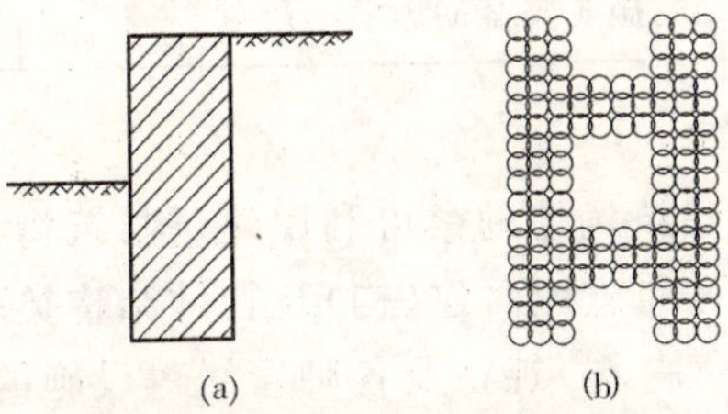

图 5.6 网格式水泥土桩墙

(a)水泥土桩墙剖面；(b)水泥土桩墙平面布置

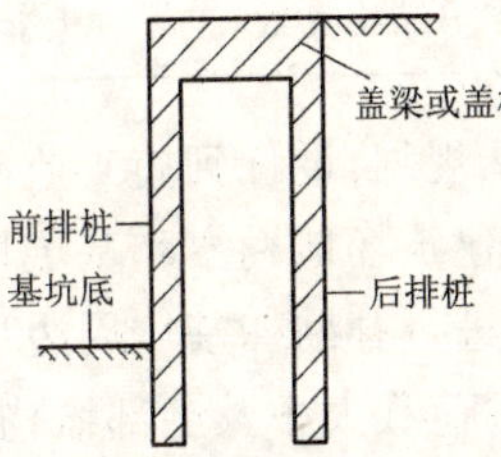

图 5.7 双排桩支挡结构

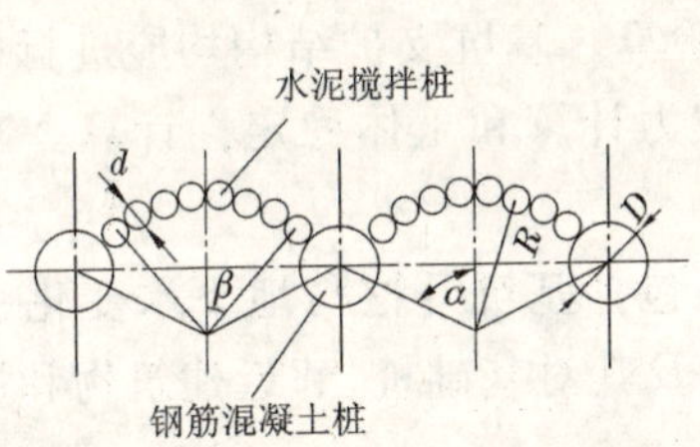

图 5.8 连拱式支挡结构平面图

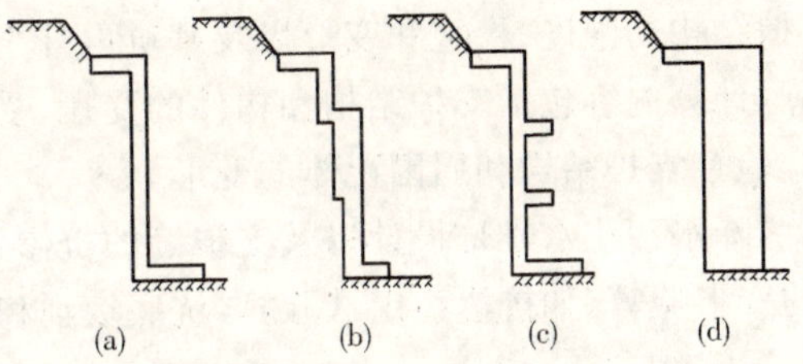

图 5.9 逆作拱墙支挡结构

双排桩支挡结构通常由钢筋混凝土前排桩和后排桩以及盖梁或盖板组成(图 5.7)。其支护深度比单排悬臂式结构要大，且变形相对较小。

连拱式支挡结构通常采用钢筋混凝土桩与深层搅拌水泥土拱以及支撑或锚杆组合而成(图 5.8)。水泥土抗拉强度很小，抗压强度较大，形成的水泥土拱可有效利用材料抗压强度。拱脚采用钢筋混凝土桩，承受由水泥土拱传递来的土压力，如果采用支撑或锚杆承担一定的荷载，则可取得更好的效果。

逆作拱墙支挡结构采用逆作法建造而成。拱墙截面常采用 Z 字形[图 5.9(a)]。当基坑较深且一道 Z 字形拱墙的支护强度不够时，可由数道拱墙叠合组成[图 5.9(b)、(c)]，但沿拱墙高度应设置数道肋梁，其竖向间距不宜大于 2.5 m。当基坑边坡场地较窄时，可不加肋梁但应加厚拱壁[图 5.9(d)]。拱墙平面形状常采用圆形或椭圆形封闭拱圈，但也有采用局部曲线形拱墙的。为保证拱墙在平面上主要承受压力的条件，逆作拱墙轴线的长跨比不宜小于 1/8。

5.2.2 基坑支护结构安全等级及设计内容

基坑支护工程设计的基本原则是：

(1)在满足支护结构本身强度、稳定性和变形要求的同时，确保基坑周边建(构)筑物、地下管线、道路的安全和正常使用；

(2)在保证安全可靠的前提下，设计方案应具有较好的技术经济和环境效应；

(3)为基坑支护工程施工和基础施工提供足够的空间和最大限度的便利，并保证施工安全。

根据《建筑基坑支护技术规程》(JGJ 120—2012)，基坑支护结构极限状态可分为承载力极限状态和正常使用极限状态。承载力极限状态对应于支护结构或构件达到最大承载能力，或者土体失稳、过大变形导致支护结构或基坑周边环境破坏的情况，正常使用极限状态对应于支护结构的变形已妨碍地下施工或影响基坑周边环境的正常使用功能的情况。

基坑支护结构的安全等级按破坏后果分为三级，见表5.1。

表5.1 基坑支护结构的安全等级及重要性系数

安全等级	破坏后果	重要性系数 γ_0
一级	支护结构失效、土体过大变形对基坑周边环境或主体结构施工安全的影响很严重	1.1
二级	支护结构失效、土体过大变形对基坑周边环境或主体结构施工安全的影响严重	1.0
三级	支护结构失效、土体过大变形对基坑周边环境或主体结构施工安全的影响不严重	0.9

基坑工程从规划、设计到施工监测全过程应包括如下内容：

(1)基坑内建筑场地勘察和基坑周边环境勘察。基坑内建筑场地勘察可利用建(构)筑物设计提供的勘察报告，必要时进行补勘。基坑周边环境勘察须查明：① 基坑周边地面建(构)筑物的结构类型、层数、基础类型、埋深、基础荷载大小及上部结构现状；② 基坑周边地下建(构)筑物及各种管线等设施的分布和状况；③ 场地周围和邻近地区地表及地下水分布情况及对基坑开挖的影响程度。

(2)基坑支护方案技术经济比较和选型。基坑支护工程应根据工程和环境条件提出几种可行的支护方案，通过比较，选出技术经济指标最佳的方案。

(3)支护结构的强度、稳定和变形以及基坑内外土体的稳定性验算。基坑支护结构均应进行极限承载力状态的计算，计算内容包括支护结构和构件的受压、受弯、受剪承载力计算和土体稳定性计算。对于重要基坑工程尚应验算支护结构和周围土体的变形。

(4)基坑降水和止水帷幕设计以及支护墙的抗渗设计。同时还包括基坑开挖与地下水变化引起的基坑内外土体的变形验算(如抗渗稳定性验算，坑底突涌稳定性验算等)及其对基础桩、邻近建筑物和周边环境的影响评价。

(5)基坑开挖施工方案和施工监测设计。

5.2.3 基坑支护结构的选型

基坑支护结构的选型应综合考虑基坑周边环境、主体建筑物和地下结构的条件、开挖深度、工程地质和水文地质条件、施工技术与设备、施工季节等因素，按照因地制宜的原则比选出最佳支护方案。

各类支护结构的适用条件及选型参见表5.2。

表5.2 各类支护结构的适用条件及选型

<table>
<tr><th colspan="2" rowspan="2">结构类型</th><th colspan="3">适用条件</th></tr>
<tr><th>安全等级</th><th colspan="2">基坑深度、环境条件、土类和地下水条件</th></tr>
<tr><td rowspan="5">支挡式结构</td><td>锚拉式结构</td><td rowspan="5">一级
二级
三级</td><td>适用于较深的基坑</td><td rowspan="5">1. 双排桩适用于可采用降水或截水帷幕的基坑
2. 地下连续墙宜同时用作主体地下结构外墙，可同时用于截水
3. 锚杆不宜用在软土层和高水位的碎石土、砂土层中
4. 当临近基坑有建筑物地下室、地下构筑物等，锚杆的有效锚固长度不足时，不应采用锚杆
5. 当锚杆施工会造成基坑周边建(构)筑物的损害或违反城市地下空间规划等规定时，不应采用锚杆</td></tr>
<tr><td>支撑式结构</td><td>适用于较深的基坑</td></tr>
<tr><td>悬臂式结构</td><td>适用于较浅的基坑</td></tr>
<tr><td>双排桩</td><td>当锚拉式、支撑式和悬臂式结构不适用时，可考虑采用双排桩</td></tr>
<tr><td>支护结构与主体结构结合的逆作法</td><td>适用于基坑周边环境很复杂的深基坑</td></tr>
</table>

续表 5.2

<table>
<tr><th colspan="2" rowspan="2">结构类型</th><th colspan="3">适用条件</th></tr>
<tr><th>安全等级</th><th colspan="2">基坑深度、环境条件、土类和地下水条件</th></tr>
<tr><td rowspan="4">土钉墙</td><td>单一土钉墙</td><td rowspan="4">二级
三级</td><td>适用于地下水位以上或经降水的非软土基坑，且基坑深度不宜大于 12 m</td><td rowspan="4">当基坑潜在滑动面内有建筑物、重要地下管线时，不宜采用土钉墙</td></tr>
<tr><td>预应力锚杆复合土钉墙</td><td>适用于地下水位以上或经降水的非软土基坑，且基坑深度不宜大于 15 m</td></tr>
<tr><td>水泥土桩复合土钉墙</td><td>用于非软土基坑时，基坑深度不宜大于 12 m；用于淤泥质土基坑时，基坑深度不宜大于 6 m；不宜用在高水位的碎石土、砂土层中</td></tr>
<tr><td>微型桩复合土钉墙</td><td>适用于地下水位以上或经降水的基坑，用于非软土基坑时，基坑深度不宜大于 12 m；用于淤泥质土基坑时，基坑深度不宜大于 6 m</td></tr>
<tr><td colspan="2">重力式水泥土墙</td><td>二级
三级</td><td colspan="2">适用于淤泥质土、淤泥基坑，且基坑深度不宜大于 7 m</td></tr>
<tr><td colspan="2">放 坡</td><td>三级</td><td colspan="2">① 施工场地应满足放坡条件
② 可与上述支护结构形式结合</td></tr>
</table>

注：① 当基坑不同部位的周边环境、土层性状、基坑深度等不同时，可在不同部位分别采用不同的支护形式；

② 支护结构可采用上、下部以不同结构类型组合的形式。

5.3 基坑支护结构上的水平荷载

5.3.1 支护结构上土压力的特点及计算方法

作用于基坑支护结构上的水平荷载主要来自两方面：一是由土体（包括地下水）自重产生的土压力；二是周边建（构）筑物荷载、施工荷载、地震荷载以及其他附加荷载通过土体的传递而产生的土压力。

相比于一般重力式挡土墙而言，基坑支护结构上土压力的影响因素更多更复杂。其中主要的影响因素有：土的类型及应力历史、地下水赋存形式和降排水方式、施工方法和次序、挡土构件的刚度、支点布置及预加力大小等。此外，作用于支护结构上的土压力具有很强的时空效应，亦即基坑中不同地段剖面会有不同的土压力，而且土压力大小和分布是随时间发展变化的。

在基坑开挖过程中，作用在支护结构上的土压力是随着开挖的进程逐步形成的，其分布形式除与上述因素有关外，更重要的是它还与支护结构的位移形态（位移的大小、方向和位移方式）有关，而位移形态会因支撑和锚杆的设置及每步开挖施工方式的不同而不同。因此，作用于支护结构上的土压力并不完全处于静止和主动状态。有关实测资料证明：当支护桩或墙上设有支点时，土压力分布一般呈上下小、中间大的抛物线形状或更复杂的形状；只有当支护桩或墙处于悬臂状态时，桩或墙的上端绕下端外倾，这时才有可能产生呈直线分布的主动土压力。

《建筑地基规范》规定，作用于支护结构的主动和被动土压力可采用库仑或朗肯土压力理论计算；当对支护结构水平位移有严格限制时，应采用静止土压力计算；当按变形控制原则设计支护结构时，作用在支护结构的计算土压力可按支护结构与土体的相互作用原理确定，也可按地区经验确定。而《建筑基坑支护技术规程》(JGJ 120—2012)规定，采用朗肯土压力理论计算土压力：对地下水位以下的黏性土、黏质粉土可采用土压力、水压力合算方法，而对砂质粉土、砂土和碎石土应采用土压力、水压力分算法。

5.3.2 地下水位以上土压力计算

当土层位于地下水位以上时，根据朗肯土压力理论，支护结构外侧地面以下深度 z_{ai} 处主动土压力强度 p_{ai}[图 5.10(a)]可按下式计算：

$$p_{ai} = \sigma_{vi} K_{ai} - 2c_i \sqrt{K_{ai}} \tag{5.1}$$

$$K_{ai} = \tan^2\left(45° - \frac{\varphi_i}{2}\right) \tag{5.2}$$

式中 σ_{vi}——地面以下深度 z_{ai} 处竖向应力(kPa)；

K_{ai}——地面以下深度 z_{ai} 处土的主动土压力系数；

c_i，φ_i——地面以下深度 z_{ai} 处土的黏聚力(kPa)、内摩擦角(°)。

对黏性土、黏质粉土采用三轴固结不排水剪强度指标 c_{cu}、φ_{cu} 或直剪固结快剪强度指标 c_{cq}、φ_{cq}；对砂土、碎石土和砂质粉土应采用有效应力强度指标。

支护结构内侧，基坑底面以下深度 z_{pj} 处被动土压力强度 p_{pj}[图 5.10(a)]可按下式计算：

$$p_{pj} = \sigma_{vj} K_{pj} + 2c_j \sqrt{K_{pj}} \tag{5.3}$$

$$K_{pj} = \tan^2\left(45° + \frac{\varphi_j}{2}\right) \tag{5.4}$$

式中 σ_{vj}——基坑底面以下深度 z_{pj} 处竖向应力(kPa)；

K_{pj}——基坑底面以下深度 z_{pj} 处土的被动土压力系数；

c_j、φ_j——基坑底面以下深度 z_{pj} 处土的黏聚力(kPa)、内摩擦角(°)，其取值方法同上。

5.3.3 地下水位以下水、土压力计算

当土层位于地下水位以下[图 5.10(b)]时，对于黏性土、黏质粉土采用土压力、水压力合算方法计算主动和被动土压力，其计算方法同式(5.1)～式(5.4)。

对于砂土、碎石土和砂质粉土，应采用土、水压力分算法计算支护结构外侧主动土压力强度 p_{ai}：

$$p_{ai} = \sigma'_{vi} K_{ai} - 2c'_i \sqrt{K_{ai}} + u_{ai} = (\sigma_{vi} - u_{ai}) K_{ai} - 2c'_i \sqrt{K_{ai}} + u_{ai} \tag{5.5}$$

$$K_{ai} = \tan^2\left(45° - \frac{\varphi'_i}{2}\right) \tag{5.6}$$

式中 u_{ai}——支护结构外侧地面以下计算点的水压力(kN/m)；

c'_i，φ'_i——地面以下深度 z_{ai} 处土的有效黏聚力(kPa)、有效内摩擦角(°)。

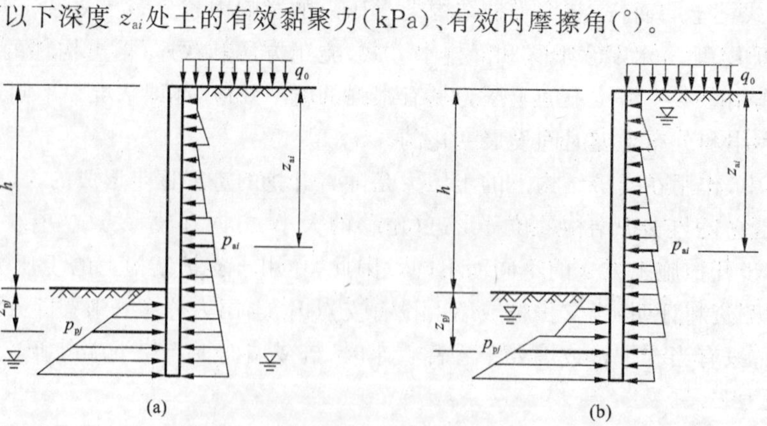

图 5.10 土压力计算示意图

(a)地下水位以上土层；(b)地下水位以下土层

而支护结构内侧被动土压力 p_{pj} 按下式计算：

$$p_{pj} = \sigma'_{vj} K_{pj} + 2c'_j \sqrt{K_{pj}} + u_{pj} = (\sigma_{vj} - u_{pj}) K_{pj} + 2c'_j \sqrt{K_{pj}} + u_{pj} \tag{5.7}$$

$$K_{pj} = \tan^2\left(45° + \frac{\varphi_j'}{2}\right) \tag{5.8}$$

式中 u_{pj}——基坑底面以下计算点的水压力(kN/m)；

c_j',φ_j'——基坑底面以下深度 z_{pj} 处土的有效黏聚力(kPa)、有效内摩擦角(°)。

5.4 排桩、地下连续墙支挡结构设计计算

若施工场地狭窄、地质条件较差、基坑较深,或对开挖引起的变形控制较严,则可采用排桩或地下连续墙支挡结构。

排桩可采用钻孔灌注桩、人工挖孔桩、预制钢筋混凝土板桩和钢板桩等。桩的排列方式通常有柱列式[图 5.11(a)]、连续式[图 5.11(b)～(d)]和组合式[图 5.11(e)、(f)]。排桩支挡结构除受力桩外,有时还包括冠梁、腰梁和桩间护壁构造件等,必要时还可设置一道或多道支撑或锚杆。

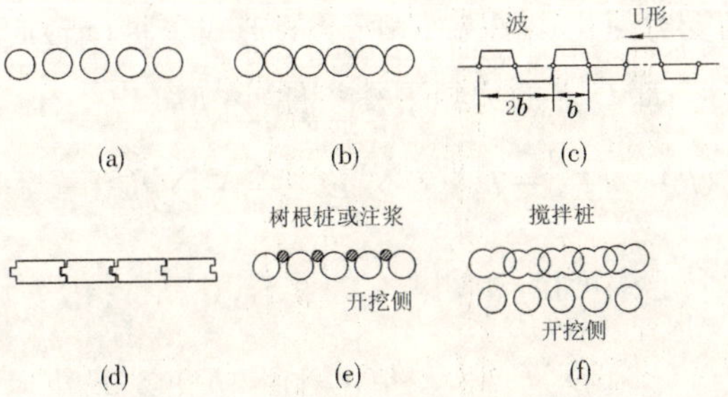

图 5.11 排桩支挡结构桩的排列形式

地下连续墙是采用特制的成槽机械在泥浆护壁下,逐段开挖出沟槽并浇筑钢筋混凝土墙而形成。地下连续墙不仅能够挡土、止水,还可用作地下结构的外墙,同时具有刚度大、整体性好、振动噪声小、可逆作法施工以及适用各种地质条件等优点,特别适合对变形控制要求较高的重要工程。但废泥浆处理不好会影响城市环境,而且造价也较高。

5.4.1 悬臂式桩、墙支挡结构计算

悬臂式排桩(地下连续墙)的设计计算可采用极限平衡法和布鲁姆(H. Blum)简化计算法。

(1)极限平衡法

对于悬臂式支挡结构,计算简图如图 5.12 所示。当单位计算宽度桩(墙)两侧所受的净土压力相平衡时,桩(墙)则处于稳定状态,相应的桩(墙)入土深度即为其保证稳定性所需的最小入土深度,可根据静力平衡条件求出。具体计算步骤如下：

① 分别在桩(墙)底端 C 处和坑底 B 处,计算支挡结构外侧的主动土压力强度 p_{a2}、p_{a1} 和内侧的被动土压力强度 p_{p2}、p_{p1},然后叠加得第一净土压力线 b_1d,并求出第一个土压力零点 O 的位置,它至基坑底面的距离为 u,至桩(墙)底端 C 的距离为 t；

② 计算 O 点以上土压力合力 $\sum E$,求出 $\sum E$ 作用点至 O 点的距离 y；

③ 计算桩(墙)底端 C 处内侧的主动土压力强度 p_{a3} 和外侧的被动土压力强度 p_{p3},然后叠加得 C 处的净土压力点 c_2,由此引第二净土压力线 c_2d,它与第一净土压力线 b_1d 交于 d 点,假定 d 点至桩(墙)底端 C 的距离为 z；

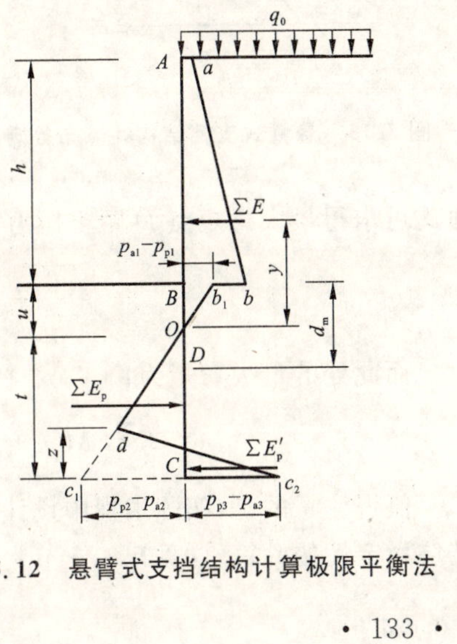

图 5.12 悬臂式支挡结构计算极限平衡法

④ 根据作用在桩(墙)上的全部水平作用力平衡条件($\sum F_x=0$)和绕桩(墙)底端力矩平衡条件($\sum M_c=0$)可得

$$\sum E+[(p_{p3}-p_{a3})+(p_{p2}-p_{a2})]\frac{z}{2}-(p_{p3}-p_{a3})\frac{t}{2}=0 \tag{5.9}$$

$$\sum E\cdot(t+y)+[(p_{p3}-p_{a3})+(p_{p2}-p_{a2})]\frac{z}{2}\cdot\frac{z}{3}-(p_{p3}-p_{a3})\frac{t}{2}\cdot\frac{t}{3}=0 \tag{5.10}$$

上两式中包含未知数 z 和 t,而且 p_{a2}、p_{p2}、p_{a3}、p_{p3} 计算式中也包含这两个未知数,将它们的计算式代入上两式并消去 z,可得一个关于 t 的方程式,求解该方程,即可求出 O 点以下桩(墙)的入土深度(即有效嵌固深度)t。

⑤ 计算桩(墙)最大弯矩 M_{max}。根据最大弯矩点剪力为零,求出最大弯矩点 D 离基坑底的距离 d_m,再根据 D 点以上所有力对 D 点取矩,可求得最大弯矩 M_{max}。

(2)布鲁姆简化计算法

布鲁姆法将悬臂式桩(墙)的受力简化成图 5.13 所示的形式。桩(墙)底部外侧出现的被动土压力以一个集中力 E'_p 代替。根据绕桩(墙)底部 C 点的力矩平衡条件 $\sum M=0$,有

$$(h+u+t-h_a)\cdot\sum E-\frac{t}{3}\cdot\sum E_p=0 \tag{5.11}$$

因 $\sum E_p=\frac{1}{2}\gamma(K_p-K_a)t^2$,代入上式可得

$$t^3-\frac{6\sum E}{\gamma(K_p-K_a)}t-\frac{6(h+u-h_a)\sum E}{\gamma(K_p-K_a)}=0 \tag{5.12}$$

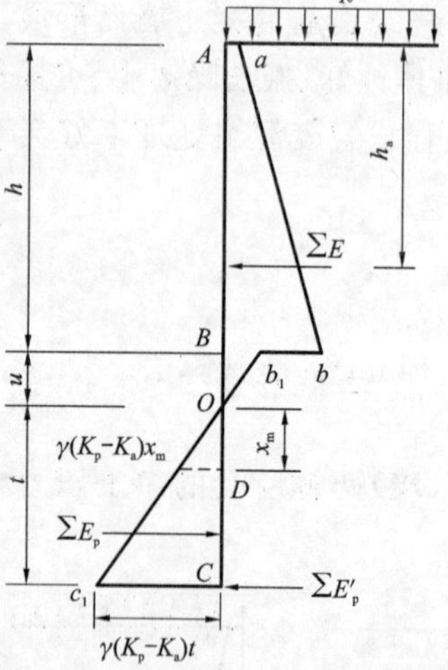

图 5.13 悬臂式支挡结构计算布鲁姆法

式中 t——桩(墙)的有效嵌固深度(m);

$\sum E$——桩(墙)外侧 AB 段主动土压力与 BO 段净土压力之和(kN/m);

K_a——主动土压力系数;

K_p——被动土压力系数;

γ——土体重度(kN/m³);

h——基坑开挖深度(m);

h_a——$\sum E$ 作用点距地面的距离(m);

u——土压力零点(即土压力为零的点)O 距基坑底面的距离(m)。

由式(5.12),经试算可求出桩(墙)的有效嵌固深度 t。

最大弯矩应在剪力为零处,于是有:

$$\sum E-\frac{1}{2}\gamma(K_p-K_a)x_m^2=0 \tag{5.13}$$

由此可求得最大弯矩点 D 距土压力零点 O 的距离 x_m 为:

$$x_m=\sqrt{\frac{2\sum E}{\gamma(K_p-K_a)}} \tag{5.14}$$

而此处的最大弯矩为:

$$M_{max}=(h+u+x_m-h_a)\sum E-\frac{\gamma(K_p-K_a)x_m^3}{6} \tag{5.15}$$

值得注意的是,实际工程中设计嵌固深度,应根据计算得到的有效嵌固深度 t 乘以放大系数,并应通过基坑稳定性的验算(详见 5.4.5 节)。

【例 5.1】 某基坑开挖深度 $h=6.0\ \mathrm{m}$，土层重度为 $19.0\ \mathrm{kN/m^3}$，内摩擦角 $\varphi=24°$，黏聚力 $c=10\ \mathrm{kPa}$，地面超载 $q_0=15\ \mathrm{kPa}$。现拟采用悬臂式地下连续墙支护，试确定墙的有效嵌固深度和最大弯矩。

【解】 沿支护墙长度方向取 1 延米进行计算。

① 土压力系数计算

主动土压力系数：$K_a=\tan^2\left(45°-\dfrac{\varphi}{2}\right)=\tan^2\left(45°-\dfrac{24°}{2}\right)=0.42$

被动土压力系数：$K_p=\tan^2\left(45°+\dfrac{\varphi}{2}\right)=\tan^2\left(45°+\dfrac{24°}{2}\right)=2.37$

② 基坑底面 B 处净土压力强度 p_{b1} 计算

B 处坑外主动土压力强度：

$$p_{a,B}=K_a(q_0+\gamma h)-2c\sqrt{K_a}=0.42\times(15+19\times 6)-2\times 10\times\sqrt{0.42}=41.22\ \mathrm{kPa}$$

B 处坑内被动土压力强度：

$$p_{p,B}=0+2c\sqrt{K_p}=0+2\times 10\times\sqrt{2.37}=30.79\ \mathrm{kPa}$$

于是，有

$$\begin{aligned}p_{b1}&=p_{a,B}-p_{p,B}=K_a(q_0+\gamma h)-2c(\sqrt{K_a}+\sqrt{K_p})\\&=0.42\times(15+19\times 6)-2\times 10\times(\sqrt{0.42}+\sqrt{2.37})=10.43\ \mathrm{kPa}\end{aligned}$$

③ 土压力零点 O 距基坑底面的距离 u

O 点处基坑内侧被动土压力强度、外侧主动土压力强度分别为：

$$p_{p,O}=K_p\gamma u+2c\sqrt{K_p},\quad p_{a,O}=K_a(q_0+\gamma h+\gamma u)-2c\sqrt{K_a}$$

所以，根据 $p_{p,O}-p_{a,O}=0$，有

$$u=\frac{K_a(q_0+\gamma h)-2c(\sqrt{K_p}+\sqrt{K_a})}{\gamma(K_p-K_a)}=\frac{0.42\times(15+19\times 6)-2\times 10\times(\sqrt{2.37}+\sqrt{0.42})}{19\times(2.37-0.42)}=0.28\ \mathrm{m}$$

④ $\sum E$ 计算

临界深度 $z_0=\dfrac{2c}{\gamma\sqrt{K_a}}-\dfrac{q_0}{\gamma}=\dfrac{2\times 10}{19\times\sqrt{0.42}}-\dfrac{15}{19}=0.83\ \mathrm{m}$

支护墙外侧基坑底面以上主动土压力 E_{a1} 为：

$$E_{a1}=\frac{1}{2}p_{a,B}(h-z_0)=\frac{1}{2}\times 41.22\times(6-0.83)=106.55\ \mathrm{kN/m}$$

其作用点距地面的距离 h_{a1} 为：

$$h_{a1}=z_0+\frac{2}{3}(h-z_0)=0.83+\frac{2}{3}\times(6-0.83)=4.28\ \mathrm{m}$$

土压力零点 O 至坑底面范围内作用于支护墙外侧的净土压力 E_{a2} 为：

$$E_{a2}=\frac{1}{2}p_{b1}u=\frac{1}{2}\times 10.43\times 0.28=1.46\ \mathrm{kN/m}$$

其作用点距地面的距离 h_{a2} 为：

$$h_{a2}=h+\frac{1}{3}u=6+\frac{1}{3}\times 0.28=6.09\ \mathrm{m}$$

所以，作用于支护墙外侧的土压力合力 $\sum E$ 为：

$$\sum E=E_{a1}+E_{a2}=106.55+1.46=108.01\ \mathrm{kN/m}$$

$\sum E$ 的作用点距地面的距离为：

$$h_a=\frac{E_{a1}h_{a1}+E_{a2}h_{a2}}{\sum E}=\frac{106.55\times 4.28+1.46\times 6.09}{108.01}=4.30\ \mathrm{m}$$

将上述计算得到的 K_a、K_p、u、$\sum E$、h_a 值代入式(5.12)得

$$t^3-\frac{6\times 108.01}{19\times(2.37-0.42)}t-\frac{6\times 108.01\times(6+0.28-4.30)}{19\times(2.37-0.42)}=0$$

即

$$t^3-17.49t-34.63=0$$

由此可解得地下连续墙的有效嵌固深度 $t=4.95$ m。

最大弯矩点距土压力零点的距离 x_m 为:

$$x_m=\sqrt{\frac{2\sum E}{(K_p-K_a)\gamma}}=\sqrt{\frac{2\times 108.01}{(2.37-0.42)\times 19}}=2.41 \text{ m}$$

于是,最大弯矩 M_{max} 为:

$$M_{max}=(h+u+x_m-h_a)\sum E-\frac{\gamma(K_p-K_a)x_m^3}{6}$$
$$=(6+0.28+2.41-4.30)\times 108.01-\frac{19\times(2.37-0.42)\times 2.41^3}{6}=387.73 \text{ kN}\cdot\text{m/m}$$

5.4.2 单层支点桩、墙支挡结构计算

单层支点桩(墙)支挡结构因在顶端附近设有一内支撑或拉锚,可认为在支点处无水平移动而简化成一铰支座,但桩(墙)下端的支承情况则与其入土深度有关,因此,单层支点支挡结构的计算模型与桩(墙)的入土深度有关。

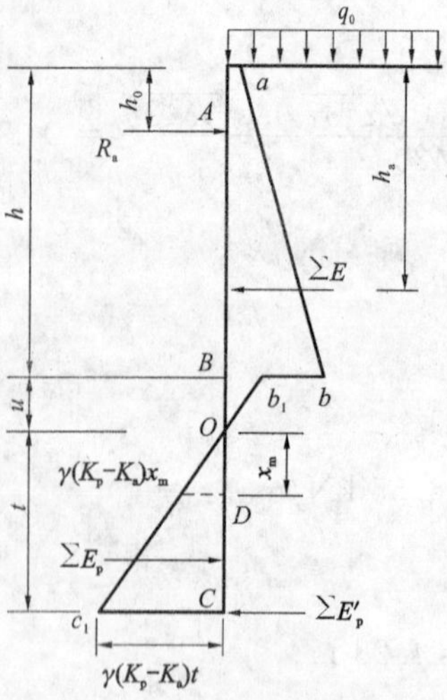

图 5.14 单层支点桩(墙)计算简图

(1)入土较浅时单层支点桩(墙)支挡结构计算

当支护桩(墙)入土深度较浅时,桩(墙)内侧的被动土压力全部发挥,桩(墙)的底端可能有少许向前位移的现象发生。此时桩(墙)内、外侧的被动和主动土压力对支点的力矩相等,桩(墙)体处于静力平衡状态,桩(墙)可看作在支点铰支而下端自由的结构(图 5.14)。

取单位计算宽度对桩(墙)进行受力分析。先假设桩(墙)的有效嵌固深度为 t,根据对支点 A 的力矩平衡条件($\sum M_A=0$)有:

$$\sum E\cdot(h_a-h_0)-\sum E_p\cdot\left(h-h_0+u+\frac{2}{3}t\right)=0 \quad (5.16)$$

由上式经试算可求出有效嵌固深度 t。

支点 A 处的水平力 R_a 根据水平力平衡条件求出:

$$R_a=\sum E-\sum E_p \quad (5.17)$$

根据最大弯矩截面的剪力等于零,可求得最大弯矩截面距土压力零点的距离 x_m:

$$x_m=\sqrt{\frac{2(\sum E-R_a)}{\gamma(K_p-K_a)}} \quad (5.18)$$

由此可求出最大弯矩:

$$M_{max}=\sum E\cdot(h-h_a+u+x_m)-R_a\cdot(h-h_0+u+x_m)-\frac{1}{6}\gamma(K_p-K_a)\cdot x_m^3 \quad (5.19)$$

(2)入土较深时单层支点桩(墙)支挡结构计算

当支护桩(墙)的入土深度较深时,桩(墙)的底端将向基坑外侧倾斜,桩(墙)的内、外侧均出现被动土压力,支护桩(墙)在土中处于弹性嵌固状态,相当于上端简支而下端嵌固的超静定梁。工程上常采用等值梁法计算。

等值梁法的基本原理如图 5.15 所示。一根一端固定另一端简支的梁[图 5.15(a)],弯矩的反弯点在 b 点,该点弯矩为零[图 5.15(b)]。如果在 b 点切开,并规定 b 点为左端梁的简支点,这样在 ab 段内的弯矩保

持不变，由此，图 5.15(c)中的简支梁 ab 称为图 5.15(a)中的 ac 梁中 ab 段的等值梁。

等值梁法应用于单层支点桩(墙)计算，计算简图如图 5.16 所示，其计算步骤如下：

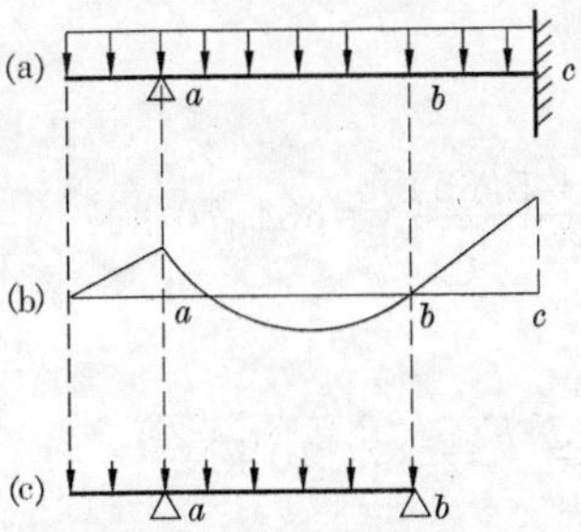

图 5.15　等值梁法原理图

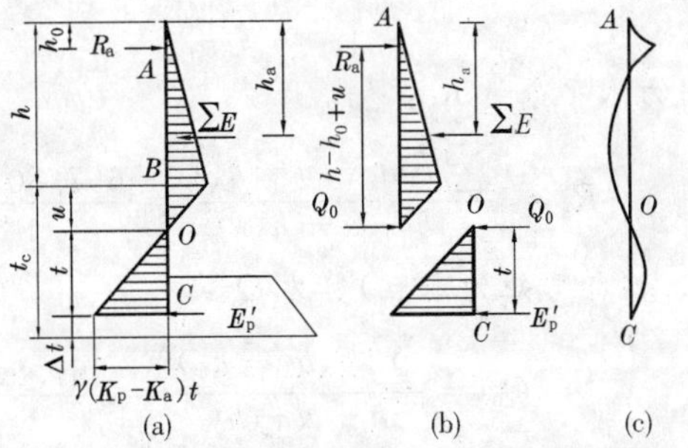

图 5.16　单层支点桩(墙)支挡结构计算等值梁法

① 确定正负弯矩反弯点的位置。实测结果表明净土压力为零点的位置与弯矩为零点的位置很接近，因此可假定反弯点就在净土压力为零点的位置，即为图 5.16 中的 O 点。它距基坑底面的距离 u 根据作用于桩(墙)内、外侧土压力为零的条件求出。

② 由等值梁 AO 根据平衡方程计算支点反力 R_a 和 O 点剪力 Q_0：

$$R_a = \frac{\sum E \cdot (h - h_a + u)}{h - h_0 + u} \tag{5.20}$$

$$Q_0 = \frac{\sum E \cdot (h_a - h_0)}{h - h_0 + u} \tag{5.21}$$

③ 取桩(墙)下段 OC 为隔离体，取 $\sum M_C = 0$，可求出有效嵌固深度 t：

$$t = \sqrt{\frac{6Q_0}{\gamma(K_p - K_a)}} \tag{5.22}$$

④ 由等值梁 AO 求算最大弯矩 M_{max}。由于作用于桩(墙)上的力均已求得，M_{max} 可以很方便地求出。

【例 5.2】　某基坑开挖深度 $h=8.0$ m，采用单层支点式桩锚支护结构。支护桩为人工挖孔桩，桩的直径 1.0 m、间距 1.8 m。锚杆水平间距 $S_h=1.8$ m，锚杆支点距地面的距离 $h_0=1.5$ m。地基土层参数加权平均值为：黏聚力 $c=0$、内摩擦角 $\varphi=25°$、重度 $\gamma=18.5\ kN/m^3$。地面超载 $q_0=20$ kPa。试用等值梁法计算支护桩的有效嵌固深度 t、最大弯矩 M_{max} 和锚杆应提供的锚固力水平分量 R_a。

【解】　取支锚点水平间距 $S_h=1.8$ m 作为计算宽度。

主动和被动土压力系数分别为：

$$K_a=0.41,\ K_p=2.46$$

基坑外侧地面处主动土压力强度：

$$p_{a1} = q_0 K_a - 2c\sqrt{K_a} = 20 \times 0.41 - 2 \times 0 \times \sqrt{0.41} = 8.2\ kPa$$

基坑外侧基坑底面深度处主动土压力强度：

$$p_{a2} = (20 + 18.5 \times 8) \times 0.41 - 2 \times 0 \times \sqrt{0.41} = 68.88\ kPa$$

土压力零点离基坑底的距离 u：

$$u = \frac{p_{a2}}{\gamma(K_p - K_a)} = \frac{68.88}{18.5 \times (2.46 - 0.41)} = 1.82\ m$$

支护桩外侧所受总土压力 $\sum E$：

$$\sum E = \frac{1}{2} \times (8.2 + 68.88) \times 8 \times 1.8 + \frac{1}{2} \times 68.88 \times 1.82 \times 1.8 = 667.80\ kN$$

$\sum E$ 作用点离地面的距离 h_a：

$$h_a=\frac{\frac{1}{2}\times 8.2\times 8^2\times 1.8+\frac{1}{3}\times(68.88-8.2)\times 8^2\times 1.8+\frac{1}{2}\times 68.88\times 1.82\times(8+\frac{1}{3}\times 1.82)\times 1.8}{667.80}$$
$$=5.65\ \text{m}$$

锚杆锚固力水平分量 R_a：

$$R_a=\frac{\sum E(h+u-h_a)}{h+u-h_0}=\frac{667.80\times(8+1.82-5.65)}{8+1.82-1.5}=334.70\ \text{kN}$$

土压力零点（即弯矩为零点）剪力 Q_0：

$$Q_0=\frac{\sum E(h_a-h_0)}{h+u-h_0}=\frac{667.80\times(5.65-1.5)}{8+1.82-1.5}=333.10\ \text{kN}$$

桩的有效嵌固深度 t：

$$t=\sqrt{\frac{6Q_0}{\gamma(K_p-K_a)S_h}}=\sqrt{\frac{6\times 333.10}{18.5\times(2.46-0.41)\times 1.8}}=5.41\ \text{m}$$

求剪力为零点离地面距离 h_q，由 $R_a-\frac{1}{2}\gamma h_q^2K_aS_h-q_0K_ah_qS_h=0$ 得

$$h_q=\frac{1}{\gamma}\left[-q_0+\sqrt{q_0^2+2\gamma R_a/(K_aS_h)}\right]=\frac{1}{18.5}\left[-20+\sqrt{20^2+2\times 18.5\times 334.70/(0.41\times 1.8)}\right]$$
$$=6.00\ \text{m}$$

桩的最大弯矩 M_{max}：

$$M_{max}=334.70\times(6.00-1.5)-\frac{1}{6}\times 18.5\times 6.00^3\times 0.41\times 1.8-\frac{1}{2}\times 20\times 6.00^2\times 0.41\times 1.8$$
$$=748.96\ \text{kN}\cdot\text{m}$$

5.4.3 多层支点桩、墙支挡结构计算

当土质较差、基坑又较深时，通常采用多层支点的支挡结构，支点层数及位置则根据土层分布及性质、基坑深度、支挡结构刚度和材料强度以及施工要求等因素确定。

目前对多层支点支护结构的计算方法通常采用等值梁法、连续梁法、支撑荷载1/2分担法、弹性支点法以及有限单元法等。以下仅对连续梁法和弹性支点法作简单介绍。

(1)连续梁法

多层支点支挡结构可当作支点处无位移（视为铰支座）的连续梁，如图5.17所示，并按各个施工阶段的情况分别计算。下面以设置三道内支撑基坑为例说明其计算步骤：

① 在设置支撑 A 以前的开挖阶段[图5.17(a)]，可将桩（墙）作为一端嵌固在土中的悬臂桩（墙）。

② 在设置支撑 B 以前的开挖阶段[图5.17(b)]，桩（墙）可视为两个支点的静定梁，两个支点分别是 A 及净土压力为零的一点（简称为“净土压力零点”）。

③ 在设置支撑 C 以前的开挖阶段[图5.17(c)]，桩（墙）是具有三个支点的连续梁，三个支点分别为 A、B 及净土压力零点。

④ 在浇筑底板以前的开挖阶段[图5.17(d)]，桩（墙）是具有四个支点的三跨连续梁。

(2)弹性支点法

弹性支点法，又称为弹性抗力法、地基反力法。它假定基坑开挖面以下土体作用于挡土构件（桩或墙）上的分布土反力 p_s 为：

$$p_s=k_sy+p_{s0} \tag{5.23}$$

式中 p_{s0}——初始分布土反力(kPa)；

y——挡土构件在分布土反力计算点使土体压缩的水平位移量(m)；

k_s——地基土的水平反力系数，按下式确定：

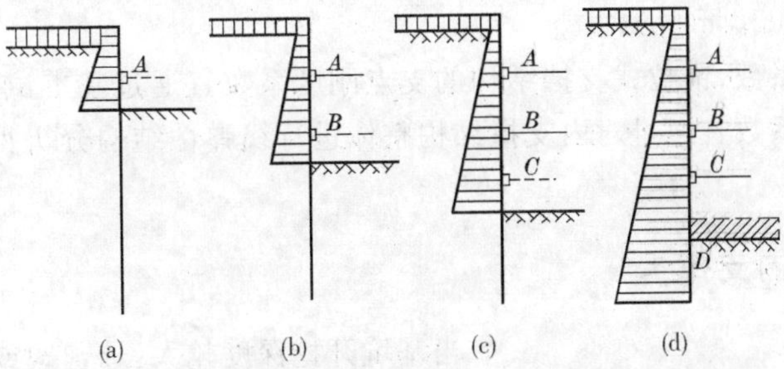

图 5.17 各施工阶段的计算简图

$$k_s = m(z-h) \tag{5.24}$$

式中 h——计算工况下的基坑开挖深度(m)；

z——计算点距地面的深度(m)；

m——地基土的水平反力系数的比例系数，宜按桩的水平荷载试验及地区经验取值。

对于悬臂式支挡结构[图 5.18(a)]，计算宽度内挡土构件(桩或墙)的基本挠曲微分方程为：

$$EI\frac{d^4y}{dz^4} + m\cdot(z-h)\cdot b_0\cdot y + p_{s0}b_s - p_{ak}\cdot b_a = 0 \tag{5.25}$$

式中 EI——挡土构件的抗弯刚度(kN·m^2)；

y——挡土构件的水平挠曲变形(m)；

b_a——挡土构件的计算宽度(m，图 5.19)；

p_{ak}——挡土结构外侧的主动土压力强度标准值(kPa)，开挖面以下取两侧主动土压力之差；

b_0——挡土结构内侧的土反力计算宽度(m，图 5.19)。

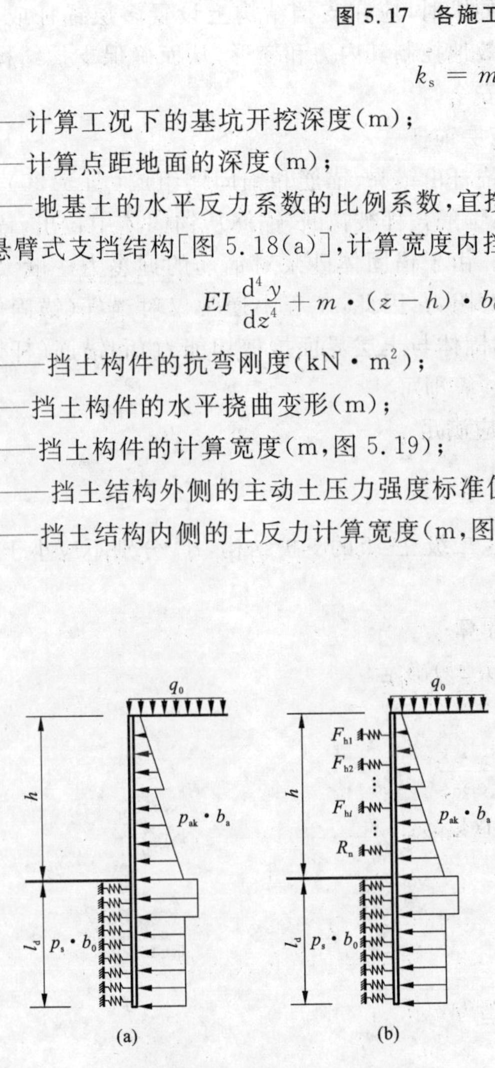

图 5.18 弹性支点法计算简图

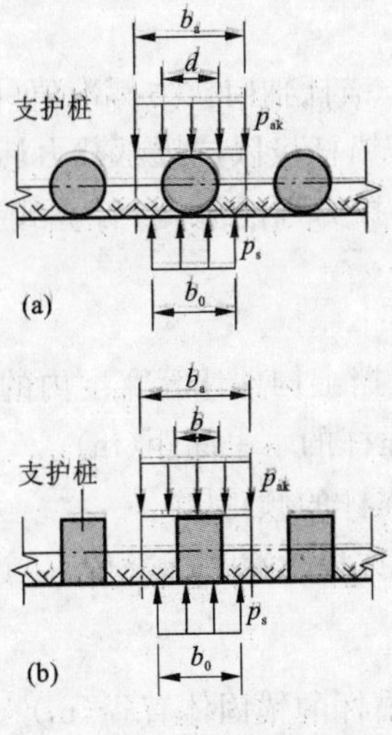

图 5.19 排桩计算宽度

求解式(5.25)，可得到支挡结构的内力和变形。可采用幂级数法进行求解(参见 3.5 节水平受荷桩内力与位移求解方法)，也可用杆系有限元法求解。

对于有支点的支挡结构[图 5.18(b)]，将每个支点视为一弹性支座，在式(5.25)计算模型上，附加上各个支点的作用力，再利用杆系有限元法可求解出支挡结构的内力和变形。取计算宽度内挡土结构进行分析，则支点上锚杆或支撑对挡土结构的作用力为：

$$F_h = k_R(y_R - y_R^0) + P_h \tag{5.26}$$

式中 F_h——支点水平反力(kN)；

P_h——支点预加力的水平分量(kN)；

y_R^0——设置锚杆或支撑时，支点的初始水平位移量(m)；

y_R——支点的水平位移量(m)；

k_R——支点的刚度系数，锚拉式支挡结构的支点刚度系数宜通过基本试验确定，而支撑式支挡结构的支点刚度系数宜通过对内支撑结构整体进行线弹性结构分析得出的支点力与水平位移的关系确定。

5.4.4 土层锚杆与内支撑

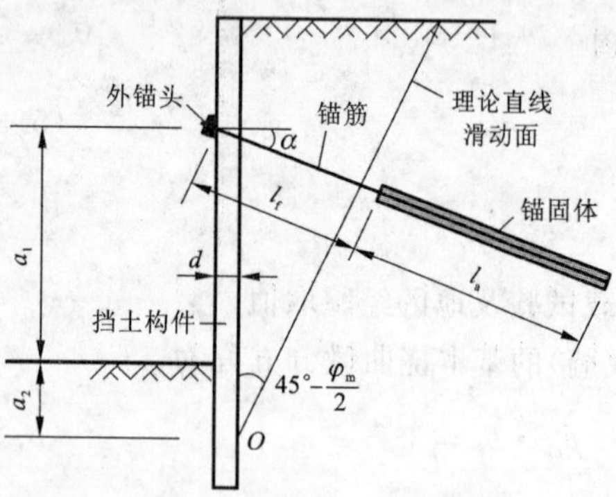

图 5.20 理论直线滑动面

当基坑开挖深度较大，悬臂式或单层支点式支挡结构不能满足工程要求时，应在支挡结构上设置多层锚杆或内支撑，这样可以有效地控制其内力和变形，从而确保支护结构自身和周边环境的安全。

(1)土层锚杆

土层锚杆由锚头、锚筋和锚固体组成(图 5.20)，可能的破坏形式有：锚筋拉杆被拉断、锚筋从锚固体中拉出、锚固体从土层中拔出。由于锚固体砂浆对锚筋的握裹力一般大于锚固体与土层的摩阻力，因此，工程中通常仅对锚杆(锚固体)抗拔承载力(即锚固体与土层界面抗剪切能力)和锚筋(杆体)抗拉承载力进行验算即可。

① 锚杆抗拔承载力验算。锚杆的极限抗拔承载力应满足：

$$\frac{R_k}{N_k} \geqslant K_t \tag{5.27}$$

式中 K_t——锚杆抗拔安全系数，对于安全等级为一级、二级、三级的支护结构，K_t 分别不应小于 1.8、1.6、1.4；

N_k——锚杆轴向拉力标准值(kN)，按式(5.28)计算；

R_k——锚杆极限抗拔承载力标准值(kN)，按式(5.29)确定。

锚杆轴向拉力标准值 N_k 计算式为：

$$N_k = \frac{F_h \cdot s}{b_a \cos\alpha} \tag{5.28}$$

式中 F_h——挡土构件计算宽度内的弹性支点水平反力(kN)；

s——锚杆的水平间距(m)；

α——锚杆的倾角(°)。

锚杆极限抗拔承载力标准值 R_k 计算式为：

$$R_k = \pi d \sum q_{sk,j} l_j \tag{5.29}$$

式中 d——锚杆的锚固体直径(m)；

l_j——锚杆的锚固段在第 j 土层中的长度(m)，锚固段长度 l_a 为超过理论直线滑动面(图 5.20)1.5 m 外的长度；

$q_{sk,j}$——锚固体与第 j 土层的极限黏结强度标准值(kPa)，根据工程经验并结合表 5.3 取值。

表 5.3 锚杆的极限黏结强度标准值

土的名称	土的状态或密实度	q_{sk}(kPa)	
		一次常压注浆	二次压力注浆
填土		16～30	30～45
淤泥质土		16～20	20～30

续表 5.3

土的名称	土的状态或密实度	q_{sk}(kPa)	
		一次常压注浆	二次压力注浆
黏性土	$I_L>1$	18～30	25～45
	$0.75<I_L\leqslant1$	30～40	45～60
	$0.50<I_L\leqslant0.75$	40～53	60～70
	$0.25<I_L\leqslant0.50$	53～65	70～85
	$0<I_L\leqslant0.25$	65～73	85～100
	$I_L\leqslant0$	73～90	100～130
粉土	$e>0.90$	22～44	40～60
	$0.75\leqslant e\leqslant0.90$	44～64	60～90
	$e<0.75$	64～100	80～130
粉细砂	稍密	22～42	40～70
	中密	42～63	75～110
	密实	63～85	90～130
中砂	稍密	54～74	70～100
	中密	74～90	100～130
	密实	90～120	130～170
粗砂	稍密	80～130	100～140
	中密	130～170	170～220
	密实	170～220	220～250
砾砂	中密、密实	190～260	240～290
风化岩	全风化	80～100	120～150
	强风化	150～200	200～260

注：① 采用泥浆护壁成孔工艺时，应按表取低值后再根据具体情况适当折减；
② 采用套管护壁成孔工艺时，可取表中的高值；
③ 采用扩孔工艺时，可在表中数值基础上适当提高；
④ 采用二次压力分段劈裂注浆工艺时，可在表中二次压力注浆数值基础上适当提高；
⑤ 当砂土中的细粒含量超过总质量的 30%时，表中数值应乘以 0.75；
⑥ 对有机质含量为 5%～10%的有机质土，应按表取值后适当折减；
⑦ 当锚杆锚固段长度大于 16 m 时，应按表取值后适当折减。

锚杆的长度 l 包括锚固段长度 l_a 和自由段长度 l_f(图 5.20)，l_f 按下式确定，且不应小于 5.0 m：

$$l_f \geqslant \frac{(a_1+a_2-d\tan\alpha)\sin\left(45^\circ-\frac{\varphi_m}{2}\right)}{\sin\left(45^\circ+\frac{\varphi_m}{2}+\alpha\right)}+\frac{d}{\cos\alpha}+1.5 \tag{5.30}$$

式中 l_f——锚杆非锚固段长度(m)；

α——锚杆倾角(°)；

a_1——锚杆的锚头中点至基坑底面的距离(m)；

a_2——基坑底面至基坑外侧主动土压力强度与基坑内侧被动土压力强度等值点 O 的距离(m)，对成层土，当存在多个等值点时应按其中最深的等值点计算；

d——挡土构件的水平尺寸(m)；

φ_m——O 点以上各土层按厚度加权的等效内摩擦角(°)。

② 锚筋抗拉承载力验算。锚筋(杆体)的抗拉承载力应满足：

$$N \leqslant f_{py} A_p \tag{5.31}$$

式中 N——锚筋(杆体)的抗拉承载力设计值(kN)，$N = \gamma_0 \gamma_F N_k$，其中 γ_0 为支护结构重要性系数(按表5.1取值)，γ_F 为作用基本组合的综合分项系数(不应小于1.25)；

f_{py}——预应力筋抗拉强度设计值(kPa)，当锚筋(杆体)采用普通钢筋时，取普通钢筋的抗拉强度设计值；

A_p——预应力筋的截面面积(m^2)。

(2)内支撑结构

内支撑结构体系是由腰梁、内支撑和立柱构成的。内支撑可以是钢支撑、混凝土支撑和混合支撑。内支撑平面布置应以为基坑开挖和下部主体结构施工提供尽量大的空间和便利为原则，在平面结构上可采用平行对撑形式、正交或斜交的平面杆系形式、环形杆系形式，或者各种组合形式。

钢支撑可以采用钢管、工字钢、槽钢及各种型钢组合的桁架，通常采用装配式。如果对基坑变形要求较高，或者基坑形状比较复杂，应优先选用钢筋混凝土支撑，因为混凝土硬化后刚度大、变形小，强度高而可靠，但混凝土浇筑和养护时间长，施工工期长，拆除较难，对环境有影响。

一般内支撑结构体系可按结构力学方法进行受力计算。对于平面杆系支撑、环形杆系支撑，可按平面杆系有限元法进行计算；计算时应考虑基坑不同方向上的荷载不均匀性，约束支座的设置应与支护结构实际位移状态相符。同时，应对内支撑结构进行竖向荷载作用下的受力分析，设有立柱时宜按空间框架计算。

5.4.5 稳定性验算

基坑稳定性计算的目的在于确定支挡结构的嵌固深度，验算基坑的稳定性。计算的内容包括：支挡结构抗倾覆稳定性、整体滑动稳定性、踢脚稳定性、坑底抗隆起稳定性和抗渗流稳定性验算等。

(1)抗倾覆稳定性验算

对悬臂式支挡结构，其嵌固深度 l_d 应满足绕桩(墙)底端 O 点[图5.21(a)]的抗倾覆稳定要求；对设置有锚杆或内支撑(即"有支点")的支挡结构，则应满足绕最下一道支点 O[图5.21(b)]的抗倾覆(抗踢脚)稳定要求，亦即

$$\frac{E_{pk} a_p}{E_{ak} a_a} \geqslant K_e \tag{5.32}$$

式中 E_{ak}、E_{pk}——基坑的外侧主动土压力、内侧被动土压力标准值(kN)；

a_a、a_p——基坑的外侧主动土压力、内侧被动土压力的合力点至转动点[如图5.21所示，悬臂式支挡结构为桩(墙)底端，有支点的支挡结构为最下一道支点]的距离(m)；

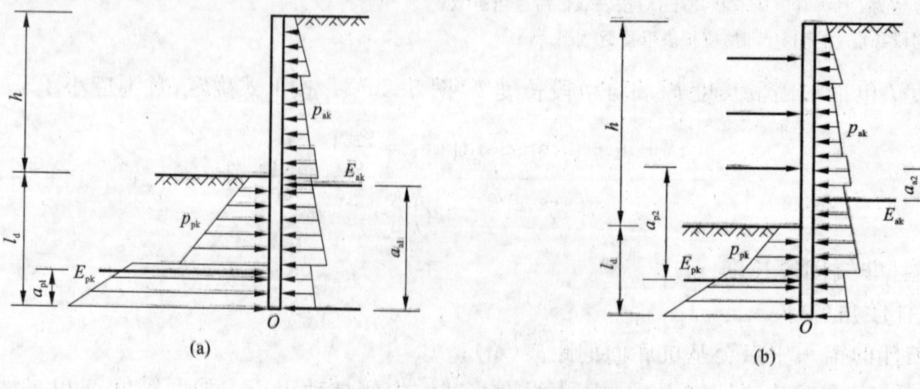

图5.21 抗倾覆稳定性验算

(a)悬臂式支挡结构；(b)有支点支挡结构

K_e——抗倾覆稳定安全系数，对应于支护结构安全等级的一级、二级和三级，K_e 分别不应小于 1.25、1.2 和 1.15。

(2)整体滑动稳定性验算

支挡结构的整体滑动稳定性可采用圆弧滑动条分法进行验算(图 5.22)，其最小稳定性安全系数应满足：

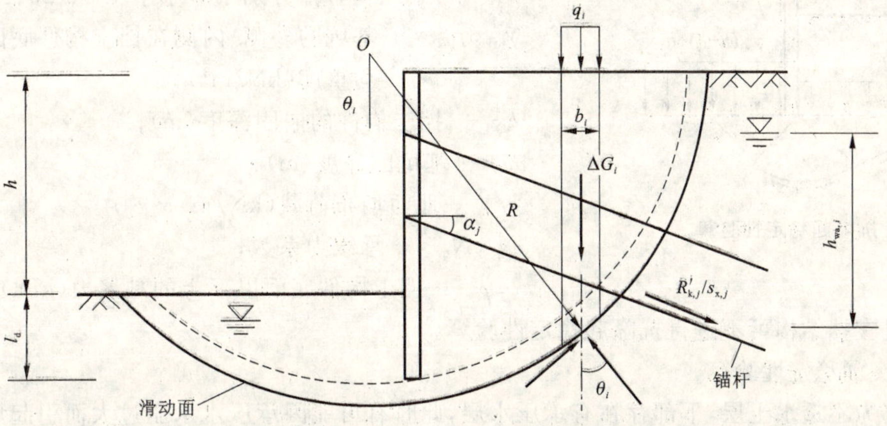

图 5.22　圆弧滑动条分法整体滑动稳定性验算

$$K_{s,\min}=\frac{\sum\{c_il_i+[(q_ib_i+\Delta G_i)\cos\theta_i-u_il_i]\tan\varphi_i\}+\sum R'_{k,j}[\cos(\theta_j+\alpha_j)+\psi_v]/s_{x,j}}{\sum(q_ib_i+\Delta G_i)\sin\theta_i}\geqslant K_s \tag{5.33}$$

式中　K_s——圆弧滑动安全系数值(即容许安全系数值)，对于安全等级为一级、二级、三级的支挡式结构，K_s 分别不应小于 1.35、1.3、1.25；

$K_{s,\min}$——所有可能的圆弧滑动面计算得到的稳定性安全系数中的最小值，应通过搜索不同滑动面计算得到；

c_i，φ_i——第 i 土条滑弧面处土的黏聚力(kPa)、内摩擦角(°)；

b_i——第 i 土条的宽度(m)；

θ_i——第 i 土条滑弧面中点处的法线与垂直面的夹角(°)；

l_i——第 i 土条滑弧长度(m)，$l_i=b_i/\cos\theta_i$；

q_i——第 i 土条上的附加分布荷载标准值(kPa)；

ΔG_i——第 i 土条的自重(kN)，按天然重度计算；

u_i——第 i 土条滑弧面上的水压力(kPa)；

$R'_{k,j}$——第 j 层锚杆在滑动面以外的锚固段的极限抗拔承载力标准值与杆体受拉承载力标准值的较小值(kN)；

α_j——第 j 层土钉或锚杆的倾角(°)；

θ_j——滑弧面在第 j 层锚杆处的法线与垂直面的夹角(°)；

$s_{x,j}$——第 j 层锚杆的水平间距(m)；

φ_j——第 j 层锚杆与滑弧面交点处土的内摩擦角(°)；

ψ_v——锚杆在滑动面上的法向力产生抗滑力的计算系数，可取 $\psi_v=0.5\sin(\theta_j+\alpha_j)\tan\varphi_j$。

当支挡结构为悬臂式时，式(5.33)中 $R'_{k,j}=0$，则没有分子中的后一项。

(3)坑底抗隆起稳定性验算

对于深度较大的基坑，当支挡结构的嵌固深度较小、土的强度较低时，基坑将有可能因土体从挡土构件底端以下向基坑内隆起挤出而产生破坏(图 5.23)。因此，坑底抗隆起稳定性应满足：

$$\frac{\gamma_{m2}l_dN_q+cN_c}{\gamma_{m1}(h+l_d)+q_0}\geqslant K_b \tag{5.34}$$

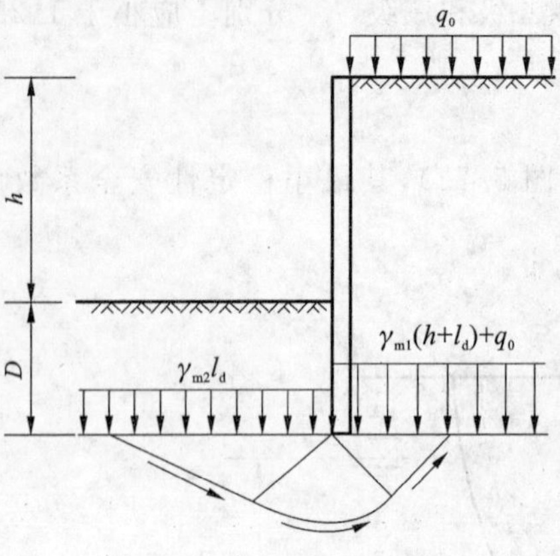

图 5.23　抗隆起稳定性验算

$$N_q = \tan^2\left(45° + \frac{\varphi}{2}\right)e^{\pi\tan\varphi} \tag{5.35}$$

$$N_c = (N_q - 1)\cot\varphi \tag{5.36}$$

式中　K_b——挡土构件底部土体抗隆起稳定安全系数值(即容许安全系数值),对于安全等级为一级、二级、三级的支挡式结构,K_b 分别不应小于 1.8、1.6、1.4;

γ_{m1},γ_{m2}——基坑的外侧、内侧在挡土构件底面以上的土层平均重度(kN/m^3);

l_d——挡土构件的嵌固深度(m);

h——基坑的深度(m);

q_0——地面均布荷载(kN/m);

N_c,N_q——承载力系数;

c,φ——挡土构件底面以下土的黏聚力(kPa)、内摩擦角(°)。

对于悬臂式支挡结构可不进行抗隆起稳定性验算。

(4)坑底抗突涌稳定性验算

当坑底上部为不透水土层,下部存在有承压水层,此时有可能因承压水水压过大而引起坑底发生突涌破坏。因此,承压水作用下的坑底抗突涌稳定性应满足如下要求(图 5.24):

$$\frac{D\gamma}{h_w\gamma_w} \geqslant K_h \tag{5.37}$$

式中　K_h——抗突涌稳定安全系数,K_h 不应小于 1.1;

D——承压水含水层顶面至坑底的土层厚度(m);

γ——承压水含水层顶面至坑底土层的天然重度(kN/m^3),对多层土,取按土层厚度加权的平均天然重度;

h_w——承压水含水层顶面的压力水头高度(m);

γ_w——水的重度(kN/m^3)。

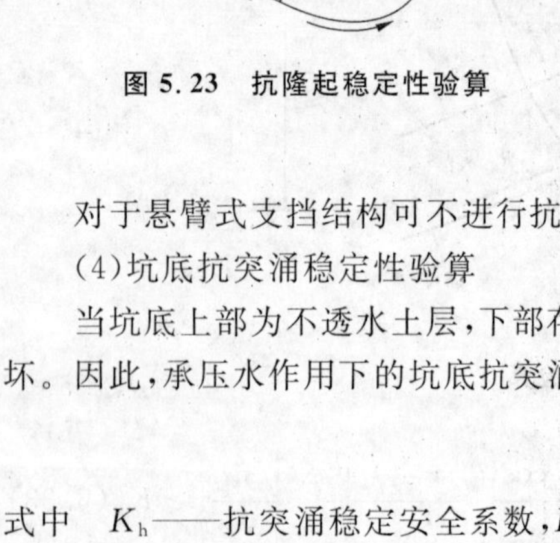

图 5.24　抗突涌稳定性验算

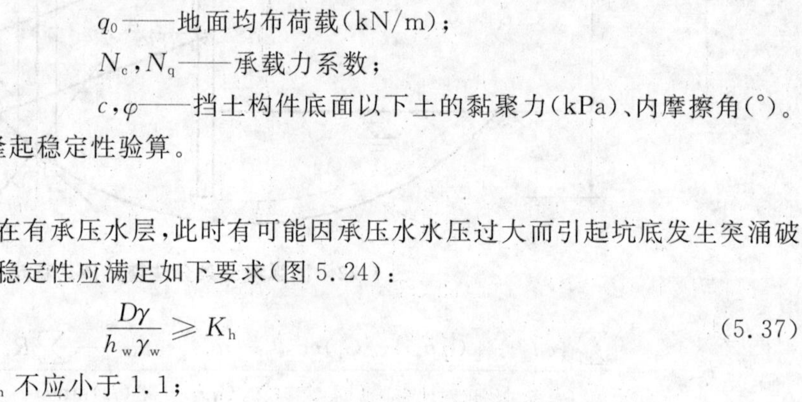

图 5.25　抗流土稳定性验算

(a)滑水;(b)承压水

(5)坑底抗流土稳定性验算

当地下水位较高,采用悬挂式截水帷幕,且帷幕底端位于碎石土、砂土或粉土含水层时,对均质含水层,坑底抗流土稳定性应满足如下要求(图 5.25):

$$\frac{(2l_d + 0.8D_1)\gamma'}{\Delta h \cdot \gamma_w} \geqslant K_f \tag{5.38}$$

式中　K_f——抗流土稳定安全系数,对于安全等级为一级、二级、三级的支护结构,K_f 分别不应小于 1.6、1.5、1.4;

l_d——截水帷幕在坑底以下的插入深度(m)；

D_1——潜水面或承压水含水层顶面至基坑底面的土层厚度(m)；

γ'——土的浮重度(kN/m³)；

Δh——基坑内外的水头差(m)；

γ_w——水的重度(kN/m³)。

对渗透系数不同的非均质含水层，宜采用数值方法进行渗流稳定性分析。

5.5 土钉墙设计计算

土体的抗剪强度较低，抗拉强度几乎为零，但原位土体一般具有一定的结构整体性。假如在土体中放置土钉，使之与土共同作用，形成复合土体，则可有效地提高土体的整体强度，弥补土体抗拉、抗剪强度的不足。这是因为置于土体中的土钉具有箍束骨架、分担荷载、传递和扩散应力、约束坡面变形等作用。实验研究表明：① 土钉在使用阶段主要承受拉力，土钉的弯剪作用对支护结构承载能力的提高作用较小；② 土钉的拉力沿其长度呈中间大两头小的形式分布，并且土钉靠近面层的端部拉力与钉中最大拉力的比值随着往下开挖而降低；③ 极限平衡分析法能较好地估计土钉支护破坏时的承载能力。

土钉墙的设计应满足强度、稳定性、变形和耐久性等要求。设计必须自始至终与现场施工和监测相结合，施工中出现的情况以及监测数据，应及时反馈给设计者，以修改设计，并指导下一步施工。土钉墙的设计内容包括：土钉墙支护结构参数的确定、土钉墙整体滑动稳定性验算和土钉承载力计算等。

5.5.1 土钉墙支护结构参数的确定

土钉墙支护结构参数包括土钉的长度、直径、间距、倾角以及支护面层厚度等。

(1)土钉长度

沿支护高度不同土钉的内力相差较大，一般为中部较大、上部和底部较小。因此，中部土钉起的作用较大。但顶部土钉对限制土钉墙水平位移非常重要，而底部土钉对抵抗基底滑动、倾覆或失稳有重要作用，另外，当土钉墙临近极限状态时，底部土钉的作用会明显加强。因此，将上、下部的土钉取成等长，或者顶部土钉稍长，底部土钉稍短是合适的。

一般对非饱和土，土钉长度 L 与开挖深度 H 之比取 $L/H=0.5\sim1.2$，密实砂土及干硬性黏土可取小值。为减小变形，顶部土钉长度宜适当增加。对于饱和软土，由于土体抗剪能力很低，设计时应取 L/H 值大于 1 为宜。

(2)土钉间距

土钉间距的大小将影响土钉的整体作用效果，目前尚未有存在足够理论依据的定量指标。土钉的水平间距和垂直间距一般宜为 1.0～2.0 m。上下插筋交错排列，遇局部软弱土层间距可小于 1.0 m。

(3)土钉筋材尺寸

土钉中采用的筋材有钢筋、角钢、钢管等。当采用钢筋时，一般为 $\phi16\sim\phi32$ mm，Ⅱ级以上螺纹钢筋；当采用角钢时，一般为**L** 5×50×50 角钢；当采用钢管时，外径不宜小于 $\phi48$ mm。钻孔直径宜为 70～120 mm。

(4)土钉倾角

土钉与水平面的夹角称为土钉倾角，一般在 5°～20°之间，其值取决于钻孔、注浆工艺与土体分层特点等多种因素。研究表明，倾角越小，支护的变形越小，但注浆质量较难控制；倾角越大，支护的变形越大，但有利于土钉插入下层较好土层，注浆质量也易于保证。

(5)注浆材料

采用水泥砂浆或素水泥浆，其强度等级不宜低于 M10。

(6)支护面层

土钉墙的面层通常采用 80～100 m 厚的钢筋网喷射混凝土，混凝土强度等级不低于 C20。钢筋网用的

钢筋直径为 $\phi6 \sim \phi10$ mm，间距为 150～250 mm，并应配置一定量的通长加强筋，其直径宜为 $\phi14 \sim \phi20$ mm。

5.5.2 土钉墙整体滑动稳定性验算

在基坑开挖的各个施工阶段，都应对土钉墙的整体滑动稳定性进行验算，其验算方法同 5.4.5 节所述基坑整体滑动稳定性验算方法，即采用圆弧滑动条分法进行分析计算(图 5.26)，验算公式也与式(5.33)相同，只是由于土钉墙通常建造在地下水位以上，因此，式(5.33)变为：

$$K_{s,\min} = \frac{\sum[c_i l_i + (q_i b_i + \Delta G_i)\cos\theta_i \tan\varphi_i] + \sum R'_{k,j}[\cos(\theta_j + \alpha_j) + 0.5\sin(\theta_j + \alpha_j)\tan\varphi_j]/s_{x,j}}{\sum(q_i b_i + \Delta G_i)\sin\theta_i} \geqslant K_s \tag{5.39}$$

式中 K_s——土钉墙整体滑动稳定安全系数，对于安全等级为二级、三级的土钉墙，K_s 分别不应小于 1.3、1.25。

其他符号意义同前。

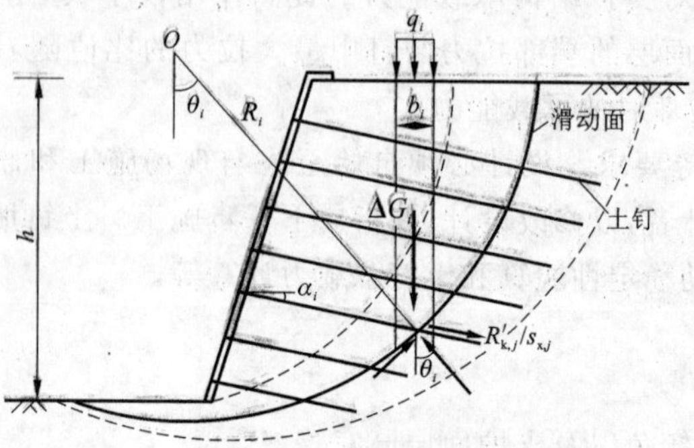

图 5.26 土钉墙整体滑动稳定性验算

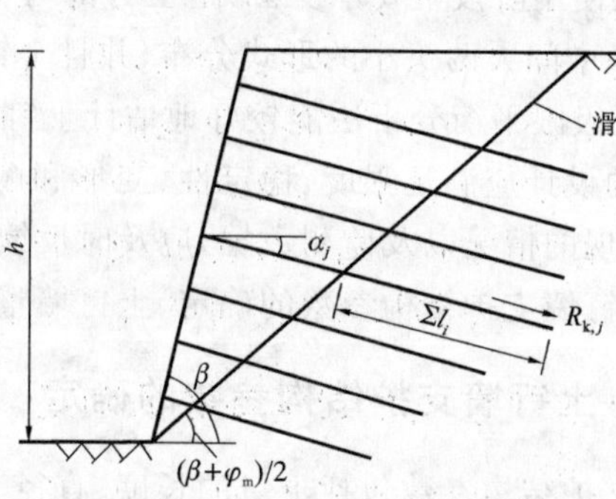

图 5.27 土钉抗拔承载力计算

5.5.3 土钉承载力计算

假定土钉为受拉构件，不考虑其抗弯作用，只需进行单根土钉的极限抗拔承载力和土钉杆体的受拉承载力验算。

(1) 土钉所受土压力

$$p_{k,j} = \zeta \cdot p_{ak,j} \tag{5.40}$$

式中 $p_{k,j}$——墙面倾斜土钉墙第 j 层土钉处实际主动土压力强度标准值(kPa)；

$p_{ak,j}$——第 j 层土钉处计算主动土压力强度标准值(kPa)；

ζ——墙面倾斜时(图 5.27)主动土压力折减系数，可按下式计算：

$$\zeta = \frac{\tan\dfrac{\beta - \varphi_m}{2}\left(\dfrac{1}{\tan\dfrac{\beta + \varphi_m}{2}} - \dfrac{1}{\tan\beta}\right)}{\tan^2\left(45° - \dfrac{\varphi_m}{2}\right)} \tag{5.41}$$

其中 β——土钉墙坡面与水平面的夹角(°)；

φ_m——基坑底面以上各土层按厚度加权的等效内摩擦角平均值(°)。

(2) 土钉轴向拉力

单根土钉轴向拉力标准值可按下式计算：

$$N_{k,j} = \eta_j \cdot p_{k,j} \cdot s_{x,j} \cdot s_{z,j}/\cos\alpha_j \tag{5.42}$$

式中 $N_{k,j}$——第 j 层土钉轴向拉力标准值(kN)；

$s_{x,j}$——土钉的水平间距(m)；

$s_{z,j}$——土钉的垂直间距(m)；

α_j——第 j 层土钉倾角(°);

η_j——第 j 层土钉轴向拉力调整系数,可按下式计算:

$$\eta_j = \eta_a - (\eta_a - \eta_b)\frac{z_j}{h} \tag{5.43}$$

$$\eta_a = \frac{\sum (h - \eta_b z_j)\Delta E_{aj}}{\sum (h - z_j)\Delta E_{aj}} \tag{5.44}$$

其中 z_j——第 j 层土钉至基坑顶面的垂直距离(m);

h——基坑深度(m);

ΔE_{aj}——作用在以 $s_{x,j}$、$s_{z,j}$ 为边长的面积内的主动土压力标准值(kN);

η_a——计算系数;

η_b——经验系数,可取 0.6~1.0。

(3)土钉抗拔承载力

单根土钉的极限抗拔承载力应通过抗拔试验确定,但对于安全等级为三级的土钉墙或进行初步设计时也可按下式估算:

$$R_{k,j} = \min\left\{\pi d_j \sum q_{sk,i} l_i, f_{yk} A_s\right\} \tag{5.45}$$

式中 d_j——第 j 层土钉的锚固体直径(m),对成孔注浆土钉,按成孔直径计算,对打入钢管土钉,按钢管直径计算;

$q_{sk,i}$——第 j 层土钉在第 i 层土层的极限黏结强度标准值(kPa),应根据工程经验并结合表 5.4 取值;

l_i——第 j 层土钉滑动面以外部分在第 i 层土层中的长度(m),直线滑动面与水平面夹角取 $\frac{\beta+\varphi_m}{2}$ (图 5.27);

f_{yk}——土钉杆体抗拉强度标准值(kPa);

A_s——土钉杆体的截面面积(m^2)。

表 5.4 土钉的极限黏结强度标准值

土的名称	土的状态	q_{sk}(kPa)	
		成孔注浆土钉	打入钢管土钉
素填土		15~30	20~35
淤泥质土		10~20	15~25
黏性土	$0.75<I_L\leqslant1$	20~30	20~40
	$0.25<I_L\leqslant0.75$	30~45	40~55
	$0<I_L\leqslant0.25$	45~60	55~70
	$I_L\leqslant0$	60~70	70~80
粉土		40~80	50~90
砂土	松散	35~50	50~65
	稍密	50~65	65~80
	中密	65~80	80~100
	密实	80~100	100~120

(4)土钉承载力验算

① 单根土钉的极限抗拔承载力应满足如下要求:

$$\frac{R_{k,j}}{N_{k,j}} \geqslant K_t \tag{5.46}$$

式中 K_t——土钉抗拔安全系数，对于安全等级为二级、三级的土钉墙，K_t 分别不应小于 1.6、1.4；

$N_{k,j}$——第 j 层土钉的轴向拉力标准值(kN)，按式(5.42)计算；

$R_{k,j}$——第 j 层土钉的极限抗拔承载力标准值(kN)，按式(5.45)计算确定。

② 土钉杆体的受拉承载力应满足如下要求：

$$N_j \leqslant f_y \cdot A_s \tag{5.47}$$

式中 N_j——第 j 层土钉的轴向拉力设计值(kN)，$N_j=\gamma_0\gamma_F N_{k,j}$；

f_y——土钉杆体的抗拉强度设计值(kPa)；

A_s——土钉杆体的截面面积(m^2)。

5.6 基坑开挖地下水控制与施工监测

5.6.1 地下水控制

合理确定控制地下水的方案是保证工程质量、加快工程进度、取得良好社会和经济效益的关键。通常应根据地质、环境和施工条件以及支护结构设计等因素综合考虑。

地下水控制方法有集水明排法、降水法、截水和回灌技术。降水的方法通常有轻型井点法、喷射井点法、管井井点法和深井泵井点法。当因降水危及基坑及周边环境安全时，宜采用截水或回灌方法。截水后，基坑中的水量或水压较大时，宜采用基坑内降水。

当基坑底为隔水层且层底作用有承压水时，应进行坑底土层抗突涌验算，必要时可采取水平封底隔渗或钻孔减压措施，以保证坑底土层稳定。

1)集水明排法

集水明排法又称表面排水法，它是在基坑开挖过程中以及基础施工和养护期间，在基坑四周开挖集水沟汇集坑壁及坑底渗水，并引向集水井。

集水明排法可单独采用，亦可与其他方法结合使用。单独使用时，降水深度不宜大于 5 m，否则在坑底容易产生软化、泥化，坡角出现流砂、管涌，边坡塌陷，地面沉降等问题。与其他方法结合使用时，其主要功能是收集基坑中和坑壁局部渗出的地下水和地面水。

集水明排法设备简单，费用低，一般土质条件均可采用。但当地基土为饱和粉细砂土等黏聚力较小的细粒土层时，由于抽水会引起流砂现象，造成基坑破坏和坍塌，因此，应避免采用集水明排法。

2)降水法

降水法主要是将带有滤管的降水工具沉没到基坑四周的土中，利用各种抽水工具，在不扰动土的结构条件下，将地下水抽出，以利于基坑开挖。一般有轻型井点法、喷射井点法、管井井点法、深井泵井点法等方法。

(1) 轻型井点法

当在井内抽水时，井中的水位开始下降，周围含水层的地下水流向井中，经一段时间后达到稳定，水位形成向井弯曲的"下降漏斗"，地下水位逐渐降低到坑底设计标高以下，使施工能在干燥无水的环境下进行。

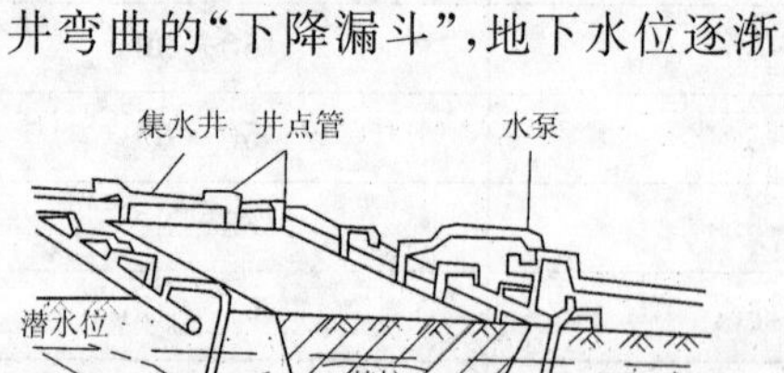

图 5.28 单排轻型井点布置示意图

轻型井点系统包括过滤管、集水总管、连接管和抽水设备(图 5.28)。用连接管将井点管与集水总管和水泵连接，形成完整系统。抽水时，先打开真空泵抽出管路中的空气，使之形成真空，这时地下水和土中空气在真空吸力作用下被吸入集水箱，空气经真空泵排出，当集水管存水较多，再开动离心泵抽水。

若要求降水深度较深(比如大于 6 m)，可采用两级或多级井点降水。

(2) 喷射井点法

喷射井点一般有喷水和喷气两种，井点系统由喷射器、高压水泵和管路组成。

喷射器结构形式有外接式和同心式两种(图 5.29),其工作原理是利用高速喷射液体的动能工作,由离心泵供给高压水流入喷嘴高速喷出,经混合室造成此处压力降低,形成负压和真空,则井内的水在大气压力作用下,由吸气管压入吸水室,吸入水和高速射流在混合室中相互混合,射流将本身的动能的一部分传给被吸入的水,使吸入水流的动能增加,混合水流入扩散室,由于扩散室截面扩大,流速下降,大部分动能转为压力,将水由扩散室送至高处。

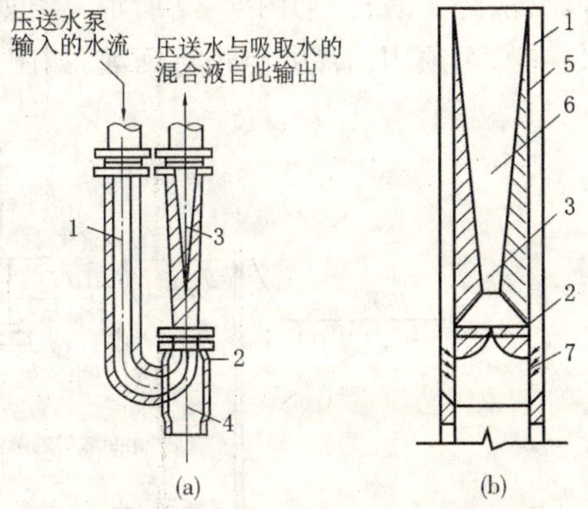

图 5.29　喷射井点构造原理图

(a) 外接式;(b) 同心式(喷嘴 ϕ6.5 mm)

1—输水导管(亦可为同心式);2—喷嘴;

3—混合室(喉管);4—吸入管;5—内管;

6—扩散室;7—工作水流

喷射井点法管路系统布置和井点管的埋设与轻型井点基本相同。

(3) 管井井点法

管井井点的确定先根据总涌水量验算单根井管极限涌水量,再确定井的数量。井管由两部分组成,即井壁管和滤水管。井壁管可用直径 200～300 mm 的铸铁管、无砂混凝土管、塑料管。滤水管可用钢筋焊接骨架,外包滤网(孔眼为 1～2 mm),长 2～3 m,也可用实管打花孔,外缠铅丝做成,或者用无砂混凝土管。

根据已确定的管井数量沿基坑外围均匀设置管井。钻孔可用泥浆护壁套管法,也可用螺旋钻,但孔径应大于管井外径 150～250 mm。将钻孔底部泥浆掏净,下沉管井,用集水总管将管井连接起来,并在孔壁与管井之间填 3～15 mm 砾石作为过滤层。吸水管采用直径 50～100 mm 的胶皮管或钢管,其底端应在设计降水位的最低水位以下。

(4) 深井泵井点法

深井泵井点由深井泵(或深井潜水泵)和井管滤网组成。

井孔钻孔可用钻孔机或水冲法。孔的直径应大于井管直径 200 mm。孔深应考虑到抽水期内沉淀物可能的厚度而适当加深。

井管应垂直放置,井管滤网应放置在含水层适当的范围内。井管内径应大于水泵外径 50 mm,孔壁与井管之间填大于滤网孔径的填充料。

应注意潜水泵的电缆要可靠,深井泵的电机宜有阻逆装置,在换泵时应清洗滤井。

3)截水与回灌

如果地下降水对基坑周围建(构)筑物和地下设施会带来不良影响时,可采用竖向截水帷幕或回灌的方法避免或减小该影响。

竖向截水帷幕通常用水泥搅拌桩、旋喷桩等做成。其结构形式有两种:一种是当含水层较薄时,穿过含水层,插入隔水层中;另一种是当含水层相对较厚时,帷幕悬吊在透水层中。前者作为防渗计算时,只需计算通过防渗帷幕的水量,后者尚须考虑绕过帷幕涌入基坑的水量。

截水帷幕的厚度应满足基坑防渗要求,截水帷幕的渗透系数宜小于 1.0×10^{-6} cm/s。

落底式竖向截水帷幕应插入下卧不透水层一定深度。

当地下含水层渗透性较强、厚度较大时,可采用悬挂式竖向截水与坑内井点降水相结合或采用悬挂式竖向截水与水平封底相结合的方案。

截水帷幕施工方法和机具的选择应根据场地工程水文地质及施工条件等综合确定。

在基坑开挖与降水过程中,可采用回灌技术防止因周边建筑物基础局部下沉而影响建筑物的安全。回灌方式有两种:一种是采用回灌沟回灌(图 5.30),另一种是采用回灌井回灌(图 5.31)。其基本原理是:在基坑降水的同时,向回灌井或沟中注入一定水量,形成一道阻渗水幕,使基坑降水的影响范围不超过回灌点的范围,阻止地下水向降水区流失,保持已有建筑物所在地原有的地下水位,使土压力仍处于原有平衡状态,从而有效地防止降水的影响,使建筑物的沉降达到最低限度。

如果建筑物离基坑稍远,且为较均匀的透水层,中间无隔水层,则采用最简单的回灌沟方法进行回灌较好，该法经济易行，如图 5.30 所示。但如果建筑物离基坑近，且为弱透水层或透水层中间夹有弱透水层和隔水层时，则须用回灌井点进行回灌，如图 5.31 所示。

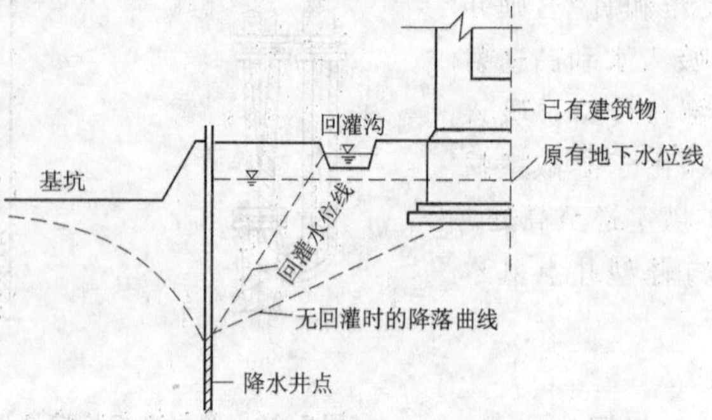

图 5.30　井点降水与回灌沟回灌示意图

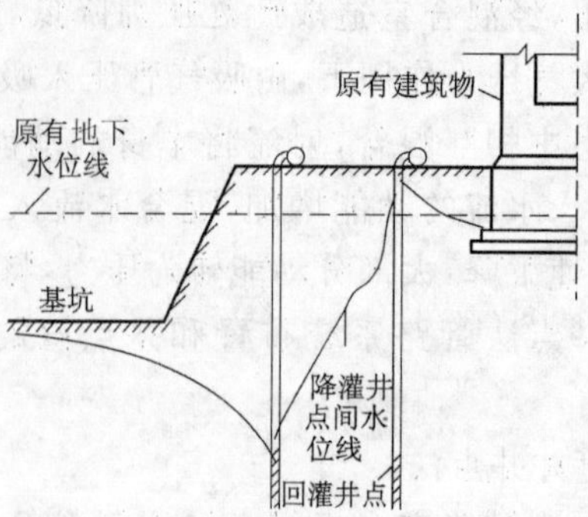

图 5.31　井点降水与井点回灌示意图

5.6.2　基坑现场监测

在深基坑开挖的施工过程中，基坑内外的土体将由原来的静止土压力状态向被动和主动土压力状态转变，应力状态的改变引起土体的变形，即使采取了支护措施，一定数量的变形总是难以避免的。因此，在深基坑施工过程中，只有对基坑支护结构、基坑周围的土体和相邻的建(构)筑物进行综合、系统的监测，才能对工程情况有全面的了解，确保工程顺利进行。

对深基坑施工过程进行综合监测的目的主要有：

① 根据监测结果，发现安全隐患，防止工程和环境破坏事故的发生；

② 利用监测结果指导现场施工，进行信息化反馈优化设计，使设计达到优质安全、经济合理、施工简捷；

③ 将监测结果与理论预测值对比，用反分析法求得更准确的设计计算参数，修正理论公式，以指导下阶段的施工或其他工程的设计和施工。

基坑监测项目根据基坑侧壁安全等级按表 5.5 执行。

表 5.5　基坑监测项目表(JGJ 120—2012)

监测项目	基坑结构的安全等级		
	一级	二级	三级
支护结构顶部水平位移	应测	应测	应测
基坑周边建(构)筑物、地下管线、道路沉降	应测	应测	应测
坑边地面沉降	应测	应测	宜测
支护结构深部水平位移	应测	应测	选测
锚杆拉力	应测	应测	选测
支撑轴力	应测	应测	选测
挡土构件内力	应测	宜测	选测
支撑立柱沉降	应测	宜测	选测
挡土构件、水泥土墙沉降	应测	宜测	选测
地下水位	应测	应测	选测
土压力	宜测	选测	选测
孔隙水压力	宜测	选测	选测

基坑现场监测应满足下列技术要求：

① 监测工作必须是有计划的，应严格按照有关的技术文件（如监测任务书）执行。这类技术文件的内容，至少应该包括监测方法和使用的仪器、监测精度、测点的布置、监测周期等。计划性是监测数据完整性的保证。

② 监测数据必须是可靠的。数据的可靠性由监测仪器的精度、可靠性以及监测人员的素质来保证。

③ 监测必须是及时的。因为基坑开挖是一个动态的施工过程，只有保证及时监测才能有利于发现隐患，及时采取措施。

④ 对于监测的项目，应按照工程具体情况预先设定预警值，预警值应包括变形值、内力值及其变化速率。当监测发现超过预警值的异常情况，要立即考虑采取应急补救措施。

⑤ 每个工程的基坑支护监测，应该有完整的监测记录，形象的图表、曲线和监测报告。

思考题

5.1 支护结构有哪些类型？各适用于什么条件？

5.2 基坑支护结构中的土压力与重力式挡土墙上的土压力有何差异？

5.3 基坑支护结构中土压力的计算方式有哪些？适用条件是什么？

5.4 排桩和地下连续墙支护结构计算中的静力平衡法、等值梁法和弹性支点法在计算原理上有何区别？各有什么特点？

5.5 土钉墙支护结构与传统的重力式挡土墙及加筋挡土墙有何异同？

5.6 土钉与锚杆在加固机理、施工方法和设计计算中有何异同？

5.7 目前基坑工程设计与施工中尚存在哪些问题？

5.8 常用的地下水控制方法有哪些？各有什么特点？

5.9 基坑工程施工为什么要进行现场监测？

习题

5.1 在某黏土地层中开挖深 5 m 的基坑，采用悬臂式灌注桩支护，$\gamma=19.5\ \mathrm{kN/m^3}$，黏聚力 $c=10$ kPa，内摩擦角 $\varphi=18°$。地面施工荷载 $q_0=20$ kPa，不计地下水影响。试计算支护桩入土深度 t、桩身最大弯矩 M_{max} 及最大弯矩点位置 x_m。

5.2 一基坑开挖深度 8 m，采用下端自由支撑、上部有锚拉支点的板桩支护结构，锚拉支点距地表1.5 m，水平间距 2.0 m。基坑周围土层重度为 19 $\mathrm{kN/m^3}$，内摩擦角为 28°，黏聚力为 10 kPa。试按静力平衡法计算板桩的插入深度、板桩的最大弯矩和锚拉力。

5.3 有一开挖深度 $h=6$ m 的基坑，采用一道锚杆的板桩支护，锚杆支点距地表 1.5 m，水平间距 2.0 m，基坑周围土层重度 $\gamma=20.0\ \mathrm{kN/m^3}$，内摩擦角 $\varphi=24°$，黏聚力 $c=0$。地面施工荷载 $q_0=20$ kPa。试按等值梁法计算板桩的入土深度、锚杆拉力和最大弯矩。

5.4 有一开挖深度 $h=5$ m 的基坑，采用水泥土桩墙支护，墙体宽度 3.2 m，墙体入土深度（基坑开挖面以下）5.5 m，墙体重度 $\gamma=20.0\ \mathrm{kN/m^3}$，墙体与土体摩擦系数 $\mu=0.3$。基坑周围土层重度为 $\gamma=18.0\ \mathrm{kN/m^3}$，内摩擦角 $\varphi=12°$，黏聚力 $c=10$ kPa。试计算水泥土墙抗倾覆稳定和抗滑移稳定性安全系数。

5.5 有一开挖深度 $h=9$ m 的基坑，采用土钉支护结构支护，其计算参数和结构简图如图 5.32 所示。基坑边坡土层为砂质黏土，土层重度为 $\gamma=18.0\ \mathrm{kN/m^3}$，内摩擦角 $\varphi=35°$，黏聚力 $c=12$ kPa。边坡坡度为 80°。土钉采用注浆型土钉，其长度为 5 m，钻孔直径 100 mm，土钉钢筋为 ϕ25 mm，土钉竖横向间距均为 1.25 m。地面超载为 12 kPa。试验算该土钉墙内、外部稳定性和单个土钉抗拔稳定性。

5.6 有一开挖深度 $h=8$ m 的基坑，采用排桩加一水平支撑的支护结构，支护桩入土深度 $t=7.0$ m，土层重度为 $\gamma=19.0\ \mathrm{kN/m^3}$，内摩擦角 $\varphi=15°$，黏聚力 $c=10$ kPa，地面施工荷载 $q_0=20$ kPa，桩长范围内无地下水。

试验算该基坑的抗隆起稳定性。

5.7　某基坑开挖深度为 18 m，采用多支点支护结构，其土层参数及地面超载如图 5.33 所示。试计算板桩长度以及作用于板桩上的支撑力和最大弯矩。

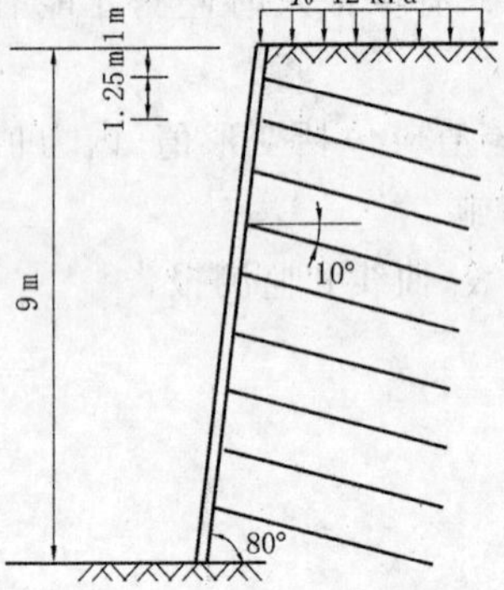

图 5.32　习题 5.5 图

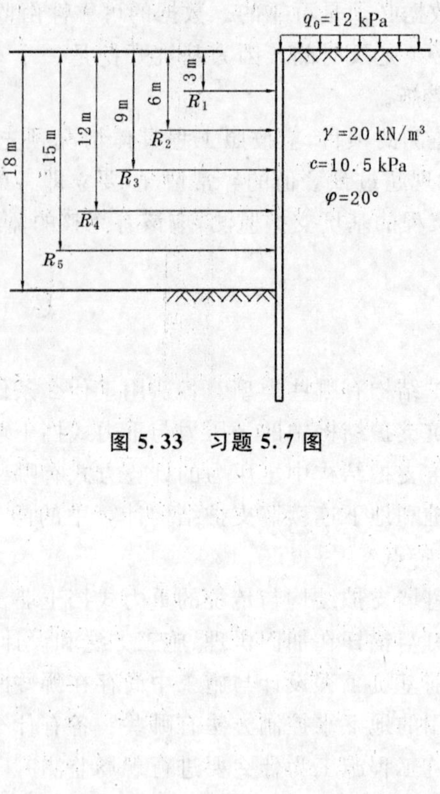

图 5.33　习题 5.7 图

6 地基处理

本章提要

本章简要介绍了软弱地基特性，地基处理的目的和意义及处理方法分类，地基处理设计流程、监测与检验的目的、内容和方法；重点介绍了换填垫层法、强夯法、排水固结法、置换及拌入法等常用地基处理方法；简要介绍了复合地基理论，以及土工合成材料加筋法和托换技术的原理与方法。要求熟悉地基处理方法分类，熟悉换填垫层法、强夯法、排水固结法、置换及拌入法等常用地基处理方法，熟悉复合地基的承载力确定与沉降计算方法；了解复合地基的概念、形成条件与分类，了解深层搅拌法、砂石桩法及强夯法等常用地基处理方法的适用范围及设计计算，了解土工合成材料在工程中的应用，以及已有建筑物地基加固方法与常用纠倾方法。

6.1 概　述

6.1.1 软弱地基的特征

软弱地基系指主要由淤泥、淤泥质土、冲填土、杂填土或其他高压缩性土构成的地基。

天然孔隙比大于或等于 1.0，且天然含水量大于液限的细粒土称为软土。它包括淤泥、淤泥质土、泥炭、泥灰质土。软土具有如下工程特性：

(1)含水量较高，孔隙比较大。根据统计，软土的天然含水量一般在 35%～80%之间，接近或大于液限，天然孔隙比在 1.0～2.0 之间。

(2)渗透性较差。软土的渗透系数一般在 $i\times10^{-4}\sim i\times10^{-8}$ mm/s 之间($i=1,2,\cdots,9$)。因此，软土层在自重或荷载作用下达到完全固结所需的时间很长。

(3)压缩性较高。软土的压缩系数 $a_{1\text{-}2}$ 在 0.5～1.5 MPa^{-1} 之间，有些高达 4.5 MPa^{-1}，且其压缩性往往随着液限的增大而增加。

(4)抗剪强度很低。软土的天然不排水抗剪强度一般小于 20 kPa。其变化范围约在 5～25 kPa 之间。

(5)具有显著的结构性。特别是滨海相的软土，一旦受到扰动(振动、搅拌或搓揉等)，其絮状结构受到破坏，土的强度显著降低，甚至呈流动状态。软土受到扰动后强度降低的特性可用灵敏度表示。软土的灵敏度一般在 3～16 之间。

(6)具有明显的流变性。软土在不变的剪应力的作用下，将连续产生缓慢的剪切变形，并可能导致抗剪强度的衰减。在固结沉降完成之后，软土还可能继续产生可观的次固结沉降。

由于软土具有强度较低、压缩性较高和透水性较差等特性，因此，在软土地基上修建建筑物，必须重视地基的变形和稳定问题。软土地基的承载力常为 50～80 kPa，如果不做任何处理，一般不能承受较大的建筑荷载。此外，软土地基上建筑基础的沉降和不均匀沉降也是比较大的。据统计，对于砌体承重结构，四层以上房屋最终沉降可达 200～500 mm。而大型构筑物(如水池、油罐、粮仓和储气柜等)的沉降量一般超过 500 mm，甚至达到 1.5 m 以上。如果上部结构各部分荷载的差异较大，建筑物的体型又比较复杂，而且土层又很不均匀，那么将会引起很大的不均匀沉降。沉降稳定的历时也是比较长的，在比较深厚的软土层上，建筑基础的沉降往往持续数年乃至数十年以上。沉降量过大和持续的时间过长，都会给建筑物设计标高的确定和建筑物内设备的安装带来麻烦，而不均匀沉降则可能会造成建筑物开裂或严重影响建筑物的使用。因此，在软土地基上建造建筑物时，必须对软土地基进行处理。

冲填土(吹填土)是在整治和疏通江河时，用挖泥船或泥浆泵把江河或港湾底部的泥砂用水力冲填(吹填)形成的沉积土。冲填土的物质成分比较复杂，如以粉土、黏土为主，则属于欠固结的软弱土，而主要由中砂粒以上的粗颗粒组成的，则不属于软弱土。

冲填土是否需要进行处理或采用何种方法处理，取决于冲填土的工程性质中颗粒组成、土层厚度、均匀性和排水固结条件等。

杂填土一般是覆盖在城市地表的人工杂物，包括瓦片砖块等建筑垃圾、工业废料和生活垃圾等。其主要特性是强度低、压缩性高和均匀性差。此外，对有机质含量较多的生活垃圾和对基础有侵蚀性的工业废料，未经处理不应作为持力层。

其他高压缩性土主要包括饱和松散粉细砂和部分粉土，其在动力荷载(机械振动、地震等)重复作用下会产生液化，在基坑开挖时也会产生管涌。

6.1.2 地基处理方法分类

地基处理的目的主要是改善地基土的性质，满足建筑物对地基稳定和变形的要求，其包括改善地基土的变形特性和渗透性，提高其抗剪强度和抗液化能力。根据地基处理方法的原理，目前常用的软弱地基处理方法基本上分为如表 6.1 所示的几类。

表 6.1 软弱地基处理方法分类表

编号	分类	处理方法	原理及作用	适用范围
1	换土垫层	砂石垫层，素土垫层，灰土垫层，矿渣垫层	以砂石、素土、灰土和矿渣等强度较高的材料，置换地基表层软弱土，提高持力层的承载力，减少沉降量	暗沟、暗塘等软弱土地基
2	碾压及夯实	重锤夯实法，机械碾压法，振动压实法，强夯法(动力固结)	利用压实原理，通过机械碾压夯击，把表层地基土压实，强夯则利用强大的夯击能，在地基中产生强烈的冲击波和动应力，迫使土体动力固结密实	碎石、砂土、粉土、低饱和度的黏性土，杂填土等。对饱和黏性土处理方法可采用强夯法
3	排水固结	天然地基预压，砂井预压，塑料排水板预压，真空预压，降水预压	通过改善地基排水条件和施加预压荷载，加速地基的固结和强度增长，提高地基的稳定性，并使基础沉降提前完成	饱和软弱土层；对于渗透性极低的泥炭土，则应慎重
4	振密挤密	振冲挤密，灰土挤密桩，砂桩，石灰桩，爆破挤密	采用一定的技术措施，通过振动或挤密，使土体的孔隙减少，强度提高；必要时，在振动挤密的过程中，回填砂、砾石、灰土、素土等，与地基土组成复合地基，从而提高地基的承载力，减少沉降量	松砂、粉土、杂填土及湿陷性黄土
5	置换及拌入	振冲置换，深层搅拌，高压喷射注浆，石灰桩等	采用专门的技术措施，以砂、碎石等置换软弱土地基中部分软弱土，或在部分软弱土地基中掺入水泥、石灰或砂浆等形成加固体，与未处理部分土组成复合地基，从而提高地基的承载力，减少沉降量	黏性土、冲填土、粉砂、细砂等
6	土工聚合物	土工膜，土工织物，土工格栅，土工合成物	一种化学纤维用于土工的新型材料，可用于排水、隔离、反滤和加固补强等方面	软土地基、填土及陡坡填土、砂土
7	其　他	灌浆，冻结，托换技术，纠偏技术	通过独特的技术措施处理软弱土地基	根据建筑物和地基基础情况确定

应指出，地基处理方法的严格分类是十分困难的。不少方法具有几种不同的作用。例如：振冲法具有置换作用，有的还有挤密作用；又如各种挤密法中，同时也有置换作用。

6.1.3 地基处理设计、监测与检验

如前所述，地基处理方法很多，各种处理方法都有它的适用范围、局限性和优缺点，没有一种方法是万能的。具体工程情况很复杂，工程地质条件千变万化，各个工程间地基条件差别很大，具体工程对地基的要求也不同。而且机具材料等条件也会因工作部门不同、地区不同而有较大的差别。因此，在选择地基处理方法前，应完成下列工作：

(1)搜集详细的岩土工程勘察资料、上部结构及基础设计资料等；

(2)根据工程的要求和采用天然地基存在的主要问题，确定地基处理的目的、处理范围和处理后要求达到的各项技术经济指标等；

(3)结合工程情况，了解当地地基处理经验和施工条件，对于有特殊要求的工程，尚应了解其他地区相似场地上同类工程的地基处理经验和使用情况；

(4)调查邻近建筑、地下工程和有关管线等情况；

(5)了解建筑场地的环境情况。

确定地基处理方法宜按下列步骤进行：

(1)根据结构类型、荷载大小及使用要求，结合地形地貌、地层结构、土质条件、地下水特征、环境情况和相邻近建筑的影响等因素进行综合分析，初步选出几种可供考虑的地基处理方案；

(2)对初步选出的各种地基处理方案，分别从加固原理、适用范围、预期处理效果、耗用材料、施工机械、工期要求和对环境的影响等方面进行技术经济分析和对比，选择最佳的地基处理方法；

(3)对已选定的地基处理方法，宜按建筑物地基基础设计等级和场地复杂程度，在有代表性的场地上进行相应的现场试验或试验性施工，并进行必要的测试，以检验设计参数和处理效果。如果达不到设计要求时，应查明原因，修改设计参数或调整地基处理方法。

此外，地基处理现场监测和质量检验测试是地基处理工程的重要环节。地基处理施工过程中的现场监测对某些地基处理方法来说是很重要的，有时甚至是必不可少的。由于加固后地基的时效作用，如复合地基的强度和模量的提高往往需要一定的时间，因此对地基处理的效果检验，应在地基处理施工结束后，经一定时间休止恢复后再进行。效果检验的方法有：载荷试验、钻孔取样、静力触探试验、动力触探试验、标准贯入试验、取芯试验等。有时需要采用多种手段进行检验，以便综合评价地基处理效果。

6.1.3.1 现场监测与质量检验的目的

(1)为工程设计提供依据；

(2)作为大面积施工的控制和指导；

(3)为地基处理工程验收提供依据；

(4)为理论研究提供实验依据。

6.1.3.2 现场监测与质量检验的内容与方法

(1)地基与桩体强度：包括单桩和复合地基静载荷试验、标准贯入试验、静力触探与动力触探试验、桩身高应变检测、钻芯法等；

(2)地基变形：包括地基沉降与水平位移测试；

(3)应力监测：包括土压力和孔隙水压力测试；

(4)桩身完整性：采用桩身低应变检测和声波透射法测试；

(5)动力特性：采用波速测试、地基刚度测试等。

6.1.3.3　现场监测与质量检验应注意的问题

为了检验地基处理的效果，通常在同一地点分别在处理前后进行测试，以进行对比，并要注意以下问题：

(1)前后两次测试应尽量使用同一仪器、同一标准进行。

(2)由于各种测试方法都有一定的适用范围，因此必须根据测试目的和现场条件选择最有效的方法。

(3)无论何种方法，都有一定的局限性，故应尽可能采用多种方法进行综合评价。

(4)测试位置应尽量选择有代表性的部位，测试数量按有关规定的要求进行。

现场测试一般具有直观、代表性强、工效高、避免取样运输过程中的扰动等优点，其缺点是不能测定土的基本参数和不易控制应力状态等，故有时仍需辅以一定的室内试验。

6.2　换土垫层法

换土垫层法，简称垫层法或换土法，是指将基础下一定深度内的软弱土层挖去，回填强度较高的砂、碎石或灰土等，并夯至密实的一种地基处理方法。当建筑物荷载不大，而软弱土层厚度较小时，采用换土垫层法能取得较好的处治效果。

目前，常用的垫层有：砂垫层、砂卵石垫层、碎石垫层、灰土或素土垫层、煤渣垫层、矿渣垫层以及用其他性能稳定、无侵蚀性的材料做的垫层等。

6.2.1　换土垫层法的原理

换土垫层法按其原理可体现以下五个方面的作用：

(1)提高地基承载力。浅基础的地基承载力取决于地基土的抗剪强度，故以抗剪强度较高的砂或其他填筑材料置换基础下抗剪强度较弱的土层，可提高地基承载力。

(2)减少沉降量。一般地基浅层部分的沉降量在总沉降量中所占的比例是比较大的。如条形基础，在相当于基础宽度的深度范围内的沉降量约占总沉降量的50%左右。因此，以密实砂或其他填筑材料代替上层软弱土层，可减少浅层地基的沉降量。此外，由于垫层的应力扩散作用，使作用在下卧土层上的附加应力减小，相应也会减少下卧土层的沉降量。

(3)加速软弱土层的排水固结。建筑物的不透水基础直接与软弱土层相接触时，在荷载的作用下，软弱土地基中的水被迫绕至基础两侧排出，因而使基底下的软弱土不易固结，形成较大的孔隙水压力，还可能导致由于地基强度降低而产生塑性破坏的危险。砂和砂石等垫层材料透水性大，软弱土层受压后，垫层可作为良好的排水面，使基础下面的孔隙水压力迅速消散，加速垫层下软弱土层的固结，提高其强度，避免地基发生塑性破坏。

(4)防止冻胀。因为粗颗粒的垫层材料孔隙大，不易产生毛细管现象，因此可以防止寒冷地区土中结冰所造成的冻胀。但应注意垫层的厚度应满足当地冻结深度的要求。

(5)消除膨胀土的胀缩作用。在膨胀土地基上可选用砂、碎石、煤渣、二灰或灰土等材料作为垫层以消除胀缩作用。垫层厚度应根据变形计算确定，一般不小于0.3 m，垫层宽度应大于基础宽度，且基础两侧宜用与垫层相同的材料回填。

上述作用中以前三种为主要作用。并且在各类工程中，垫层所起的主要作用有时也是不同的，如房屋建筑物基础下的砂垫层主要起换土的作用；而在路堤及土坝等工程中，主要是利用砂垫层起排水固结作用。

6.2.2　换土垫层法的适用范围

换土垫层法适用于淤泥、淤泥质土、湿陷性黄土、素填土、杂填土地基及暗沟、暗塘等不良地基的浅层处理。各种不同材料垫层的适用范围可见表6.2。

表 6.2 垫层的适用范围

垫层种类		适用范围
砂(砂石、碎石)垫层		多用于中小型建筑工程的浜、塘、沟等的局部处理。适用于一般饱和、非饱和的软弱土和水下黄土地基处理,不宜用于湿陷性黄土地基,也不适宜用于大面积堆载、密集基础和动力基础的软土地基处理,砂垫层不宜用于有地下水,且流速快、流量大的地基处理。不宜采用粉细砂作垫层
土垫层	素土垫层	适用于中小型工程及大面积回填、湿陷性黄土地基的处理
	灰土或二灰垫层	适用于中小型工程,尤其适用于湿陷性黄土地基的处理
粉煤灰垫层		用于厂房、机场、港区陆域和堆场等大、中、小工程的大面积填筑,粉煤灰垫层在地下水位以下时,其强度降低幅度在30%左右
干渣垫层		用于中小型建筑工程,尤其适用于地坪、堆场等工程大面积的地基处理和场地平整,以及铁路、道路地基等。但对于受酸性或碱性废水影响的地基不得用干渣作垫层
土工合成材料加筋垫层		用于护坡、堤坝、道路、堆场、高填方及建(构)筑物垫层等
土工合成材料轻质垫层(聚苯乙烯板块垫层)		用于道路工程路基不均匀沉降处理、深软基低填方且工期紧迫的路堤修筑工程、高填方工程置换等

6.2.3 垫层的设计

垫层的设计不但要求满足建筑物对地基变形及稳定的要求,而且也应符合经济合理的原则。其设计的主要内容是确定断面的合理厚度和宽度。对于垫层,既要求有足够的厚度来置换可能被剪切破坏的软弱土层,又要有足够的宽度以防止垫层向两侧挤出。对于有排水要求的垫层来说,除要求有一定的厚度和宽度满足上述要求外,还需形成一个排水面,促进软弱土层的固结,提高其强度,以满足上部结构的要求。

6.2.3.1 垫层厚度的确定

垫层的厚度必须满足如下要求:当上部荷载通过垫层按一定的扩散角传至下卧土层时,该下卧土层顶面所受的自重力与附加应力之和不大于同一标高处土层的地基承载力特征值,如图 6.1 所示。其表达式为:

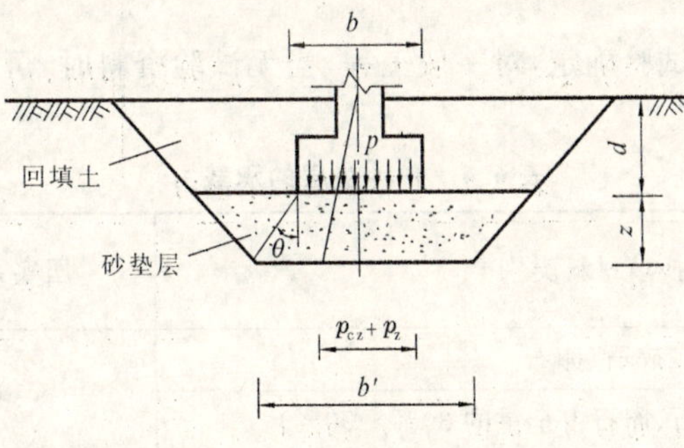

图 6.1 垫层内部应力分布

$$p_z + p_{cz} \leqslant f_{az} \tag{6.1}$$

式中 p_z——垫层底面处土的附加应力(kPa);

p_{cz}——垫层底面处土的自重压力(kPa);

f_{az}——垫层底面处经深度修正后的地基承载力特征值(kPa)。

垫层底面处的附加应力值 p_z,除了可用弹性理论土中应力的计算公式求得外,也可按应力扩散角 θ 进行简化计算:

条形基础
$$p_z = \frac{b(p - p_c)}{b + 2z\tan\theta} \tag{6.2}$$

矩形基础 $$p_z=\frac{bl(p-p_c)}{(b+2z\tan\theta)(l+2z\tan\theta)} \tag{6.3}$$

式中 b——矩形基础或条形基础底面的宽度(m)；

l——矩形基础底面的长度(m)；

p——基础底面平均压力(kPa)；

p_c——基础底面处土的自重压力(kPa)；

z——基础底面下垫层的厚度(m)；

θ——垫层的压力扩散角(°)，见表6.3。

计算时，一般先初步拟定一垫层厚度，再用式(6.1)验算。若不符合要求，则改变厚度，重新验算，直至满足为止。垫层厚度一般宜为0.5～3 m，太厚不经济合算，太薄则垫层效果不明显。

表6.3 垫层压力扩散角θ(°)

换填材料 / z/b	中砂、粗砂、砾砂、圆砾、角砾、卵石、碎石、矿渣	粉质黏土、粉煤灰	灰土
0.25	20	6	28
≥0.5	30	23	30

注：①当$z/b<0.25$时，除灰土仍取$\theta=30°$外，其余材料均取$\theta=0°$，必要时，宜由试验确定；

②当$0.25<z/b<0.5$时，θ值可内插求得。

6.2.3.2 垫层宽度的确定

垫层的宽度除要满足应力扩散的要求外，还要根据垫层侧面土的承载力来确定，防止垫层向两边挤动。以条形基础为例，垫层底宽可按下式或根据当地经验确定：

$$b'\geqslant b+2z\cdot\tan\theta \tag{6.4}$$

式中 b'——垫层底面宽度(m)。

垫层顶面的宽度可根据施工的要求适当加宽。垫层顶面每边宜超出基础底边不小于300 mm，或从垫层底面两侧向上按当地开挖基坑的经验要求放坡。

6.2.3.3 垫层承载力的确定

垫层承载力一般应通过现场试验确定，对一般工程，当无试验资料时，可按表6.4选用，并应验算下卧层的承载力。

表6.4 各种垫层的承载力

施工方法	换填材料类别	压实系数λ_c	承载力特征值f_k(kPa)
碾压或振密	碎石、卵石	0.94～0.97	200～300
	砂夹石(其中碎石、卵石占全重的30%～50%)		200～250
	土夹石(其中碎石、卵石占全重的30%～50%)		150～200
	中砂、粗砂、砾砂		150～200
	黏性土和粉土($8<I_p<14$)		130～180
	灰土	0.93～0.95	200～250
重锤夯实	土或灰土	0.93～0.95	150～200

注：① 压实系数小的垫层，承载力特征值取低值，反之取高值；

② 重锤夯实土的承载力标准值取低值，灰土取高值；

③ 压实系数λ_c为土的控制干密度ρ_d与最大干密度$\rho_{d\max}$的比值；土的最大干密度采用击实试验确定，碎石或卵石的最大干密度可取2.0×10^3～2.2×10^3 kg/m³。

6.2.3.4 沉降计算

对于重要的建筑或垫层下存在软弱下卧层的建筑，还要求按分层总和法计算基础的沉降量，以使建筑物基础的最终沉降量小于相应的允许值。建筑物沉降量由两部分组成，一部分是垫层的变形值，另一部分是垫层下压缩层范围内的软弱土层的沉降量。

对于碎石、卵石、砂夹石、砂和矿渣等粗颗粒材料垫层，回填材料自身压缩变形在建造期间几乎全部完成，故在建筑物基础沉降量计算时，可忽略垫层自身的变形值；但对于细粒材料，尤其是厚度较大的换土垫层，则应计入垫层自身的变形值。

【例 6.1】 某 6 层商用住宅承重墙下为条形基础，宽 $b=2.0$ m，埋深 $d=1.5$ m，承重墙传至基础的荷载 $F=300$ kN/m，地表为 1.0 m 厚的杂填土，$\gamma=17.5$ kN/m^3，下面为淤泥质土，地基承载力特征值为 80 kPa，地下水距地表深 2.0 m。试设计基础的垫层。

【解】 (1)垫层材料选碎石土，$\gamma=20$ kN/m^3，则垫层的应力扩散角 $\theta=30°$，并先设垫层厚度 $z=2.5$ m。

(2)垫层厚度的验算，据题意，基础底面平均压力设计值为：

$$p=\frac{F+G}{b}=\frac{300+2\times1.5\times20}{2}=180.0\ \text{kPa}$$

基底处土的自重应力：$\sigma_c=17.5\times1.5=26.3$ kPa

垫层底面处的附加应力：

$$\sigma_z=\frac{(p-\sigma_c)b}{b+2z\tan\theta}=\frac{(180.0-26.3)\times2}{2+2\times2.5\tan30°}=62.9\ \text{kPa}$$

垫层底面处土的自重应力：

$$\sigma_{cz}=17.5\times1.5+20\times(2.0-1.5)+(20-10)\times(2.5+1.5-2.0)=56.3\ \text{kPa}$$

查《建筑地基规范》表 5.2.4 得 $\eta_d=1.0$，则经深度修正后的淤泥质土地基承载力特征值为：

$$f_{az}=f_{ak}+\eta_d\gamma_{mz}(d-0.5)=80+1.0\times\frac{56.3}{1.5+2.5}\times(1.5+2.5-0.5)=129.2\ \text{kPa}$$

则

$$\sigma_z+\sigma_{cz}=62.9+56.3=119.2\ \text{kPa}<f_{az}=129.2\ \text{kPa}$$

这说明所设计的垫层厚度满足要求，垫层厚度选定为 2.5 m 合适。

(3)确定垫层底宽 b' 为：

$$b'=b+2z\tan\theta=4.89\ \text{m}$$

取 $b'=5$ m，按 1：1.5 边坡开挖。

6.2.4 施工要点

(1)垫层施工的关键是将垫层密实到设计要求的密实度。加密的方法常用的有振动法、水撼法、碾压法等。这些方法要求在基坑内分层铺砂，然后逐层振密或压实，分层的厚度视振动力的大小而定，一般为 150～200 mm。施工时，应将下层的密实度经检验合格后，方可进行上层施工。

(2)铺筑前，应先行验槽。浮土应清除，边坡必须稳定，防止塌土。基坑(槽)两侧附近如有低于地基的孔洞、沟、井和墓穴等，应在未做垫层前加以填实。

(3)开挖基坑铺设垫层时，必须避免对软弱土层的扰动，否则坑底土的结构在施工时遭到破坏后，其强度就会显著降低，以致在建筑物荷重的作用下，将产生很大的附加沉降。因此，基坑开挖后应及时回填，不应暴露过久或浸水，并防止践踏坑底。

(4)砂、砂石垫层底面宜铺设在同一标高上，如深度不同时，基坑地基土面应挖成踏步或斜坡搭接，各分层搭接位置应错开 0.5～1.0 m 距离，搭接处应注意捣实，施工应按先深后浅的顺序进行。

(5)人工级配的砂石垫层，应将砂石拌和均匀后，再进行铺填捣实。砂料的不均匀系数不能小于 5，以中粗砂为好，容许在砂中掺入一定数量的碎石，但要分布均匀。

6.2.5 质量检测

对粉质黏土、灰土、粉煤灰和砂石垫层的施工质量检测可用环刀法、贯入仪、静力触探、轻型动力触探或标准贯入试验检验;对砂石、矿渣垫层可用重型动力触探检验,并均应通过现场试验以设计压实系数所对应的贯入度为标准检验垫层的施工质量。压实系数也可用环刀法、灌砂法、灌水法或其他方法检验。

6.3 碾压法与夯实法

6.3.1 机械碾压法

机械碾压法是利用平碾、羊足碾、压路机、推土机或其他碾压机械将松散地基土压实加固的方法。该法常用于地下水位以上大面积填土的压实及一般非饱和黏性土和杂填土地基的浅层处理。

对于大面积填土,应分层碾压并逐步升高填土面标高。对于杂填土地基,应把影响深度以上部分挖去,然后分层碾压(最好掺加碎石、粗砂)并逐层回填碾压。黏性土的碾压,一般用质量为 80～100 kN 的平碾或 120 kN 的羊足碾,每层铺土(虚铺)厚度为 200～300 mm,碾压 8～12 遍。

碾压法对表层地基加固深度一般可达 2～3 m。

碾压后填土地基的质量常以压实系数 λ_c(施工时所控制的土的干密度 ρ_d 与最大干密度 ρ_{dmax} 之比)和现场含水量控制。压实系数 λ_c 一般控制在 0.94～0.97 之间。土的现场控制含水量必须选择最佳含水量 w_{op}。一般来说,最佳含水量可取 $w_p \pm 2\%$(w_p 为塑限)。

一般黏性土经表层压实处理后,地基承载力可达 80～100 kPa。

6.3.2 振动压实法

振动压实法是用振动压实机械在地基表面施加振动力将浅层松散土振实的地基处理方法。该法处理砂土和由炉灰、炉渣、碎砖等组成的杂填土,效果良好,且振密后的地基有较强的抗震能力。

振动压实法的一般工作原理是由振动机械的电动机带动两个偏心块产生竖向振动力以激发土体振实。振动压实机是这种方法的主要机具,其自重约为 20 kN,振动力为 50～100 kN,频率为 1160～1180 r/min。振动压实的效果与振动力的大小、填土的成分和振动时间等因素有关。振动机械功率太小其效果不大,杂填土的颗粒或碎裂块较大的,应采用振动力较大的机械。一般来说,振动时间越长,效果越好。但振动超过一定时间后,振实效果就趋于平衡。因此,在施工前应进行试振,确定振沉稳定所需要的时间。例如,对于主要由炉碴、碎砖瓦组成的建筑垃圾,其振动时间须在 1 min 以上;对于含炉灰等细颗粒的填土,振动时间约为 3～5 min,其有效振实深度为 1.2～1.5 m。

振实范围应从基础边缘放出 0.6 m 左右,先振基槽两边,后振中间,振实标准以振动机原地振实不再继续下沉为合格。经过振实处理后的杂填土地基,其承载力可达 100～150 kPa。

6.3.3 重锤夯实法

重锤夯实法是利用起重机械将夯锤(锤重一般不小于 15 kN)提升到一定高度(2.5～4.5 m),然后使锤自由落下并重复夯击以加固地基。一般砂性土、黏性土经重锤夯击后,地基表层土体的相对密实度或干密度将增加,形成一层比较密实的土层(硬壳),从而提高表层地基的承载力。对于湿陷性黄土,重锤夯实可减少表层土的湿陷性;对于杂填土,则可减少其不均匀性。

该法一般适用于处理离地下水位 0.8 m 以上稍湿的黏性土、砂土、湿陷性黄土、杂填土和分层填土等地基,但在有效夯实深度内存在软黏土层时不宜采用。

重锤夯实法的主要设备为起重机械、夯锤、钢丝绳和吊钩等。

重锤夯实的效果或影响深度与锤重、锤底直径、落距、夯实的遍数、土的含水量以及土质条件等因素有关。只有合理地选定上述参数和控制夯实土的含水量，才能达到预定的夯实效果；也只有在土的最优含水量条件下，才能得到最有效的夯实土效果，否则会出现“橡皮土”等不良现象。根据现场实际经验，一般认为：夯实的影响深度约为锤底直径的1倍左右；对于湿和稍湿，密实度为稍密、中密的建筑垃圾杂填土，如采用15 kN重锤，底面直径为1.15 m，落距3～4 m，夯打6～8遍，其有效夯实影响深度为1.1～1.2 m，经夯实处理后的杂填土地基承载力普遍提高，通过静载试验确定，一般可达100～200 kPa。

一般加大锤击功可使土的密实度增大，但当土的密实度增大到某一数值时，即使锤击功再增大，土的密实度却不再增加。同时，随着夯击遍数的增加，每遍土的夯沉量逐渐减少，当夯击到某一程度后，继续夯击将意味着能量的损失。因此，施工时应尽量采用保证夯实的最小夯击遍数，一般可通过试夯确定。一般试夯约6～10遍，施工时可适当增加1～2遍。通过试夯可确定出依据最后两遍平均夯沉量的停夯标准，即最后夯沉量。对于湿陷性黄土及黏性土，最后夯沉量不应大于10～20 mm；砂性土则不应大于5～10 mm。

6.3.4 强夯法

对地基土的碾压与夯实，上述的机械碾压、振动压实和重锤夯实等方法所使用的机械或设备的能量较小，因而压、夯的影响深度较小(常在1.5 m以内)。自20世纪60年代末出现强夯法以来，高能量的夯击作用改变了原来的压实机理，使影响深度和夯实效果提高。

强夯法，又称动力固结法或动力压实法，是法国梅那(Menard)技术公司于1969年首创的一种地基加固方法。它是利用起重设备(起重机或起重机配三脚架、龙门架)反复将大吨位(一般10～40 t)夯锤起吊到6～30 m高度后，令锤自由落下，产生强大的冲击能量，对地基进行强力夯实，从而提高地基承载力，降低其压缩性，消除湿陷性，改善其抵抗振(震)动液化的均匀性，减少工后差异沉降。

在夯坑内填入块石、碎石、砂、钢渣、矿渣、建筑垃圾等硬质粗颗粒材料，并夯实成墩体，则称为强夯置换法，它是强夯法的新发展。

强夯法适用于处理碎石土、砂土、非饱和细粒土、湿陷性黄土、素填土和杂填土等地基的处理，对含有良好透水性夹层的饱和细粒土地基应通过试验后采用。强夯置换法适用于处理高饱和度的粉土与软塑状的淤泥、淤泥质土、黏性土等地基，用于对变形控制要求不严的工程中。

6.3.4.1 强夯法的加固机理

土的类型不同，其强夯加固机理亦不相同。饱和土的强夯加固机理可以分为三个阶段：

(1)加载阶段，即夯击的一瞬间。夯锤的冲击使地基土体产生强烈的振动和动应力，在波动的影响带内，动应力和孔隙水压力急剧上升，而动应力往往大于孔隙水压力有效动应力，使土体产生塑性变形，破坏土的结构。对于砂土，迫使土的颗粒重新排列而密实；对于黏性土，土骨架被迫压缩，同时由于土体中的水和土颗粒两种介质引起不同的振动效应，两者的动应力差大于土颗粒的吸附能时，土中部分结合水和毛细水从颗粒间析出，产生动力水聚结，形成排水通道，制造动力排水条件。

(2)卸载阶段，即夯击动能卸去的一瞬间。动的总应力瞬息即逝，而土中孔隙水压力仍保持较高水平，此时孔隙水压力大于有效应力，故土体中存在较大的负有效应力，引起砂土液化。在黏性土地基中，当最大孔隙水压力大于最小主应力、静止侧压力及土的抗拉强度之和时，土体开裂，渗透性迅速增大，孔隙水压力迅速下降。

(3)动力固结阶段。在卸载之后，土体中仍然保持一定的孔隙水压力，土体就在此压力作用下排水固结。在砂土中，孔隙水压力消散甚快，使砂土进一步密实，而黏性土中孔隙水压力消散较慢，可能要延续2～4周。如果有条件排水固结，土颗粒进一步靠近，重新形成新的水膜和结构连接，土的强度逐渐恢复和提高，达到加固地基的目的。

对于非饱和土的强夯机理，可以认为：夯击能量产生的波和动应力的反复作用，迫使土骨架产生塑性变形，由夯击能转化为土骨架的变形能，使土密实，提高土的抗剪强度，降低土的压缩性。

动力置换是利用夯击时产生的冲击力，强行将砂、碎石等挤填到饱和软土层中，置换原饱和软土，形成

"桩柱"或密实砂石层。与此同时,未被置换的下卧饱和软土,在动力作用下排水固结,变得更加密实,从而使地基承载力提高,沉降减小。

6.3.4.2　强夯法的加固特点与适用范围

强夯法使用工地常备简单设备;施工工艺、操作简单;适用土质范围广;加固效果显著,可取得较高的承载力,一般地基强度可提高 2~5 倍;压缩性可降低 2~10 倍,加固影响深度可达 6~10 m;土粒结合紧密,有较高的结构强度;工效高,施工速度快(一套设备每月可加固 5000~10000 m^2 地基),较换土回填和桩基缩短工期一半;节省加固原材料;施工费用低,节省投资,同时耗用劳力少等。

强夯法适用于加固碎石土、砂土、低饱和度粉土、黏性土、湿陷性黄土、高填土、杂填土以及"围海造地"地基、工业废渣、垃圾地基等处理,也可用于防止粉土及粉砂的液化;对于高饱和度淤泥、软黏土、泥炭、沼泽土,如采取一定技术措施也可采用强夯法,该法还可用于水下夯实。但是强夯法一般不得用于对工程周围建筑物和设备有一定的振动影响的地基加固,不得不采用强夯法时,应采取防振、隔振措施。

6.3.4.3　施工技术参数

(1)锤重与落距

锤重 W(kN)与落距 h(m)是影响夯击能和加固深度的重要因素。它直接决定每一击的夯击能量。锤重一般不宜小于 80 kN,常用的为 100~250 kN。落距一般不小于 6 m。

(2)单位夯击能

锤重 W 与落距 h 的乘积称为夯击能 $E(=W\times h)$。强夯的单位夯击能(指单位面积上所施加的总夯击能),应根据地基土类别、结构类型、荷载大小和要求处理的深度等综合考虑,并通过现场试夯确定。在一般情况下,对于粗颗粒土可取 1000~3000 kN·m/m^2;细颗粒土可取 1500~4000 kN·m/m^2。

(3)夯击点布置及间距

夯击点布置可根据基础形式、地基土类型和工程特点进行设计,对大面积地基一般按等边三角形、等腰三角形或正方形布置;对条形基础夯点可成行布置;对独立柱基础可按柱网设置采取单点或成组布置,在基础下面必须布置夯点。

夯击点间距取决于基础布置、加固土层厚度和土质等条件。加固土层厚、土质差、透水性弱、含水量高的黏性土,夯点间距宜大;加固土层薄、透水性强、含水量低的砂质土,夯点间距宜小;通常夯击点间距取夯锤直径的 1.2~2.5 倍,低能级时取小值,高能级及考虑能级组合时取大值。

(4)单点夯击击数与夯击遍数

单点夯击击数指单个夯点一次连续夯击次数。夯击遍数指以一定的连续击数,对整个场地的一批点,完成一个夯击过程称为一遍,单点的夯击遍数加满夯的夯击遍数为整个场地的夯击遍数。

单点夯击击数应通过现场试夯得到的夯击次数与夯沉量的关系曲线确定,并应同时满足以下条件:

①最后两击的平均夯沉量不宜大于下列数值:当单击夯击能小于 4000 kN·m 时为 50 mm;当单击夯击能为 4000~6000 kN·m 时为 100 mm;当单击夯击能大于 6000 kN·m 时为 200 mm;

②夯坑周围地面不应发生过大的隆起;

③不因夯坑过深而发生提锤困难。

各夯击点之夯击数一般为 3~10 击。

夯击遍数应根据地基土的性质确定,一般情况下,可采用 2~3 遍,最后再以低能量(如前几遍能量的 1/4~1/5)、锤击为 2~4 击,满夯一遍,以加固前几遍之间的松土和被振松的表土层。

夯击遍数和每夯击点的夯击数是相关的两个参数。当每遍夯点的总夯击数确定以后,根据土质情况,采用不同的夯击遍数。对于颗粒细、透水性弱、含水量高的土层,宜通过减少每遍的夯击数,增加夯击遍数;而对于颗粒粗、透性水强、含水量低的土层,宜通过增加每遍的夯击数,减少夯击遍数。对于碎石土、砂土、低饱和度的湿陷性黄土和填土等地基,夯击时夯坑周围往往没有隆起或隆起量很小,应尽量增多夯击遍数。对于饱和度较高的黏性土地基，随着夯击次数的增加，土体积压缩，孔隙水压力升高，但由于此类土渗透性较差，使夯坑下的地基土产生较大的侧向位移，引起夯坑周围地面隆起，此时如继续夯击，并不能使地基土得到有效的夯实，造成浪费，有时甚至造成地基土强度的降低。

(5)两遍间隔时间

两遍夯击之间应有一定的时间间隔，以利于土中超静孔隙水压力的消散，待地基稳定后再夯一遍，一般两遍之间间隔1～4周。对渗透性较差的黏性土不少于3～4周；若无地下水或地下水在－5 m以下，或为含水量较低的碎石类土，或透水性强的砂性土，可采取只间隔1～2 d，或在前一遍夯完后，将土推平，随即连续夯击，而不需要间歇。

(6)处理范围

强夯处理范围应大于建筑物基础范围，每边超出基础外缘的宽度宜为设计处理深度的1/2～2/3，并不小于3 m。

(7)有效加固深度

强夯法的有效加固深度应根据现场试夯或当地经验确定；在初步设计时，可按式(6.5)估算；在缺少试验资料或经验时，也可根据《建筑地基处理技术规范》(JGJ 79—2012)和《湿陷性黄土地区建筑规范》(GB 50025—2004)有关规定预估。

强夯有效加固深度可按下式估算：

$$H = \alpha\sqrt{\frac{Mh}{10}} \tag{6.5}$$

式中 H——有效加固深度(m)；

M——夯锤重(kN)；

h——落距(m)；

α——有效加固深度折减系数，可按表6.5选用。

表6.5 有效加固深度折减系数

土的类别	湿陷性黄土	一般黏性土粉土	砂土	碎石土(不包括块石)煤矸石	块石、矿渣、矿山废石	人工填土
α	0.45～0.60	0.55～0.65	0.65～0.70	0.60～0.75	0.40～0.50	0.55～0.75

6.3.4.4 质量控制

夯击前后应对地基土进行检测，包括室内土工试验、野外标准贯入、静力(轻便)触探、旁压试验(或野外载荷试验)等，测定有关数据，以检验地基的实际影响深度。有条件时应尽量选用上述两项以上的测试项目，以作比较。检验点数，每个建筑物的地基不少于3处，检测深度和位置按设计要求确定，同时现场测定每夯击点后的地基平均变形值，以检验强夯效果。因强夯后的土体强度随夯击后间歇时间的增加而增加，故检验强夯效果的测试工作宜在强夯之后1～4周进行，而不宜在强夯结束后立即进行测试工作，否则测得的强度偏低。

6.4 排水固结法

排水固结法是利用地基排水固结的特性，通过施加预压荷载，并增设各种排水条件(砂井、塑料排水板和排水垫层等排水体)，以加速饱和软黏土固结发展的一种软土地基处理方法，又称为预压法。适用于处理淤泥质土、淤泥、冲填土等饱和黏性土地基。按处理工艺可分为堆载预压、真空预压、真空和堆载联合预压。

6.4.1 加固原理与应用条件

荷载作用下，饱和软黏土地基中孔隙水被排出，孔隙体积减小，地基固结变形。同时，随超静水压力逐渐

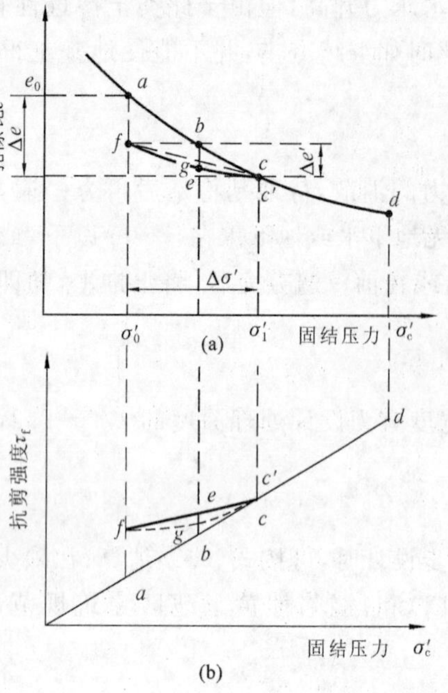

图 6.2　排水固结法的加固机理

消散，有效应力提高，地基土强度增长。

排水固结法的加固机理如图 6.2 所示。假设地基中某点的天然固结压力为 σ'_0，孔隙比为 e_0，即处于 e-σ'_c 坐标上 a 点状态，当压力增加 $\Delta\sigma'$，固结终了时，变为 c 点，孔隙比减小 Δe，曲线 abc 称为压缩曲线。与此同时，抗剪强度与固结压力成比例地由 a 点提高到 c 点。故土体受压固结时，一方面孔隙比减小，产生压缩变形，另一方面抗剪强度也得到提高。若从 c 点卸除压力 $\Delta\sigma'$，则土样沿 cef 回弹至 f 点，图中 cef 为回弹曲线。若从 f 点再加压 $\Delta\sigma'$，土样发生再压缩，沿虚线变化到 c' 点。从再压曲线 fgc' 清楚可见，固结压力同样从 σ'_0 增加 $\Delta\sigma'$，而孔隙比减小值为 $\Delta e'$，比 Δe 小得多。由此可见，经预压处理后，即在建筑场地若先加一个和上部建(构)筑物相同的压力进行预压，使土层固结(相当于压缩曲线上从 a 点变化到 c 点)，然后卸除荷载(相当于在膨胀曲线上由 c 点变化到 f 点)再建造建(构)筑物(相当于在压缩曲线上从 f 点变化到 c' 点)，这样，建(构)筑物所引起的沉降可大大减小。如果预压荷载大于建筑物荷载，即所谓超载预压，则效果更好，因当土层的固结压力大于使用荷载下的固结压力时，原来的正常固结黏土层将处于超固结状态，而使土层在使用荷载下的变形大为减小。

地基土排水固结效果和它的排水边界条件有关。根据固结理论，黏性土固结所需的时间和排水距离的平方成正比。如图 6.3(a)所示的排水边界条件，土层越厚，竖向排水固结所需时间越长。在天然土层中增设排水途径是加速土层的固结最有效的方法。如图 6.3(b)所示，由于竖向排水体(砂井、塑料排水板等)的设置，土层中的孔隙水主要从水平向通过竖向排水体和部分从竖向排出，缩短了排水距离，因而大大加快了地基的固结速率(或沉降速率)，使沉降提前完成，加速地基土强度增长，这一点无论从理论上还是工程实践上都得到了证实。

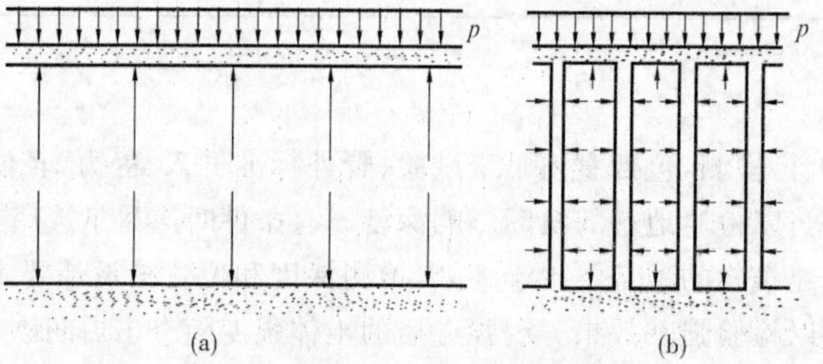

图 6.3　排水固结法的原理

(a)竖向排水情况；(b)砂井地基排水情况

排水固结法主要适用于处理淤泥、淤泥质土及其他饱和软黏土。对于砂类土和粉土，因透水性良好，无须用此法处理。对于含水平砂夹层的黏性土，因其具有较好的横向排水性能，所以不用竖向排水体(砂井等)处理，也能获得良好的固结效果。泥炭土及透水性很小的流塑状态的饱和超软弱土，在很小的荷载作用下就产生较大的蠕变或次固结，而砂井排水固结仅对主固结有效，所以，对于这类土采用排水固结法应慎重。

按使用目的，排水固结法可解决以下两个问题：

(1)沉降问题。使地基的沉降在加载预压期间大部分或基本完成，使建筑物在使用期间不致产生不利的沉降和沉降差。

(2)稳定问题。加速地基土抗剪强度的增长，从而提高地基的承载力和稳定性。

6.4.2 排水固结法的组成

排水固结法是由排水系统和加压系统两部分组成。

6.4.2.1 排水系统

排水方法是在地基中置入排水体，以缩短土层排水距离。竖向排水体可用就地灌注砂井、袋装砂井、塑料排水板等做成。水平排水体一般由地基表面的砂垫层组成。当软黏土层较薄，或土的渗透性较好而施工期又较长时，可仅在地表铺设一定厚度的砂垫层，当加载后，土层中的孔隙水从竖向流入砂垫层而排出。对于厚度大、透水性又很差的软黏土，需同时用水平排水体和竖向排水体构成排水系统，使土层孔隙水由竖向排水体流入水平排水垫层。

6.4.2.2 加压系统

加压方法有堆载法、真空法、降低地下水位法等。在实际工程中，可单独使用一种方法，也可将几种方法联合使用。

(1)堆载预压法

堆载预压法是工程上常用的有效方法。它是在建筑物施工前，在建筑物场地进行堆载预压，使地基固结沉降基本完成和地基土强度提高的方法。堆载材料一般以散料为主，如采用施工场地附近的土、砂、石子、砖、石块等。堤坝、路基的预压可以堤坝、路基填土本身作为堆载；大型油罐、水池地基，常以充水对地基进行预压。

堆载预压法特点是：对各类软弱地基均有效；使用材料、机具方法简单直接，施工操作方便；但堆载预压需要一定时间，对厚度大的饱和软黏土，排水固结所需的时间很长；同时需要大量堆载材料，因此在使用上受到一定限制。

本法适于各类软弱地基，包括天然沉积土层或人工冲填土层，如沼泽土、淤泥、淤泥质土以及水力冲填土；较广泛用于冷藏库、油罐、机场跑道、集装箱码头、桥台等沉降要求比较高的地基。

(2)真空预压法

真空预压法是以大气压力作为预压荷载。它是先在需加固的软土地基表面铺设砂垫层，并在砂垫层内埋设渗水管道，再在其上覆盖不透气的塑料薄膜使其与大气隔绝，薄膜四周埋入土中密封好，然后用真空泵进行抽气，将薄膜下土体中孔隙水和空气逐渐吸出，从而在土体与砂垫层之间形成压力差，发生渗流，使土体中孔隙水压力不断降低，有效应力不断增加，促使土体固结沉降。对于渗透系数小的软黏土，为加速孔隙水的排出，也可在加固部位设置砂井、袋装砂井或塑料板等竖向排水系统。

真空预压法适于处理以黏性土为主的软弱地基。当存在粉土、砂土等透水、透气层时，加固区周边需采取密封措施以确保膜下真空压力能满足设计要求。对塑性指数大于 25 且含水量大于 85%的淤泥，应通过现场试验确定其适用性。其不适于加固土层上覆盖有厚度大于 5 m 以上的回填土或承载力较高的黏性土层。

(3)降低地下水位预压法

降低地下水位预压法是通过降低地基土中的地下水位，使土的自重有效应力增加，促使地基土体固结，土性改善。降低地下水位的方法包括集水坑降水法(明沟排水法)和井点降水法，井点类别包括轻型井点、喷射井点、电渗井点、管井井点、深井井点等。

降低地下水位法最适宜于砂或砂性土地基，也适用于软黏土层上存在砂或砂性土的情况。对于深厚的软黏土层，为加速其固结，可设置砂井，并采用井点降低地下水位。但降低地下水位，可能引起邻近建筑物基础的附加沉降，对此必须引起足够的重视。

(4)联合法

实际工程中，上述几种预压方法可联合使用，如真空预压法可与堆载预压法联合使用；降低地下水位预压法可与真空预压法或堆载预压法联合使用，等等。其中，真空联合堆载预压法是在真空预压的基础上，在密封膜下真空度值达到设计要求且能保持稳定时，在密封膜上覆盖无纺土工布以及黏土（粉煤灰）等保护层进行保护，然后在上面进行堆载压施工，利用堆载产生的水头差将土体中孔隙水排出，从而达到联合加固的目的。

6.4.3 砂井堆载预压法设计计算

砂井堆载预压法的设计计算，其实质是合理安排排水系统与预压荷载之间的关系，使地基通过该排水系统在逐级加载过程中排水固结，强度逐渐增长，以满足每级加载条件下地基的稳定性要求，并加速地基固结沉降，在尽可能短的时间内，使地基承载力达到设计要求。

砂井堆载预压法的设计包括加压系统的设计和砂井的设计，加压系统设计主要指堆载预压计划及堆载材料的选用；砂井设计包括砂井直径、间距、深度的选择，确定砂井的排列以及排水砂垫层的材料和厚度等。通常砂井直径、间距和深度的选择应满足在预压过程中，在不太长的时间内，地基能达到70%～80%以上的固结度。

砂井堆载预压法设计计算内容包括：

(1)初步确定砂井布置方案；

(2)初步拟订加荷计划，即每级加载增量、范围及加载延续时间；

(3)计算每级荷载作用下，地基的固结度、强度增长量；

(4)验算每一级荷载下地基土的抗滑稳定性；

(5)验算地基沉降量是否满足要求。

若上述验算不满足要求，则需调整加荷计划。

6.4.3.1 砂井布置

(1)砂井的直径和间距

砂井的直径和间距由黏性土层的固结特性和施工期限确定。砂井的直径不宜过大或过小，过大不经济，过小则施工易造成灌砂率不足、缩颈或砂井不连续等质量问题，砂井直径宜为300～500 mm。砂井的间距常为砂井直径的6～8倍，一般不应小于1.5 m。

(2)砂井深度

砂井深度一般为10～20 m。其深度的选择与土层分布、地基中附加应力的大小、建筑物对地基变形和稳定性的要求以及工期等因素有关。当软黏土层不厚、底部有透水层时，砂井应尽可能穿透软黏土层；若软黏土层较厚，但其间有砂层或砂透镜体，砂井应尽可能打至砂层或透镜体。当软黏土层很厚，其中又无透水层时，可按地基的稳定性及建筑物变形要求处理的深度来决定。按稳定性控制的工程，如路堤、土坝、岸坡、堆料场等，砂井深度应通过稳定分析确定，砂井深度应超过最危险滑弧面的深度。从沉降方面考虑，砂井深度应穿透主要的压缩层。

(3)砂井的排列

砂井常按梅花形和正方形布置（图6.4）。当砂井按梅花形布置时，砂井的有效排水范围为正六边形，而按正方形布置时则为正方形，如图6.4中虚线所示。假设每个砂井的有效影响面积为圆面积，如砂井间距为l，则等效圆（有效影响范围）的直径d_e与l关系为：梅花形布置时，$d_e=1.05l$；正方形布置时，$d_e=1.13l$。

由于梅花形布置较正方形紧凑和有效，应用较多。砂井的布置范围，宜比建筑物基础范围稍大，因为建筑物荷载在基础以外一定范围内的地基中引起压应力和剪应力，加速基础外地基土的固结，有利于提高地基的稳定性和减小侧向变形以及由此引起的沉降。扩大的范围可由基础轮廓线向外增大约2～4 m。

(4)排水砂垫层和砂沟

在砂井顶面应铺设排水砂垫层，以连通各个砂井形成通畅的排水面，将水排到场地以外。砂垫层厚度一般为0.3～0.5 m；水下施工时，砂垫层厚度一般为1 m左右。为节省砂子，也可采用连通砂井的纵横砂沟代

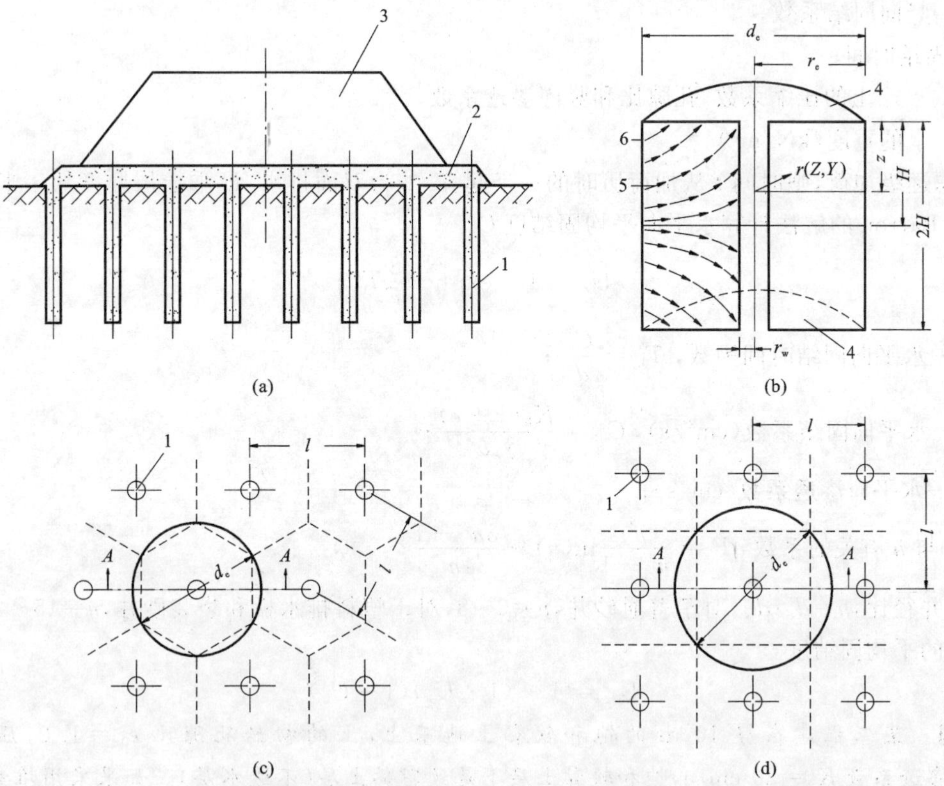

图 6.4　砂井平面布置及影响范围土柱体剖面

(a)砂井剖面;(b)A—A 剖面图;(c),(d)砂井梅花形、正方形布置

1—砂井;2—砂垫层;3—堆载预压;4—排水面;

5—水流途径;6—无水流经过此界线

替整片砂垫层,砂沟的高度一般为 0.5～1.0 m,砂沟宽度取砂井直径的 2 倍。

6.4.3.2　制订预加荷载计划

在加载预压中,任何情况下所加的荷载均不得超过当时软土层的承载力。为此,要拟订加载计划,设计时可按以下步骤初步拟订加载计划:

(1)利用地基的天然抗剪强度计算第一级容许施加的荷载;

(2)计算第一级荷载下地基强度增长值并借此增长值确定第二级所能施加的荷载;

(3)计算第一级荷载下达到指定固结度所需的时间,此时间亦为第二级荷载开始施加的时间;

(4)以此类推完成整个加载过程。

6.4.3.3　砂井地基平均固结度计算

(1)根据太沙基固结理论计算竖向平均固结度 U_z

$$U_z = 1 - \frac{8}{\pi^2}\exp\left(-\frac{\pi^2}{4}T_v\right) \tag{6.6}$$

$$T_v = \frac{C_v t}{H^2} \tag{6.7}$$

$$C_v = \frac{K_v(1+e)}{a\gamma_w} \tag{6.8}$$

式中　T_v——竖向固结时间因数;

H——竖向最大排水距离;

C_v——竖向固结系数；

t——固结时间；

a,e,K_v——土的压缩系数、孔隙比和竖向渗透系数；

γ_w——水的重度(kN/m^3)。

如果考虑逐级加荷，则时间 t 从加荷历时的一半起算，如为双面排水，H 取土层厚度的一半。

(2)根据 Barron 的解法计算水平向平均固结度 U_r

$$U_r = 1 - \exp\left(-\frac{8}{F}T_h\right) \tag{6.9}$$

式中　T_h——水平向固结时间因数，$T_h = \frac{C_h t}{d_e^2}$；

C_h——水平向固结系数(cm^2/s)，$C_h = \frac{K_h(1+e)}{\gamma_w a}$；

K_h——水平向渗透系数(cm/s)；

F——与 n 有关的系数，$F = \frac{n^2}{n^2-1}\ln(n) - \frac{3n^2-1}{4n^2}$；

n——井径比，$n=d_e/d_w$，对于普通砂井，$n=6\sim8$，对于塑料排水板和袋装砂井，$n=15\sim22$。

(3)砂井的平均固结度

$$U_{rz} = 1-(1-U_r)(1-U_z) \tag{6.10}$$

【例 6.2】 某工程建在厚 10 m 的饱和软黏土地基上，土的初始孔隙比 $e_0=1.0$，压缩系数 $a=0.4\ \text{MPa}^{-1}$，渗透系数 $K_v=20$ cm/a，饱和软黏土层下是致密黏土层(不透水层)。如果采用堆载预压法进行地基加固，试估计固结度达到 95%所需时间。

【解】 (1)竖向固结系数 C_v

$$C_v = \frac{K_v(1+e_0)}{a\gamma_w} = \frac{20\times10^{-2}\times(1+1.0)}{4\times10^{-4}\times10} = 100\ \text{m}^2/\text{a}$$

(2)固结度为 95%时的时间因数 T_v

$$1-\frac{8}{\pi^2}\exp\left(-\frac{\pi^2}{4}T_v\right) = 95\%$$

解得：$T_v=1.13$

(3)固结度达到 95%所需时间 t

$$t = \frac{T_v H^2}{C_v} = \frac{1.13\times10^2}{100} = 1.13\ \text{a} = 412.5\ \text{d}$$

【例 6.3】 例 6.2 中，若采用砂井排水，砂井直径 $d_w=25$ cm，间距 $l=2.5$ m，采用梅花形布置，求一次加荷 20 d 时砂井地基的平均固结度。

【解】 (1)竖向平均固结度

$$T_v = \frac{C_v t}{H^2} = \frac{100\div365\times20}{10^2} = 0.055$$

$$U_z = 1-\frac{8}{\pi^2}\exp\left(-\frac{\pi^2}{4}T_v\right) = 1-\frac{8}{\pi^2}\exp\left(-\frac{\pi^2}{4}\times0.055\right) = 1-\frac{8}{\pi^2}\times0.873 = 29.2\%$$

(2)水平向平均固结度

计算时假定地基土为均匀等向，即 $C_h=C_v$

$$d_e = 1.05l = 1.05\times2.5 = 2.625\ \text{m}$$

$$n = \frac{d_e}{d_w} = \frac{2.625}{0.25} = 10.5$$

$$F = \frac{n^2}{n^2-1}\ln(n) - \frac{3n^2-1}{4n^2} = \frac{10.5^2}{10.5^2-1}\ln(10.5) - \frac{3\times10.5^2-1}{4\times10.5^2} = 2.31$$

$$T_h = \frac{C_h t}{d_e^2} = \frac{100 \div 365 \times 20}{2.625 \times 2.625} = 0.8$$

$$U_r = 1 - \exp(-\frac{8}{F}T_h) = 1 - \exp(-\frac{8}{2.31} \times 0.8) = 1 - 0.0775 = 93.7\%$$

(3)地基的平均固结度

$$U_{rz} = 1 - (1 - U_r)(1 - U_z) = 1 - (1 - 0.937) \times (1 - 0.292) = 95.6\%$$

6.4.3.4 排水过程中地基强度增长值的推算

在预压荷载作用下，地基土在某一时刻 t 的抗剪强度 τ_{ft} 为：

$$\tau_{ft} = \eta(\tau_{f0} + \Delta\tau_{fc}) \qquad (6.11)$$

式中 τ_{f0}——地基中某点在加荷前的天然土抗剪强度(kPa)，其值可由十字板剪切试验测定；

$\Delta\tau_{fc}$——在加荷后 t 时刻地基土由固结引起的抗剪强度增长量(kPa)；

η——考虑土体由于剪切蠕变及其他因素对强度的影响的一个综合性折减系数，根据工程经验，η 可取 0.75～0.90，剪应力大取低值，反之取高值。

抗剪强度增长量 $\Delta\tau_{fc}$ 的计算方法较多，常用有效固结压力法计算式为：

$$\Delta\tau_{fc} = \Delta\sigma_z U_t \tan\varphi_{cu} \qquad (6.12)$$

式中 $\Delta\sigma_z$——预压荷载引起的该点附加竖向应力(kPa)；

U_t——该点土的固结度；

φ_{cu}——三轴固结不排水压缩试验求得的土的内摩擦角(°)。

该法试验和计算都较方便，工程上已得到广泛的应用。

6.4.3.5 稳定性分析

由于地基土在预压荷载作用下可能失稳破坏，因此，预压加载过程中必须验算每级荷载下地基的稳定性。进行稳定分析时，通常假定地基的滑动面为圆筒面，可采用圆弧法(条分法)进行。

6.4.4 排水固结法施工简介与现场观测

6.4.4.1 施工简介

应用排水固结法加固软黏土地基，其施工顺序如下：①铺设水平排水垫层；②设置竖向排水体；③埋设观测设备；④实施预压；⑤检查预压效果；⑥若不满足设计要求，则更改设计至满足设计要求为止。从施工角度分析，要保证排水固结法的加固效果，主要要做好三个环节，即铺设水平排水垫层、设置竖向排水体、施加固结压力。

6.4.4.2 现场观测

在采用排水固结法加固地基时，应根据现场观测资料分析地基在堆载预压过程中和竣工后的固结、强度和沉降的变化，其不仅是发展理论及评价处理效果的依据，同时也可及时防止因设计和施工的不完善而引起的意外工程事故。工程上通常应进行孔隙水压力观测、沉降观测、侧向位移观测等。

6.5 置换及拌入法

6.5.1 砂石桩法

砂石桩法是指采用振动、冲击或水冲等方法在软土地基中成孔后，再将砂、砾石、卵石、碎石等材料挤压入孔中,形成较大直径的密实砂石桩的地基处理方法。其主要包括砂桩法、挤密砂桩法和沉管碎石桩法等。

砂石桩法适用于挤密松散砂土、粉土、黏性土、素填土和杂填土等地基。饱和黏性土地基,若对变形控制不严的工程也可采用砂石桩置换处理。该法亦可用于可液化地基。

6.5.1.1 砂石桩法作用原理

1)松散砂土中的作用

由于成桩方法不同,在松散砂土中成桩时对周围砂层产生挤密作用或同时产生振密作用。

(1)挤密作用

采用冲击法或振动法往砂土中下沉桩管和一次拔管成桩时,由于桩管下沉对周围砂土产生很大的横向挤压力,桩管就将地基中同体积的砂挤向周围的砂层,使其孔隙比减小,密度增大,这就是挤密作用。有效挤密范围可达3～4倍桩径。这就是通常所谓的"挤密砂桩"。

(2)挤密和振密作用

采用振动法往砂土中下沉桩管和逐步拔出桩管成桩时,下沉桩管对周围砂层产生挤密作用,拔起桩管对周围砂层产生振密作用,有效振密范围可达6倍桩径左右。振密作用比挤密作用更显著,其主要特点是砂桩周围一定距离内地面发生较大的下沉。采用这种成桩方法的砂桩称为"振密砂桩"。

2)软弱黏性土中的作用

(1)置换作用

密实的砂桩在软弱黏性土中取代了同体积的软弱黏性土(置换作用),形成"复合地基",使承载力有所提高,地基沉降也变小。载荷试验和工程实践证明,砂桩复合地基承受外荷载时,发生压力向砂桩集中的现象,使桩周围土层承受的压力减小,沉降也相应减小。砂桩复合地基与天然的软弱黏性土地基相比,地基承载力增大率和沉降减小率都与置换率(1根砂桩面积与1根砂桩承担的地基面积之比)成正比关系。

(2)排水作用

在软黏土地基中,砂石桩可像砂井一样起排水作用,从而加快地基的固结沉降速率。砂石桩复合地基与天然地基载荷试验的对比表明,在荷载相同条件下,前者的沉降稳定时间比后者要短得多。

6.5.1.2 砂石桩法设计计算

1)材料和桩尺寸

(1)砂石料

砂石料可使用砾砂、粗砂、中砂、圆砾、角砾、卵石、碎石等,这些材料可单独使用一种,也可将粗细颗粒按一定的比例配合使用,在对砂石桩侧限作用较小的软弱黏性土中,可使用含有棱角状碎石的混合料。

砂石填料中含泥量不大于5%,并且不含有粒径大于50 mm的颗粒。

(2)直径

根据地基土质情况、置换率要求、成桩方式和成桩设备等因素综合考虑确定砂石桩的直径。在软弱黏性土中尽可能采用较大的直径。目前,国内实际采用的直径为300～1200 mm;国外实际采用的直径为600～800 mm,最大达2000 mm。

(3)桩长

根据软土层厚度或根据工程要求通过计算确定砂石桩桩长:

① 软土层厚度不大时,砂石桩桩长宜穿过软土层;

② 软土层厚度较大时,对按稳定性控制的工程,砂石桩桩长应不小于最危险滑动面以下2 m的深度;对按沉降控制的工程,桩长应满足砂石桩地基沉降量不超过建(构)筑物地基变形容许值并满足软弱下卧层承载力的要求;

③ 当使用砂石桩处理易振动液化的饱和松散砂土时,桩长应达到可能发生液化的砂层底部;

④ 一般不宜小于4 m。

(4)桩的平面布置形式和处理范围

对大面积满堂基础,桩位宜按等边三角形布置;对独立或条形基础,桩位宜按正方形、矩形或等腰三角形布置;对于圆形或环形基础(如油罐基础)宜按放射形布置,如图 6.5 所示。

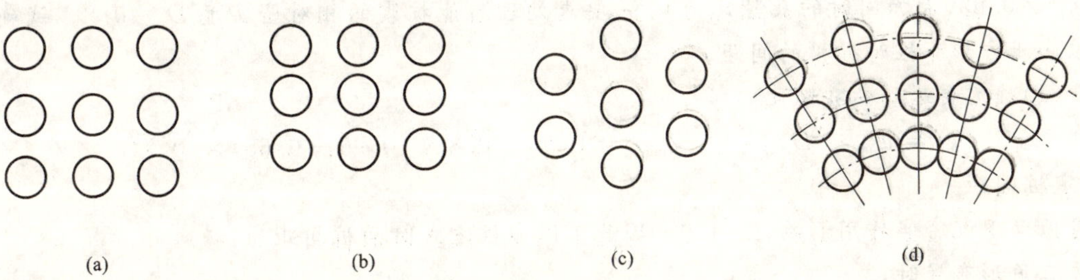

图 6.5 桩位布置

(a)正方形;(b)矩形;(c)等腰三角形;(d)放射形

砂石桩的处理范围应根据建筑物的重要性和场地条件确定,应大于荷载作用面范围,扩大的范围宜为基础外缘 1～3 排桩距。对可液化地基,在基础外缘扩大的宽度不应小于可液化土层厚度的 1/2。

(5)垫层

砂石桩施工完毕后,地面应铺设 300～500 mm 厚的砂垫层或砂和碎石混合料垫层。垫层要分层铺设,用平板振动器振实。在地面很软不能保证施工机械正常行驶和操作时,可在砂石桩施工前铺设垫层。

2)桩距计算

因砂石桩在松散砂土和软弱黏性土中作用原理不同,故桩距计算方法也有所不同。

(1)松散砂土

根据要求的孔隙比计算:

按等边三角形布置时
$$l = 0.95\xi d\sqrt{\frac{1+e_0}{e_0-e_1}} \tag{6.13}$$

按正方形布置时
$$l = 0.89\xi d\sqrt{\frac{1+e_0}{e_0-e_1}} \tag{6.14}$$

式中 l——砂石桩桩间距(m);

d——砂石桩直径(m);

ξ——修正系数,考虑振动下沉密实作用时可取 1.1～1.2,不考虑振动下沉密实作用时可取 1.0;

e_0——天然孔隙比;

e_1——要求达到的孔隙比。

e_1 可按下式计算:

$$e_1 = e_{max} - D_{r1}(e_{max} - e_{min}) \tag{6.15}$$

式中 e_{max}——最松散状态下孔隙比;

e_{min}——最密实状态下孔隙比;

D_{r1}——要求砂土达到的相对密实度,一般取 0.70～0.85。

(2)软弱黏性土

① 按置换率要求计算

砂桩用于提高天然地基承载力时,根据置换率要求计算桩距,如对正方形布置的桩距 l 可按下式计算:

$$l = \left(\frac{A_p}{m}\right)^{1/2} \tag{6.16}$$

式中 A_p——砂石桩的截面面积(m^2);

m——面积置换率(1 根砂石桩面积 A_p 与 1 根砂桩分担的地基处理面积 A 之比)。

② 按地基固结要求计算

砂石桩复合地基容许承载力不能满足设计要求而需采用预压法提高桩间土承载力时，应根据地基固结度和固结速率要求计算桩距，计算方法与排水固结法中砂井间距计算方法相同。

【例6.4】 某松砂地基，采用砂桩或振冲桩加固，桩径为0.6 m。该地基土的最大孔隙比 $e_{max}=0.95$，最小孔隙比 $e_{min}=0.65$，未加固时的孔隙比为0.9，要求处理后能抗震的相对密实度 $D_r=0.8$。试确定按等边三角形布桩和正方形布桩时砂桩的间距。

【解】 (1)确定要达到的孔隙比 e_1

$$e_1=e_{max}-D_{r1}(e_{max}-e_{min})=0.95-0.8\times(0.95-0.65)=0.71$$

(2)确定桩间距

不考虑振动下沉密实作用影响，$\xi=1.0$。因此不同布桩方式时的桩间距为：

按等边三角形布置时，

$$l_1=0.95d\sqrt{\frac{1+e_0}{e_0-e_1}}=0.95\times0.6\times\sqrt{\frac{1+0.9}{0.9-0.71}}=1.8\ \mathrm{m}$$

按正方形布置时，

$$l_2=0.89d\sqrt{\frac{1+e_0}{e_0-e_1}}=0.89\times0.6\times\sqrt{\frac{1+0.9}{0.9-0.71}}=1.7\ \mathrm{m}$$

6.5.2 水泥粉煤灰碎石桩法

水泥粉煤灰碎石桩法又称CFG桩(cement-fly ash-gravel pile)法，是指由水泥、粉煤灰、碎石、石屑或砂等混合料加水拌和制成具有一定黏结强度的桩，并与桩间土、褥垫层一起组成复合地基的地基处理方法。混合料中水泥为主要胶凝材料，粉煤灰用来增加混合料的和易性，适量的石屑用来改善级配。

该方法吸取了振冲碎石桩和水泥搅拌桩的优点：① 施工工艺与普通振动沉管灌注桩一样，工艺简单，与振冲碎石桩相比，无场地污染，振动影响也较小；② 所用材料仅需少量水泥，便于就地取材，基础工程不会与上部结构争“三材”，这也是比水泥搅拌桩优越之处；③ 受力特性与水泥搅拌桩类似。

该方法适用于处理黏性土、粉土、砂土和自重固结已完成的素填土地基。对淤泥质土应按地区经验或通过现场试验确定其适用性。

6.5.2.1 CFG桩法作用机理

CFG桩的压缩性明显小于桩周软土，在基底应力作用下，桩上出现集中应力，起到桩体作用。由于桩身具有黏结强度，承载时不会像碎石桩那样出现鼓胀破坏现象，而且不仅可发挥全桩的侧阻力的作用，当桩端落在较好土层上时，还可很好地发挥端阻力的作用，使复合地基的承载力得到大大提高。另外，CFG桩复合地基变形小，沉降稳定快。

6.5.2.2 CFG桩法设计计算

CFG桩法主要通过其桩体作用提高地基承载力和减少地基变形。对松散砂性土地基，可考虑其施工对土的挤密效应。但若以挤密松散砂性土为其主要目的，则采用CFG桩是不经济的。

CFG桩常采用振动沉管法施工，桩径一般为350～400 mm。

桩距的选用需要考虑承载力要能满足的设计要求、场地地质条件以及造价等因素，通常取$(3\sim6)d$。对挤密性好的土，如砂土、粉土和松散填土，桩距可取较小值；对单挑或双排布桩的条形基础、面积不大的独立基础等，桩距可取较小值，反之，满堂布桩的筏形基础、箱形基础以及多排布桩的条形基础等，桩距可适当放大；在地下水位高、地下水丰富的建筑场地，桩距也可适当放大。

CFG桩复合地基承载力取决于桩径、桩长、桩距、上部土层和桩尖下卧层土体的物理力学指标等因素。CFG桩复合地基承载力特征值应通过现场单桩或多桩复合地基载荷试验确定。初步设计时也可按式(6.23)估算，桩间土承载力折减系数 α_s 应按地区经验取值，当无经验时，可取0.75～0.95，天然地基承载力较高时取较大值。

6.5.3 深层搅拌法

深层搅拌法是利用水泥(或石灰)等材料作为固化剂,通过深层搅拌机在地基深部,就地将软土和固化剂(浆体或粉体)强制拌和,利用固化剂和软土发生一系列物理、化学反应,使之凝结成具有整体性、水稳性好和较高强度的水泥加固体,与天然地基形成复合地基的一种地基处理技术。

6.5.3.1 深层搅拌法加固机理

水泥与土拌和后要产生一系列的物理、化学反应。这些物理、化学反应与混凝土的硬化机理不同,混凝土的硬化主要是在粗填充料中进行水解和水化作用,凝结速度较快;而水泥加固土由于水泥用量很少,水泥水化反应完全是在土的围绕下产生的,凝结速度比混凝土缓慢。水泥与软黏土拌和后,水泥矿物和土中的水分发生强烈的水解和水化反应,同时从溶液中分解出氢氧化钙生成硅酸三钙($3CaO \cdot SiO_2$)、硅酸二钙($2CaO \cdot SiO_2$)、铝酸三钙($3CaO \cdot Al_2O_3$)、铁铝酸四钙($4CaO \cdot Al_2O_3 \cdot Fe_2O_3$)、硫酸钙($CaSO_4$)等水化物,有的自身继续硬化形成水泥石骨架,有的则因有活性的土进行离子交换和硬凝反应和碳酸化作用等,使土颗粒固结、结团、颗粒间形成坚固的联结,并具有一定强度。目前一般认为水泥加固软土的机理如下:

① 水泥的水解和水化反应。当水泥掺入软土中时,水泥颗粒表面的矿物很快与软土中的水发生强烈的水解和水化反应,生成氢氧化钙、含水硅酸钙、含水铝酸钙及含水铁酸钙等水泥水化物。

② 离子交换和团粒化作用。黏土中的二氧化硅遇水后形成硅酸胶体微粒,其表面带有的钾离子或钠离子与水泥水化生成的氢氧化钙中的钙离子进行当量离子交换,使土颗粒分散度降低,产生聚结,形成较大的团粒,提高了土体的强度;另外,水泥水化后生成的凝胶粒子的比表面积比水泥颗粒的比表面积约大1000倍,具有很大的表面能,吸附力很强,能使团粒进一步结合起来,形成水泥土的团粒结构,进一步提高水泥土的强度。

③ 硬凝反应。随着水泥水化反应的进行,溶液中析出大量的钙离子,当钙离子的数量超过离子交换的需要量后,在碱性环境中,组成黏粒矿物的二氧化硅与三氧化铝的一部分或大部分与钙离子产生化学反应,并逐渐生成不溶于水的稳定的铝酸钙、硅酸钙及钙黄长石的结晶水化物,这些化合物在水中和空气中逐渐硬化,提高了水泥强度,且其结构比较致密,水分不易侵入,从而使水泥土具有足够的水稳定性。

④ 碳酸化作用。水泥水化物中游离的氢氧化钙能吸收水中和空气中的二氧化碳,反应生成不溶于水的碳酸钙,这种反应也能增加水泥土的强度,不过增长较慢,幅度也较小。

6.5.3.2 深层搅拌法特点及适用范围

深层搅拌法独特的优点如下:

① 由于将固化剂和原地基软土就地搅拌混合,因而最大限度地利用了原地基土;

② 土体加固后重度基本不变,对软弱下卧层不致产生附加沉降;

③ 可有效提高地基强度(当水泥掺量为8%和10%时,加固体强度分别为0.24 MPa和0.65 MPa,而天然软土地基强度仅0.006 MPa);

④ 对土壤无侧向挤压,对邻近建筑物影响很小;

⑤ 在地基加固过程中无振动、无噪声,对环境无污染,可在市区内或密集建筑群中进行施工;

⑥ 可按建筑物要求做成柱状、壁状、格子状和块状等加固形状;

⑦ 施工期较短,造价低廉,效益显著。

该方法适于加固较深较厚的淤泥、淤泥质土、粉土和含水量较高且地基承载力不大于120 kPa的黏性土地基,对超软土效果更为显著。多用于墙下条形基础、大面积堆料厂房地基;用于深基开挖时防止坑壁及边坡塌滑、坑底隆起等以及地下防渗墙等工程上。

6.5.3.3　深层搅拌法设计要点

(1)桩长和桩径

竖向承载搅拌桩的长度应根据上部结构对承载力和变形的要求确定，并宜穿透软弱土层到达承载力相对较高的土层；为提高抗滑稳定性而设置的搅拌桩，其桩长应超过危险滑弧以下 2 m。水泥土搅拌桩的桩径不应小于 500 mm。

(2)布桩形式

布桩形式可根据上部结构特点以及对地基承载力和变形的要求，采用柱状、壁状、格栅状或块状等不同形式。桩可只在基础平面范围内布置，独立基础下的桩数不宜少于 3 根。柱状加固可采用正方形、等边三角形等布桩形式。

(3)单桩竖向承载力特征值

搅拌桩的单桩竖向承载力取决于桩身强度和地基土的情况，一般应使土对桩的支承力与桩身强度所确定的承载力相近。水泥土搅拌桩单桩竖向承载力特征值应通过现场载荷试验确定，如果无试验资料，也可按后文介绍的式(6.24)、式(6.25)计算，并取其中较小值。

(4)水泥土搅拌桩复合地基承载力特征值

竖向承载水泥土搅拌桩复合地基的承载力特征值应通过现场单桩或多桩复合地基载荷试验确定。初步设计时也可按式(6.23)估算，当桩端土未经修正的承载力特征值大于桩周土的承载力特征值的平均值时，桩间土承载力折减系数 α_s 可取 0.1～0.4，差值大时取低值；当桩端土未经修正的承载力特征值小于或等于桩周土的承载力特征值的平均值时，α_s 可取 0.5～0.9，差值大时取高值。

在设计时，可根据要求达到的复合地基承载力特征值，按式(6.23)求得面积置换率。

6.5.4　高压喷射注浆法

高压喷射注浆法又称旋喷法，它是利用钻机把带有特殊喷嘴的注浆管钻进至土层的预定位置后，用高压脉冲泵(工作压力在 20 MPa 以上)，将水泥浆液通过钻杆下端的喷射装置，向四周以高速水平喷入土体，借助液体的冲击力切削土层，使喷流射程内土体遭受破坏，与此同时钻杆一面以一定的速度(20 r/min)旋转，一面低速(15～30 cm/min)徐徐提升，使土体与水泥浆充分搅拌混合，胶结硬化后即在地基中形成直径比较均匀、具有一定强度(0.5～8.0 MPa)的圆柱体(称为旋喷桩)，从而使地基得到加固。

6.5.4.1　分类及形式

高压喷射注浆法根据使用机具设备的不同又分为：

(1)单管法　用一根单管喷射高压水泥浆液作为喷射流；由于高压浆液射流在土中衰减大，破碎土的射程较短，成桩直径较小，一般为 0.3～0.8 m。

(2)二重管法　用同轴双通道二重注浆管复合喷射流。成桩直径 1.0 m 左右。

(3)三重管法　用同轴三重注浆管复合喷射高压水流和压缩空气，并注入水泥浆液。由于高压水射流的作用，地基中一部分土粒随着水、气排出地面，高压浆流随之填充空隙。成桩直径较大，一般有 1.0～2.0 m，但成桩强度较低(0.9～1.2 MPa)。

成桩形式分旋喷注浆、定喷注浆和摆喷注浆三种类别。加固形状可分为立柱状、壁状和块状等。

6.5.4.2　特点及适用范围

高压喷射注浆具有以下特点：

(1)提高地基的抗剪强度，改善土的变形性质，使在上部结构荷载作用下，不产生破坏和较大沉降。

(2)利用小直径钻孔旋喷成比孔大 8～10 倍的大直径固结体；可通过调节喷嘴的旋喷速度、提升速度、喷射压力和喷浆量旋喷成各种形状桩体；可制成垂直桩、斜桩或连续墙，并获得需要的强度。

(3)用于已有建筑物地基加固而不扰动附近土体,施工噪声低,振动小。

(4)用于任何软弱土层,可控制加固范围。

(5)设备较简单、轻便,机械化程度高,全套设备紧凑,体积小,机动性强,占地少,能在狭窄场地施工。

(6)施工简便,操作容易,管理方便,速度快,效率高,用途广泛,成本低。

高压喷射注浆适于淤泥、淤泥质土、黏性土、粉土、砂土、湿陷性黄土、人工填土及碎石土等的地基加固;可用于既有建筑和新建筑的地基处理,深基坑侧壁挡土或挡水,基坑底部加固(防止管涌与隆起),坝的加固与防水帷幕等工程。但对含有较多大粒块石、坚硬黏性土、大量植物茎基或含过多有机质的土及地下水流过大、喷射浆液无法在注浆管周围凝聚的情况下,不宜采用。

6.5.4.3 设计要点

(1)加固体强度和范围

高压喷射注浆形成的加固体强度和范围,应通过现场试验确定。当无现场试验资料时,可参照相似土质条件的工程经验估计。旋喷桩的桩身直径大小由注浆方法、土的类别、密度、施工条件等确定。

(2)旋喷桩复合地基承载力

竖向承载旋喷桩复合地基承载力特征值应通过现场复合地基载荷试验确定。初步设计时,也可按式(6.23)估算,式中桩间土承载力折减系数 α_s 可根据试验或类似土质条件的工程经验确定,当无试验资料或经验时,可取 0～0.5,承载力较低时取低值。其单桩竖向承载力特征值 R_a 可通过现场单桩载荷试验确定,也可按式(6.24)、式(6.25)计算,并取其中较小值。

(3)桩的平面布置

竖向承载旋喷桩的平面布置可根据上部结构和基础特点确定。独立基础下的桩数一般不应少于 4 根。

(4)褥垫层设置

竖向承载旋喷桩复合地基宜在基础和桩顶之间设置褥垫层,褥垫层厚度可取 200～300 mm,其材料可选用中砂、粗砂、级配砂石等,最大粒径不宜大于 30 mm。

6.6 复合地基

6.6.1 复合地基的概念与分类

复合地基是指天然地基在地基处理过程中部分土体得到增强或被置换,或在天然地基中设置加筋材料而形成增强体,由天然地基土体和增强体两部分组成共同承担荷载的人工地基。复合地基有两个基本特点:

① 加固区是由增强体和其周围地基土两部分组成,是非均质和各向异性的;

② 增强体和其周围地基土体共同承担荷载并协调变形。

前一特征使它区别于均质地基(包括天然的和人工均质地基),后一特征使它区别于桩基础。

根据增强体的设置方向,可分为水平向增强体复合地基和竖向增强体复合地基。

水平向增强体复合地基主要指加筋土复合地基,是指在基础下一定范围内的软弱土层中铺设水平增强体,并与砂石等组成加筋垫层作为持力层,形成水平向增强体复合地基,改善天然地基土抗拉、抗剪性能,提高地基承载力,减小地基沉降量。加筋材料可以是钢带、钢条、钢筋混凝土带、土工合成材料等,其中又以土工合成材料加筋最为常见。加筋材料可单向铺设,也可双向铺设;按需要可铺设一层,也可与填土间隔多层铺设。

竖向增强体复合地基习惯上称为桩体复合地基。目前工程上常用的竖向桩体有:碎石桩、水泥土桩、水泥粉煤灰桩、素混凝土桩、钢筋混凝土桩、预应力空心管桩等。根据桩体性质分为:散体材料桩、柔性桩和刚性桩。对应于碎石桩、砂桩等散体材料桩,柔性桩和刚性桩也可称为黏结材料桩。刚性桩通常是指桩身强度和刚度相对较大,压缩量小的桩,如混凝土桩、钢筋混凝土桩、钢桩、水泥粉煤灰碎石桩(又称 CFG 桩)等,而柔性桩是指桩身强度和刚度相对较小、桩身压缩量大的桩,如水泥土桩、灰土桩等。水泥土桩中水泥掺入量的大小将直接影响桩体的强度。当水泥掺入量较小时,桩体的特性类似柔性桩;而当掺入量较大时,又类似刚性桩。

相对于桩体复合地基,水平向增强体复合地基的工程实践积累较少。

以下主要介绍桩体复合地基。

6.6.2 复合地基作用机理及设计参数

6.6.2.1 作用机理

桩体复合地基的作用机理主要体现在以下几个方面:

① 桩体作用。桩体复合地基是竖向桩体与桩周土体共同作用,由于桩体刚度、强度及模量等均大于桩间土体,荷载作用下桩顶出现应力集中现象,桩体分担了大部分上部荷载,而桩间土分担的荷载相应减小。使得复合地基承载力较天然地基提高,沉降量减少。

② 加速固结作用。砂(石)桩、碎石桩等散体材料桩具有良好的透水性,可加速地基土固结。另外,水泥土类桩和混凝土类桩也可在不同程度上加速地基土固结。

③ 挤密、振密作用。如砂桩、土桩、石灰桩、碎石桩等施工过程中由于振动、挤压、排土等作用,减小了地基土体孔隙比,增加了其密实度,土体强度也相应提高。采用生石灰桩,由于其材料具有吸水、发热和膨胀等作用,对桩间土同样起到挤密作用。

④ 加筋作用。各种复合地基除了可提高地基的承载力和整体刚度外,还可提高土体的抗剪强度,增加土坡的抗滑能力。

⑤ 垫层作用。桩与桩间土共同工作形成的复合地基,可起到类似垫层均化上部结构荷载和增大应力扩散角的作用。若复合地基中竖向桩体贯穿整个软土层,其垫层作用将更为明显。

6.6.2.2 设计参数

(1)面积置换率

在复合地基中,选取一根桩及其影响的桩周土所组成的单元体作为研究对象。桩体的横截面积与该桩体所承担的复合地基面积之比称为复合地基面积置换率。

复合地基桩体的平面布置形式通常有两种,即正方形布置和等边三角形布置。其面积置换率 m 为:

正方形布桩时,

$$m = \frac{\pi d^2}{4l^2} \tag{6.17}$$

等边三角形布桩时,

$$m = \frac{\pi d^2}{2\sqrt{3}l^2} \tag{6.18}$$

式中 d——桩体直径(mm);

l——桩间距(mm)。

(2)桩土应力比

荷载作用下,设复合地基中桩体的竖向平均应力为 σ_p,桩间土的竖向平均应力为 σ_s,则桩土应力比 n 为:

$$n = \frac{\sigma_p}{\sigma_s}$$

桩土应力比是复合地基的一个重要设计参数,它关系到复合地基承载力和变形的计算。影响桩土应力比的因素很多,如荷载水平、桩土模量比、复合地基面积置换率、原地基土强度、桩长、固结时间和垫层情况等。

桩土应力比计算公式有多种,这里介绍以下两种:

① 模量比公式

假定刚性基础下,桩体和桩间土体的竖向应变相等,可得桩土应力比 n 的计算公式为:

$$n=\frac{E_p}{E_s} \tag{6.19}$$

式中 E_p, E_s——桩身和桩间土的压缩模量(kPa)。

② Baumann 公式

Baumann 根据桩体和桩周土的侧向应力及径向鼓胀量间的关系，假定桩体总体积保持不变，提出砂石桩复合地基桩土应力比 n 的计算公式：

$$n=\frac{E_p}{2k_pE_s\ln\frac{R_0}{r_0}}+\frac{k_s}{k_p} \tag{6.20}$$

式中 r_0, R_0——桩半径(m)和每根桩所分担的加固面积的折算半径(m)；

k_p, k_s——桩和桩间土的侧压力系数，其值均介于被动土压力系数和静止土压力系数之间。

(3)复合模量

复合地基加固区由桩体和桩间土两部分组成，呈非均质。在复合地基计算中，为了简化计算，将加固区视作一均质的复合土体，则与原非均质复合土体等价的均质复合土体的模量称为复合地基的复合模量。一般复合压缩模量 E_{sp} 可按下式计算：

$$E_{sp}=mE_p+(1-m)E_s \tag{6.21}$$

或

$$E_{sp}=[1+m(n-1)]E_s \tag{6.22}$$

6.6.3 桩体复合地基承载力确定

桩体复合地基承载力特征值应通过复合地基竖向抗压载荷试验或综合桩体竖向抗压载荷试验和桩间土地基竖向抗压载荷试验，结合工程实践经验综合确定。初步设计时，也可按下列公式估算：

$$f_{spk}=m\frac{R_a}{A_p}+\alpha_s(1-m)f_{sk} \tag{6.23}$$

式中 f_{spk}——复合地基承载力特征值(kPa)；

f_{sk}——处理后桩间土承载力特征值(kPa)，应按当地经验取值，当无地区经验时，可取天然地基承载力特征值；

α_s——桩间土承载力折减系数，宜综合复合地基中桩间土地基实际承载力和复合地基破坏时桩间土地基承载力发挥度，结合工程经验取值；

R_a——单桩竖向抗压承载力特征值(kN)，应通过单桩竖向抗压载荷试验确定。

若无试验资料，对刚性桩、柔性桩等黏结材料桩，R_a 可按下式估算：

$$R_a=u_p\sum_{i=1}^{n}q_{si}l_i+\beta q_pA_p \tag{6.24}$$

按式(6.24)计算黏结材料桩单桩竖向抗压承载力特征值时尚需根据桩身材料强度计算单桩竖向抗压承载力特征值，即

$$R_a=\eta_p f_{cu}A_p \tag{6.25}$$

式中 u_p——桩的截面周长(m)；

A_p——单桩截面积(m^2)；

n——桩长范围内所划分的土层数；

q_{si}——第 i 层土的桩侧摩阻力特征值(kPa)；

l_i——桩长范围内第 i 层土的厚度(mm)；

q_p——桩端土地基承载力特征值(kPa)；

β——桩端土地基承载力折减系数；

f_{cu}——桩体抗压强度平均值(kPa)；

η_p——桩体强度折减系数。

由式(6.24)、式(6.25)计算所得的两个结果中取较小值作为黏结材料桩单桩竖向抗压承载力特征值。

而碎石桩等散体材料桩的竖向抗压承载力特征值 R_a 可按下式估算：

$$R_a = \sigma_{ru} K_p A_p \tag{6.26}$$

式中 σ_{ru}——桩周土所能提供的最大侧限力(kPa)；

K_p——桩体材料的被动土压力系数，$K_p = \tan^2(45° + \varphi_p/2)$；

φ_p——桩体材料的内摩擦角(°)。

【例 6.5】 某工程建在一软黏土地基上，天然地基承载力为 90 kPa，要求达到的地基承载力为 120 kPa，拟采用振冲碎石桩法加固处理形成复合地基，碎石桩直径为 0.5 m，桩间距为 1.0 m。试分别计算等边三角形布桩和正方形布桩时复合地基承载力，并判定是否能满足工程要求。

【解】 (1)面积置换率 m

等边三角形布桩时，

$$m_1 = \frac{\pi d^2}{2\sqrt{3}l^2} = \frac{\pi \times 0.5^2}{2\sqrt{3} \times 1.0^2} = 0.227$$

正方形布桩时，

$$m_2 = \frac{\pi d^2}{4l^2} = \frac{\pi \times 0.5^2}{4 \times 1.0^2} = 0.196$$

(2)复合地基特征值计算

取碎石桩复合地基桩土应力为 3，则复合地基承载力为：

等边三角形布桩时，

$$f_{spk} = [1 + m_1(n-1)]f_{sk} = [1 + 0.227 \times (3-1)] \times 90 = 130.7\ \text{kPa} > 120\ \text{kPa}$$

满足要求。

正方形布桩时，

$$f_{spk} = [1 + m_2(n-1)]f_{sk} = [1 + 0.196 \times (3-1)] \times 90 = 125.3\ \text{kPa} > 120\ \text{kPa}$$

满足要求。

6.6.4 复合地基沉降计算

在各类复合地基沉降实用计算方法中，通常把复合地基沉降量分为加固区复合土层压缩变形量和加固区下卧土层压缩变形量两部分。

6.6.4.1 加固区复合土层压缩变形量计算

加固区复合土层压缩变形量 s_1 常用的计算方法有复合模量法、应力修正法、桩身压缩量法等。

(1)复合模量法

将复合地基加固区中桩体和桩周土两部分视为一复合土体，用复合压缩模量来评价复合土体的压缩性。采用分层总和法计算加固区复合土层压缩变形量 s_1，其计算式为：

$$s_1 = \sum_{i=1}^{n} \frac{\Delta p_{spi}}{E_{spi}} h_i \tag{6.27}$$

式中 Δp_{spi}——第 i 层复合土体的平均附加应力增量(kPa)；

h_i——第 i 层复合土层的厚度(mm)；

E_{spi}——第 i 层复合土体的压缩模量(kPa)，可通过式(6.21)或式(6.22)计算，也可通过室内试验测定。

(2)应力修正法

在复合地基中，由于桩体的模量比桩间土模量大，使作用在桩间土上的应力小于作用在复合地基上的平均应力。采用应力修正法计算变形量时,根据桩间土分担的荷载(忽略桩体的存在),用分层总和法计算加固区复合土层的压缩变形量 s_1,其计算式为:

$$s_1 = \sum_{i=1}^{n} \frac{\Delta p_{si}}{E_{si}} h_i = \mu_s \sum_{i=1}^{n} \frac{\Delta p_i}{E_{si}} h_i \tag{6.28}$$

式中 μ_s——应力修正系数,$\mu_s = \dfrac{1}{1+m(n-1)}$;

Δp_i——天然地基荷载作用下第 i 层土上的附加应力增量(kPa);

Δp_{si}——复合地基中第 i 层桩间土中的附加应力增量(kPa)。

(3)桩身压缩量法

桩身压缩量法是将计算的桩身压缩量 s_p 与桩端在其下卧层的刺入量 Δ 之和作为加固区土层的压缩变形量 s_l,即

$$s_l = \frac{(\mu_p p + p_{pl})}{2E_p} l + \Delta \tag{6.29}$$

式中 μ_p——应力修正系数,$\mu_p = \dfrac{n}{1+m(n-1)}$;

l——桩身长度(mm),即加固区厚度 h;

p_{pl}——桩端的承载力(kPa);

p——桩土顶面的荷载(kPa)。

6.6.4.2 加固区下卧土层压缩变形量计算

复合地基加固区下卧土层压缩变形量 s_2 常采用分层总和法计算,即

$$s_2 = \psi_{s2} \sum_{i=1}^{n} \frac{\Delta p_i}{E_{si}} l_i \tag{6.30}$$

式中 Δp_i——基底下第 i 层土的平均附加应力增量(kPa);

l_i——基底下第 i 层土的厚度(mm);

E_{si}——基底下第 i 层桩间土压缩模量(kPa);

ψ_{s2}——复合地基加固区下卧土层压缩变形量计算经验系数,根据复合地基类型、地区实测资料及经验确定。

计算 s_2 时作用在复合地基加固区下卧层顶部的附加压力难以精确计算。目前在工程上,多采用下述的应力扩散法和等效实体法计算附加应力。

(1)应力扩散法

该法假定复合地基顶面的荷载 p 在复合地基加固区内按压力扩散角 θ 传递,如图 6.6 所示。对于宽度为 b、长度为 L 的矩形荷载,加固区厚度为 h,则作用在下卧层顶面上的附加应力 p_h 为:

$$p_h = \frac{L \cdot b \cdot p}{(b + 2h\tan\theta)(L + 2h\tan\theta)} \tag{6.31}$$

对宽度为 b 的条形荷载,仅考虑宽度方向的扩散,则

$$p_h = \frac{b \cdot p}{b + 2h\tan\theta} \tag{6.32}$$

(2)等效实体法

等效实体法假定加固区为一实体,利用实体底面(下卧层顶面)的应力及实体周围与土的摩擦力 f 与实体顶面荷载 p 的平衡条件来求下卧层顶面上附加应力 p_h,如图 6.7 所示。

当荷载面积为 $L\times b$,加固区厚度为 h 时,则下卧层顶面上的附加应力 p_h 为:

$$p_h = \frac{L \cdot b \cdot p - 2(L+b)h \cdot f}{Lb} \tag{6.33}$$

对宽度为 b 的条形荷载

$$p_{h} = p - \frac{2hf}{b} \tag{6.34}$$

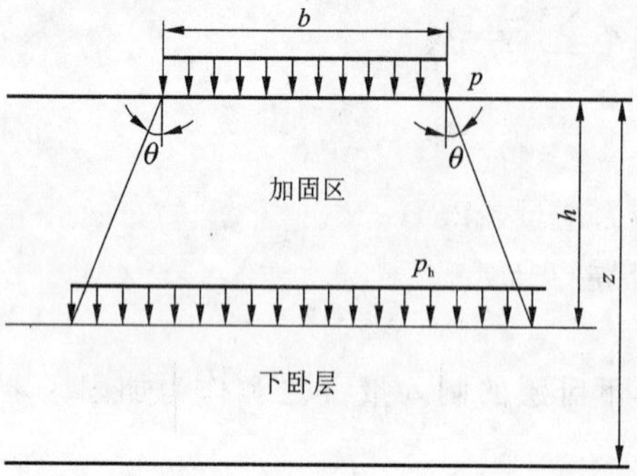

图 6.6 应力扩散法

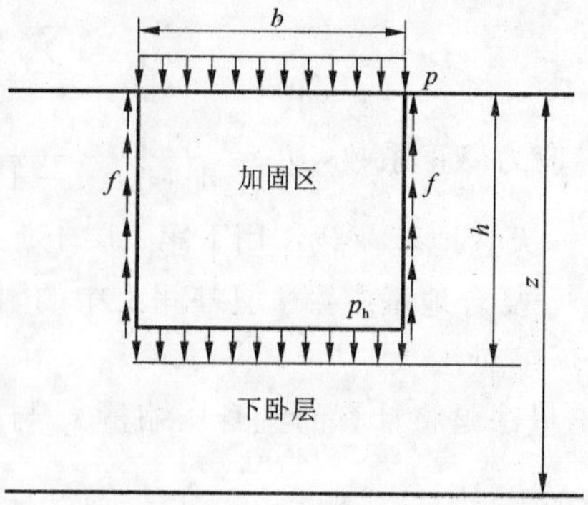

图 6.7 等效实体法

此外，计算加固区下卧层压缩变形量的方法还有 Geddes 法以及不考虑桩体存在的分层总和法。各种计算方法都有其适用性，实际工程中选取何种方法进行计算，需具体问题具体分析。

6.7 土工合成材料

土工合成材料是以高分子聚合物为原料制成的各种类型产品的总称，是一种新型的土木工程材料，具有高强度、高弹性和可塑性等特性。在我国，土工合成材料分为以下四类：土工织物、土工膜、土工特种材料和土工复合材料。土工合成材料加筋法就是将土工合成材料置于地基土中形成加筋增强体，使地基承载力和稳定性提高，地基沉降减小的地基处理方法。

6.7.1 特点和适用范围

土工合成材料的特点是：质地柔软，重量轻，整体连续性好；施工方便，抗拉强度高，没有显著的方向性，各向强度基本一致；弹性、耐磨性、耐腐蚀性、耐久性和抗微生物侵蚀性好，不易霉烂和虫蚀。

适用于加固软弱地基，以加速土的固结，提高土体强度；用于公路、铁路路基作加强层，防止路基翻浆、下沉；用于堤岸边坡，可使结构坡角加大，又能充分压实；作挡土墙后的加固，可代替砂井，此外还可用于河道和海港岸坡的防冲，水库、渠道的防渗以及土石坝、灰坝、尾矿坝与闸基的反滤层和排水层，可取代砂石级配良好的反滤层，达到节约投资、缩短工期、保证安全使用的目的。

6.7.2 作用原理

土工合成材料在岩土工程中的应用主要起反滤、排水、隔离、加筋、防渗、防护等作用。

1)反滤作用

将土工织物等渗水性土工合成材料置于土体表面或相邻土层之间，与相接触的部分土层共同形成一个完整的反滤体系，有效阻止土颗粒通过，防止由于土颗粒的过量流失而造成的土体破坏。同时允许土中的水或气体通过，以免由于孔隙水压力的升高而造成土体的失稳等不利后果。土工合成材料用作反滤层，目的是使被保护土颗粒不会流失且排水通畅，从而防止发生流土、管涌和堵塞等工程不利情况。

2)排水作用

土工合成材料具有良好的三维透水性，这种透水特性除了使土工合成材料可作透水反滤层外，还可使水经过其平面迅速沿水平方向排走，构成水平排水层。土工合成材料还可与其他排水材料（如粗粒料、排水管、塑料排水板等）共同构成排水系统或深层排水井。土工合成材料形成的排水层的排水作用效果取决于在相应的受力条件下的导水性大小（导水性为水平向渗透系数和厚度的乘积），及所需排水量和所接触土层的土质条件。

3)隔离作用

有些土工合成材料能够把两种不同粒径的土、砂、石料,或把土、砂、石料与地基或其他建筑隔离开来,以免相互混杂,失去各种材料和结构的完整性,或发生土粒流失现象。土工织物和土工膜都可起隔离作用。

土工合成材料用于路基工程,以防止软弱土层侵入路基引起翻浆冒泥现象,同时有利于排水,加速土体固结,增强地基承载能力;用于受力的结构体中,有助于保证结构的状态和设计功能;用于材料的储存堆放场地,可避免材料损失和劣化,对于废料还有助于防止污染。但用作隔离的土工合成材料,其渗透性应大于所隔离土的渗透性;当承受动荷载作用时,土工纤维应有足够的耐磨性和抗拉强度。

4)加筋作用

在土体内铺设或掺入适当的土工合成材料,可不同程度地改善地基土体抗拉、抗剪性能。土工合成材料可用于筋材构成加筋土以及各种复合土工结构。

(1)土工合成材料用于加固地基。其原理是利用土工合成材料的高强度和韧性等力学性能,与其上填土间有较大的摩擦力,可分散荷载,扩散应力,均化作用在地基土层上的力,从而起到加筋(加强)作用,有利于阻止填土的侧向位移和沉降,减少地基的不均匀变形和沉陷,防止浅层地基的极限破坏,并避免局部基础的破损,同时增大土体的刚度模量,提高地基的承载力和稳定性。

(2)土工合成材料用于加筋土挡墙。土工合成材料用于加筋土挡墙时,通过土与拉筋之间的摩擦力使之成为一个整体,提供锚固作用保证支挡建筑物的稳定。对于短期或临时性挡墙,有时可只用土工合成材料包裹着土、砂来填筑,既简化了施工,又节省了面板材料。

5)防渗作用

土工膜和土工复合材料可防止液体的渗漏、气体的挥发,保证环境或建筑物的安全。它们可用于防止各类大型液体容器或水池的渗漏和蒸发,以及土石坝和库区的防渗、渠道防渗、隧道和涵管周围防渗、屋顶防漏、修建施工围堰等。

6)防护作用

土工合成材料对土体或水面可起防护作用。如防止河岸或海岸被冲刷,防止垃圾、废料或废液污染地下水或散发臭味,防止土体的冻害,防止路面反射裂缝,防止水面蒸发或空气中的灰尘污染水面等。

6.8 托换技术

托换技术又称基础托换,是指需对原有建筑物地基和基础进行处理、加固或改建,或在原有建筑物基础下修建地下工程或因邻近建造新工程而影响到原有建筑物的安全时,所采取的技术措施的总称。托换的基本原理和根本目的在于加强地基与基础的承载力,有效传递建筑物荷载,从而控制沉降与差异沉降,使建(构)筑物恢复安全使用。

按托换的原理,托换技术可分为补救性托换、预防性托换、侧向托换和维持性托换。

(1)对已有建筑物的原有基础不符合要求,而需增加该基础的深度或将原基础加宽,使用的托换技术称为补救性托换。

(2)由于邻近要修筑较深的新建筑物基础,因而需将已有建筑物的基础加深或扩大,使用的托换技术称为预防性托换;或在平行于已有建筑物基础旁,修筑比较深的板桩墙、树根桩或地下连续墙等,使用的托换技术称为侧向托换。

(3)有时在建筑物基础下,设计时预先设置好顶升的措施,以适应预估地基沉降的需要,使用的托换技术称为维持性托换。目前国内在软黏土地基上建造油罐时,常在环形基础中预留有今后可埋设千斤顶的净空,即属于这种托换形式。

6.8.1 基础托换

基础托换主要有基础加宽、加深法,桩式托换及地基改良技术(如灌浆法)等。

6.8.1.1 基础加宽、加深法

通过将基础加宽，扩大基础底面积，有效降低基底接触压力。

基础加宽应注意加宽部分与原有基础部分的连接。通常通过钢筋锚杆(植筋)将加宽部分与原有基础部分连接，并将原有基础凿毛、刷洗干净，铺一层高标号水泥浆或涂混凝土界面剂，使两部分混凝土能较好地连成一体。对刚性基础和柔性基础都要进行计算，刚性基础应满足刚性角要求，柔性基础应满足抗弯要求。钢筋锚杆应有足够的锚固长度，有条件时可将加固筋与原基础钢筋焊牢。有时也可将柔性基础改为刚性基础，独立基础改成条形基础，条形基础扩大成片筏基础，片筏基础改成箱形基础等。

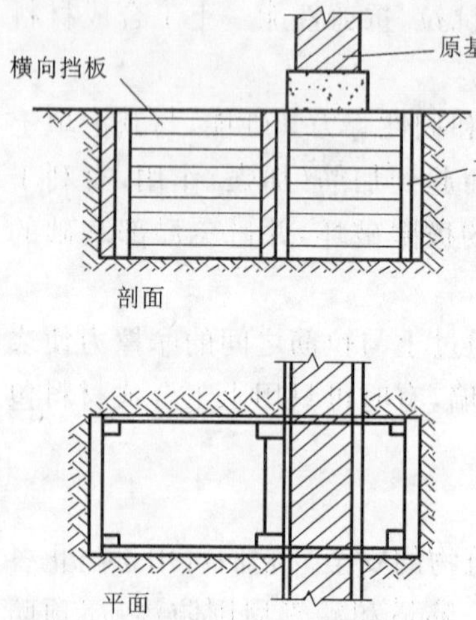

图 6.8 坑式托换

基础加深采用坑式托换，是直接在被托换建筑物的基础下挖坑后浇筑混凝土的托换加固方法，也称墩式托换，如图 6.8 所示。坑式托换的适用条件是：土层易于开挖，地下水位较低，否则施工时会发生邻近土的流失；建筑物的基础最好为条形，便于在纵向对荷载进行调整，起到梁的作用。

6.8.1.2 桩式托换

桩式托换为所有采用桩的形式进行基础托换方法的总称。它是在基础结构的下部或两侧设置各类桩(包括顶承静压桩、锚杆静压桩、预试桩、打入桩、灌注桩、灰土桩和树根桩等)，在桩上搁置托梁或承台系统，或直接与基础锚固，来支承被托换的墙或柱基。以下介绍几种常用的桩式托换方法。

1)静压桩托换

(1)顶承静压桩托换

顶承静压桩是利用建筑物上部结构自重作支承反力，采用普通千斤顶，将桩分节压入土中(图 6.9)，接桩用电焊，从压力传感器上可观察到桩贯入到设计土层时的阻力，当桩所承受的荷载超过设计单桩承载力150%时，停止加荷，撤出千斤顶，并在基础下支模浇筑混凝土，使桩和基础浇筑成整体。

该法施工设备简单，操作方便，质量可靠，费用较低。适于松软土地基、上部基础能提供反力支点条件情况下应用。

(2)锚杆静压桩托换

锚杆静压桩是利用锚杆承受反力进行压桩。先在原有基础上凿出压桩孔及锚杆孔并埋设锚杆，设置压桩架和千斤顶，将桩逐节压入原有基础的压桩孔中，当达到要求的设计深度时，再将桩与基础连接起来，从而达到提高基础承载力和控制沉降的目的(图 6.10)。

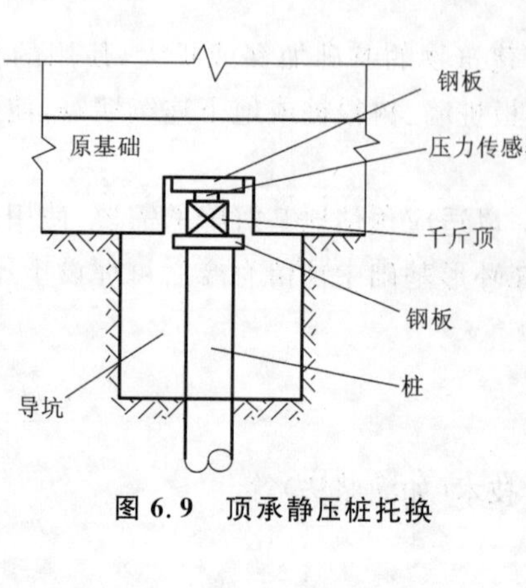

图 6.9 顶承静压桩托换

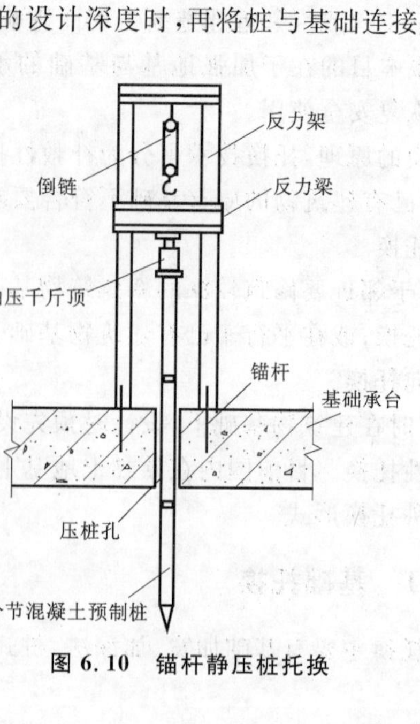

图 6.10 锚杆静压桩托换

该法具有施工时无振动、无噪声，设备简单，操作方便，移动灵活，可在场地和空间狭窄条件下施工等优点，但需一定的机具设备。适于新旧建筑物的地基加固和基础托换，并可在不停产和不搬迁的条件下进行基础托换。

(3)预试桩托换

当地下水位较高，特别是在细颗粒的饱和土层中进行托换，常易出现流砂、流泥现象，采用一般坑式托换易导致被托换建筑物的基础大量下沉，产生不均匀沉降，甚至倾斜，此时，可采用预试桩托换。

预试桩是将底端开口，长 1.2 m、直径 300～450 mm、壁厚 10 mm 的短钢管，以原有基础和上部结构恒载作为反力装置，用液压千斤顶将其逐节压入土中成桩。其施工步骤如下：

①先在基础下开挖地坑，用以提供 1.8 m 的工作净空，然后使用液压千斤顶将钢管顶进土层；

②用钻孔工具或分瓣式抓斗清除管内土块，而后再套上另一节管子，接头用钢套箍或焊接，再用液压千斤顶将其压入土层，接着清土，经交替压进和清孔，直至桩端到达持力层深度为止；

③向管内灌注混凝土，待混凝土结硬后，即可开始预试工作；

④预试工作一般用两个并排设置的液压千斤顶放在基础底和钢管顶之间，液压千斤顶由液压泵或手动泵驱动使荷载施加至顶撑设计荷载的 150%为止；

⑤在两千斤顶之间竖放一节短工字梁，再用铁锤打入钢楔，根据实践可知，只需转移 10%～15%的荷载，就可有效地对桩进行预试，并阻止其回弹；

⑥取出千斤顶，采用干填法或在不大的压力下将混凝土注入基础底面，并将桩顶和工字钢梁包裹。

该法可以对重型受荷基础进行托换，也可采用钢筋混凝土预制桩，如截面为 300 mm×300 mm 的方桩，每节长 760 mm，桩节两头带有 5 mm 的中心孔，其施工方法同上，不同之处是在纵向中心孔中插入短钢筋，并用硫磺胶泥或焊接连接成整体。适用于一般匀质土层，但不适于含有孤石、冰碛土或障碍物的土层，或当托换的建筑物较轻及上部结构条件较差而不能提供相当的千斤顶反力的情况下使用。

2)树根桩托换

树根桩实际上是一种小直径(75～250 mm)的就地灌注钢筋混凝土桩，可以是竖直的、倾斜的，单排的、成排的，因其形成的桩基形状如“树根”而得名。其施工步骤是：

①在钢套管的导向下用旋转法钻进(孔径一般为 75～250 mm)，穿过原有建筑物进入到地基土层中；

②达设计标高后，清孔，放钢筋笼；

③用压力灌注水泥砂浆和细石混凝土，边灌边振边拔管。

树根桩托换可应用于加固已有建筑，包括房屋、桥梁墩台；也可用于修建地下铁道时的托换和加固土坡、整治滑坡等。适用于砂性土、黏性土和岩石等各种类型的地基土。

3)灌注桩托换

用于托换工程的灌注桩，按其成孔方法可分为钻孔灌注桩和人工挖孔灌注桩两种。根据桩材又可分为混凝土、钢筋混凝土、灰土桩等。

图 6.11(a)为一厂房桩基础用灌注桩托换的实例，承台支承被托换的上部结构并将荷载传至灌注桩；图 6.11(b)为一灰土桩托换墙下基础，托梁支承上部结构并将荷载传至灌注桩。

6.8.1.3 灌浆托换

灌浆托换是利用气压或液压将各种无机或有机化学浆液注入土中，使地基土固化，起到提高地基土的强度、消除湿陷性或防渗堵漏作用的一种加固方法。在各类土木工程中进行灌浆处理已有百余年历史。

灌浆材料有粒状浆材，如水泥浆、黏土浆等，以及化学浆材，如硅酸钠、氢氧化钠、环氧树脂、丙烯酰胺等。灌浆托换属于原位处理，施工较为简便，能快速硬化，加固体强度高，一般情况下可以实现不停产加固。但是，灌浆托换因浆材价格多数较高，通常仅限于浅层加固处理，加固深度常为 3～5 m。当加固深度超过 5 m 以上时，往往不经济，应与其他托换方法进行技术经济比较后，再决定是否采用。

建筑工程中用于基础托换的灌浆法主要有硅化加固法、水泥硅化法、碱液加固法。

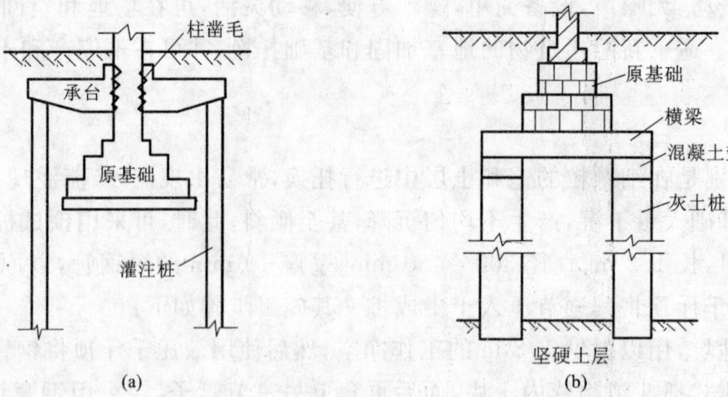

图 6.11　灌注桩托换

(a)灌注桩托换桩基础；(b)灰土桩托换墙下基础

(1)硅化加固法

硅化加固法始于 1887 年，是一种比较古老的灌浆工艺。它是利用带有孔眼的注浆管将硅酸钠($Na_2O \cdot nSiO_2$)溶液与氯化钙($CaCl_2$)溶液分别轮换注入土中，使土体固化的一种化学加固方法。

(2)水泥硅化法

水泥硅化法是将水玻璃与水泥分别配成两种浆液，按照一定比例用两台泵或一台双缸独立分开的泵将两种浆液同时注入土中。这种浆液不仅具备水泥浆的优点，而且还兼有某些化学浆液的优点。例如凝结时间快、可灌性高等，可以准确控制凝结时间。

(3)碱液加固法

已有的化学加固方法都是将化学溶液灌入土中后，由溶液本身析出胶凝物质将分散的土颗粒胶结而使土得到加固，例如上述硅化加固法及其他高分子有机溶液加固都是这种原理。但是，碱液(即氢氧化钠溶液)加固的原理不同于上述方法，它本身并不能析出任何胶凝物质，而只是使土颗粒表面活化，然后在接触处彼此胶结成整体，从而提高土的强度。

上述浆液的加固原理基本分为两类，一类是渗透加固，即浆液为真溶液，黏滞度低。在压力作用下，渗入土的孔隙，由溶液本身或与土颗粒表面的物质成分发生化学反应，将松散土颗粒胶结成整体，例如硅化加固法及碱液加固法。另一类为劈裂加固，即注入土中的是高黏滞度浆液，在高压力作用下，沿土中裂隙将土体劈裂挤入，在地基中形成局部高压力区，将周围土挤密，浆液本身也随即硬化而使地基得到加固。例如水泥硅化法即属于劈裂加固。

6.8.2　纠偏托换

建(构)筑物纠偏是指既有建筑物偏离垂直位置发生倾斜，影响正常使用时所采取的托换措施。纠偏中采用的思路和手段与其他托换加固方法类同，纠偏是托换技术中的一个重要部分。

造成建(构)筑物整体倾斜的主要因素是地基的不均匀沉降，而纠偏是利用地基的新不均匀沉降来调整建筑物已有的不均匀沉降，用以达到新的平衡和矫正建筑物的倾斜。通常的处理方法有加深加大基础、加固地基、凿开基础矫正柱子基础加压、基础减压以及增大结构刚度等方法。近几年，我国在基础纠偏工程中创造出一些新的方法，实践证明，其方法简便、效果良好。以下简要介绍顶桩掏土法和排土纠偏法。

6.8.2.1　顶桩掏土法

该法是将锚杆静压桩和水平向掏土技术相结合。其工作原理是先在建筑物基础沉降量多的一侧压桩，并立即将桩与基础锚固起来以制止建筑物下沉，然后在沉降量少的一侧基底下掏土，以减少基底受力面积，增大基底压力，使建筑物缓慢且均匀地下沉，产生回倾，必要时可在掏土一侧设置少量保护桩，以提高回倾的稳定性，最后达到纠偏矫正的目的。在施工过程中需加强建筑物沉降和裂缝的观测。

6.8.2.2 排土纠偏法

排土纠偏法的形式有多种，现介绍以下几种：

(1)抽砂纠偏法

为了纠正建筑物在使用期间可能出现的不均匀沉降，在建筑物基底预先做一层 0.7～1.0 m 厚的砂垫层，在预估沉降量较小的部位，每隔一定距离(约 1 m)预留砂孔一个。当建筑物出现不均匀沉降时，可在沉降量较小的部位，用铁管在预留孔中取出一定数量的砂体，从而使建筑物强迫下沉，达到沉降均匀的目的。

(2)钻孔取土纠偏法

当软黏土地基上的建筑物发生倾斜时，用钻孔取土法纠正能收到良好的效果。其方法是利用软土中应力变化后将产生侧向挤出这一特性来调整变形和纠正倾斜。

当基础一侧出现较大沉降而倾斜时，在沉降小的一侧基础周围钻孔，然后再在孔中掏土，使此侧软弱地基土有可能产生侧向挤出而产生较大下沉，达到纠偏的目的。

为了加速倾斜的调整过程，还可在基础下沉较小一侧的基础上逐级增加偏心荷载，使该处地基中附加应力增大，加速软黏土的侧向变形和挤出。

托换技术是一种建筑技术难度较大、费用较高、责任性强的特殊施工方法，其可能危及生命和财产安全，并需应用各种地基处理技术，同时需要善于巧妙和灵活地综合选用各种托换技术。

以上主要介绍了几种常用地基处理方法的特点及适用范围、作用原理、设计施工要点。由于篇幅所限，并未全面深入，如需对其深入了解，可参阅有关专著。并且，近年来许多重要的工程和复杂的工业厂房在软弱地基上兴建，工程实践的要求推动了软弱地基处理技术的迅速发展，地基处理的途径愈来愈多，老的方法不断改进完善，新的方法不断涌现。这些尚需我们在今后的理论研究和工程实践中不断总结和发展，以使地基处理技术更好地为国民经济建设服务。

思考题

6.1 什么是地基处理？地基处理的目的是什么？地基处理的主要对象及工程特性是什么？

6.2 什么是换填法？它适用于什么范围？它的加固原理是什么？

6.3 换填垫层有什么作用？如何确定垫层的厚度和宽度？

6.4 什么是强夯法？什么是强夯置换法？

6.5 简述强夯法的加固机理、特点及其适用范围。

6.6 强夯法设计时的锤重、落距、夯距、击数、遍数、施工顺序、间歇时间如何确定？

6.7 试阐述强夯和重锤夯实法的区别。

6.8 简述排水固结法的加固原理与应用条件。

6.9 砂石桩的作用原理是什么？

6.10 试述排水砂井和挤密砂桩的区别。

6.11 试述深层搅拌法的加固机理。

6.12 试述 CFG 桩法的加固机理。

6.13 试比较碎石桩与 CFG 桩的异同点。

6.14 土工合成材料用于加固地基有哪些作用？

6.15 什么是复合地基？复合地基的分类有哪些？其作用机理又是什么？

6.16 试说明锚杆静压桩托换的特点及适用条件。

习　　题

6.1　某砖混结构办公楼，承重墙下为条形基础，宽 1.2 m，埋深 1.0 m，承重墙传至基础的荷载 F_k = 180 kN/m，地表为 1.5 m 厚的杂填土，γ=16 kN/m³，γ_{sat}=17 kN/m³，下面为淤泥质土，地基承载力特征值为75 kPa，地下水距地表深 1.0 m。试设计基础的垫层。

6.2　某工程建在深厚饱和软黏土地基上，砂桩长为 15 m，间距为 1.5 m，按正三角形布置，砂桩直径 d_w =30 cm。土的竖向和横向固结系数值相等，$C_v=C_h=1.2\times10^{-3}$ cm²/s。求一次性加荷 1 个月时砂井地基的平均固结度。

6.3　有一饱和软黏土层，厚 8 m，其下为砂层，打穿软黏土到达砂层的砂井直径为 0.3 m，平面布置按梅花形布置，间距为 2.0 m；软黏土的竖向固结系数 C_v=0.15 mm²/s，水平向固结系数 C_h=0.3 mm²/s。求一个月时的平均固结度。

6.4　有一饱和软黏土层，厚 15 m，固结不排水抗剪强度指标 c_{cu}=12 kPa、φ_{cu}=20°，竖向固结系数 C_v= 0.2 mm²/s、水平向固结系数 C_h= 0.4 mm²/s；其下为不透水层。采用砂井预压加固，预压荷载为 100 kPa，砂井直径为 30 cm，间距为 1.5 m，按等边三角形布置，砂井打穿软黏土层到达砂层。试求：① 一次性瞬时加载后预压到第 60 天时的地基平均固结度；② 继续预压直到第 90 天时的地基土抗剪强度增长值 $\Delta\tau_{fc}$。

6.5　建筑物建在杂填土地基上，采用砂桩加固，砂桩直径为 0.5 m，按正三角形布置，地基最大孔隙比为0.9，最小孔隙比为 0.6，未加固时的孔隙比为 0.85，要求加固后地基土的相对密实度为 0.7。求砂桩的中心距。

6.6　某可液化砂土地基，厚 10 m，处理前现场测得砂土平均孔隙比约为 0.81，土工试验得到的最大、最小孔隙比分别为 0.9 和 0.6。为了消除液化，要求处理后的相对密实度达到 0.8。试制订碎石桩地基处理方案。

6.7　某住宅楼的阀板基础，尺寸为 10 m×50 m，埋深 2.5 m，作用于基底的附加压力为 180 kPa。天然地基土层分布为：0～2 m 填土；2～5 m 粉质黏土，E_s=5.0 MPa；5～10 m 粉土，E_s=12.5 MPa；10 m 以下圆砾，E_s=40 MPa。采用振冲碎石桩加固地基，等边三角形布桩，桩径 0.5 m，桩间距 1.2 m，桩长 10 m，桩土应力比取 4.0。试计算基础中点沉降量。

6.8　某小型工程采用振冲砂石桩处理。砂石桩桩径为 0.5 m，桩间距初定 1.5 m，现场无载荷试验资料，依地区经验，桩间土天然地基承载力特征值取 100 kPa，桩土应力比取 3。试分别计算等边三角形布桩和正方形布桩时该复合地基的面积置换率和承载力特征值。

7 区域性地基

本章提要

主要介绍了湿陷性黄土地基、膨胀土地基、盐渍土地基、山区地基、冻土地基、地震区地基和动力机器地基等区域性地基土的特征、分布，及其特殊性质产生的原因与工程危害，并简要介绍了这类地基土各自的评价方法和处理措施。要求熟悉软土、湿陷性黄土、膨胀土及冻土地基的工程性质与处理方法；了解红黏土等其他特殊土地基的工程性质及处理方法，了解动力机器基础的设计特点与地基基础的抗震原理及措施。

7.1 概　述

区域性地基是指我国局部存在的成分特殊或者其所在场地存在特殊作用的地基。这种地基如果按一般地基对待，建造在其上的建(构)筑物可能出现严重的工程问题。这种地基有：软土地基、湿陷性黄土地基、膨胀土地基、盐渍土地基、山区地基、冻土地基、地震区地基、动力机器基础地基等。这些地基中，前五类属于岩土，成分具有区域性特征：软土孔隙大、含水率高，多分布在沿海、湖区；湿陷性黄土含裂隙多，主要分布在陕甘宁地区；膨胀土含膨胀性矿物，在各地局部存在；盐渍土含盐高，主要在西北；山区地基有土岩组合地基、空洞地基、红黏土地基、填土地基等子类，其兼有岩土成分和岩土地层组合特殊性，主要在中西部。后三类属于场地，有特殊环境作用：冻土地基承受不寻常的环境温度作用，地震区是承受地震作用，动力机器基础地基承受动力机器施加的循环往复和冲击荷载作用(人工动力作用)，这些作用具有区域性特征。在土木工程中，对这些区域性地基，如果不针对其特殊性进行针对性处理，可导致严重工程问题。

我国幅员辽阔，气候、水文、地质条件恶劣的地方非常多，拥有的区域性地基并不限于以上几种，本书仅能介绍部分。对于软土地基，因其工程处理方法非常多，已在本书第6章地基处理中介绍。

7.2 湿陷性黄土地基

7.2.1 湿陷性黄土的特征和分布

黄土是一种产生于第四纪地质历史时期干旱条件下，由风搬运形成的沉积物，它的内部物质成分和外部形态特征都不同于同时期的其他沉积物。一般认为风成黄土为原生黄土，原生黄土经过流水冲刷、搬运和重新沉积而形成的黄土称为次生黄土。因原生黄土由风搬运形成，所以一般不具层理，次生黄土因经过了水流搬运和沉积，常具有层理并有砂砾石夹层。

黄土外观颜色较杂乱，主要呈黄色或褐黄色。颗粒组成以粉粒为主，同时含有砂粒和黏粒。黄土孔隙比大，e 值多在1.0～1.1之间，往往具有肉眼可见的大孔隙。黄土中还含有大量可溶解盐类，这些盐在土中可以起到胶结作用，形成一定的结构，使黄土在干燥条件下具有较高的强度。但如果浸水，在一定压力下土结构迅速破坏，可发生显著附加下沉。浸水后在压力下会显著下沉的黄土称为湿陷性黄土。它主要为属于晚更新世(Q_3)的马兰黄土以及属于全新世(Q_4)的黄土状土。这类土为形成年代较晚的新黄上，土质均匀或较为均匀，结构疏松，大孔发育，有较强烈的湿陷性。在一定压力下受水浸湿，土结构不破坏，并无显著附加下沉的黄土称为非湿陷性黄土，它一般为属于中更新世(Q_2)的离石黄土和属于早更新世(Q_1)的午城黄土。这类形成年代久远的老黄土土质密实，颗粒均匀，无大孔或略具大孔结构，一般不具有湿陷性或有轻微湿陷性。非湿陷性黄土地基与一般黏性土地基无甚差异，后面讨论的均指湿陷性黄土。

湿陷性黄土又分为自重湿陷性黄土和非自重湿陷性黄土两种。在上覆土的自重应力下受水浸湿会发生显著附加下沉的湿陷性黄土称为自重湿陷性黄土；在上覆土的自重压力下受水浸湿不发生显著附加下沉的湿陷性黄土称为非自重湿陷性黄土。

黄土在全世界分布面积达 1300 万 km^2，约占陆地总面积的 9.3%。主要分布于中纬度干旱、半干旱地区。我国黄土分布非常广泛，面积约 64 万 km^2，其中湿陷性黄土约占 3/4。以黄河中游地区最为发育，多分布于甘肃、陕西、山西地区，青海、宁夏、河南也有部分分布，其他如河北、山东、辽宁、黑龙江、内蒙古和新疆等省(区)也有零星分布。我国《湿陷性黄土地区建筑规范》(GB 50025—2004)(简称《黄土规范》)，给出了我国湿陷性黄土工程地质分区略图。

7.2.2 黄土湿陷性机理和影响因素

7.2.2.1 湿陷性机理

黄土的湿陷现象是一个复杂的地质、物理、化学过程，对其湿陷的原因和机理，国内外学者提出了种种假说，如毛细管假说、溶盐假说、胶体不足假说、水膜楔入假说、欠压密理论和结构学说等。但至今尚未出现一种大家公认的理论能够充分地解释所有的湿陷现象和本质。本章简单介绍一下被公认为能比较合理解释湿陷现象的欠压密理论、溶盐假说和结构学说。

(1)黄土的欠压密理论认为，风成的黄土结构疏松，但一般情况下，沉积在上部的土体可以压密下部的土体，使下部土体密实。可是，黄土形成于干旱、少雨气候下，黄土沉积过程中水分不断蒸发，土粒间的盐类析出，具有胶结作用可形成黏聚力，使得土体具有一定承载能力，阻止了上面的土对下面土的压密作用，使土体成为欠压密状态。时间长了，堆积的土层虽然越来越厚，但黄土依然处于欠压密状态，形成这种高孔隙比、低湿度的湿陷性黄土。一旦水浸入，易溶盐胶结形成的黏聚力消失，就产生了湿陷。

(2)溶盐假说认为，黄土湿陷原因是黄土中存在大量的易溶盐。当黄土中含水率较低时，易溶盐处于微晶状态，附在颗粒表面，起着胶结作用。当受水浸湿后，易溶盐溶解，胶结作用丧失，产生湿陷。但溶盐假说并不能解释所有的湿陷现象，例如我国湿陷性黄土中易溶盐含量就较少。

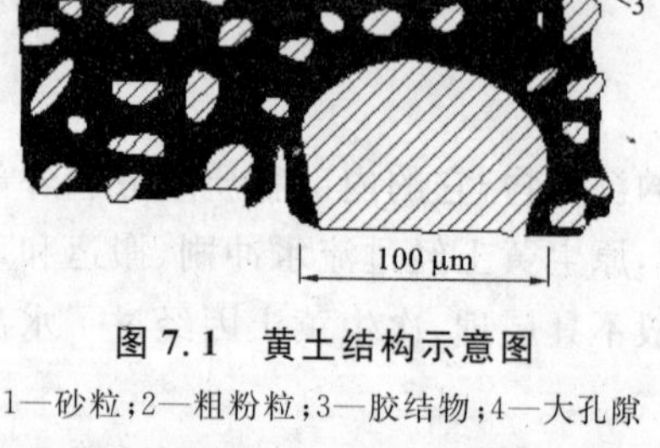

图 7.1 黄土结构示意图

1—砂粒；2—粗粉粒；3—胶结物；4—大孔隙

(3)结构学说认为，黄土湿陷的根本原因是由于湿陷性黄土所具有的特殊结构体系所造成的。这种结构体系是由集粒和碎屑组成的骨架颗粒相互连接形成的一种粒状架空结构体系，如图 7.1 所示，它含有大量架空孔隙。颗粒间的连接强度是在干旱、半干旱条件下形成的，来源于上覆土重的压密，少量的水在粒间接触处形成的毛管压力，粒间电分子引力，粒间摩擦及少量胶凝物质的固化黏聚等。该结构体系在水和外荷载共同作用下，必然导致连接强度降低、连接点破坏，使整个结构体系失去稳定。

尽管解释黄土湿陷原因的观点各异，但从上面归纳起来可以分为外因和内因两方面：黄土受水浸湿和荷载作用是湿陷发生的外因，黄土的结构特征及物质成分是产生湿陷性的内在原因。

7.2.2.2 黄土湿陷性影响因素

影响黄土湿陷性的因素来自组成黄土的物质成分和其特殊结构。在组成黄土的物质成分中，黏粒含量对湿陷性有一定影响，一般黏粒含量越多，湿陷性越小，我国黄土湿陷性存在着由西北向东南递减的趋势，这与自西北向东南方向砂粒含量减少而黏粒含量增多的情况是一致的。另外黄土中盐类及其存在状态对湿陷性有直接影响，如以较难溶解的碳酸钙含量为主，则湿陷性减弱，而其他碳酸盐、硫酸盐和氯化物等易溶盐含量越多，则湿陷性越强。

黄土的湿陷性与孔隙比、孔隙结构和含水率大小有关。天然孔隙比 e 越大、大孔隙越多、天然含水率 w 越小则湿陷性越强。饱和度 $S_r \geqslant 80\%$ 的黄土，称为饱和黄土，其湿陷性已退化。在天然含水率相同时，黄土的湿陷变形随湿度的增加而增大。黄土的湿陷性还与外加压力有关，外加压力增大，湿陷量也显著增加，但当压力超过某一数值时，再增加压力，湿陷量反而减少。

7.2.3 黄土地基湿陷性评价

正确评价黄土地基的湿陷性具有很重要的工程意义，它主要包括三方面的内容：首先，判别黄土是否为湿陷性黄土；然后，判别场地内的黄土湿陷类型，即该湿陷性黄土属于自重湿陷性黄土还是非自重湿陷性黄土；最后，判定该湿陷性黄土地基的湿陷等级。黄土地基湿陷性的评价标准各国不尽相同，这里依据我国《黄土规范》规定的评价标准进行介绍。

7.2.3.1 湿陷性黄土判别

黄土的湿陷量与所受的压力大小有关，黄土的湿陷性应利用现场采集的不扰动土试样，按室内压缩试验在一定压力下测定的湿陷系数来判定，其计算式为：

$$\delta_s = \frac{h_p - h'_p}{h_0} \tag{7.1}$$

式中 h_p——保持天然的湿度和结构的土样，加压至一定压力时，下沉稳定后的高度(mm)；

h'_p——上述加压稳定后的土样，在浸水(饱和)作用下，附加下沉稳定后的高度(mm)；

h_0——土样的原始高度(mm)。

工程中主要利用 δ_s 来判别黄土是否为湿陷性黄土，$\delta_s < 0.015$ 时，应定为非湿陷性黄土；当 $\delta_s \geqslant 0.015$ 时，应定为湿陷性黄土。上述室内压缩试验中，测定湿陷系数的压力本应采用被测地基中黄土实际承受的工作压力，但在实际工程中，对黄土进行湿陷性试验时，工程还处于初步设计和初步勘察阶段，建筑物的平面位置、基础尺寸和埋深等还未确定，无法取得黄土实际工作压力。因此，鉴于一般工业与民用建筑浅基础基底下 10 m 内的附加应力与土的自重应力之和接近 200 kPa，10 m 以下附加应力很小，故《黄土规范》规定：自基础底面(基础底面尚未确定时，自地面下 1.5 m)算起，10 m 以内的土层应用 200 kPa，10 m 以下至非湿陷性黄土层顶面，应用其上覆土的饱和自重应力(当大于 300 kPa 时，仍应用 300 kPa)。还注明，如基底压力大于 300 kPa 时，宜用实际压力判别黄土的湿陷性。

用上述方法只能测出在某一个规定压力下的湿陷系数。有时工程上需要确定湿陷起始压力 p_{sh}(kPa)。它是一个压力界限值，当黄土受的压力低于这个数值，即使浸了水也只产生压缩变形，而不会出现湿陷现象。因此 p_{sh} 是一个很有实用价值的指标。《黄土规范》中给出下列方法确定：

(1)按现场载荷试验确定时，应在 p-S_s(压力与浸水下沉量)曲线上，取其转折点所对应的压力作为湿陷起始压力值。当曲线上的转折点不明显时，可取浸水下沉量 S_s 与承压板宽度之比小于 0.015 所对应的压力作为湿陷起始压力值。

(2)按室内压缩试验确定时，在 p-δ_s 曲线上宜取 $\delta_s = 0.015$ 所对应的压力作为湿陷起始压力值。

室内试验分单线法和双线法。单线法是在同一个取土点的同一深度处，至少以环刀取 5 个试样，各试样均在天然湿度下分级加载，分别加至不同的规定压力，下沉稳定后测 h_p，再浸水，至湿陷稳定为止，测试样高度 h'_p。按式(7.1)，绘制 p-δ_s 曲线，定 p_{sh}。双线法是在同一个取土点的同一深度处，以环刀取 2 个试样，一个在天然湿度下分级加载，另一个在天然湿度下加第一级荷载，下沉稳定后浸水，至湿陷稳定，再分级加载。分别测定这两个试样在各级压力下，下沉稳定后的试样高度 h_p 和浸水下沉稳定后的试样高度 h'_p，就可以绘制

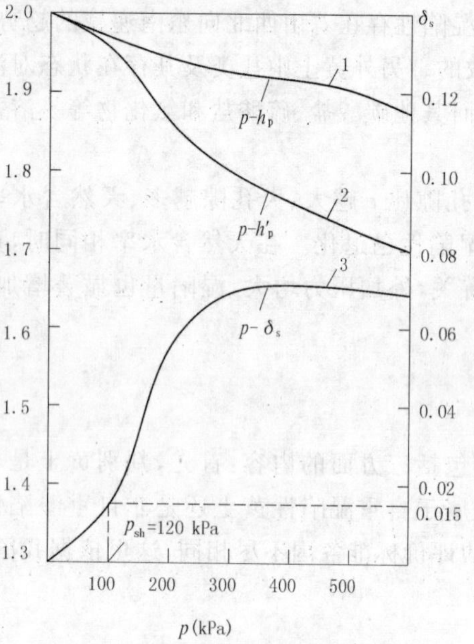

图 7.2　双线法压缩试验曲线

1—不浸水试样的 p-h_p 曲线；
2—浸水试样的 p-h'_p 曲线；3—p-δ_s 曲线

出不浸水试样的 p-h_p 曲线和浸水试样的 p-h'_p 曲线，如图 7.2 所示，然后按式(7.1)绘制 p-δ_s 曲线，定 p_{sh}。

7.2.3.2　场地黄土地基湿陷类型评价

工程实践表明，自重湿陷性黄土在没有外荷载的作用下，浸水后也会迅速发生剧烈的湿陷，产生的湿陷事故比非自重湿陷性黄土场地多，对两种类型的湿陷性黄土地基，所采取的设计和施工措施有所区别。因此，必须正确划分场地的湿陷类型。

建筑场地的湿陷类型，应按实测自重湿陷量 Δ'_{ZS} 或按室内压缩试验累计的计算自重湿陷量 Δ_{ZS} 判定。实测自重湿陷量 Δ'_{ZS} 应根据现场试坑浸水试验确定，该试验方法比较可靠，但费水费时，有时受各种条件限制，往往不易做到。因此，规范规定，除在新建区，对甲、乙类建筑物宜采用现场试坑浸水试验外，对一般建筑物可按计算自重湿陷量划分场地湿陷类型。

自重湿陷量计算按下式进行：

$$\Delta_{ZS} = \beta_0 \sum_{i=1}^{n} \delta_{ZSi} h_i \tag{7.2}$$

式中　δ_{ZSi}——第 i 层土在上覆土的饱和自重应力作用下的湿陷系数，其测定和计算方法同 δ_s，即 $\delta_{ZS}=(h_Z-h_Z')/h$，其中 h_Z 是加压至土的饱和自重应力时，下沉稳后的高度，h_Z' 是上述加压稳定后，在浸水作用下，下沉稳定后的高度；

h_i——第 i 层土的厚度(cm)；

n——总计算土层内湿陷土层的数量，总计算厚度应从天然地面算起(当挖、填方厚度及面积较大时，自设计地面算起)至其下全部湿陷性黄土层的底面为止($\delta_s<0.015$ 的土层不计)；

β_0——因地区土质而异的修正系数，对陇西地区可取 1.5，对陇东、陕北、晋西地区可取 1.2，对关中地区可取 0.9，对其他地区可取 0.5。

Δ_{ZS} 应自天然地面算起(当挖、填方的厚度和面积较大时，应自设计地面算起)，至其下非湿陷性黄土层的顶面为止，其中 $\Delta_{ZS}<0.015$ 的土层不累计。

当实测自重湿陷量 Δ'_{ZS} 或计算自重湿陷量 Δ_{ZS} 小于 7 cm 时，应判定为非自重湿陷性黄土地区；大于 7 cm 时，判定为自重湿陷性黄土地区。

7.2.3.3　黄土地基湿陷等级评价

湿陷性黄土地基的湿陷等级，应根据基底下各土层累计的总湿陷量和计算自重湿陷量的大小按表 7.1 判定。

表 7.1　湿陷性黄土地基的湿陷等级

湿陷类型 / 计算自重湿陷量(cm) / 总湿陷量 Δ_s(cm)	非自重湿陷性场地	自重湿陷性场地	
	$\Delta_{ZS}\leqslant 7$	$7<\Delta_{ZS}\leqslant 35$	$\Delta_{ZS}>35$
$\Delta_s\leqslant 30$	Ⅰ(轻微)	Ⅱ(中等)	—
$30<\Delta_s\leqslant 70$	Ⅱ(中等)	Ⅱ(中等)或Ⅲ(严重)	Ⅲ(严重)
$\Delta_s>70$	Ⅱ(中等)	Ⅲ(严重)	Ⅳ(很严重)

注：当湿陷量的计算值 $\Delta_s>60$ cm、自重湿陷量的计算值 $\Delta_{ZS}>30$ cm 时，可判为Ⅲ级，其他情况可判为Ⅱ级。

总湿陷量可按下式计算：

$$\Delta_S=\sum_{i=1}^{n}\beta\delta_{si}h_i \tag{7.3}$$

式中 δ_{si}——第 i 层土湿陷系数；

h_i——第 i 层土的厚度(cm)；

β——考虑地基土的受水浸湿可能性和侧向挤出等因素的修正系数，基底下 5 m(或压缩层)深度内可取 1.5；5～10 m 取 1.0；10 m 以下至非湿陷性黄土层顶面，在自重湿陷性黄土场地可取工程所在地区的 β_0 值。

Δ_S 是湿陷性黄土地基在规定压力作用下充分浸水后可能发生的湿陷变形值。设计时应根据黄土地基的湿陷等级考虑相应的设计措施。在同样情况下，湿陷程度愈高，设计措施要求也愈高。

7.2.4 湿陷性黄土地基的工程处理措施

黄土湿陷可导致地基出现过大沉降和不均匀沉降，进而危及建筑的正常使用和安全性，因此，对于判断为湿陷性黄土的地基，应进行工程处理确保建筑安全和正常使用。从地基、建筑、使用方面考虑，湿陷性黄土地基的工程处理措施由以下三类组成。

7.2.4.1 地基处理

《黄土规范》根据建筑物的重要性及地基受水浸可能性的大小和建筑在使用上对地基不均匀沉降限制的要求，将建筑物分为甲、乙、丙、丁四类。对甲类建筑物要求消除地基的全部湿陷量，或采用桩基础穿透全部湿陷性黄土层；对乙类、丙类建筑物则要求消除地基的部分湿陷量；丁类属次要建筑物，地基可不做处理。常用湿陷性黄土地基处理方法列于表 7.2 中。

表 7.2 湿陷性黄土地基常用的处理方法

名称	试用范围	可处理的湿陷性黄土层厚度(m)
垫层法	地下水位以上，局部或整片处理	1～3
强夯法	地下水位以上，S_r＜60％的湿陷性黄土，局部或整片处理	3～12
挤密法	地下水位以上，S_r≤65％的湿陷性黄土	5～15
预浸水法	Ⅲ、Ⅳ级湿陷性黄土	可消除地面下 6 m 以下全部土层的湿陷性
其他方法	经试验研究或工程实践证明行之有效	

7.2.4.2 防水措施

防水处理的目的是消除黄土发生湿陷变形的外因。基本防水措施要求在建筑布置、场地排水、地面排水、散水等方面，防止雨水或生产生活用水渗入浸湿地基。严格防水措施要求对重要建筑物场地和高级别湿陷地基，在检漏防水措施基础上，对防水地面、排水沟、检漏管沟和井等设施提高设计标准。

7.2.4.3 建筑和结构措施

建筑和结构措施是前两项措施的补充手段，它包括建筑平面布置力求简单，加强建筑上部结构整体刚度，预留沉降净空等来减小建筑物不均匀沉降或使建筑和构筑物能适应地基的湿陷变形。

7.3 膨胀土地基

7.3.1 膨胀土特征与分布

膨胀土是指具有显著的吸水膨胀软化和失水收缩开裂特性的黏性土。膨胀土的这种特性，使得建造在其上的建筑物和构筑物，随季节气候变化会出现均匀或不均匀的抬升和下沉的问题，从而导致结构破坏。

我国膨胀土形成的地质年代大多数为第四纪晚更新世（Q_3）及其以前，少量为全新世（Q_4）。颜色呈黄、黄褐、红褐、灰白或花斑等色。膨胀土多呈坚硬-硬塑状态，$I_L \leqslant 0$，孔隙比 e 一般在 0.7 及以上，结构致密，压缩性较低。

除了遇水膨胀、失水收缩外，膨胀土的另一重要特征是裂隙发育，膨胀土中常见光滑面或擦痕。裂隙有竖向、斜交和水平三种，裂隙间常充填灰绿、灰白色黏土。竖向裂隙常出露地表，裂隙宽度随深度增加而逐渐尖灭；斜交剪切裂隙越发育，胀缩性越严重。裂隙发育使得膨胀土地基可能会在旱季常出现长达数十米至百米，深数米的地裂，雨季则闭合。

膨胀土在我国分布广泛，以黄河流域及其以南地区较多，据统计，湖北、河南、广西、云南等 20 多个省、自治区均有膨胀土。膨胀土多出现于二级或二级以上阶地、山前和盆地边缘丘陵地带。所处地形平缓，无明显自然陡坎。在流水冲刷作用下的水沟、水渠易发生崩塌、滑动而淤塞。常见浅层滑坡、地裂，新开挖的坑（槽）壁易发生坍塌。

7.3.2 膨胀土地基的危害

一般黏性土地基都具有胀缩性，但其量不大，对工程没有太大的影响。但胀缩性质严重的膨胀土地基对其上的土木工程具有较大危害，这些危害表现在：

（1）建筑物和构筑物成群开裂破坏。建筑物裂缝随气候变化不停地张开和闭合。而且以低层轻型、砖混结构损坏最为严重，因为这类房屋质量轻、整体性较差，且基础埋置浅，地基土易受外界环境变化的影响而产生胀缩变形。

（2）房屋在垂直和水平方向都受弯和受扭，故在房屋转角处首先开裂，墙上出现对称或不对称的八字形、X 形缝。外纵墙基础由于受到地基在膨胀过程中产生的竖向切力和侧向水平推力的作用，造成基础移动而产生水平裂缝和位移。室内地坪和楼板发生纵向隆起开裂。

（3）膨胀土边坡不稳定，地基会产生水平向和垂直向的变形，坡地上的建筑物损坏要比平地上更严重。

（4）膨胀土的胀缩特性除使房屋发生开裂、倾斜外，还会使公路路基发生破坏，堤岸、路堑产生滑坡，涵洞、桥梁等刚性结构物产生不均匀沉降，导致开裂等。

世界上已有 40 多个国家发现膨胀土造成的危害，估计每年给工程建设带来的经济损失达数十亿美元。膨胀土的工程问题已引起包括我国在内的各国学术界和工程界的高度重视。

7.3.3 膨胀土膨胀影响因素

膨胀土的膨胀是在一定条件下土的体积因不断吸水而增大的过程，收缩是由于土中水分减少，体积变小所致。膨胀土具有胀缩变形特性，可归因于膨胀土的内在机制和外部因素两个方面。

影响膨胀土胀缩性的内在机制，主要是指矿物成分及微观结构两方面：膨胀土含有大量的蒙脱石、伊利石等亲水性黏土矿物，它们比表面积大，有强烈的活动性，既易吸水又易失水，胀缩变形也大。这些矿物成分在空间上的联结状态也影响其胀缩特性。经过大量不同地点的膨胀土扫描电镜试验分析得知，黏土矿物颗粒集聚体之间面-面接触的分散结构是膨胀土的一种普遍结构形式，这种结构比团粒结构具有更大的吸水膨胀和失水收缩的能力。

影响膨胀土胀缩性的外部因素是水对膨胀土的作用。土中原有含水率与土体膨胀时所需含水率相差越大，则遇水后土的膨胀越大，失水后的收缩越小。土中水分的变化与各种环境因素，如气候条件、地形地貌、地面覆盖以及地下水位等条件有关。比如，雨季土中水分增加，土体产生膨胀，旱季水分减少，土体产生收缩；同类膨胀土地基，地势低处胀缩变形比高处小，因为高地带临空面大，土中水分蒸发条件好，土中水分变化大；在炎热干旱地区，地面上的覆盖阔叶树木也会对建筑物胀缩变形造成不利影响，因为树根吸水作用加剧了地基干缩变形。

7.3.4 膨胀土地基评价

7.3.4.1 评价膨胀性的指标

评价膨胀土地基，首先要评价膨胀土的胀缩性，判断其是否为膨胀土，然后对地基膨胀性进行评价。评价土和地基膨胀性，通常基于以下试验指标进行。

(1)自由膨胀率 δ_{ef}

自由膨胀率的试验方法是：将土烘干碾细，置于水中，试样充分吸水膨胀至稳定。增加的体积与原体积之比，称为自由膨胀率 δ_{ef}，按下式计算：

$$\delta_{ef} = \frac{V_w - V_0}{V_0} \tag{7.4}$$

式中 V_w——土样在水中膨胀稳定后的体积(mL)；

V_0——干土样原有体积(mL)。

自由膨胀率 δ_{ef} 表示膨胀土在消除土的结构影响后，在无压力作用下的膨胀特性，可反映土的矿物成分及含量，可用来初步判定是否是膨胀土。

(2)膨胀率 δ_{ep}

将原状土置于侧限压缩仪中，在一定的压力下，浸水膨胀稳定后，土样增加的高度与原高度之比，称为膨胀率 δ_{ep}，表示为：

$$\delta_{ep} = \frac{h_w - h_0}{h_0} \tag{7.5}$$

式中 h_w——土样浸水膨胀稳定后的高度(mm)；

h_0——土样的原始高度(mm)。

膨胀率 δ_{ep} 可用来评价地基的胀缩等级，计算膨胀土地基的变形量以及测定膨胀力。

(3)线缩率 δ_s 和收缩系数 λ_s

膨胀土失水收缩，其收缩性可用线缩率和收缩系数表示。线缩率指土的竖向收缩变形与原状土样高度之比，表示为：

$$\delta_s = \frac{h_0 - h_i}{h_0} \times 100\% \tag{7.6}$$

式中 h_i——某土样含水率 w_i 时的土样高度(mm)；

h_0——土样的原始高度(mm)。

将多个土样的线缩率与含水率关系绘制成曲线，如图 7.3 所示，可见随含水率减小，δ_s 增大。图中 ab 直线段为收缩阶段，bc 曲线段为收缩过渡阶段，cd 直线段为土的微缩阶段，至 d 点后，含水率虽然继续减小，但体积收缩已基本停止。

利用线缩率与含水率关系曲线直线收缩段可求得收缩系数 λ_s，它表示原状土样在直线收缩阶段，含水率减少 1%时的竖向线缩率，按下式计算：

$$\lambda_s = \frac{\Delta\delta_s}{\Delta w} \tag{7.7}$$

式中 Δw——收缩过程中，直线变化阶段内，两点含水率之差(%)；

$\Delta\delta_s$——两点含水率之差对应的竖向线缩率之差(%)。

线缩率和收缩系数是膨胀土地基变形计算中的两项主要指标。

(4)膨胀力 p_e

膨胀力被定义为：不允许原状土样在体积膨胀时，土体由于浸水产生的最大膨胀内应力，用 p_e 表示。在膨胀力试验中，采用不同压力进行试验，将各级压力 p 下的膨胀率 δ_{ep} 试验结果绘制成 p-δ_{ep} 关系曲线，该曲线与横坐标轴的交点即为膨胀力 p_e，如图 7.4 所示。

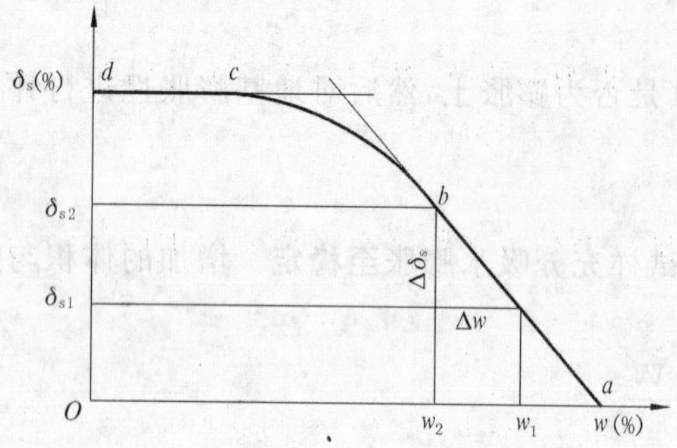

图 7.3　线缩率与含水率关系曲线

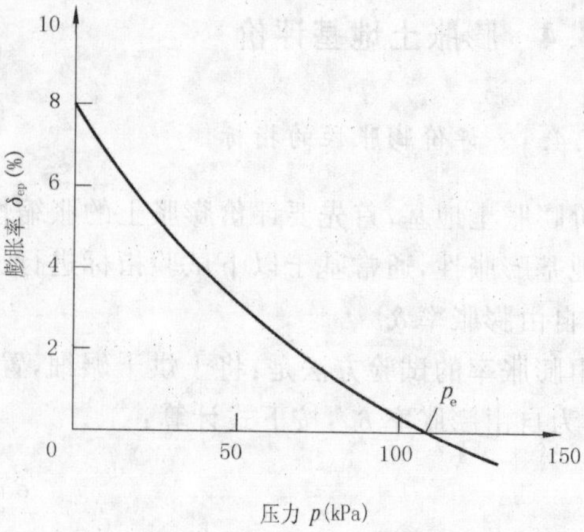

图 7.4　膨胀率与压力关系曲线

膨胀力 p_e 在选择基础形式及基底压力时，是很有用的指标，在设计上如果希望减小膨胀变形，应使基底压力接近 p_e。

7.3.4.2　膨胀土和膨胀土地基的判别与评价

(1)膨胀土的判别

根据我国大多数膨胀土地区工程经验，判别膨胀土的主要依据是工程地质特征与自由膨胀率 δ_{ef}。《膨胀土地区建筑技术规范》(GB 50112—2013)(简称《膨胀土规范》)判定，凡 $\delta_{ef} \geqslant 40\%$，且具有一定工程地质特征的场地即判定为膨胀土。

(2)膨胀土的膨胀潜势

通过上述判定膨胀土以后，要进一步确定膨胀土的胀缩强弱。《膨胀土规范》按自由膨胀率 δ_{ef} 大小划分膨胀潜势强弱，即反映土体内部积储的膨胀势能大小，来判别土的胀缩性高低。膨胀土的膨胀潜势按 δ_{ef} 分为三类，见表 7.3。

表 7.3　膨胀土的膨胀潜势分类

δ_{ef}(%)	膨胀潜势
$40 \leqslant \delta_{ef} < 65$	弱
$65 \leqslant \delta_{ef} < 90$	中
$\delta_{ef} \geqslant 90$	强

调查表明：δ_{ef} 较小的膨胀土，膨胀潜势较弱，建筑物损坏轻微；δ_{ef} 较大的膨胀土，膨胀潜势较强，建筑物损坏严重。

(3)膨胀土地基的胀缩等级

膨胀土地基评价，应根据地基的膨胀、收缩变形对低层砖混房屋的影响程度进行。我国规范规定以 50 kPa压力下(相当于一层砖石结构的基底压力)测定土的膨胀率 δ_{ep}，计算地基分级变形量 S_c，作为划分胀缩等级的标准，见表 7.4。

表 7.4　膨胀土地基的胀缩等级

S_c(mm)	级别
$15 \leqslant S_c < 35$	Ⅰ
$35 \leqslant S_c < 70$	Ⅱ
$S_c \geqslant 70$	Ⅲ

地基分级变形量包括地基土的膨胀变形量和地基土的收缩变形量两个，是根据试验得到的膨胀土膨胀率、收缩系数计算得到的，具体计算方法应根据《膨胀土规范》进行。

7.3.5 膨胀土地基的工程处治措施

在膨胀土地基上进行工程建设，应根据当地的气候条件、地基胀缩等级、场地工程地质和水文地质条件，结合当地建筑施工经验，因地制宜采取综合措施，一般可从下面几个方面考虑。

7.3.5.1 勘察

膨胀土地基的勘察除满足一般勘察要求外，应着重下列内容：

(1)选址勘察阶段，应以工程地质调查为主。收集当地多年气象资料，了解气候变化特点；了解当地建筑开裂特征，查明膨胀土的成因，划分地貌单元，了解地形形态以及有无不良地质现象；调查水文地质情况，调查地表水排泄、积聚情况，地下水类型、水位及其变化幅度等；分析当地建筑物损坏原因。

(2)初步勘察阶段应确定膨胀土的胀缩性；查明场地内不良地质现象的成因、分布和危害程度；采取原状土样进行室内基本物理性质试验、收缩试验、膨胀力试验和膨胀率试验，初步查明场地内膨胀土的物理力学性质。

(3)详勘阶段应确定地基土层胀缩等级以作为设计的依据。

7.3.5.2 设计

(1)选址

首先进行场址选择时，应避开地质条件不良地段，如浅层滑坡、地裂发育、地下水位变化剧烈地段等。尽量布置在地形条件比较简单、土质较均匀、胀缩性较弱的场地。对于地形坡度大于或等于5°，或地形坡度小于5°，但同一座建筑物范围内局部地形高差大于1 m的坡地场地上的建筑物还需进行地基稳定性验算。

(2)隔水和排水设计

对建筑场地应加强隔水、排水措施。采用宽散水为主要防治措施，其宽度不小于1.2 m，面层厚度不小于0.1 m，膨胀土的膨胀等级越高，散水设计宽度、厚度要求越大。使用要求特别严格的房屋地坪可采用地面配筋或地面架空等措施，尽量与墙体脱开。一般要求的可采用预制块铺砌，块体间嵌柔性材料。大面积地面做分格变形缝。合理确立建筑物与周围树木间距离，绿化避免选用吸水量大、蒸发量大的树种。坡地建筑应避免大开挖，依山就势建筑，同时应利用和保护天然排水系统。

(3)建筑与结构设计

膨胀土地基上的建筑，建筑体型应力求简单，在地基土显著不均匀处、建筑平面转折处和高差较大处以及建筑结构类型不同部位，应设置沉降缝。

膨胀土地区的民用建筑层数宜多于2层，以加大基底压力，防止膨胀变形。基础埋深应增大，且不应小于1 m。当以基础埋深为主要防治措施时，基础埋深宜超过大气影响深度或通过变形验算确定。较均匀的膨胀土地基，可采用条基；基础埋深较大或条基基底压力较小时，宜采用墩基。

加强建筑物的整体刚度。基础顶部和房屋顶层宜设置圈梁，其他层隔层设置或层层设置。承重砌体结构可采用拉结较好的实心砖墙，不得采用空斗墙、砌块墙或无砂混凝土砌体，不宜采用砖拱结构、无砂大孔混凝土和无筋中型砌块等对变形敏感的结构。

(4)地基处理设计

膨胀土地基可采用地基处理方法减小或消除地基胀缩对建筑物的危害，常用的方法有换土垫层、土性改良、深基础等。换土可采用非膨胀性的黏土、砂石或灰土等材料，换土厚度应通过变形计算确定，垫层宽度应大于基础宽度。土性改良可通过在膨胀土中掺入一定量的石灰来提高土的强度。工程中可采用压力灌浆的办法将石灰浆液灌注入膨胀土的裂隙中起加固作用。当大气影响深度较深，膨胀土层较厚，选用地基加固或墩式基础施工有困难时，可选用桩基础穿越。

7.3.5.3 施工

在施工中应尽量减少地基中含水率的变化。进行开挖工程时，应快速作业，避免基坑岩土体受曝晒或泡水。雨季施工应采取防水措施。基坑施工完毕后，应回填土夯实。由于膨胀土坡地具有多向失水性及不稳定性，坡地上的建筑破坏比平坦场地上严重，应尽量避免在坡坎上建筑。如无法避开，则应首先通过采取排水措施，设置支挡和设置护坡来治坡，整治环境，再开始建造。

7.4 山区地基与红黏土地基

山区在我国分布广泛，本不应作为区域性地基介绍。但是山区地基工程地质条件复杂多变，与一般地基基础设计相比，山区地基基础设计中需要根据场地工程地质条件和工程地质分区，结合场地整平情况进行总体布置；施工中需要工程人员能在开挖施工中把握现场的地质条件，判断地质条件是否与勘察和设计情况相符，是否需要调整设计。因此山区地基的设计与施工需要参与者具备更丰富的工程地质知识，而这正是土木工程专业人员的短板，所以将山区地基作为特殊的地基进行介绍是有必要的。山区地基的内容包括土岩组合地基、岩溶与土洞、填土地基、滑坡、岩石地基等。红黏土也是多见于山区的地基土，在我国广泛分布在贵州、广西等石灰岩地区，但其分布又不仅限于山区。

7.4.1 土岩组合地基

土岩组合地基是单体建筑下同时存在岩石地基和土质地基的情况，岩石地基与土质地基压缩性差异显著，可导致基础在岩土相交处开裂，上部结构因不均匀沉降开裂等问题，应做特殊处理。

7.4.1.1 土岩组合地基特征

当建筑地基的主要受力层范围内，遇到下列情况之一者，属于土岩组合地基：

①下卧基岩表面坡度较大；

②石芽密布并有出露的地基；

③大块孤石地基。

土岩组合地基的工程特性，可以按上述三种情况来分别描述。

(1)下卧基岩表面坡度较大

由于基岩表面倾斜，使基底下土层厚薄不均，如图 7.5 所示，以致于地基的承载力和压缩性相差悬殊而引起建筑物不均匀沉降，上覆土层也有可能沿倾斜基岩表面滑动造成失稳。

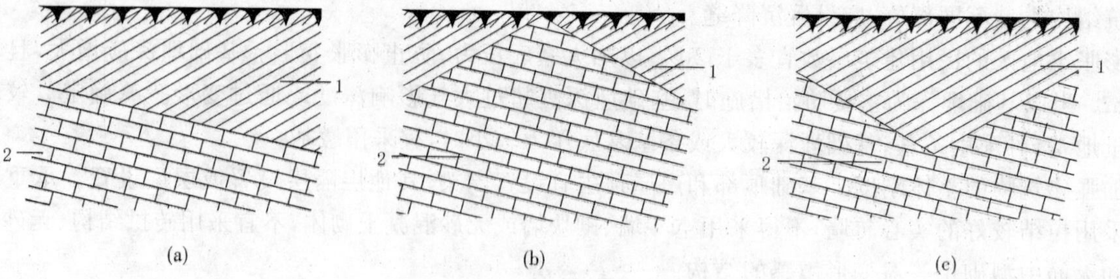

图 7.5 基岩面与倾斜情况

(a)基岩表面倾斜；(b)基岩表面相背倾斜；(c)基岩表面相向倾斜

1—土层；2—岩层

(2)石芽密布并有出露的地基

这类地基一般是在岩溶地区出现，如我国贵州、广西和云南等地区。其特点是基岩表面起伏较大，石芽间多被红黏土所填充，如图 7.6 所示。即使采用很密集的勘探点，也不易查清岩面起伏变化的全貌。

(3)大块孤石地基

地基中夹杂着大块孤石(图 7.7),多出现在山前洪积层中或冰碛层中。这类地基类似于岩层表面相背倾斜和个别石芽出露地基,其变形条件最为不利,建筑物极易开裂。

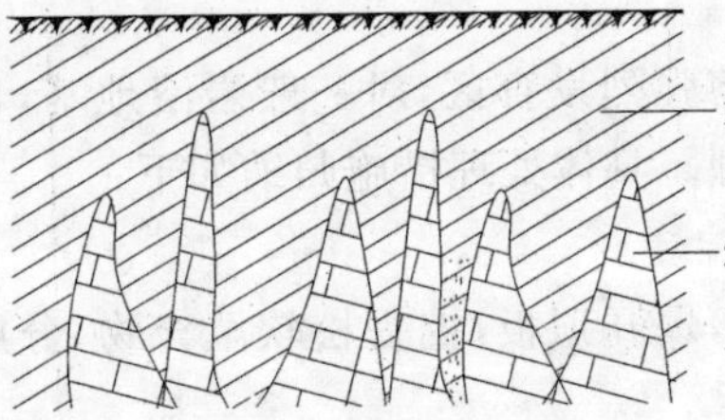

图 7.6 石芽密布地基图

1—土层;2—岩石

图 7.7 夹大块孤石地基

1—土层;2—岩石

7.4.1.2 土岩组合地基的工程措施

对于土岩组合地基的处理,可分为结构措施和地基处理两方面,两者相互协调与互补:

(1)结构措施

对建造在软、硬相差比较悬殊的土岩组合地基上的长度较大或造型复杂的建筑物,为减小不均匀沉降所造成的危害,宜用沉降缝将建筑物分开,缝宽 30～50 mm。必要时应加强上部结构的刚度,如加密隔墙,增设圈梁等。

(2)地基处理

地基处理措施可分为两大类。一类是处理压缩性较高部分的地基,使之适应压缩性较低的地基。如采用桩基础、局部深挖、换填或用梁、板、拱跨越等方法。这类处理方法效果较好,但费用较高。另一类是处理压缩性较低部分的地基,使之适应压缩性较高的地基。如采用褥垫法,在石芽出露部位做褥垫,也能取得良好的效果。褥垫可采用炉渣、中砂、土夹石或黏性土等,厚度宜取 300～500 mm。

7.4.2 岩溶地基

7.4.2.1 岩溶地基特征与分布

岩溶(又称喀斯特)是指可溶性岩层,如石灰岩、白云岩、石膏、岩盐等受水的长期溶蚀作用,在岩层中形成沟槽、裂隙、石芽、石林和空洞,以及由于空洞顶板塌落使地表产生陷穴、洼地等现象和作用的总称。岩溶存在于具备以下发育条件的地区:具有可溶性岩层;具有足够溶解能力和足够流量的水;地表水有下渗、地下水有流动的途径。岩溶的发育主要与岩性、地质构造、地形、气候等有关。

岩溶地基的主要问题是地面塌陷,导致岩溶地基塌陷的原因主要有三个:第一,建筑荷载的作用,在地质历史时期发育已经稳定的溶洞,在外荷载作用下,可能发生顶板塌陷。第二,地下水改变,充满地下水的溶洞,由于存在水压力的作用,岩溶可能是稳定的,但是在自然和人为作用下,可能改变地下水,使得溶洞失去地下水压力,导致塌陷发生。近年来由于过量抽取地下水,常常导致塌陷发生。第三,岩溶本身可能仍处于发育过程中,即便没有其他影响,溶洞坍塌也在所难免。

我国岩溶分布较广,尤其是碳酸盐类岩溶,西南地区、东南地区、华北地区都有分布,贵州、云南、广西等地最为集中。

7.4.2.2 岩溶地基的工程处理措施

岩溶地基是山区土木工程中经常遇到的问题。在这类地区进行建设工程时,首先是查明与评价,其次是预防与处理。在岩溶地区首先要了解岩溶的发育规律、分布情况和稳定程度。岩溶对地基稳定性的影响,主要表现在:①在地基主要受力层范围内,如有溶洞、暗河等,在附加荷载或振动作用下,溶洞顶板塌陷,使地基突然下沉;②溶洞、溶槽、石芽、漏斗等岩溶形态造成基岩面起伏较大,或者有软土分布,使地基不均匀沉降;③基础埋置在基岩上,其附近有溶沟、竖向岩溶裂隙、落水洞等,有可能使基础下岩层沿倾向上述临空面的软弱结构面产生滑动;④基岩和上覆土层内,由于岩溶地区较复杂的水文地质条件,易产生新的工程地质问题,造成地基恶化。

在不稳定的岩溶地区进行建设,重要建筑物应避开岩溶强烈发育区,对一般岩溶地基,也必须结合岩溶的形态、工程要求、施工条件和经济安全原则,考虑进行处理。具体处理措施归纳如下:

(1)清爆换填

适用于处理顶板不稳定的潜埋溶洞地基。即清除覆土,爆开顶板,挖去松软填充物,分层回填上粗下细碎石滤水层,然后建造基础。

(2)梁、板跨越

对于洞壁完整、强度较高而顶板破碎的岩溶地基,宜采用钢筋混凝土梁、板跨越,但支承点必须落在较完整的岩面上。

(3)洞底支撑

适用于处理跨度较大,顶板完整,但厚度较薄的溶洞地基。采用石砌柱或钢筋混凝土柱支撑洞顶。应注意查明洞底的稳定性。

(4)水流排导

岩溶水的处理应采取疏导的原则,一般采用排水隧洞、排水管道等进行疏导,以防止水流通道堵塞,造成动水压力对基坑底板、地坪及道路等的不良影响。

7.4.3 土洞地基

7.4.3.1 土洞地基的特征

土洞是岩溶地区可溶性岩层的上覆土层在地表水冲蚀或地下水潜蚀作用下所形成的洞穴。土洞继续发展,逐渐扩大,即引起地表塌陷。

土洞多位于黏性土层中,砂土和碎石土中少见。在黏性土中,土洞的形成决定于黏土颗粒成分、黏聚力、水理性稳定情况等条件。凡颗粒细、黏性大、胶结好、水理性稳定的土层,不易形成土洞;反之,则易形成。溶槽处,经常有软黏土分布,其抗冲蚀能力弱,且处于地下水流首先作用的场所,是易导致土洞发育的部位。

土洞和地表塌陷密集的地段属于工程地质条件不良或不稳定地段。实践表明:因为土洞埋藏浅,分布密,发育快,顶板强度低,其危害非常大。有时在勘察、建筑和施工阶段未发现土洞,却由于建筑后地表水和地下水条件的改变而产生新的土洞。

7.4.3.2 土洞地基的工程处理措施

当建筑场地处于具备土洞发育条件的地区时,应查明土洞发育程度和分布规律,查明土洞和塌陷的位置、埋深、大小及形成条件,认真进行处理。常用的措施如下:

(1)采用桩基或沉井

对重要建筑物,当土洞较深时,可用桩或沉井穿越覆盖土层,将建筑荷载传至稳定岩层上。

(2)处理地表水和地下水

在土洞及塌陷发育的建造场地,做好地表水的截流、防渗、堵漏工作,使之停止发育。不得设置人工改变地下水位的设施,否则应采取预防塌陷的措施。

(3)挖填夯实

对于浅层土洞,可先挖除土洞,然后用块石或毛石混凝土回填。近年来,还用强夯法破坏土洞,加固地基,效果良好。

(4)灌填处理

适用于埋藏深、洞径大的土洞。施工时,在洞体范围内的顶板上打两个或多个孔,用水冲法将砂、砾石灌进洞内。

(5)梁、板跨越

对直径较小、危害较小的土洞,当上层稳定性较好时,可不处理洞体,只在洞顶上部用钢筋混凝土梁板跨越。

(6)采用深基础

对重要建筑物,当土洞较深时,可用桩基或其他深基础穿过覆盖层,将荷载传至稳定岩层上。

7.4.4 红黏土地基

7.4.4.1 红黏土的特征与分布

碳酸盐系出露区的岩石在气候变化大和潮湿的环境下经红土化作用,形成的棕红、褐黄等色的高塑性黏土称为红黏土。其液限等于或大于50%,一般具有表面收缩、上硬下软、裂隙发育的特征。红黏土经搬运、沉积后形成的仍保留其基本特征,且液限大于45%的土,称为次生红黏土。

(1)矿物化学成分

红黏土的矿物成分主要为高岭石、伊利石和绿泥石,化学成分以 SiO_2、Fe_2O_2、Al_2O_3 为主。黏土矿物具有稳定的结晶格架,细粒组结成稳固的团粒结构,土体近于两相体且土中又多为结合水,这三者是使红黏土具有良好力学性能的基本因素。

(2)物理力学性质的基本特点

红黏土具有两大特点:一是土的天然含水率、孔隙比、饱和度以及液性指数、塑性指数都很高,例如其含水率几乎与液限相等,孔隙比在1.1~1.7之间,饱和度大于85%,但是却具有较高的力学强度和较低的压缩性;二是各种指标变化幅度很大,具有高分散性。

(3)上硬下软现象

红黏土地层从地表向下由硬变软。上部坚硬、硬塑状态的土占红黏土层的75%以上,厚度一般都大于5 m,可塑状态的占10%~20%,接近基岩处,软塑、流塑状态的土小于10%~20%,位于基岩凹部溶槽内。相应地,土的强度逐渐降低,压缩性逐渐增大。

红黏土的分布在我国以贵州、云南、广西等地最为广泛和典型。通常堆积在山坡、山麓、盆地或洼地中,主要为残积、坡积类型。常为岩溶地区的覆盖层,因受基岩起伏影响,厚度变化较大。

7.4.4.2 红黏土地基处理

红黏土地基的处理,一般从基础设计、地基处理和施工过程三方面进行。

(1)基础设计

工程建设中,应充分利用红黏土上硬下软分布的特征,基础尽量浅埋。对三级建筑物,当满足持力层承载力时,即可认为已满足下卧层承载力的要求。对基岩面起伏大、岩质坚硬的地基,可采用大直径嵌岩桩或墩基。

(2)地基处理

红黏土的厚度随下卧基岩面起伏而变化,常引起不均匀沉降。对不均匀地基宜作地基处理。宜采用改变基宽的方法,调整相邻地段基底压力,增减基础埋深,使基底下可压缩土层厚度相对均匀。对外露石芽,用可压缩材料做褥垫进行处理,对土层厚度、状态不均匀的地段可用低压缩材料做置换处理。

(3)施工过程

基坑开挖时宜采取保温保湿措施,防止失水干缩。

7.5 盐渍土与冻土地基

盐渍土和冻土均具有特定情况下体积膨胀或强度下降甚至消失的特性:盐渍土在干燥、降温情况下土中盐分结晶,体积会膨胀,冻土在温度下降到一定程度下因水分冻结而膨胀;盐渍土在受水浸泡时,固体盐结晶溶解导致强度下降,冻土在升温中冰晶融化而强度下降。一般定义易溶盐含量大于或等于 0.3%且小于 20%,具有溶陷性或盐胀等工程特性的土就叫盐渍土。盐渍土中盐的来源主要有三种:①岩石在风化过程中分离出少量的盐;②海水入侵、倒灌等将盐渗入土中;③工业废水或含盐废弃物,使土体中含盐量增高。而在寒冷季节温度低于零摄氏度,土中水冻结成冰,此时土称为冻土。冻土根据其冻融情况分为季节性冻土、隔年冻土和多年冻土。季节性冻土是指冬季冻结,夏季全部融化的冻土;若冬季冻结,一两年内不融化的土称为隔年冻土;凡冻结状态持续三年或以上的土称为多年冻土。多年冻土的表土层,有时夏季融化,冬季再结冰,也属于季节性冻土。

7.5.1 盐渍土地基

7.5.1.1 盐渍土的分布和危害

盐渍土在世界各地均有分布。在我国分布面积较广,按地理区域划分,可分为沿海盐渍土和内陆盐渍土两个大区。它们主要分布在西北干旱地区的新疆、青海、西藏北部、甘肃、宁夏、内蒙古等地势低洼的盆地和平原中,其次分布在华北平原、松辽平原等地。另外在滨海地区的辽东湾、渤海湾、莱州湾、杭州湾以及包括台湾在内的诸岛屿沿岸,也有相当面积的盐渍土存在。有些盐渍土中以含碳酸钠或碳酸氢钠为主,碱性较大,pH 值一般为 8～10.5,这种土称为碱土或碱性盐渍土,农业上称为苏打土。这种土零星分布于我国东北的松辽平原以及华北的黄、淮、海河平原。

盐渍土中盐的迁移和积聚主要靠风力或水流完成。在沙漠干旱地区,大风常将含盐的土粒或盐的晶体吹落到远处,使盐积聚起来。一般地区,盐类迁移和重新分布的主要因素是水流。地表水和地下水在流动过程中把所溶解的盐分带到低洼处,有时形成大的盐湖。在含盐量(矿化度)很高的水流经过的地区,如遇到干旱的气候环境,由于强烈蒸发,盐类析出并积聚在土体中形成盐渍土。在滨海地区,盐分集聚主要依靠毛细作用,毛细水将下部的盐输送到地表,在蒸发作用下,水分蒸发,盐分则留在原地形成盐渍土。有些地区长期大量开采地下水,农田灌溉不当,也会造成盐分积聚。

盐渍土对土木工程的危害主要有溶陷性、盐胀性和腐蚀性三类。

(1)溶陷性

盐渍土受水浸泡时或含水率升高时,易溶盐晶体可能溶解流失,导致土体孔隙增大,在自重应力或附加应力下,地基可产生附加变形,这种变形称作盐渍土的溶陷变形。根据大量研究表明,只有干燥和稍湿的盐渍土才具有溶陷性,且大多为自重溶陷。

(2)盐胀性

盐渍土地基含盐量高,遇水体积可膨胀,使地基隆起,形成盐胀。盐渍土地基的盐胀性一般可分为两类,即结晶膨胀和非结晶膨胀。结晶膨胀是盐渍土因温度降低或失去水分后,溶于孔隙水中的盐浓缩并析出结晶所产生的体积膨胀。当土中的硫酸钠含量超过某一定值(约 2%)时,在低温或含水率下降时,硫酸钠发生结晶膨胀,对于无上覆压力的地面或路基,膨胀高度可达数十毫米至几百毫米,这成了盐渍土地区的一个严重的工程问题。非结晶膨胀是指由于盐渍土中存在着大量吸附性阳离子,特别是低价的水化阳离子与黏土胶粒相互作用,使土粒周围的扩散层水膜厚度增大而引起土体膨胀。最具代表性的是碳酸盐渍土,含水率增加时,土质泥泞不堪。

在盐渍土地基上建造的室内外地坪、路面、路沿石、台阶、花坛、室外球场、机场跑道等,如果不采取有效的防膨胀措施,工程建成后可能会出现相当严重的危害。

(3)腐蚀性

盐渍土地基含盐量高，其中部分盐分能与建筑材料中的某些成分发生反应，对材料形成腐蚀。例如，盐渍土中的氯盐，是易溶盐，在水溶液中全部离解为阴、阳离子，属于电解质，对于金属类的管线、设备以及混凝土中的钢筋都会造成严重损坏，具有很强的腐蚀作用。盐渍土中的硫酸盐，对水泥、黏土制品等腐蚀非常严重。

7.5.1.2 盐渍土分类与评价

盐渍土的分类方法很多，分类的原则一般都是根据盐渍土的成分特点，按期对不同行业的影响和危害进行分类。这里介绍我国国家标准《盐渍土地区建筑技术规范》(GB/T 50942—2014)(简称《盐渍土规范》)的方法。

(1)按含盐性质分类

盐渍土中含盐成分主要为氯盐、硫酸盐和碳酸盐。不同性质盐的含量对土的性质影响不同。例如，含氯盐为主的盐渍土，遇水后土中的结晶盐极易溶解，使土质变软，强度降低，并产生溶陷变形。含硫酸盐为主的盐渍土，除会产生溶陷变形外，其中的硫酸钠(俗称芒硝)在温度和湿度变化时，还可能产生较大的膨胀。因此《盐渍土规范》采用土中阴离子含量(按毫克当量计)的比值作为分类指标，如表7.5所示。

表7.5 盐渍土按含盐成分分类

含盐成分比 \ 盐渍土名称	氯盐渍土	亚氯盐渍土	亚硫酸盐渍土	硫酸盐渍土	碱性盐渍土
$\dfrac{Cl^-}{SO_4^{2-}}$	>2	>1,≤2	>0.3,≤1	≤0.3	—
$\dfrac{CO_3^{2-}+HCO_3^-}{Cl^-+SO_4^{2-}}$	—	—	—	—	>0.3

(2)按含盐量分类

《盐渍土规范》规定，盐渍土按含盐量分类可分为四类，如表7.6所示。但是仅按含盐量来分类是不合理的，例如，易溶盐含量超过0.5%的砂土，浸水后可能产生较大溶陷，而同样的含盐量对黏土几乎不产生溶陷；即便对同一类土，含盐量和含盐性质相同，其溶陷性也可能相差甚远，因此，按含盐量分类时，还应考虑含盐类别的差异。

表7.6 盐渍土按盐渍化程度分类

盐渍土名称	盐渍土层的平均含盐量(%)		
	氯盐渍土及亚氯盐渍土	硫酸盐渍土及亚硫酸盐渍土	碱性盐渍土
弱盐渍土	≥0.3,<1.0	—	—
中盐渍土	≥1.0,<5.0	≥0.3,<2.0	≥0.3,<1.0
强盐渍土	≥5.0,<8.0	≥2.0,<5.0	≥1.0,<2.0
超盐渍土	≥8.0	≥5.0	≥2.0

对盐渍土地基的评价，主要考虑盐渍土地基的溶陷性、盐胀性和腐蚀性三个方面的危害进行评价，这三方面的评价指标的定义如下。

(1)溶陷性

盐渍土的溶陷性可以用单一的有荷载作用时的溶陷系数δ来衡量，δ的测定与黄土的湿陷系数相似，由室内压缩试验确定：

$$\delta = \frac{h_p - h_p'}{h_0} \tag{7.8}$$

式中 h_p——原状土样在压力P作用下沉降稳定后的高度(mm)；

h_p'——在同一压力下，浸水溶滤下沉降稳定后的高度(mm)；

h_0——土样的原始高度(mm)。

溶陷系数也可能通过现场试验确定：

$$\delta = \frac{\Delta_s}{h} \tag{7.9}$$

式中 Δ_s——载荷板压力为 P 时，盐渍土浸水后的溶陷量(mm)；

h——载荷板下盐渍土的湿润深度(mm)。

根据溶陷系数计算地基的溶陷量 s：

$$s = \sum_{i=1}^{n} \delta_i h_i \tag{7.10}$$

式中 δ_i——第 i 层土的溶陷系数；

h_i——第 i 层土的厚度(mm)；

n——基础底面以下可能产生溶陷的土层层数。

根据溶陷量可把盐渍土地基分为三个等级，如表 7.7 所示。

表 7.7 盐渍土地基的溶陷等级

溶陷等级	Ⅰ(弱溶陷)	Ⅱ(中溶陷)	Ⅲ(强溶陷)
溶陷量 s (mm)	$70 < s \leqslant 150$	$150 < s \leqslant 400$	$s > 400$

(2)盐胀性

盐渍土的盐胀性可根据盐胀系数 δ_{yz} 的大小和硫酸钠含量按表 7.8 进行分类。盐渍土地基中硫酸钠含量小于 1%，且使用环境条件不变时，可不计盐胀性对建(构)筑物的影响。

表 7.8 盐渍土的盐胀性分类

盐胀性	非盐胀性	弱盐胀性	中盐胀性	强盐胀性
盐胀系数 δ_{yz}	$\delta_{yz} \leqslant 0.01$	$0.01 < \delta_{yz} \leqslant 0.02$	$0.02 < \delta_{yz} \leqslant 0.04$	$\delta_{yz} > 0.04$
硫酸钠含量 C_{ssn} (%)	$C_{ssn} \leqslant 0.5$	$0.5 < C_{ssn} \leqslant 1.2$	$1.2 < C_{ssn} \leqslant 2.0$	$C_{ssn} > 2.0$

(3)腐蚀性评价

盐渍土中的盐分能与土木工程建筑材料砖、水泥、石灰中的某些组分发生反应，因此，盐渍土对土木工程建筑有腐蚀性。《盐渍土规范》规定盐渍土对建(构)筑物的腐蚀性，可分为强腐蚀性、中腐蚀性、弱腐蚀性和微腐蚀性四个等级，分级的依据主要是土中盐分的含量、种类以及环境特征。表 7.9 所示为按土中地下水盐离子含量(土中盐含量)、种类以及基础埋设条件来分级的方法，其中，当按水中盐离子含量分类时，单位为 mg/L；当按土中盐离子含量分类时，单位为 mg/kg。考虑基础埋设条件的原因是：土木工程结构是否受到盐分腐蚀，其所处水环境很重要，在干湿循环环境盐分更容易腐蚀工程结构，而长期浸没的环境反而相对较好。当然，最有利的环境是干燥环境，没有水的作用，在某些情况下甚至可以不考虑盐分对结构物的腐蚀。《盐渍土规范》规定，含水率小于 3%时，可视为干燥土。

表 7.9 盐渍土腐蚀性评价

盐分含量	离子种类	埋设条件	对砖、水泥、石灰的腐蚀性等级			
			微	弱	中	强
地下水中盐离子含量(mg/L)	NH_4^+	全浸	≤500	501～1000	>1000	—
	Mg^{2+}	全浸	≤1000	1001～2000	2001～4000	>4000
	SO_4^{2-}	全浸	≤250	251～1000	1001～4000	>4000
	Cl^-	全浸	≤5000	>5000	—	—
		干湿交替	≤500	501～5000	>5000	—
	pH	全浸	>6.5	6.5～5.0	5.0～4.0	≤4.0

续表 7.9

盐分含量	离子种类	埋设条件	对砖、水泥、石灰的腐蚀性等级			
			微	弱	中	强
土中盐离子含量(mg/kg)	SO_4^{2-}	干燥	≤2000	2001～4000	4001～6000	>6000
		湿润	≤400	401～2000	2001～4000	>4000
	Cl^-	干燥	≤5000	5001～20000	>20000	—
		湿润	≤1000	1001～7500	>7500	—

7.5.1.3 盐渍土地基的工程处治措施

盐渍土地基具有溶陷、盐胀和腐蚀性，若不加特殊处治，不仅有前述湿陷性黄土、膨胀土类似的危害，而且还有腐蚀性问题。因此处治盐渍土地基的工程措施除了采用与湿陷性黄土、膨胀土类似的措施，如建筑和结构措施、地基处理措施和隔水排水措施外，还要对建筑和材料采取防腐蚀措施，这里仅介绍防腐蚀措施。

阻断盐渍土中的盐分对建筑的防腐蚀措施，从腐蚀的机理分析，可以按以下原则进行：

(1)改善工程结构水环境：干燥的环境对避免腐蚀有利，因此通过隔水、排水措施，不仅可以防止溶陷、盐胀，还可以防止腐蚀。如果不能创造干燥的环境，全部浸没的环境也强于干湿循环的环境。因此强化各种避免水环境变化的措施，都可以改善建筑的耐久性。

(2)改善建筑结构材料：提高混凝土的最小水泥用量，降低最大水灰比，采用减水剂、密实剂，可以得到更密实的建筑结构，对提高耐腐蚀性有利。

(3)保护结构中的钢筋：在混凝土中采用阻锈剂，采用树脂将钢筋包裹，可以延缓钢筋的锈蚀，提高结构耐久性。

表 7.10 所示为《盐渍土规范》提出的防腐蚀措施，可见这些措施是对以上原则的综合利用。另外，选用优质水泥、提高密实性、增大保护层厚度、在混凝土或砖石砌体表面做防水层和防腐涂层等方法，均可对提高建筑物的耐腐蚀性有利。

表 7.10 盐渍土地区防腐蚀措施

腐蚀等级	水泥品种	最小水泥用量(kg/m^3)	最大水灰比	外加剂	外部防腐蚀措施		
					干湿交替	湿	干
弱	普通水泥 矿渣水泥	300	≤0.5	—	—	—	—
中	普通水泥 矿渣水泥 抗硫酸盐水泥	320	≤0.45	减水剂 阻锈剂 密实剂	沥青类防水涂层	防水层	—
强	普通水泥 矿渣水泥 抗硫酸盐水泥	340	≤0.4	减水剂 阻锈剂 密实剂	沥青或树脂类防腐涂层	防水层	沥青类涂层

7.5.2 冻土地基

7.5.2.1 冻土特征和分布

冻土地基的主要问题是冻胀和冻融问题。随着土中水的冻结，土体产生体积膨胀，即冻胀现象。而冻土随着气温升高，土中冰融化成水，即冻融现象。土发生冻胀的原因是冻结时土中水分向冻结区迁移和积聚。

冻胀会使地基土隆起，使建造在其上的建(构)筑物被抬起，引起开裂、倾斜甚至倒塌；使得路面鼓包、开裂、错缝或折断等。当土层解冻融化时，土层软化，强度大大降低，可使房屋、桥梁和涵管等发生大量沉降和不均匀沉降，道路出现翻浆冒泥等危害。因此，冻土的冻胀和冻融问题都必须引起注意，并采取必要防治措施。

我国冻土主要分布在北方，多年冻土主要在青藏高原、天山、阿尔泰山地区和东北大小兴安岭等纬度或海拔较高的严寒地区。东部和西部的一些高山顶部也有分布。多年冻土占我国领土的20%以上，占世界多年冻土面积的10%。工程危害最大的是季节性冻土地区，或者多年冻土区因地层温度升高而融化。

7.5.2.2 土体冻胀机理与影响因素

寒区地基土冻胀的机理，在“土力学”中有所介绍。地面下一定深度的水温，是随大气温度而变化的。当大气负温传入土中时，土中的自由水首先冻结成冰晶体，随着气温的继续下降，弱结合水的最外层也开始冻结，使冰晶体逐渐扩大。这样使冰晶体周围土粒的结合水膜减薄，土粒就产生剩余的分子引力，另外，由于结合水膜的减薄，使得水膜中的离子浓度增加，产生了渗透压力。在这两种引力作用下，未冻结区水膜较厚处的弱结合水，可被吸引到水膜较薄的冻结区参与冻结，使冰晶体增大，使这两种引力得不到中和，继续存在。在未冻结区存在着水源(如地下水距冻结区很近)及适当的水源补给通道(即毛细通道)的情况下，水能够源源不断地补充到冻结区来，使冰晶体不断扩大，在土中形成冰夹层，地面随之发生隆起，即冻胀现象。这种冰晶体的不断增大，一直要到水源的补给断绝后才会停止。

冻胀和融陷都将对工程产生不利影响。特别是高寒地区，发生冻胀时，使路基隆起，柔性路面鼓包、开裂，刚性路面错缝或折断；修建在冻土上的建筑物，冻胀引起建筑物的开裂、倾斜甚至使轻型构筑物倒塌。而发生融陷后，路基土在车辆反复碾压下，轻者路面变得较软，重者路面翻浆，也会使房屋、桥梁、涵管发生大量下沉或不均匀下沉，引起建筑物的开裂破坏。

从上述土冻胀的机理分析中可以看到，土的冻胀现象是在一定条件下形成的。影响冻胀的因素有三方面：

(1)土的因素

冻胀现象通常发生在细粒土中，特别是粉砂、粉土、粉质黏土和粉质亚砂土等，冻结时水分迁移积聚最为强烈，冻胀现象严重。这是因为这类土具有较显著的毛细现象，毛细水上升高度大，上升速度快，具有较通畅的水源补给通道，同时，这类土的颗粒较细，表面能大，土的矿物成分亲水性强，能持有较多结合水，从而能使大量结合水迁移和积聚。相反，黏土虽有较厚的结合水膜，但毛细孔隙很小，对水分迁移的阻力很大，没有通畅的水源补给通道，所以其冻胀性较上述土类为小。砂砾等粗颗粒土，没有或具有少量的结合水，孔隙中自由水冻结后，不会发生水分的迁移积聚，同时由于砂砾基本无毛细现象，因而不会发生冻胀。所以，在工程实践中常在地基或路基中换填砂土，以防治冻胀。

(2)水的因素

前面已经指出，土层发生冻胀是由水分的迁移和积聚所致。因此，当冻结区附近地下水位较高，毛细水上升高度能够达到或接近冻结线，使冻结区能得到外部水源的补给时，将发生比较强烈的冻胀破坏现象。这样，可以区分开敞型冻胀和封闭型冻胀两种冻胀类型。前者在冻结过程中有外来水源补给；后者在冻结过程中没有外来水分补给。开敞型冻胀往往在土层中形成很厚的冰夹层，产生强烈冻胀，而封闭型冻胀，土中冰夹层薄，冻胀量也小。

(3)温度的因素

当气温骤降且冷却强度很大时，土的冻结面迅速向下推移，即冻结速度很快。这时，土中弱结合水及毛细水还来不及向冻结区迁移就在原地冻结成冰，毛细通道也被冰晶体所堵塞。这样，水分的迁移和积聚不会发生，在土层中看不到冰夹层，只有散布于土孔隙中的冰晶体，这时形成的冻土一般无明显的冻胀。如果气温缓慢下降，冷却强度小，但负温持续的时间较长，则能促使未冻结区水分不断地向冻结区迁移积聚，在土中形成冰夹层，出现明显的冻胀现象。

上述三方面的因素是土层发生冻胀的三个必要条件。其结论是：在持续负温作用下，地下水位较高处的粉砂、粉土、粉质黏土等土层常具有较大的冻胀危害。因此,我们可以根据影响冻胀的三个因素,采取相应的防治冻胀的工程措施。

7.5.2.3 冻土地基分类和评价

(1)冻土的分类

我国建筑对冻土地基的评价主要依据《冻土地区建筑地基基础设计规范》(JGJ 118—2011)(简称《冻土地基规范》)进行。对冻土的分类,根据持续时间可分为季节冻土与多年冻土;根据所含盐类与有机物的不同可分为盐渍化冻土与冻结泥炭化土;根据其变形特性可分为坚硬冻土、塑性冻土与松散冻土;根据冻土的融沉性与土的冻胀性又可分成若干亚类。其中,按平均冻胀率的大小,将地基土分为不冻胀、弱冻胀、冻胀、强冻胀、特强冻胀的分类指标定量规定见表 2.3。

在冻土地区,有两类冻土与一般土体的工程性质有显著差别,它们是盐渍化冻土与冻结泥炭化土。冻土中未冻结的水含量越高,冻土强度越低的特点,使得土中水即使含有很少量的易溶盐类(尤其是氯盐类),也会大大地改变一般冻土的力学性质,在冻土地区由于地基中的盐类被水分所溶解变成不同浓度的溶液,可降低土的起始冻结温度,在同一负温条件下与一般冻土比较,盐渍化冻土未冻水含量大很多,在其他条件相同时,其强度也低很多。与盐渍化冻土类似,冻结泥炭化土的泥炭化程度同样剧烈地影响着冻土的工程性质。因此在冻土分类中,首先要根据盐渍度和泥炭化程度指标判别冻土是否为盐渍化冻土和冻结泥炭化土,然后再按平均冻胀率将其分类。这些内容在《冻土地基规范》中有更详细介绍,需要时可以参考。

(2)冻土的地基承载力

地基承载力是土木工程最为关心的问题之一,冻土的地基承载力与土的类别和地基的温度有关,一般需要采用原位试验确定,如果没有条件进行试验,可根据冻结地基土的名称、土的温度按表 7.11 的规定取值。

表 7.11 冻土地基承载力经验值(kPa)

土的名称	不同土温(℃)时的地基承载力特征值(kPa)					
	−0.5	−1.0	−1.5	−2.0	−2.5	−3.0
碎砾石类土	800	1000	1200	1400	1600	1800
砾砂、粗砂	650	800	950	1100	1250	1400
中砂、细砂、粉砂	500	650	800	950	1100	1250
黏土、粉质黏土、粉土	400	500	600	700	800	900

表 7.11 适用于一般的冻土,并不适用于盐渍化冻土和冻结泥炭化土,盐渍化冻土和冻结泥炭化土最好采用桩基础。

7.5.2.4 冻土的作用与工程处治措施

(1)土的冻胀作用

寒区的地基土在基础的下方和侧面冻胀和冻结,可能将建筑抬起、推移,因此在做地基基础力学验算时,除了进行地基承载力验算,还需要进行冻胀、冻结的作用验算。建筑工程中,常以冻胀量、冻胀强度、冻胀力和冻结力等指标来衡量地基土的冻胀冻结作用,这里介绍冻胀力的验算方法。

土在冻结时由于体积膨胀对基础产生的作用力称为土的冻胀力。冻胀力按其作用方向可分为作用在基础底面的法向(竖向)冻胀力和作用在侧面的切向冻胀力。冻胀力的大小除了与土质、土温、水文地质条件和冻结速度有密切关系外,还与基础埋深、材料和侧面的粗糙程度有关。在无水源补给的封闭系统,冻胀力一般不大;如为有水源补给的敞开的系统,冻胀力就可能成倍地增加。切向冻胀力可在建筑物使用条件下通过现场或室内试验求得,也可根据经验查表 7.12 确定。

表 7.12 切向冻胀力标准值(kPa)

基础类别＼土的类别	弱冻胀土	冻胀土	强冻胀土	特强冻胀土
桩、墩	30～60	60～80	80～120	120～150
条形基础	15～30	30～40	40～60	60～70

切向冻胀力的验算，要根据切向力的作用效应及其抗力特征逐项进行，例如，对土体开始冻结时基础侧面受到向上的切向力，由结构自重和冻胀层以下基础所受的地基锚固力抵抗，可按下式进行验算：

$$\sum \tau_{\mathrm{d}ik} A_{\tau i} \leqslant 0.9G + R_{\mathrm{ta}} \tag{7.11}$$

式中　$\tau_{\mathrm{d}ik}$，$A_{\tau i}$——基础第 i 侧面的竖向切向力标准值和受切向力侧面的面积；

G，R_{ta}——结构的自重和在冻胀层以下地层对基础的锚固力。

竖向冻胀力一般都很大，非建筑物自重能克服的，所以一般要求基础埋置在冻结深度以下，或采取消除竖向冻胀力的措施。

(2)冻土地基的融陷下沉

将多年冻土作为建筑地基时，可采用下列三种状态之一进行设计：保持冻结状态、逐渐融化状态和预先融化状态。所谓预先融化状态，就是在建筑物施工前，使多年冻土融化至计算深度或全部融化。对于保持冻结状态设计，由于冻土的变形很小，有时甚至可视为不可压缩的，只需要进行地基承载力计算。而逐渐融化状态和预先融化状态则需要分析冻土地基的融陷下沉。

计算冻土地基的融陷下沉量，是冻土在无荷载状态下冻土融化的下沉量、自重荷载作用下的融化后土层的压缩量、附加荷载作用下的融化后土层的压缩量、土层中冰夹层的高度的叠加。具体计算方法可参见不同行业的技术规范。

(3)冻土地基的工程处治措施

在冻土地区实施土木工程，必须采用相应的措施应对可能的冻胀、冻融问题，一般的处治措施有建筑和结构措施，通风和保温措施，地基处理措施。建筑和结构措施有：将基础埋深置于冻结线以下；采用深基础；按规范规定进行冻胀力作用下基础的稳定性计算。若不满足应重新调整基础尺寸和埋置深度，或采取减小或消除冻胀力的措施等。在基础侧面涂沥青就是消除切向力的有效方法。通风和保温措施有：采用通风基础、热泵基础保护，使其免于融化是多年冻土区的常用处治方法。地基处理措施有：通过强夯将地基压密，可部分消除土的冻胀性。将冻胀性强的土体，置换成粗颗粒的材料也是消除冻胀、冻融的方法。

7.6　地震区地基与动力机器的地基

土木工程一般是静态的，地基土仅仅承受建筑的静力作用，有些情况下，地基土也会承受动力作用。动力作用来源于两方面，一方面是地基处于地震区，地基土承受由震源传来的地震波，另一种是土木工程承载的交通工具、机器设备等产生的动力作用。1964 年日本新潟大地震给结构物带来严重破坏，地震区地基开始引起各国的注意和深入研究。我国近代各次大地震中都引起了很强的破坏，尤其唐山地震时更为显著。因此，地震区的基础工程研究，对预防地震区可能发生的地震灾害有重要意义。

动力机器因其运转形成对地基的循环往复或冲击荷载，这类动力作用可能会引起地基及基础的振动，如设计不当，能降低地基土的强度并增加基础的沉降量，影响机器的正常运转；使工作人员操作条件恶化，严重者将影响健康；同时，振动将通过地基土传到附近的房屋、设备、机器或精密仪表，可能影响其正常使用。动力机器的基础设计是工业建筑设计的一个组成部分，也是建筑工程中一项复杂的课题。

7.6.1 地震区地基

7.6.1.1 地震简介

地震是一种自然现象,地震活动频繁而猛烈的地区称为地震区。地震引起的振动以波的形式从震源向各个方向传播并释放能量,这就是地震波,它包含在地球内部传播的体波和只限于在地面附近传播的面波。体波又包括两种形式的波,即纵波和横波。当地震波在土层中传播时,经过不同土层的界面多次反射,将出现不同周期的地震波。若某一周期的地震波与地表土层的固有周期相近时,由于共振作用该地震波的振幅将显著增大,其周期称为卓越周期。若建筑物的基本周期与场地上层的卓越周期相近时,也将由于共振作用而增大振幅,导致建筑物破坏。

地震的大小评价指标有震级和烈度两种。震级和烈度是两个不同的概念。震级是表示地震本身大小的尺度。目前,国际上比较通用的是里氏震级,即地震震级 M 为:

$$M=\lg A \tag{7.12}$$

A 是标准地震仪(指周期 0.8 s,阻尼系数 0.8,放大倍数 2800 倍的地震仪)在距震中 100 km 处记录的以微米为单位的最大水平地动位移。例如,在距震中 100 km 处地震仪记录的振幅是 1 mm,即 1000 μm,其对数为 3,根据定义,这次地震就是 3 级。一般认为,小于 2 级的地震,人们感觉不到,只有仪器才能记录下来,叫微震;2~4 级,人们就感觉到了,叫有感地震;5 级以上地震能引起不同程度的破坏,称为破坏性地震;7 级以上的地震,则称为强烈地震。

地震烈度是指某一地区的地面和各类建筑物遭受一次地震影响的强弱程度。对于一次地震,表示地震大小的震级只有一个,但它对不同地点的影响是不一样的。一般来说,距震中越远,地震影响越小,烈度就越低。此外,地震烈度还与地震大小、震源深度、地震传播介质、表土性质、建筑物动力特性、施工质量等许多因素有关。

为了评定地震烈度,就需要建立一个标准,这个标准称为地震烈度表。它是根据地震时地震最大加速度、建筑物损坏程度、地貌变化特征、地震时人的感觉、家具动作反应等方面进行区分。绝大多数国家,包括我国的地震烈度表均按 12 度划分。

各地区的实际烈度受到各种复杂因素的影响,我国制定的抗震规范中进一步提出了"基本烈度"和"设防烈度"的概念。基本烈度是指一个地区今后一定时期(100 年)内,一般场地条件下可能遭遇的最大地震烈度,由国家地震局编制的《中国地震烈度区划图》确定;设防烈度是指一个地区作为抗震设防依据的地震烈度,按国家规定权限审批或颁发的文件执行,一般情况下采用基本烈度。我国制定的《建筑抗震设计规范》(GB 50011—2010,2016 年版)(简称《抗震规范》)给出了我国主要城镇抗震设防烈度,可供查用。

我国《抗震规范》适用于抗震设防烈度为 6 度、7 度、8 度和 9 度地区建筑工程的抗震设计及隔震、消能减震设计。抗震设防烈度大于 9 度地区的建筑和行业有特殊要求的工业建筑,其抗震设计应按有关专门规定执行。

7.6.1.2 地震区场地评价

建筑物场地的地形条件、地质构造、地下水位及场地土覆盖层厚度、场地类别等对地震灾害的程度有显著影响。

我国多次地震震害调查表明,局部地形条件对地震作用下建筑物的破坏有较大影响,孤突的山梁、山包、条状山嘴、落差较大的台地、陡坡及故河道岸边等,均对建筑抗震不利。场地地质构造中具有断层这种薄弱环节时,不宜将建筑物横跨其上,以免可能发生的错位或不均匀沉降带来危害。地震对建筑物的危害程度与地下水位有明显关系,水位越高,震害越重。

场地土质条件不同,建筑物的破坏程度也有很大差异,一般规律是:软弱地基与坚硬地基相比,容易产生不稳定状态和不均匀下陷,甚至发生液化、滑动、开裂等现象。震害随覆盖层厚度增加而加重。

通过总结国内外对场地划分的经验、现有实际勘察资料,《抗震规范》提出将场地的类别按土层等效剪切波速和场地覆盖层厚度划分为四类,如表7.13所示。

表7.13 建筑场地类别划分

等效剪切波速(m/s)	场地类别			
	Ⅰ	Ⅱ	Ⅲ	Ⅳ
$V_{se}>500$	0			
$500\geqslant V_{se}>250$	<5	$\geqslant5$		
$250\geqslant V_{se}>150$	<3	3～50	>50	
$V_{se}\leqslant150$	<3	3～15	>15～80	>80

坚硬场地土、稳定岩石和Ⅰ类场地,是抗震最理想的地基;中硬场地土和Ⅱ类场地,为较好的抗震地基;软弱场地土和Ⅳ类场地,震害最严重。

7.6.1.3 地震区地基的工程处治措施

(1)基本原则

抗震设防的基本原则是"小震不坏,大震不倒"。在地震活动区,要使工程有一定的抗震能力,以减少一旦发生地震时造成的损失和人员伤亡,同时又要避免过高的设防标准造成浪费。

建筑应根据其使用功能的重要性分为甲类、乙类、丙类、丁类四个抗震设防类别。甲类建筑应属于重大建筑工程和地震时可能发生严重次生灾害的建筑;乙类建筑应属于地震时使用功能不能中断或需尽快恢复的建筑;丙类建筑应属于除甲、乙、丁类以外的一般建筑;丁类建筑应属于抗震次要建筑。抗震设防烈度为6度时,除《抗震规范》有具体规定外,对乙、丙、丁类建筑可不进行地震作用计算。

对地基及基础,抗震设防应遵循下列原则:

①宜选择对建筑抗震有利地段,如稳定基岩、开阔平坦的坚硬场地土或密实均匀的中硬场地土等地段。宜避开对建筑物不利地段,如软弱场地土、易液化土、条状突出山嘴、河岸和边坡边缘等,如无法避开时,应采取适当的抗震措施。对于危险地段,如地震时可能发生滑坡、崩塌、地陷、泥石流等部位,不应建筑。为保证建筑物安全,还应考虑建筑物基本周期,避开地层卓越周期,防止共振危害。

②同一结构单元不宜设置在性质截然不同的地基土上,也不宜部分采用天然地基,部分采用桩基。地基有软弱土时,宜加强基础和上部结构的整体性和刚性。

③合理加大基础埋置深度,正确选择基础类型来加强基础防震性能以减轻上部结构的震害。

(2)天然地基抗震验算

考虑地震荷载属于特殊荷载,作用时间短,天然地基的抗震承载力应按式(7.13)调整:

$$f_{aE}=\zeta_a f_a \tag{7.13}$$

式中 f_{aE}——调整后的地基抗震承载力(kPa);

ζ_a——地基抗震承载力调整系数,按场地土质状况分别取1.5、1.3、1.1、1.0;

f_a——修正后的地基承载力特征值(kPa)。

验算天然地基地震作用下的竖向承载力时,基础底面平均压力和边缘最大压力应符合下式要求,且基础底面与地基之间零应力区面积不应超过基础底面面积的25%。

$$p\leqslant f_{aE} \tag{7.14}$$

$$p_{max}\leqslant 1.2f_{aE} \tag{7.15}$$

式中 p——地震作用效应标准组合的基础底面平均压力(kPa);

p_{max}——地震作用效应标准组合的基础边缘的最大压力(kPa)。

7.6.2 动力机器的地基

7.6.2.1 动力机器及其地基基础简介

动力机器的地基和基础的特殊性，取决于机器对地基和基础的作用特征。动力机器指运转时会产生较大不平衡惯性力的一类机器。不同动力机器的动力和振动是很不相同的，根据其对基础的动力作用形式可按表7.14分为四类。

表7.14 动力机器的分类

类别	机器类别	代表性的机器名称
甲	周期性作用的机器(有规律运动的)	电机(电动机、电动机发电机)，涡轮机(涡轮机发电机、涡轮鼓风机、涡轮压缩机、涡轮泵)
乙		曲柄连杆式机器(活塞压缩机、活塞式泵、内燃机)，鳄式破碎机
丙	非周期性作用的机器(运动规律是非周期性的)	拖动电动机、遮断容量的电动机
丁		自由锻锤、模锻锤、碎铁架

动力机器基础的结构形式主要有三种：①实体式；②墙式；③框架式。如图7.8所示。

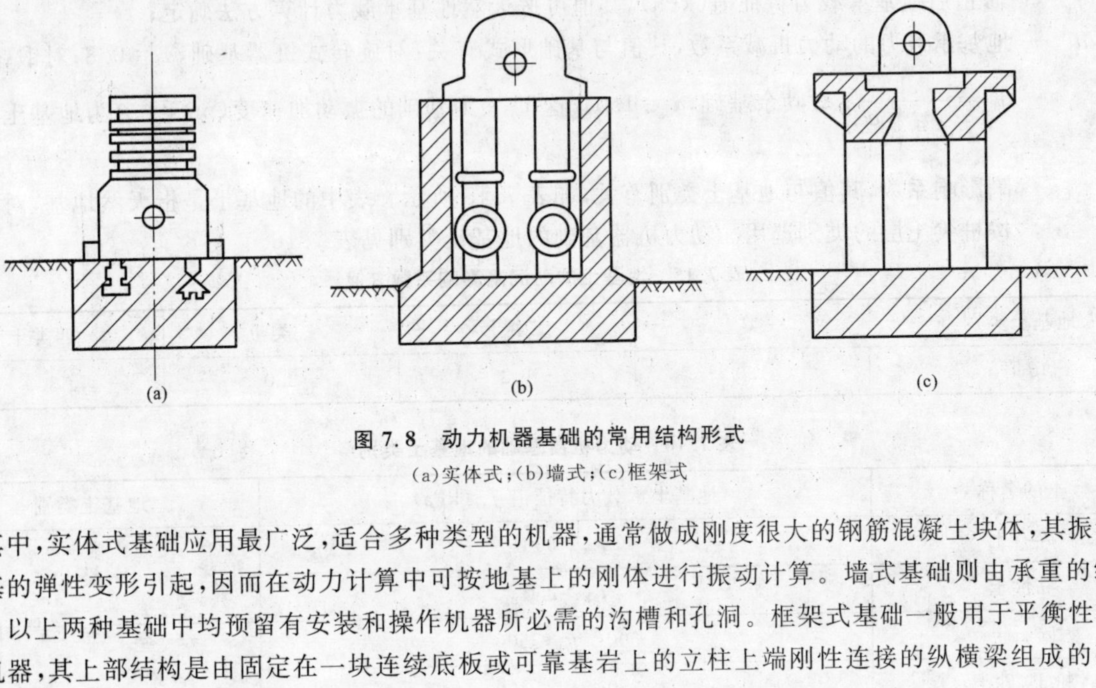

图7.8 动力机器基础的常用结构形式

(a)实体式；(b)墙式；(c)框架式

其中，实体式基础应用最广泛，适合多种类型的机器，通常做成刚度很大的钢筋混凝土块体，其振动主要由地基的弹性变形引起，因而在动力计算中可按地基上的刚体进行振动计算。墙式基础则由承重的纵横墙组成。以上两种基础中均预留有安装和操作机器所必需的沟槽和孔洞。框架式基础一般用于平衡性较好的高频机器，其上部结构是由固定在一块连续底板或可靠基岩上的立柱上端刚性连接的纵横梁组成的弹性体系，因而可按框架结构计算。

7.6.2.2 动力机器的地基基础设计原理

一般的动力机器在运行时都将产生振动，而振动引起的动荷载又将对机器的支承结构(基础或构架)带来动力效应。因此动力机器基础除了承受机器设备自重等形成的静力荷载外，还将要承受其工作时的运动质量所形成的动荷载。当机器的动力作用不大时(如一般的金属切削机床)，其基础可按一般静荷载下的基础进行设计并做适当的构造处理。当动力作用较大时，应根据荷载特点进行动力基础设计，即按照考虑动力作用的条件进行设计。而对于一些要求高精度的加工机床，还应考虑基础的隔振问题，即使机器不受外界振动影响。动力机器基础的设计与施工是一项专门而复杂的课题，它涉及土建与机械两个专业，设计前需要了解各种动力机器的荷载形式、常用动力机器基础的结构特点及其设计基本要求。

与一般地基基础相同，动力机器基础的设计应满足强度、变形和使用功能各方面的要求，主要包括：

(1)基础的外形、尺寸及预留坑、洞和螺栓孔等应按照厂商提供的安装图布置，以保证机器的准确安装、使用和维修；

(2)地基应满足承载能力并控制基础的沉降和倾斜，保证地基承载安全，并不出现影响机器正常使用的变形；

(3)基础振动应限制在容许的范围内，保证机器的正常使用和操作人员的正常工作条件，并保证不对附近的精密设备、仪表以及相邻建筑物和管线等产生有害影响；

(4)基础结构应具有足够的强度、刚度和耐久性等。

因此，在进行动力机器基础设计时，应从满足工艺与建筑构造要求、验算地基承载力与基础变形、计算与控制基础动力响应等方面着手。

7.6.2.3 地基基础计算内容

(1)地基承载力验算

基础底面地基的静压力由基础自重、基础上回填土重、机器自重以及传至基础上的其他荷载产生，基础底面地基的平均静压力值 p(kPa)应符合下式要求：

$$p \leqslant \alpha_f f_a \tag{7.16}$$

式中 f_a——修正后地基承载力特征值(kPa)，其值可按天然地基承载力计算方法确定；

α_f——地基承载力的动力折减系数，其值与基础形式有关：对旋转式机器基础，$\alpha_f=0.8$；对锻锤基础，$\alpha_f=\dfrac{1}{1+\beta\dfrac{a}{g}}$；对其余基础，$\alpha_f=1.0$。这里，$a$ 为基础的振动加速度(m/s^2)；β 为地基土的动沉陷影响系数，其值与地基土类别有关，如表 7.15 所示。表中的地基土是指天然地基，对桩基可按桩尖土层的类别选用。动力机器基础的地基土类别见表 7.16。

表 7.15 地基土的动沉陷影响系数 β 值

地基土类别	一类土	二类土	三类土	四类土
β 值	1.0	1.3	2.0	3.0

表 7.16 动力机器基础的地基土类别

土的名称	地基土承载力特征值 f_{ak}(kPa)	地基土类别
碎石土	$f_{ak}>500$	一类土
黏性土	$f_{ak}>250$	一类土
碎石土	$300<f_{ak}\leqslant500$	二类土
粉土、砂土	$250<f_{ak}\leqslant400$	二类土
黏性土	$180<f_{ak}\leqslant250$	二类土
碎石土	$180<f_{ak}\leqslant300$	三类土
粉土、砂土	$160<f_{ak}\leqslant250$	三类土
黏性土	$130<f_{ak}\leqslant180$	三类土
粉土、砂土	$120<f_{ak}\leqslant160$	四类土
黏性土	$80<f_{ak}\leqslant130$	四类土

(2)动力验算

动力机器基础的振动大小通常用振幅、振动速度幅值和振动加速度幅值来计量，其值可以通过动力计算确定。在进行动力计算时,荷载均采用标准值。

动力机器基础的振幅 A_f(m)、振动速度幅值 v_f(m/s)和振动加速度幅值 a_f(m/s^2)应满足下列要求:

$$A_f \leqslant [A];v_f \leqslant [v];a_f \leqslant [a] \tag{7.17}$$

式中 $[A]$,$[v]$,$[a]$——基础的允许振幅值(m),允许振动速度幅值(m/s)和允许振动加速度幅值(m/s^2)。

上述允许值与机器的动荷载及基础的形式等有关,其值可在各动力基础设计资料中了解。

思考题

7.1 如何根据湿陷系数判定黄土的湿陷性?怎样区分自重湿陷性黄土和非自重湿陷性黄土?如何划分地基的湿陷等级?

7.2 膨胀土对建筑物有哪些危害?什么叫自由膨胀率?膨胀土地基胀缩等级分为多少级?

7.3 什么是土岩组合地基、岩溶、土洞和红黏土地基?

7.4 什么是冻土?多年冻土的融陷性等级是如何划分的?

7.5 如何设计动力机器基础?

7.6 什么是震级、地震烈度、基本烈度和设防烈度?

习题

7.1 某电厂灰坝工地,钻孔每隔 1 m 取土样,测得各土样 δ_{Si} 和 δ_{ZSi} 如表 7.17 所示。试确定该场地的湿陷类型和地基的湿陷等级。

表 7.17 习题 7.1 中的 δ_{Si} 和 δ_{ZSi} 值

取土深度(m)	1	2	3	4	5	6	7	8	9	10
δ_{ZS}	0.017	0.022	0.022	0.022	0.026	0.039	0.043	0.029	0.014	0.012
δ_S	0.086	0.074	0.077	0.078	0.087	0.094	0.076	0.049	0.012	0.002
备　注	δ_{ZS} 或 δ_S<0.015,属非湿陷性土层									

7.2 某膨胀土室内土工试验,测得土样原始体积为 10 mL,膨胀稳定后体积增大为 16.1 mL。试求此土样的自由膨胀率,并确定该膨胀土的膨胀潜势。

参考文献

[1] 茅以升.中国古桥技术史.北京:北京出版社,1986.

[2] 龚晓南.地基处理手册.2版.北京:中国建筑工业出版社,2000.

[3] 叶观宝.地基加固新技术.北京:机械工业出版社,1999.

[4] 龚晓南.桩基工程手册.2版.北京:中国建筑工业出版社,2016.

[5] 刘金砺.桩基设计施工与检测.北京:中国建材工业出版社,2001.

[6] 陈仲颐,叶书麟.基础工程学.北京:中国建筑工业出版社,1996.

[7] 华南理工大学,东南大学,浙江大学,湖南大学.地基及基础.3版.北京:中国建筑工业出版社,1998.

[8] 龚晓南,高有潮.深基坑工程设计施工手册.北京:中国建筑工业出版社,1998.

[9] 周景星,李广信,张建红,等.基础工程.3版.北京:清华大学出版社,2015.

[10] 赵明华.土力学与基础工程.4版.武汉:武汉理工大学出版社,2014.

[11] 赵明华.基础工程.2版.北京:高等教育出版社,2015.

[12] 赵明华.桥梁桩基计算与检测.北京:人民交通出版社,2000.

[13] 赵明华.桥梁地基与基础.2版.北京:人民交通出版社,2009.

[14] 杨太生.地基与基础.3版.北京:中国建筑工业出版社,2012.

[15] 陈希哲,叶箐.土力学地基基础.5版.北京:清华大学出版社,2013.

[16] 刘映翀.土力学与地基基础.2版.北京:中国建筑工业出版社,2013.

[17] 王秀兰,王玮,韩家宝.地基与基础.3版.北京:人民交通出版社,2015.

[18] 丰培洁.建筑地基与基础.北京:高等教育出版社,2013.

[19] 陈书申,陈晓平.土力学与地基基础.5版.武汉:武汉理工大学出版社,2015.

[20] 申海洋,杨太生.地基与基础工程施工.武汉:武汉大学出版社,2014.

[21] 张力霆,梁金国.土力学与地基基础.3版.北京:高等教育出版社,2015.

[22] 谭正清,夏令恩,贾海艳.地基与基础工程施工.武汉:武汉大学出版社,2013.

[23] 莫海鸿,杨小平.基础工程.3版.北京:中国建筑工业出版社,2014.

[24] 张宏,王智远.土力学与基础工程习题集.北京:人民交通出版社,2013.

[25] 中华人民共和国国家标准.建筑地基基础设计规范:GB 50007—2011.北京:中国建筑工业出版社,2012.

[26] 中华人民共和国行业标准.建筑桩基技术规范:JGJ 94—2008.北京:中国建筑工业出版社,2008.

[27] 中华人民共和国行业标准.公路桥涵地基与基础设计规范:JTG D63—2007.北京:人民交通出版社,2007.

[28] 中华人民共和国国家标准.膨胀土地区建筑技术规范:GB 50112—2013.北京:中国建筑工业出版社,2013.

[29] 中华人民共和国国家标准.湿陷性黄土地区建筑规范:GB 50025—2004.北京:中国建筑工业出版社,2004.

[30] 中华人民共和国行业标准.冻土地区建筑地基基础设计规范:JGJ 118—2011.北京:中国建筑工业出版社,2011.

[31] 中华人民共和国国家标准.建筑抗震设计规范:GB 50011—2010(2016年版).北京:中国建筑工业出版社,2016.

[32] 中华人民共和国国家标准.动力机器基础设计规范:GB 50040—96.北京:中国计划出版社,1996.

[33] 中华人民共和国国家标准.岩土工程勘察规范:GB 50021—2001(2009年版).北京:中国建筑工

业出版社,2009.

[34] 中华人民共和国行业标准. 建筑基坑支护技术规范:JGJ 120—2012. 北京:中国建筑工业出版社,2012.

[35] 中华人民共和国行业标准. 建筑地基处理技术规范:JGJ 79—2012. 北京:中国建筑工业出版社,2012.

[36] 中华人民共和国国家标准. 复合地基技术规范:GB/T 50783—2012. 北京:中国计划出版社,2012.

[37] 中华人民共和国行业标准. 既有建筑地基基础加固技术规范:JGJ 123—2012. 北京:中国建筑工业出版社,2012.

[38] 中华人民共和国国家标准. 混凝土结构设计规范:GB 50010—2010(2015 年版). 北京:中国建筑工业出版社,2015.

[39] 中华人民共和国行业标准. 公路钢筋混凝土及预应力混凝土桥涵设计规范:JTG D62—2004. 北京:人民交通出版社,2004.